▲ 北京公共交通控股（集团）有限公司党委书记、董事长王春杰为"公交大工匠"颁奖

▲ 北京公共交通控股（集团）有限公司五四表彰大会

▲ 北京公共交通控股（集团）有限公司2016年迎"十一"秋季职工健步走活动

◀ 北京公共交通控股（集团）有限公司基层党支部积极开展《学党章党规 学系列讲话 做合格党员》专题教育学习

▶ 2016年6月1日，北京公共交通控股（集团）有限公司驾驶员、乘务员、调度员全部更换新款夏装

◀ 北京市第四届职业技能大赛汽车驾驶员复（决）赛比赛现场

▶ 18米电动公交车"电鲶鱼"投入运营使用

◀ 2005年12月30日北京快速公交1号线正式开通

▶ 北京公交行驶在洒满晨曦的长安街上

▶ 2017年1月1日，北京首条旅游公交1线开通运营

◀ 北京公共交通控股（集团）有限公司改造后的现代化公交场站

▲ 北京公共交通控股(集团)有限公司调度应急指挥中心投入使用

城市公共交通员工岗前培训丛书

Gongjiao Yuangong（Gongren）Gangwei Zhishi Duben
公交员工（工人）岗位知识读本

（第四版）

北京公共交通控股（集团）有限公司 编

内容提要

本书主要包括城市公共交通企业概况、城市公共交通职业道德、城市公共交通岗位规范、城市公共交通企业安全生产、劳动用工与薪酬、企业民主管理与劳动争议调解、职业生涯管理等。

本书主要针对城市公共交通企业员工编写,可作为公共交通企业内部培训、继续教育的首选教材,同时也可作为高等职业教育的专业教材和各级管理人员的参考书。

图书在版编目(CIP)数据

公交员工(工人)岗位知识读本／北京公共交通控股(集团)有限公司编．— 4 版．—北京：人民交通出版社股份有限公司,2017.3

ISBN 978-7-114-12489-1

Ⅰ.①公… Ⅱ.①北… Ⅲ.①城市交通—公共交通系统—客运服务—中国—岗位培训—教材 Ⅳ.①U491.1

中国版本图书馆 CIP 数据核字(2017)第 034204 号

城市公共交通员工岗前培训丛书

书　　名：	公交员工(工人)岗位知识读本(第四版)
著 作 者：	北京公共交通控股(集团)有限公司
责任编辑：	李　喆
出版发行：	人民交通出版社股份有限公司
地　　址：	(100011)北京市朝阳区安定门外外馆斜街 3 号
网　　址：	http://www.ccpress.com.cn
销售电话：	(010) 59757973
总 经 销：	人民交通出版社股份有限公司发行部
经　　销：	各地新华书店
印　　刷：	北京市密东印刷有限公司
开　　本：	720×960　1/16
印　　张：	27.25
彩　　插：	2
字　　数：	396 千
版　　次：	2017 年 3 月　第 4 版
印　　次：	2017 年 3 月　第 1 次印刷
书　　号：	ISBN 978-7-114-12489-1
定　　价：	45.00 元

(有印刷、装订质量问题的图书由本公司负责调换)

《公交员工（工人）岗位知识读本》
（第四版）
编委会成员名单

主　　任：朱　凯

副 主 任：温　博

主　　编：温　博

副 主 编：（按姓氏笔画排序）

　　　　　王桂云　刘建林　关　义　杨　斌　杜　跃

　　　　　张长涛　夏　靖　高　原　钱剑雄

编撰人员：（按姓氏笔画排序）

　　　　　王　磊　王立刚　田家淼　史国锋　石志刚

　　　　　孙少春　张　弛　张燕伟　张建军　张　梅

　　　　　胡雪丽　栾　威　唐　婷　高　原　宿　月

项目负责：刘建林　谢　静

前　　言

为更好地落实"十三五"规划，建设"国内领先、世界一流"现代公交企业，北京公共交通控股（集团）有限公司积极实施"人才强企"发展战略，加快培养一支门类齐全、结构合理、规模适宜、素质精良的人才队伍，并结合行业及企业的运营实际，本着立足当前、着眼长远、瞄准前沿、务求实用的原则，编写了本教材。

《公交员工（工人）岗位知识读本》（第四版）是企业员工岗前培训的专用教材，针对公交行业工人岗位需要，以应知应会、实操技能为重点，涵盖了公交企业概况、职业道德、岗位规范、安全生产、劳动用工与薪酬、民主管理与劳动争议调解及职业生涯管理等系统知识，教材内容通俗易懂、信息量大、专业性强，旨在帮助新员工了解掌握企业的基本概况、工作内容、规章制度和企业的光荣传统，指导新员工尽快熟悉和适应新的工作环境，同时本教材也可作为各级员工日常学习业务知识的参考资料。

《公交员工（工人）岗位知识读本》（第四版）是在2002年、2006年及2011年前三版出版的基础上再次编写的。编定过程中保留了原版部分内容，结合发展，修订和新增了大量内容，体系上也作了较大调整。

本教材由北京公共交通控股（集团）有限公司人力资源部组织

筹划，集中了宣传部、安保部、安服部、工会等专业部室的骨干技术力量共同编写，人民交通出版社股份有限公司对教材内容进行了审核。对他们的辛苦努力和大力支持，在此表示衷心感谢！

由于时间仓促，加之编者水平有限，书中难免存在疏漏和不足之处，恳请广大读者批评指正。

编委会

2016 年 12 月

目 录

第一章 城市公共交通企业概况 ……………………………………… 1
  第一节 城市公共交通企业基本概述 ………………………………… 1
  第二节 北京市公共交通企业概况 …………………………………… 10
  第三节 北京市公共交通企业文化 …………………………………… 31

第二章 城市公共交通职业道德 ………………………………………… 45
  第一节 城市公共交通职业道德概述 ………………………………… 45
  第二节 职业理想与职业文明 ………………………………………… 59
  第三节 职业纪律与职业礼仪 ………………………………………… 70

第三章 城市公共交通岗位规范 ………………………………………… 101
  第一节 乘务人员语言规范 …………………………………………… 101
  第二节 乘务人员其他服务规范 ……………………………………… 133
  第三节 乘务心理与行为 ……………………………………………… 147
  第四节 员工岗位规范考核办法 ……………………………………… 170

第四章 城市公共交通企业安全生产 …………………………………… 181
  第一节 法律常识 ……………………………………………………… 181

第二节　劳动安全卫生 …………………………………… 201
　　第三节　交通安全 ………………………………………… 218
　　第四节　治安管理 ………………………………………… 239
　　第五节　消防管理 ………………………………………… 254

第五章　劳动用工与薪酬 ………………………………………… 273
　　第一节　劳动合同 ………………………………………… 273
　　第二节　劳动纪律及奖惩 ………………………………… 283
　　第三节　绩效管理 ………………………………………… 292
　　第四节　薪酬管理 ………………………………………… 296
　　第五节　社会保险 ………………………………………… 306

第六章　企业民主管理与劳动争议调解 ………………………… 322
　　第一节　工会组织 ………………………………………… 322
　　第二节　职工参与企业民主管理劳动争议调解 ………… 329
　　第三节　劳模先进管理 …………………………………… 346
　　第四节　职工劳动保护、困难帮扶 ……………………… 350

第七章　职业生涯管理 …………………………………………… 355
　　第一节　职业生涯管理概述 ……………………………… 355
　　第二节　员工职业生涯规划与管理 ……………………… 364
　　第三节　组织职业生涯规划与管理 ……………………… 382

附录1　常用英语 ………………………………………………… 390

附录2　应急与救护 ……………………………………………… 406

附录3　手语知识 ………………………………………………… 413

附录4　劳动安全生产标志 ……………………………………… 418

附录5　交通标志 ………………………………………………… 421

参考文献 …………………………………………………………… 424

第一章

城市公共交通企业概况

第一节 城市公共交通企业基本概述

一、公共交通在城市中的地位与作用

城市是社会生产力发展的必然产物,是人口高度密集并进行各种政治、经济、文化等活动的地理区域,是人类物质文明和精神文明的集聚地,是由各种物质要素构成的多功能、多部门的空间有机综合体。城市对生产力的发展、社会经济水平的提高有着重要的意义,随着历史的发展,社会生产力的提高,城市的规模也将日益扩大。为了保证城市功能的有效发挥,保证城市建设的顺利进行,客观上要求其具备一定规模的为城市自身服务的基础设施,其中包括公共交通。

所谓城市公共交通,是指城市中供公众乘用的经济方便的各种交通方式的总称,包括公共汽车、无轨电车、有轨电车、地铁、轻轨、出租汽车、轮渡、索道等。

公共交通是城市发展的产物,是城市重要的组成部分,是城市重要的基础设施,作为城市综合功能的重要组成部分,对经济发展、居民生活及对外交往具有全局性、先导性的不可替代的作用,因此受到国家密切关注和重点扶持。特别是地面公共交通,由于受道路空间的限制,只有依靠公共交通的大运量能力,才能有效地缩短城市各种活动的时间。如果任由个体交通取代公共交通,必将造成道路堵塞,甚至可能造成交通瘫痪的局面。城市越大,公交交通的功能就越明显。许多发达国家都把发展公共交通,限制个体交通作为促进城市发展,强化城市功能的政策加以实施,即所谓的公共交通优先政策。其原因就是为了城市各种机能得以充分的发挥。显然,只有作为城市"动脉"的公共交通才能完成这一使命。如果"动脉"硬化或堵塞,城市"肌体"的活动就会瘫痪,可见公共交通在城市中的地位和作用是非常重要的。

在各种交通方式中,只有轨道交通和公共电汽车适合大运量的客流运输。但是,轨道交通特别是地铁,投资大、建设周期长,对于中国这样的处于经济和交通基础较为薄弱、需求高速发展的国家,往往是远水解不了近渴。而建立以公交专用道和调度通信系统为基础的快速公共汽车系统,就成为很多国家的必然选择。

城市公共交通在城市中的地位和作用表现在以下4个方面:

(一)公共交通是城市的动脉

现代化的公共交通系统,可以减少居民出行的时间,缩短生产与生活领域以及城乡之间的时空距离,使城市各种资源得到合理充分的利用,有利于城市综合功能的充分发挥,使城市的社会生活正常运转。

(二)公共交通是社会生产的第一道工序

公共交通服务于乘客,使其实现位移的目的,推动着劳动者与劳动场所、劳动对象和劳动工具的结合,促进了生产力的发展。因此公共交通是社会各行各业生产经营活动的第一道工序。

(三)公共交通是城市生活的纽带

公共交通联系着城市的千家万户,沟通着居民的人际交往,为城市居民的物质文化生活提供直接或间接的服务。社会主义市场经济的发展,不断推动着城市的繁荣与进步,不断提高着居民的物质文化生活水平,更使得公共交通越来越成为城市生活中不可缺少的桥梁和纽带。

(四)公共交通是精神文明建设的窗口

公共交通作为城市的窗口行业,其运营服务水平不仅是公交企业服务意识、行业形象的体现,还是社会文化、道德风尚、居民精神风貌的舞台,它已名副其实地成为城市综合管理水平和精神文明建设的窗口。

公共交通的重要地位使得这一行业成为城市中敏感性较强的服务行业。大量实例说明,公共交通与政治、经济和社会的安定休戚相关。它能否保持正常的运营服务秩序,始终如一地提供规范服务,对人民生活、社会秩序都产生广泛而深刻的影响。

二、城市公共交通的基本任务

公共交通的基本任务是以运营服务为中心,组织和经营城市公共交通,努力为乘客提供安全、方便、迅速、准点、舒适和经济的乘车条件,最大限度地节约社会活动时间,满足居民的出行需要。为适应建设现代化城市的需要,公交企业应积极采用先进的技术装备和科学的经营管理方法,逐步使城市公共交通工具成为市民出行的主要交通工具。

(一)安全

安全行车是公交企业最基本的任务。它不仅能使企业减少物质和经济损失,更重要的是有利于城市环境的安定,保障人民的生命、财产与社会经济免遭无谓的损害。城市化程度越高,交通工具就越多,交通事故也随之增加。城市交通安全还包括消除噪声和空气污染的要求,组织运输的过程中,应尽量把行车安全与消除噪声和污染放在重要的位置。

(二)方便

人们出行选择交通工具时,方便是一个很重要的指标,也就是说公共交通应能适应各种不同出行目的需要,使出行者乐于乘坐。方便人们出行乘坐包含着很多的具体内容,诸如:线网布设合理、线网密度高、线路衔接好、换车次数少;较大的工业区、住宅区或集散点应有多方向的交通线路。除此之外还包括站距合理、站位设置得当以及车门宽度、脚踏板距地面高度等,都属于方便的内容。

(三)迅速

迅速是对行车速度的要求。公共交通应为乘客节省时间,实现快捷出行。从广义来说,也是节约社会活动时间。从人的生理来说,乘车时间过长会造成疲劳而影响劳动、工作和学习的效率。所以公共交通企业要在行车速度的调查研究上下大力气,找出主客观影响行车速度的因素,争取全社会综合治理。在条件许可的情况下开辟大站快车线路,提高运送速度,为提高城市社会运行效率做出贡献。

(四)准点

人们为了各自的目的乘坐公共交通工具,总是希望按着自己预定的时间到达,特别是较为集中的上下班和上下学期间,所以准点就成为衡量公共交通企业服务工作成效的重要标志之一。因此要求公共交通企业必须科学地编制行车时刻表,并严格地执行时刻表。

除此之外,还要努力做好维护准点运行方面的工作,如:提前进站、准时发车、中途正点、准点到达。充分发挥驾乘人员的主动性和调度人员的监督检查作用。

(五)舒适

根据我国各城市的实际情况,乘车难的问题普遍存在,乘车舒适问题还尚未被人们所重视。实际上这也是公共交通能否成为人们出行的主要交通工具的一个重要方面。随着时间的推移、科学技术的进步、人民生活和道德水准的提高,将会显示出它的重要性。

舒适可分为两个方面:一是从精神上给乘客以舒适、满意的感受,包括服务周到、耐心解答、报站清楚、关心乘客以及行车平稳等。二是从物质上,即从交通工具的各种服务设施上提供舒适的条件,包括车内设施齐全、清洁卫生、车门、踏板、座位、站立空间等设计合理以及车内通风和照明条件等。这两个方面是相辅相成的,缺一不可。

(六)经济

出行费用经济也是出行者选择出行方法的重要条件之一。它不仅关系到市民的承受能力,而且更重要的是直接关系到公共交通的发展。世界上大多数国家都非常重视这一问题,采取了低价或限价的政策,以确保城市公共交通成为人们出行的首选方式,从而保证城市功能的正常运行。

三、公共交通企业的性质及运输特点

(一)公共交通企业的性质

城市公共交通,是城市社会和经济活动的重要组成部分,是城市必要的公用基础设施。它把城市的居民点和工作地联系起来,把市区、郊区、卫星城、乡村联系起来。因此,公共交通是城市辖区内公众从事各项生产、生活和社会活动的纽带,是为这些活动提供服务的,这种服务对城市的发展、工农业生产和商业经济的繁荣、科技文化的进步,以及方便居民生活都起着极为重要的作用。根据上述情况,公共交通有着鲜明的社会公共使用和服务的性质,同时为了保证城市功能采取的低价政策又使其具有一定的公益性。因此,公共交通企业是社会公益性的服务企业。

(二)城市公共交通运输过程的特点

1. 运营服务过程和社会消费过程合一

公共交通是为城市居民出行服务的,整个运营过程按照规定线路和行车计划,向社会不间断地提供运营服务,城市居民根据各自出行的目的和时间及空间的需求,在这个过程中消费。提供服务的起点也就是消费的起点,提供服务的终点也是消费的终点,因此两者是合一的。这种合一是时间上和过程上的合一,公交企业必须针对这一特点,加强客流调查工作,采取有效的经营管理方法,充分地体现"合一"的特点,力争使供求关系达到平衡。

2. 较强的时间性

时间对各行各业来说都是重要的,时间对交通行业来说,有着更广泛的意义。人们乘坐交通工具总是希望以最短的时间去实现各自的出行目的,所以公共交通对时间的节省,是对社会劳动的节省,是对乘客精力的节省,是对城市社会活动和经济发展的一种贡献。节约时间越多,贡献就越大。因此现代化的交通工具和交通方式,其首要的技术经济指标就是运送速度。除此之外,公共交通还要实现准点运行和安全驾驶,这些都和时间有关。所以公共交通的时间问题,既直接关系到城市社会功能的发挥,又关系到公交企业自身能否成为乘客出行方式的第一选择。公交企业必须把速度的调研工作列入经营管理日程,确定合理的运送速度以便实现节约社会活动时间的目标,这也正是时间性强的具体表现。

3. 广泛的社会性

城市公共交通是城市社会活动不可缺少的公用设施之一,它与社会各行各业有着广泛的联系。首先是在使用上具有广泛的社会性,无论什么人、什么出行目的、什么出行时间、什么出行方向,只要有公共设施,只要在运行的时间范围内,都会被人们广泛地使用。其次是服务设施和管理的社会性,公共交通的线路和站址,遍及全市的道路网上,形成了运营服务中点多面广、单车作业、分散经营的特点。公交企业必须根据人们广泛使用和服务遍及城市各个角落的社会性特点,建立科学的经营管理方式,在外部要建立信息反馈网络,以便作为拟订向社会提供一流服务措施的依据;在内部要健全基础工作,提高员工素质,培养独立作业能力,健全分散经营、整体管理的工作程序。

4. 较大的不平衡性

工业企业的生产,可以实现有计划的均衡生产,也可以通过流水线进行有节奏的生产。公共交通则不同,由于居民出行的目的各异,时间、地点和方向也不相同,因而客流的机动性很大,而且也很不平衡,所以在整个城市公共交通线路网上,就出现了时间的不平衡、方向的不平衡和断面的不平衡,同时还有季节波动的影响和风、雪、雾等气候变化的影响。但是,任何事物都有它自身的规律性,公交企业可以通过开展调查研究,积累资料,掌握各种不平衡的规律,制订科学有效地与实际相适应的行车时刻表,从而提供尽可能与客观需要相适应的服务,同时达到更加合理地使用运营车辆和科学管理的目标。

公交企业必须充分认识自身生产的这些特点,并且要不断改进和完善适应这些特点的经营管理方式,使企业具有并能充分发挥公共交通的运送能力、集散能力和应变能力,使公共交通真正起到城市"动脉"的重要作用。

四、公共交通的服务方式

城市公共交通服务方式主要包括:固定线路客运服务方式、多样化服务方式。

(一)固定线路客运服务方式

1. 固定线路客运服务方式的定义

固定线路客运服务方式是指在城市空间内(含地面、地下、地面高架),按规定线路行驶,设有首末站、中途站,具有一定规模的客流量,随上随下的客运交通。城市居民不论是工作生产还是生活上的各种出行,一般出行距离在一千米以上都有乘车的需求,而乘坐公共交通车辆,则是经济、方便的较好选择。

2. 固定线路客运服务方式的种类

固定线路客运服务主要分为两大类:公共电汽车客运和轨道客运。

公共电汽车客运是依据客流量大小在不同线路和时间上配备大型铰接式无轨电车、公共汽车或车厢内座椅较少站立空间较大的公共电汽车,双层公共汽车、中型或小型公共汽车。

城市内用于客运的高架、地面和地下的轨道交通方式统称为城市轨道交通系统。包括:轨道建造在地面独立路基上的有轨电车、轻轨列车;轨道建造在架空道上的快速电气列车、悬挂式快速列车、山城或跨江河的空中缆车;轨道建造在隧道内的地铁列车等。

3. 固定线路客运服务方式的特点

(1)公共电汽车按线路以及线路网运行服务

车辆沿着规定的线路走向行驶,形成各自的线路网络。线路网络由首末站、走向、中途站和各条线路之间的相互衔接4大要素构成。

在确定线路的走向时,一定要在满足该线路沿途主要客流流向的前提下,选择短捷途径。接近一条线路的工厂、小区、学校、企事业单位的乘客都希望线路从各自的门前经过,设站接近住所,如果各方面都照顾到,就要迂回行驶,不仅要加车、加人,还会加大一些乘客的旅行时间和费用。

线路长度的确定以符合主要客流方向为前提,线路越长,部分乘客就越感到方便,但是,长距离乘车的乘客毕竟是少数。此外,线路过长,运行时间和运行过程中遇到的情况就越多,行车间隔难以保证,正点率受到影响,运营生产很难组织;线路过短将会给乘客增加倒乘次数,影响乘客总的出行速度。从北京公交运营道路的实际情况来看,市区线路长度应控制在 2~3 个市区乘客平均运距之内,即 8~10km。郊区线路长度应控制在 2~3 个郊区乘客平均运距之内,也就是 15~20km。

按服务地域固定线路又分为三类,即市区线路,主要是为市区居民出行服务;近郊区线路,主要是为近郊区的城镇居民出行和工矿企业服务;远郊区县线路,主要是为远郊区县居民和卫星城镇的乘客服务。它们可以形成各自的公共交通线路网。

城市公共交通线路网的构成形式,有纵横交错的直线形线路网与棋盘形的对角线线路网,若干条环行线呈同心圆扩展形线路网。这样,可以使以四周边缘地区为起止点的乘客不必穿行市区而到达目的地,也可以使市区内的居民减少倒乘(减少倒乘的步行距离)方便地到达目的地。所以,一个城市的公共交通线路网的密度大小以及线路之间相互衔接的情况,能表明这个城市居民乘车方便的程度。

(2) 公共电汽车按定站运行服务

乘客出行乘坐或倒乘公共电汽车,一般都要步行一段距离到达候车站,步行距离越短,越方便乘客。

公共电汽车的任何一条固定线路,都是从两点之间解决线路沿途的居民乘车需求,它由首末站以及设置在中途的几个、十几个或几十个站点串联而成。

站距长短的安排,以方便乘客乘车和缩短乘客出行时间为目的,也就是说,以最大限度地节约乘客乘车、步行、倒换车时间所构成的乘客总出行时间为出发点,进行合理的计算,即从缓和交通流的干扰、发挥车辆的技能效果最好的角度来考虑。在公共交通线路长度一定的情况下,如果平均站距过短,就要在线路中间设置很多站,增加车辆的停站、起动加速、进站减速时间,使运送速度降低,延长了乘客在车上的时间。相反,如果站距过长,虽然车辆运行速度可以提高,乘客在车上的时间可以相对缩短,但乘客上车前、下车后的步行距离和时间就要增加。根据北京市有关数据进行计算,市区线路站距在513m时,市区范围内的乘客出行时间最省。站距长度缩小或增大都将使乘客的乘车时间增加。

站位的选择除应尽可能靠近大的集散点或路口以方便乘客倒乘外,还应留出港湾和修建候车亭的空间,有条件的要在候车亭内设座椅供乘客遮阳、防风、避雨及候车休息。

(3) 公共电汽车按定时运行服务

线路运营首末车时间分全日运营线路、早晚高峰线路和夜班车线路。全日制线路运营时间市区与郊区线路不同,一般市区线路营业时间长些,即市区与郊区衔接发车点应合理（一般郊区首站、首车时间应在与市区衔接线路到达本站之前），全日制线路营业的首末车也应与夜班车线路发出的末车与首车相衔接。线路运营在营业时间内都按各自线路不同单位时间和最大客流断面的客流量安排车次，即发车间隔，保证乘客及时乘车、均衡满载、准点到达目的地。

(4) 公共电汽车按规定票价运行服务

就一般企业而言，产品价格应是全部成本加上利润。公交企业的票制、票价应该与企业提供的服务所付出的必要劳动相适应。但是，公交企业是社会公益性的服务行业，主要服务对象是工薪阶层，如果公共交通票价真按成本还原制定，国家不给补贴，完全由乘客自己负担是承受不了的。因而，从我国的实际情况出发，全国主要大中城市都实行公共财政购买公共服务，政府财政部门向公交企业进行亏损补贴的政策，这样在票价上出现了价格低于成本的现象。票制、票价纳入政府价格审批范围。

(二) 公交多样化服务

为了满足广大人民群众差异化、个性化的公交出行需求，吸引更多自驾车主乘坐公交出行，缓解交通拥堵、减少空气污染，公交集团公司在北京市交通委的指导下，于2013年7月搭建了定制公交平台，以此为依托，陆续开通了商务班车、快速直达专线、休闲旅游专线和节假日专线。为广大乘客提供了更为安全、快捷、舒适、环保、优质优价的多样化公交服务，受到广大市民的欢迎，取得了良好的缓堵减排效果。

1. 商务班车

率先推出的商务班车服务项目是广大乘客通过定制公交平台提出出行需求，公交企业按需设计商务班车，并在定制公交平台上招募乘客、预订座位、在线支付，根据约定的时间、地点、方向开行。商务班车可以走公交专用道，具备优先通行的优势；采用一人一座、一站直达、优质优价的服务方式；使用配备空调软座和车载 WIFI 的公交车，为广大乘客提供安全、快捷、舒适、环保的公交出行服务。

2. 快速直达专线

在商务班车服务开通后，为了进一步满足广大乘客多样化的公交出行需求,不断丰富服务产品,公交集团公司在总结商务班车运营经验的基础上,结合乘客建议,于 2015 年 8 月 3 日推出了快速直达专线。快速直达专线在早晚高峰期间运营,采取直达或大站快的运营方式,所有车辆都使用配备空调的公交车,可以走公交专用道,具备优先通行的优势。与商务班车不同,乘客无须提前进行预订,只需到指定的站点按照指定的时间乘车即可。

3. 休闲旅游专线

为了满足乘客高品质的旅游出行需求,公交集团公司联合北京旅游集散中心、北旅时代公司于 2015 年 9 月 28 日通过定制公交平台和定制公交 APP 推出了休闲旅游板块,进一步丰富了定制公交平台服务品种。休闲旅游专线板块包括世界文化遗产游、市内观光游、京郊休闲游、周边省市游,市民和游客可以在定制公交平台和定制公交 APP 中查询、预订相关的旅游线路。

4. 节假日专线

为了满足市民节假日期间多样化、集约化的公交出行需求,公交集团公司于 2016 年推出节假日专线板块,开通节假日专线。节假日专线于"清明节"、"五一"、"端午节"、"中秋节"、"十一"、"红叶节"等各节假日期间运营,使用旅游版公交车,采取大站直达的方式提供优质优价的多样化公交服务,进一步方便乘客由市区去往北京周边各大旅游景点、公园等地游玩出行。

第二节 北京市公共交通企业概况

一、基本情况

北京公共交通控股(集团)有限公司(简称公交集团公司)前身是成立于 1921 年的北京电车公司,作为北京国有独资大型公益性企业,公交集团公司是北京地面公共交通的经营主体,是以城市地面公共交通客运主业为依托,集多元化投资,多种经济类型为一体的大型公共交通企业,在北京城市公共交通发展中处于主体地位,发挥着主导作用。目前,公交集团公司共有二级企事业单位21个。其中，公益型企业10个，市场化企业9个，直属企事业单位2个。截至2015年年底，公交集团公司共有员工10.21万人，企业总资产358.09亿元，净资产118.16亿元，在册运营车辆30006辆，常规运营线路1020条，公共电汽车年行驶里程12.95亿公里，客运量38.8亿人次，日均客运量1063万人次，发挥着首都城市客运的主体作用。

多年来，公交集团公司以运营服务为中心，合理规划线网布局，不断调整运营结构，特别是2010年北京市实施《缓解城市交通拥堵措施》以来，积极落实市政府公交惠民工程，以"配合地铁的快捷性，加强和完善地面公交的便捷性"为优化思路，开辟、调整运营线路，形成了以市内公共汽电车线路为主体，快速公交、郊区线路、长途线路、定制公交、旅游线路为辅的公共交通体系。方便乘客换乘的枢纽站、快速公交线路基础设施建设取得突破性进展，形成了东、西、南、北4条连接中心城区的BRT快速公交线路，中心场站、停车场、保修厂、加油站、加气站和中途站台的建设和改造取得明显效果，以人为本的员工工作、生产生活条件建设整齐规范，标志明显，成为首都的一道风景线，在首都城市公交发展中处于主导地位，行使着公共交通的"动脉"功能。

按照首都大气环保和PM2.5值综合治理的总体要求，近年来，公交集团公司坚持推进车辆节能环保，大力发展绿色公交。公交车辆的科技环保水平始终处于全国前列。

公交集团公司从乘客的实际需要出发，想乘客所想，急乘客所急，帮乘客所需，坚持"公交优先，服务优秀，以人为本，乘客至上"的服务理念，以建设人民群众满意公交为目标，建立交通服务热线，落实市政府65岁以上老年人和残疾人士免费乘坐公交车，延长线路营业时间等的惠民政策，推进精神文明建设，深入持久地开展文明行业创建活动，从员工队伍素质抓起，开展"三个一工程"、"素质教育工程"，评比表彰劳模先进、劳动竞赛、命名先进线路车组和"企业树品牌，公司树亮点，基层车队树标兵"等实践活动，出色地完成了迎保奥运工程和国庆60周年大庆运输保障任务，2008年被北京市授予精神文明行业称号，被党中央、国务院授予迎保奥运先进单位。2011年至2013年连续三年荣获北京市"影响百姓经济生活的十大企业"荣誉称号。

公交集团公司坚持科技创新,广泛采用现代化、信息化的科学技术应用于企业管理和服务工作之中,IC卡结算系统、智能化指挥调度系统、电子路单、电子站牌、语音报站、显示屏、车载电视、无级变速等技术得到广泛使用,公交运营服务的科技含量不断提高。公交网站、微博、微信、OA办公平台、计算机管理软件的采用,高水平的信息系统建设使公交管理水平和工作效率得以提高。初步实现了集群化、统一化、网络化、可视化、智能化、系统化的管理格局。

2016年,公交集团公司将全面贯彻党的十八届三中、四中、五中、六中全会精神,贯彻落实习总书记对北京一系列重要指示精神,围绕市委市政府以及市国资委、市交通委关于深化改革、提高服务水平的总体部署,坚持稳中求进、抓好顶层设计,做好"十三五"规划;坚持公益性定位、坚持科学发展,实施依法治企,加快改革创新;全面加强管理控制,不断提高整体服务水平,不断提高经营管理质量,不断提高安全稳控水平,让改革发展的成果惠及广大乘客和每一名职工,为缓解交通拥堵和清洁空气行动做出新的贡献,向着现代化公交不断迈进。

二、组织结构与主要单位简况

公交集团公司组织结构如图1-1所示,主要单位简况如表1-1所示。

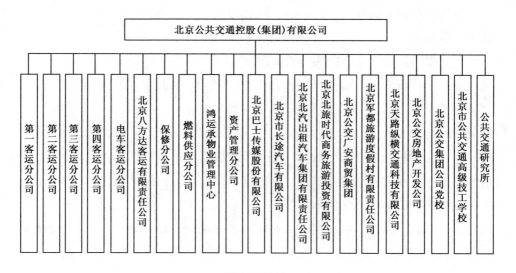

图1-1 北京公交集团公司组织机构图

公交集团公司主要单位简况一览表　　　　　　　表1-1

单位名称	地址	员工数量（人）	线路（条）	运营车辆（辆）	邮政编码
第一客运分公司	朝阳惠忠里41号	10882	184	2981	100101
第二客运分公司	朝阳区小庄红庙西里4号	10441	124	2996	100026
第三客运分公司	丰台区方庄路6号	10966	130	3151	100078
第四客运分公司	石景山区鲁谷路55号	11903	179	3291	100043
电车客运分公司	西城区阜外大街32号	10314	118	3235	100037
北京市长途汽车有限公司	西城区木樨地北里25号	847	210	608	100038
北京八方达客运有限责任公司	丰台区大红门六合庄2号	22036	166	5628	100076
北京北旅时代商务旅游投资有限公司	法华寺91号院	1250		693	100061

三、北京公交企业的历史与发展

（一）新中国成立前公共交通的概况

1921年，北平市（当时的称谓）的公共交通开始起步，先后出现了有轨电车和公共汽车。

1. 有轨电车

（1）北洋军阀时期至抗日战争前（1911～1937年）

议办北平有轨电车是在1913年。当时北洋军阀袁世凯政府与中法实业银行签订了"五厘金币借款合同"，借款额1亿法郎。合同上附有许多侵犯中国主权的条件，如有轨电车经营权为法国方。1914年因第一次世界大战的爆发，兴办电车暂时搁浅，7年后重新筹划。1921年5月9日，由北洋军阀政府代表京都市政公所督办张志谭与中法实业银行代表赛利尔·白乐吉（法国人）根据"五厘金币借款合同"正式订立"北平有轨电车合同"，议定股本定额为银圆400万元，官、商各半。政府认购一半为官股，商股每股100元，由中国商绅认购。并依据中国商律，组成了"北平电车股份有限公司"，建立董事会并下设工程处、营业处、会计处。三个处的正、副处长中必须要有法国人，一切开支必须经中法两个处长签字才能生效。工程处下设发电厂、修造厂、土木课、架线课。营业处下设车务课、票务课两个办事机构。以后的3年中，创办北平有轨电车的工作历经筹备资金、购置设备、土建工程等阶段,排除了社会阻挠,于1924年12月18日第一条有轨电车线路正式通车。这条线路南起前门,经司法部街、西单、西四、新街口至西直门,全程9km,配置有轨电车10辆。当时车票分头等、二等两种,成为当时北平最先进的公共交通工具。1929年营业线路发展到6条如图1-2所示,即:

1路:由天桥至西直门,全程9.886km。

2路:由天桥至北新桥,全程8.066km。

3路:由东四至西四,全程7.3899km。

4路:由北新桥至太平仓(现名平安里),全程4.658km。

5路:由崇文门至宣武门,全程5.255km。

6路:由崇文门至和平门,全程4.533km。

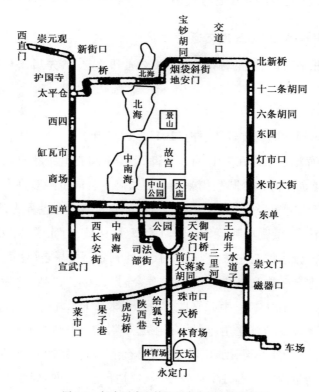

图1-2 新中国成立前北平市有轨电车线路图

这时拥有有轨电车 82 辆,其中机车 62 辆,拖车 20 辆;线路总长度为 39.787km;票种为普通票、月票、季票、军警免票、政府人员减价票 5 种。到 1935 年时,车辆发展到 96 辆,其中机车 66 辆,拖车 30 辆。

(2)日本帝国主义侵占时期(1937～1945 年)

1937 年 7 月 7 日爆发了"卢沟桥事变",日本侵占了北平。人心惶惶,电车营业萧条。电车董事会 16 届股东会议记载"百业停顿,电车晚出早收勉强支撑,乘客寥若晨星,坐受损失,实非人力所能挽回"。电车公司官股董事改由汪精卫政府派员接替,并由日本侵略军陆军司令部派人做电车公司顾问,负责业务技术的监督。

1940 年北平又开辟了一条从天桥到永定门的 7 路有轨电车。

1943 年购入各型有轨电车 48 辆,使在册车辆达到 144 辆,其中机车 92 辆,拖车 52 辆,每日出车可达百辆。

随着二战进入尾声,日军占领区的经济日渐凋零。1945 年有轨电车车辆老化损坏甚多,营业亏损,无力修复,致使营业车数急速下降,每日运营车只能维持 20～30 辆,4 路、5 路、6 路、7 路均因无车而停驶。

(3)抗日战争胜利到全国解放(1945～1949 年)

1945 年 8 月 15 日,日本投降。电车公司被国民政府接收,由北平市公用局长任电车公司董事长。其首要任务是抢修车辆,恢复市区电车运营。一年后随着车辆的不断修复营业车数量不断增加,逐步调整和恢复各路配车数量,同时将 1 路南、北、中 3 段运行方式改为南、北两段,延长了行车线路。到 1947 年平均日出车 82 辆,载客 6～7 万人次。但好景不长,1948 年以后,电车公司连年亏损,濒临破产。其原因是:

①无票乘车。享有免票乘车特权者携其亲友强行无票乘车,驾乘人员查究时竟遭毒打;也常有摇头、点头示意免票,俗称"摇头票"、"点头票"。据统计,平均每日无票乘车者达 60%;更有军人强迫电车运输物资或改线行驶。车内拥挤不堪,站上人群成片。当时的《北平日报》刊登打油诗"站头等车两三时,望眼欲穿脖梗直,为省金钱六、七角,好似婴儿盼奶吃"。

②撞毁电车。美、蒋军车在市内横行,交通秩序异常紊乱,电车被撞事故不

断。据1947年不完全统计,共发生撞车281起,其中军车撞毁电车203起,占撞车事故的73%。又据1948年6月工程处报告记载"一月份以来每月平均撞毁电车待修车辆达40部之多",使公司亏损急增。

③物价上涨。从日本投降到新中国成立前夕,通货膨胀,物价上涨,尤以1947年以后更为严重。1945年普通票票价是10元法币,每日载客10000人次,票款收入不足10万元,不但生产燃料、材料无法购入,职工开支也十分困难。随着物价的轮番上涨,电车票价在1945年11月至1946年9月的时间里,就调整了7次,由原来10元法币增至200元法币。票价上涨如此惊人,但营业形势并未转亏为盈。到1948年末,电车公司每日运营车只有几辆,时开时停。

北平电车惨淡经营26年,临近新中国成立时,由于公司连年亏损,全部资产已向银行抵押一空,濒临破产。

2. 公共汽车

1934年,因电车亏损,无力增集资本从事路轨建设,电车公司计划开办公共汽车以辅助电车运力不足,但几次提出方案均未被市政府批准。1935年,民国政府确定北平为文化旅游区。创办公共汽车成为当务之急。

(1)北平市政府直辖公共汽车

1935年8月,北平市政府决定组建公共汽车筹委会,筹资30万元购置大客车30辆。借用故宫博物院东华门外旧营房为办公地点辅助电车运力不足,便利郊区旅游,先后开辟了5条营业线路。8月由东华门至香山的5路先行通车;9、10月又接连开辟了4条线路,即:

1路:由朝阳门至阜成门。

2路:由前门至交道口。

3路:由东华门至南苑。

4路:由东华门至八大处。

1937年"七·七事变"后,公共汽车全部停驶。同年12月又恢复了营业,并将市区线路改成环行线。当时东华门至香山线路由"启发顺汽车行"独家经营,经协商估价市政府收买了该汽车行的车辆,改由汽车处经营。1938年5月,增设了高级游览车,并在车上配备了女导游员。

1939年汽车处有营业车37辆,1941年发展到67辆,后因物价上涨、亏损日增,经北平市政府迫令电车公司收买,从此市政府公共汽车由电车公司兼营。

(2)北平市政府再次组建公共汽车处

抗日战争胜利后,1946年1月市政府再次组建公共汽车筹备处。处址暂设公用局,拨给筹备费用9870万元,并由民国政府交通部、战时运输管理总局、北平运输处拨给接收的日伪汽车100辆和有关配件材料等。同年3月建立了公驾驶员构,安排了营业线路。

市政府为了避免和电车在营业上的争端,由公用局出面确定两处的线路和配车,全市共设10条线路,其中1、2、7、8、9路为市营汽车处经营,3、4、5、6路为电车公司汽车处经营,10路由两家共同配车营业。

北平市的公共汽车虽经市政府再次组建,但为时不长,仍因民国政府腐败,企业管理不善,内外弊端极多,车辆老化,维修不利,营业入不敷出,于1947年市政府被迫将两个汽车处合并,改组为"北平市公共汽车股份有限公司"。

(3)北平市公共汽车股份有限公司

该公司组建于1947年。资本以当时两个汽车处资产为官股,允许商股加入。公司下设修理厂、会计课、业务课、购料课、总务课、秘书室,公司共有在册车辆133辆。受车辆技术状况所限,每日运营车数只有30~40辆,在6条营业线上运行,如图1-3所示。

由于物价高涨,经营不善,仅仅维持到1948年8月就停驶了。

北平市的公共汽车自创建以来到1948年停业,共计13年的历程,先后几经兴衰直到停止营业。始为盈利、方便交通而创办,终以亏损衰败而告终。这就是新中国成立前北平公共交通挣扎在外国经济、军事侵略的重压与军阀、民国政府腐败无能的统治中艰难孕育、畸形发展,时起时落,走向衰败的历史概况。

(二)新中国成立后公共交通的发展与展望

1949年1月31日,北平解放。半个世纪以来,在党中央和国务院的亲切关怀下,在市委、市政府的正确领导下,北京市的公共交通事业经历了恢复、持续发展和全面发展等不同阶段,走上了艰苦奋斗、欣欣向荣、蒸蒸日上的征程。

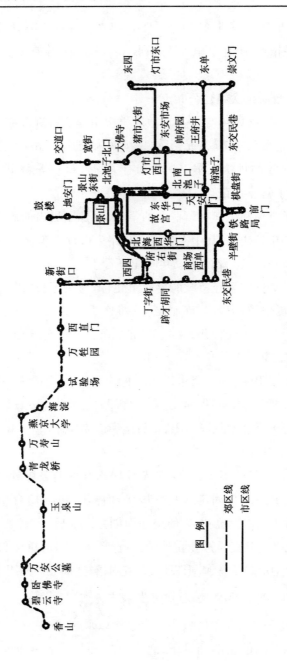

图1-3 北京市解放前公交汽车线路图

1. 恢复发展阶段(1949~1956年)

从解放初期到1956年,党提出了迅速恢复和发展生产,把北京由消费城市变为生产城市的号召。为了改善公共交通状况,市政府重点抓了有轨电车和公共汽车的恢复和发展。到1956年,全市有公共电汽车671辆,与1949年年底的164辆相比增长309%,平均每年递增22.3%;营业线路发展到36条,与1949年年底的11条相比增长227%,平均每年递增18.64%;客运量为38334万人次,比1949年年底的2885万人次增长12.29倍,平均每年递增44.7%。公共电汽车的客运量占全市公共交通客运量的98.97%。公共汽车进入了大发展时期,线路如图1-4、图1-5所示;有轨电车也进入了全盛时期,线路如图1-6所示。

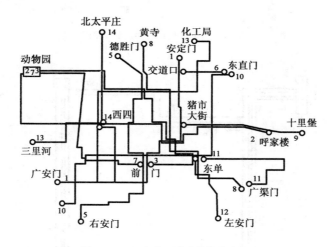

图1-4　1956年市区公共汽车线路图

2. 持续发展阶段(1957~1976年)

这个阶段的19年虽然经历了"文革"时期,但是由于翻身解放的鼓舞,党中央、市政府的正确领导,社会主义制度的无比优越,企业经营方针的正确,终于使我们排除了自然灾害的重压,"十年动乱"的干扰,经历了快速—缓慢—持续发展的过程。新兴的无轨电车代替了传统的有轨电车,公共汽车营业线路迅速发展,扩大了线路网,提高了整个市区道路网的利用,使全市公共交通状况进一步改善,线路如图1-7、图1-8所示。

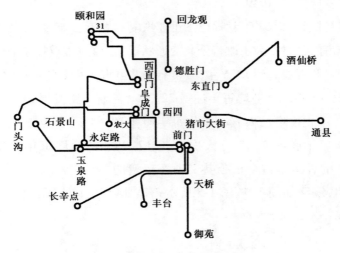

图 1-5　1956 年郊区公共汽车线路图

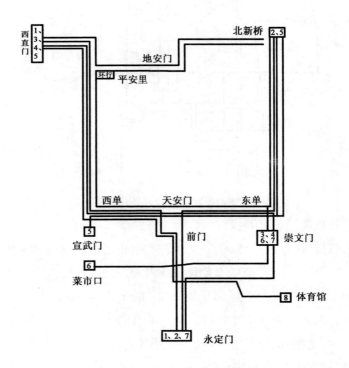

图 1-6　1956 年有轨电车线路图

第一章 城市公共交通企业概况

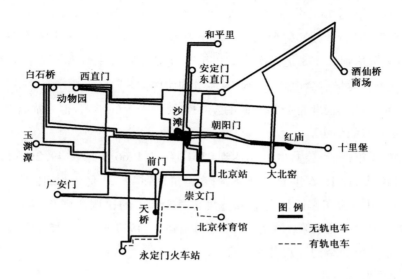

图1-7 1966年电车线路图

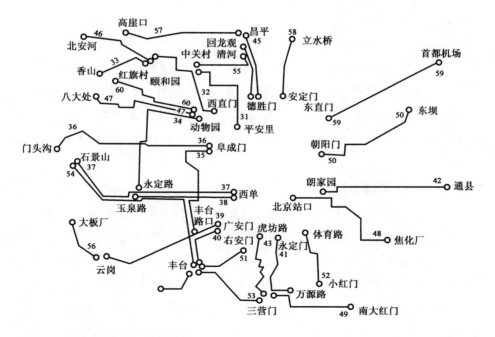

图1-8 1966年郊区公共汽车线路图

到1966年,全市公共电汽车发展到1582辆,比1956年增长135%,平均每年递增8.96%;营业线路发展到81条,比1956年增长125%,平均每年递增8.45%;客运量达到8.458亿人次,比1956年增长120%,平均每年递增8.24%。公共电汽车客运量占全市公共交通客运量的比例为98.23%。

"十年动乱",使北京公共交通的发展受到了一定的影响,但在后几年仍然呈现缓慢发展的势头。

到1976年,全市公共电汽车达到2361辆,比1966年增长49.2%;营业线路达到110条,比1966年增长35.8%;客运量达到14.22亿人次,比1966年增长68%;公共电汽车客运量占全市公共交通客运量的比例达到96.8%。特别是1969年10月,北京第一条地下铁道初步建成,1971年1月15日开始试运营,使北京的公交结构开始出现新的变化。

3. 全面发展阶段

1977年以来,特别是党的十一届三中全会后,北京的公共交通事业进入了全面发展阶段。主要表现在以下7个方面:

(1)公交发展取得显著成效

公交坚持发展是硬道理的方针,瞄准市场,扩大服务,加大投入,截至2015年年底,拥有运营车辆30006辆,公共电汽车年行驶里程12.95亿公里,平均每天行驶354.73万公里;公共电汽车年客运总量达到38.8亿人次,日均客运量1063万人次,最高日达到1241万人次,承担着北京地面公共交通客运的主体任务。

(2)加快线网优化调整

公交坚持落实公交优先发展战略,积极调整客运和服务结构,以"为更多的人提供更好的公交服务"为出发点,积极进行"减重复、增覆盖、便接驳、提运速、完善微循环、实现多样化"的公交线路拓展、调整和优化工作,初步构建了支线和微循环线体系,努力提升整体服务水平和公交吸引力,配合中心城区人口疏解,均衡线网发展,适应城市建设的需要,在总行驶里程保持稳定的基础上,实现了线路长度、线路条数等重要指标大的增长。线网调整优化力度逐年增加。2012年公交集团实施了五批线路优化调整方案,2013年增加到九批,2014年实施了十批线路优化调整,仅 2014 年一年新开线路多达 100 条,调整线路多达 101 条,2015 年优化 165 条。截至 2016 年 8 月底,公交集团公司共有线路 845 条,线路长度 19487.35 公里。深入贯彻"两网融合、协同发展"的理念,完善地铁新线周边线网布局,扩大接驳线路辐射范围。2010 年至 2015 年,配合地铁线路开通,共优化线路 77 条。为解决"最后一公里"问题,公交集团公司积极发展微循环公交线网,共开通"专"字头微循环线路 80 条,线路长度 492.6 公里,配车 616 部,全日车次 1.1 万次,日客运量 18 万人次。开通了 3 条城市观光线路,分别为观光 1 号线(永定门—故宫北门)、观光 2 号线(前门—故宫北门—王府井—前门)、观光 3 号线(故宫—地铁北宫门站)。积极发展夜间线路,拥有 6 条环线、8 条放射线、9 条南北向线路、11 条东西向线路组成的 34 条夜班新线网。

(3)加快新能源车辆的应用

专业的电车制配厂和电车保修厂,具有生产无轨电车和纯电动汽车的制造资质,有多年研发和生产制造经验,特别是在整车高压供电系统的研发及整车高压电器总成的匹配和集成方面具有丰富经验,其技术人员能够精通和熟知新能源车辆构造和控制策略等。具有新能源车辆部分高压电器总成自主研发和独立制造的能力。2008 年为打造北京绿色奥运理念,公交集团公司参与了国家"863"计划的实施,与北京理工大学、北京交通大学等高等院校进行合作,自主设计、研发和制造了 50 部纯电动大客车,并圆满完成了奥运会的用车任务。参与了国家科技和支撑计划项目"面向产业化的纯电动公交车开发及应用关键技术研究"工作。

(4)加快人才队伍建设

企业以高中级经营管理人才、专业技术管理人才和高技能人才三支人才队伍为主要培训对象,健全了以集团公司党校、技校、驾校、职工学校、职业技能培训鉴定机构为培训实体的教育培训网络体系,形成了有组织、有制度、有计划、有措施、有检查、有考核的"六有"培训工作机制;完善了一整套人才培养与岗位要求、业绩考核、薪酬待遇紧密挂钩的配套政策制度;荣获北京市科学技术进步奖 3 项;有 3 名高技能人员享受国务院、北京市政府津贴待遇;公交集团公司与清华大学、北京交通大学和北京理工大学签订战略合作协议,开展人才培养工作。2015年年底,公交集团公司人才队伍总量达到33743人,占员工总数的33.1%。其中:高中级经营管理人才2843人,占人才总量的8.4%,这其中,本科以上学历2272人,占人才总数的79.9%;大专学历561人,占总数的19.7%;职称(职业资格)分布为:高级职称492人,占总数的17.3%;中级职称789人,占总数的27.8%;初级职称669人,占总数的23.5%。专业技术管理人才3211人,占人才总量的9.5%,这其中,本科以上学历2293人,占总数的71.4%;大专学历831人,占总数的25.9%。职称分布为:高级职称281人,占总数的8.8%;中级职称602人,占总数的18.7%;初级职称771人,占总数的24%。高技能人才27689人,占人才总量的82.1%,这其中,本科以上学历1203人,占总数的8.7%;大专学历3254人,占总数的11.8%。职称分布为:技师及以上998人,占总数的3.6%;高级工26691人,占总数的96.4%。

(5)信息化建设快速发展

以国家两化融合、"互联网+"、网络信息安全等发展战略为指导,以支撑并驱动企业深化改革和发展为方向,不断提升企业信息化管理水平,支撑企业战略决策,为企业提供坚实有力的信息化保障。集团公司、分公司、车队三级管理模式,各级单位均设立专门信息化管理部门——信息中心,建立健全信息化工作制度体系,明确信息化管理职责,落实管理责任,形成完善的企业信息化管理组织体系。基于云计算技术实现软硬件资源调度自动化,支持业务应用的快速部署和应用。核心业务系统的应用级灾备使应用系统具有可靠性和连续性。大数据分析平台为业务处理、智能分析和辅助决策提供数据挖掘处理能力。实现各业务场景及资源的集成化、可视化、移动化展现。六大业务平台高效、协同运转。同时,"互联网+公交"应用全面开展,大数据分析技术辅助集团统筹管理,支撑业务综合分析及战略决策,数据资产效益持续挖掘,信息服务能力大幅增强。

(6)提升应急指挥能力

坚持把安全防控工作放在第一位,常抓不懈,不断完善安全防控体系,改进提升防控能力,面对地面公共交通这样具有开放式、分散式,安全防范工作难度大、压力大的形式特点,围绕"建机制、强基础、保重点、上水平"的工作方针,全力推进公交防控能力进一步提升。围绕提升运营基层一线防恐、防暴效能,按照"简单、实用、合法"的原则,制订并完善了"18个怎么办"处置预案和"逢包注意、可疑必问、违禁拒载、视情报警"的"十六字"违禁物品安检要求;以及发车前、行车中、收车后"车厢三检"制度。全面实现了停车场站24小时专人守护工作。在174条线路上配备公交乘务管理员11928人,运营车辆的治安防范能力和水平明显提升。开发了公交车辆进出自动识别系统,对原有的电子巡查系统进行了全新的升级改造,增加了卫星定位系统、动态指纹系统可以做到对数据进行实时传输等;并定制开发了公交场站电子围栏系统,正在申请专利。成立公交集团公司应急管理中心,全面负责集团应急管理日常工作和突发事件应急处置工作。建立了完善的应急管理体系,建立较为完善的应急管理信息化平台,平台具备日常监控检查功能和战时应急指挥功能。应急管理中心对所有线路运营车辆、公交场站和中途站实现24小时实时安全监管功能。对监管范围内出现的不安全行为和不履职人员,一经发现可立即通过音视频系统、800兆电台或电话等通信手段进行提醒或警示。发生突发事件(事故或预警情况)后,应急管理中心迅速启动应急预案,通过OA网络、音视频系统、800兆电台和电话等通信手段,统筹协调各方力量和资源,迅速应对,妥善处置。

(7)精神文明建设不断加强

根据公交集团公司党委《关于加强公交企业精神文明建设的决定》和《北京市公共交通总公司思想道德建设规划》的总体要求,全面推进以"达标上岗,规范服务"为主要内容的"三个一工程"和办实事折子工程。广泛开展以首都意识、行业精神、职业道德为重点的主题教育活动,全面启动"素质建设实施工程",涌现了以李素丽和103路党支部为代表的一大批劳模和先进群体。1999年公交集团公司公共电汽车运营系统通过了北京市精神文明建设委员会"规范化服务达标"考核。1999年12月10日公交李素丽热线开通,加强了与乘客之间的联系,受到了广大市民的好评,促进了运营服务整体水平的提高,现已升级为"北京交通服务热线"。2001年公交集团公司被建设部评为"全国建设系统精神文明先进单位"。圆满出色地完成了香港、澳门回归和国庆五十周年庆典、新千年庆典等重大活动的交通运输任务,特别是2008年,公交集团公司直接参与并圆满地完成了迎保第29届奥运会的重大任务,展示了公交员工良好的精神风貌和公交企业良好的服务形象。

四、"十三五"总体发展思路

当前我国经济发展已进入新常态,处于重要的战略机遇期,经济发展方式进入深度转变新阶段,北京市处在经济结构调整的关键时期。公交集团公司根据国家"十三五"发展规划纲要精神、市委市政府对制定"十三五"发展规划纲要的建议和市国资委市属国有企业"十三五"发展规划纲要编制工作方案要求,从2014年12月成立"十三五"规划编制工作领导小组,积极谋划,在市国资委等委办局的关心指导下,与战略发展咨询委员会专家多次征求意见,并在集团内部全面征求意见,历时一年多,在认真总结五年来,特别是2013年深化改革以来取得突出成绩的基础上,面对中央"十三五"规划建议、国资国企改革、非首都功能疏解等一系列新的发展环境,制定出《北京公共交通控股(集团)有限公司第十三个五年规划纲要》(以下简称《纲要》)。《纲要》中提出公交集团"十三五"总体发展思路:围绕两个发展大局,推进五个维度转型,实施六大发展战略,努力建设国内领先、世界一流的现代公共交通综合服务企业。

围绕两个发展大局。围绕首都"四个中心"新定位。立足首都,全面提升公交服务质量,保障首都城市运行安全,提升城市承载能力;围绕京津冀协同发展战略。在推进非首都功能疏解和筹备2022冬奥会运输保障中发挥国有企业功能作用。

推进五个维度转型。围绕中央提出的"创新、协调、绿色、开放、共享"五大理念,着力推进五个维度转型。一是推进技术转型,重塑创新发展动力。把创新摆在企业发展全局的核心位置,完善激发员工积极性、创造性的机制,不断推进观念创新、制度创新、模式创新等各方面的创新。广泛应用现代信息技术,实施公交精准服务、精准核算,提高车辆技术水平,投资研发高附加值的公交辅业,推进经验型传统公交企业向现代公交企业转型;二是推进空间转型,争创协调发展优势。强化规划引领作用,科学布局企业生产空间、生活空间、生态空间,深度挖掘各种空间需求。推进地面公交区域协同、城郊一体,深度调整场站服务功能和布局;积极探索新能源领域多元化合作模式,培育优势特色产业。促进公共交通运输、公交资产投融资与管理、汽车服务贸易三大板块协调发展,不断增强企业发展整体性;三是推进能源转型,筑牢绿色发展基础。坚持节约资源和保护环境,大力发展新能源、清洁能源和超低排放公交车,注重节约和集约利用土地,充分整合和利用既有资源,积极应用绿色交通技术,推进绿色科技公交建设;四是推进业务转型,融入开放发展格局。加大"开门办公交"力度,加强与政府相关部门及广大市民沟通,推进与公交行业和企业交流;深化与北京区县政府战略合作,积极融入京津冀协同发展战略,不断拓展对外发展空间,努力形成互利合作格局;引入竞争机制主动向市场放开公交物业管理、车辆清洁、安保服务等业务;五是推进服务转型,增进乘客员工福祉。利用五年时间实现企业跨越式发展,将发展成果更好地惠及全体市民和广大乘客,为百姓提供更高质量的公交出行服务,提升公交标准化、均等化服务水平,努力提高广大员工收入水平,实现乘客、员工与企业共同发展。

实施六大发展战略。一是地面公交城乡一体化发展战略。力争全面统筹经营全市地面公交,实现全市公共交通一体化,做到地面公交城郊"同城同质、同质同价",促进城郊享受均等化公交服务;二是京津冀交通一体化发展战略。围绕国家京津冀交通一体化发展战略,以远郊区县作为支撑和支点,积极发展区域合作,努力争取增量资源,服务京津冀交通一体化,促进京津冀协同发展;三是常规公交与多样化公交协调发展战略。做好常规公交服务,巩固地面公交客运市场,同时丰富多样化公交服务品种,积极争取现代有轨电车经营权,全面提高公交吸引力;四是"互联网+公交"创新驱动发展战略。依托"互联网+"理念、思维和技术,探索实施"互联网+公交"模式,推进公交大数据深度开发和应用,全面提升公交出行服务水平,全面增强企业管理能力,推进商业模式创新,促进互联网和公交有效结合;五是产业资本与金融资本融合发展战略。结合产业投资集团定位,优化公交资产结构,构建公交投融资平台,强化资本运营能力,支持公益性业务发展,分担市财政部分压力;六是汽车服务贸易产业链发展战略。梳理汽车服务贸易产业链,重点发展高价值业务,加强资源整合与优化配置,实施汽车服务贸易产业链管理。

五、企业的愿景和使命

(一)企业愿景

企业愿景又称企业远景,简称愿景(Vision),或译做远景、远见,它在20世纪90年代盛行一时。企业愿景是企业战略发展的重要组成部分。从哲学角度考察,愿景就是解决企业是什么,要成为什么的基本问题。

1. 企业愿景的概念

企业愿景即对未来的展望以及使命达成时的景象,是企业未来的目标、存在的意义,也是企业的根本所在。它要回答三个问题:我们的企业是什么,我们的企业将是什么,我们的企业应该是什么。企业愿景不但为企业确立了努力方向、发展目标,更重要的是企业通过共同愿景确立并为之付出行动,这种共同愿景便成为企业全体成员一种执着的追求和内心一种强烈的信念,它就成了企业凝聚力、动力和创造力的来源。

2. 企业愿景的要素

企业愿景包括两部分:核心信仰、未来前景。

核心信仰包括核心价值观和核心使命。它用以规定企业的基本价值观和存在的原因,是企业长期不变的信条,如同把组织聚合起来的黏合剂,核心信仰必须被组织成员共享,它的形成是企业自我认识的一个过程。核心价值观是一个企业最基本和持久的信仰,是组织内成员的共识。

未来前景是企业未来10~30年欲实现的宏大愿景目标及对它的鲜活描述。

3. 企业愿景的设定

企业愿景的设定包括以下两个方面:

(1)确认企业目的。企业目的就是企业存在的理由,即企业为什么要存在。一般来说,有什么样的企业目的,就有什么样的企业理念。正确的企业目的会产生良好的理念识别,并引导企业的成功;错误的企业目的会产生不良的理念识别,并最终导致企业的失败。

(2)明确企业使命。企业使命和企业宗旨是同义语,是在企业经营理念指导下,企业为其生产经营活动的方向、性质、责任所下的定义,它是企业经营哲学的具体化,集中反映了企业的任务和目标,表达了企业的社会态度和行为准则。

企业愿景反映了企业的价值观和渴望,企业希望借助愿景吸引每一位员工,甚至还能够吸引许多其他的利益相关者。一家企业的愿景比较持久,而企业的使命会根据不断变化的外部条件发生变化。愿景的表述最好是相对简短和精确,而且容易记忆。

(二)企业使命

1. 企业使命的含义

企业使命是指企业在经济社会发展中担当的责任和扮演的角色,它严肃地回答企业存在的理由,为确立企业战略目标提供客观依据。企业战略目标制定的前提是确定企业使命,否则战略目标的制定就是盲目的和没有根据的。

2. 企业使命的制定

使命回答企业做什么的问题,解决企业存在的理由,决定着企业社会定位和价值取向,规定了企业对经济社会应做的贡献。所以,使命是企业目标、方向、社会责任的集合体,它对企业的生存发展,始终具有指路标的作用。

(三)公交集团公司愿景和使命的确立

根据北京市提出的"三个北京"发展方向,2009年,公交集团公司制定了企业新的战略目标。即:建设人文公交、绿色公交、科技公交,成为适应首都城市特点和功能的一流公交企业。在此基础上确立了本企业的宗旨:

(1)服务公众利益,服务乘客出行。

(2)提升企业精神:一心为乘客,服务最光荣。

(3)弘扬企业价值观:乘客利益最大化、员工进步最大化、公交发展最大化。

(4)引导建立企业服务准则:规范标准、安全便捷、细致周到、文明礼貌。

(5)完善企业的质量方针:持续改进、追求卓越。

在改革发展新常态背景下,在建设国际一流和谐宜居之都的目标指引下,公交集团公司亟须确立与之相适应的、新的企业愿景和使命。社会在发展,技术在进步,在服务对象数量相对稳定的现状下,公交集团公司必须在提高质量,革新技术,规范服务,便利民生上群策群力,下大功夫,以积极适应自身所面临的生存和发展的内外部环境压力,从而及时有效地更新企业理念,并充实提高在企业文化之上的优质愿景,满怀信心而又充分务实地完成新时期的企业使命。

自2013年以来,公交集团公司在企业愿景和使命的确立方面已进行了许多前期准备工作。2014年集团开展了两个方面的软课题研究。一是宣传部开展了《关于公交企业文化CIS系统在全体员工中的进一步导入和深化》的研究。自2005年公交集团公司发布导入企业文化CIS系统(包括企业理念、行为、视觉三个识别规范),为适应内外部环境的变化,针对北京公交的企业发展特点,对企业文化CIS系统进行进一步的导入和深化,增强企业文化CIS系统的认知和执行功能,为公交集团公司在新常态下的改革发展,注入了价值认同感,提升了企业文化软实力。二是规划发展部开展了《北京公交集团社会责任研究》,为推进公交集团更好地服务首都经济社会发展,提升公交集团美誉度和竞争力,树立公交集团高度负责任的品牌形象,促进公交集团的可持续发展建立了一个新的外向平台。

在此基础上,公交集团公司领导充分征求内部各级干部群众和外部"智库"的意见,提出了新时期公交集团公司的愿景和使命。

企业愿景:引领公众出行方式,提升城市生活品质,成为卓越的国际性控股集团。

释义:公交集团公司积极发挥公共交通在引领城市发展中的重要作用,致力于公交出行服务品质的不断改善与提升,不断引导和推动公共出行方式升级,着力打造世界一流的公交出行设施、精细化管理和标准化服务,全面提升公交吸引力,让公众选择公共交通出行,进而提升城市生活品质,为城市绿色、经济、可持续发展做出卓越贡献。

企业使命:让更多的人享受更好的公共出行服务。

释义:为满足广大乘客"更安全、更快捷、更方便、更准时、更舒适"的公交出行需求,让公众把公共交通出行作为首选。公交集团公司把提高公交出行服务品质放在首位,加快推进现代企业建设,以现代化设施、精细化管理、标准化服务,让公交出行有更好的体验,担负起企业使命。

第三节　北京市公共交通企业文化

一、公交文化的优秀积淀

（一）乘客至上、诚于服务的文化

北京公交是为乘客服务的公交,这是北京公交人对自身的基本定位。公交集团公司秉持"一心为乘客、服务最光荣"的企业精神,把乘客放在发展的首位,优化线网结构,提供便利的出行方案;加快车辆更新,打造舒适的乘车环境;完善服务规范,打造和推广服务亮点;深化服务专项整治,解决影响乘客体验的关键问题。

（二）心怀大局、勇于担当的文化

北京公交是人民的公交、社会的公交,这是北京公交人的一致共识。在关键时刻,总有公交人的身影。唐山大地震期间,公交人开赴唐山支援抗震救灾工作;"非典"期间,公交人坚持运营,坚定了社会公众战胜"非典"危局的信心;北京奥运会期间,公交人用责任与坚守,向国际展示了首都北京的形象。公交集团公司始终与国家同呼吸、共命运,坚决服从指挥、心怀大局,铸就了一支能吃苦、勇担当、敢战斗的强大铁军。

（三）拼搏敬业、甘于奉献的文化

北京公交是每一个公交人的公交,这是北京公交人的共同心声。公交人把公交集团公司看作是自己的家,心系公交发展、珍视集体荣誉,倾力拼搏,无私奉献。在改革开放的时代潮流中,公交人抓住机遇、乘势而上,成就了北京公交运营车辆世界第一、公交线路总里程世界第一、日客运量世界第一等多项成绩,为北京市民出行做出了巨大贡献。

(四)以人为本、长于关爱的文化

北京公交是一个温暖和谐的集体,是北京公交人共同的精神家园。公交集团公司将员工视为企业的主人,营造积极和谐的企业氛围,创造良好的工作环境;提供干事创业的平台,帮助员工学习成长;解决广大员工关注的热点、难点问题,为员工办实事。公交集团公司始终坚持以人为本,贴近实际、贴近生活、贴近员工,筑牢发展的基础。

二、企业文化建设的指导思想

(一)更加凸显优秀文化的传承性

在传承中创新,在创新中发展。公交集团公司百年历程沉淀了深厚的文化,形成了优良的传统。在未来企业文化建设过程中,公交集团要把传承优秀文化作为重点,并将传承公交优秀文化和推进发展战略相结合,将传承公交优秀文化和提升管理水平相结合,根据时代特点、集团现状及未来发展需要,大力弘扬责任、人本、服务、奉献等优秀文化,引入新内涵、制定新标准,培育成集团企业文化的牢固根基。

(二)更加追求目标文化的开放性

对外的开放就是对内的激活。外部环境在变,公交文化也要应时而变,更加开放,更具活力。未来是一个产业边界、企业边界消融的互联网时代,公交集团公司应主动迎接变化,打破封闭的文化圈,根据发展需要吐故纳新,以立足未来、立足世界的开放性引入并强化创新求变、公开公正、学习思考、诚实守信等文化因子,激发文化活力,以更全面的文化内涵塑造更加立体、更加自信的"北京公交"品牌,构建可持续健康发展的公交集团生态系统。

(三)更加注重文化管理的系统性

企业文化建设是一项长期的系统工程。加强企业文化建设规律的研究,从实践中探索科学的文化管理机制。建立明确的责任制度和工作机制,规范各级组织的职责和要求,形成分工明确、关系协调的运行机制;建立有效的考核制度和激励机制,完善绩效评估办法和激励机制,增加企业文化建设的约束力;建立企业文化建设团队的培养机制,改变目前兼职为主的局面,打造专业精干的企业文化建设队伍。

(四)更加强调文化传播的互动性

让公交文化成为企业与员工的文化共振、企业与社会各界的精神共鸣。高度重视员工在企业文化建设中的主体作用,加强与一线员工的对话,明确员工的诉求和期望,不断调整优化文化体系和文化建设的路径。加强与社会各界的沟通,特别是与乘客的沟通,通过立体式的传播和实时、高频次的互动,共建、交流等活动的开展,获得社会各界的支持,传播全新的"北京公交"品牌形象。

三、企业精神

公交企业具有光荣的历史和优秀的传统。作为窗口行业,北京公交忠实地履行着"四个服务"方针,在长期生产经营中,不仅积累了丰富的运营管理经验,而且以"坚持改革,扩大发展,方便出行,改善服务"为宗旨,坚持"一心为乘客,服务最光荣"的企业精神,充分发挥典型示范作用,培养造就了一支能够连续作战、不怕疲劳、不辞辛苦、无私奉献的员工队伍,形成了勇于承担急、难、险、重任务,确保万无一失、圆满出色地完成各项交通运输任务的行业特征。

回顾北京公交历史,从建国初期到恢复城市交通开展的闻名全国的"百辆造车运动",到1989年下半年为保稳定迅速恢复运营生产;从1990年亚运会、1995年世妇会、1999年建国50周年庆典、世界大学生运动会、2008年奥运会,到每年的人大、政协两会等重大政治任务和社会活动,公交集团公司都做出了不可替代的历史性贡献。

无数历史事实充分说明了公交集团公司员工政治敏感、顾全大局、热情好客、争创一流的精神风貌,证明公交集团公司拥有一支意志坚强、作风过硬、爱岗敬业、技术精湛、吃苦耐劳、善打硬仗的员工队伍。广大员工凭着对祖国的无比热爱、对公交事业的赤胆忠诚,在平凡的岗位上默默奉献,在一次又一次的严峻考验面前,弘扬着公交企业各个特定历史阶段的精神内涵,形成了具有鲜明时代特征的"国庆精神"、"奥运精神"等一系列与所处时代密不可分的精神特性,谱写了一曲又一曲的行业颂歌,向全世界展示了首都公交特有的企业精神,集中表现为:

(1)热爱祖国,为首都争光,以强烈的政治责任感、昂扬的斗志、干好本职工作的爱国主义精神。

(2)严守纪律,听从指挥,团结协作,顾全大局,树立企业形象,维护企业荣誉的团队精神。

(3)不怕疲劳,连续作战,克服困难,不讲条件,舍小家顾大家,无私奉献的拼搏精神。

(4)高标准,严要求,严谨周密,一丝不苟,检查、检查、再检查,落实、落实、再落实的争创一流精神。

(5)身先士卒,关心群众疾苦,上下一致,敢打敢拼,勇于战胜困难的同甘共苦精神。

四、开展六大文化建设

(一)理念文化

理念文化是公交集团公司企业文化的核心和灵魂,是企业在生产经营过程中受文化传统、意识形态影响而形成的一种长期的文化观念和精神成果,具有导向、约束、激励、凝聚等作用。集团开展理念文化建设,重点在于突出理念文化的核心价值,传承公交优秀企业文化,践行企业使命、企业愿景、企业核心价值观、企业发展战略等,通过理念文化强化,营造北京公交良好企业文化氛围,增强全体员工对企业的认同感和归属感。

(二)制度文化

制度文化是公交集团公司全体员工共同的行为规范,科学合理的制度文化体系既是优秀企业文化的反映,也是全面依法治企、强化企业民主管理、科学管理的体现,对贯彻实施企业理念文化具有重要的保障作用。集团实施制度文化主要体现在公开、公平、公正上,要突出激励、业绩、能力导向。

(三) 识别文化

识别文化对扩大"北京公交"影响力、号召力和凝聚力具有重要作用,是企业形象鲜明的视觉展现,将集团企业文化、企业规范转化为清晰可见的识别系统,进而凝聚核心价值文化的共识。开展识别文化建设,要在车厢、场站、站台识别中突显公交文化特色,让企业愿景、企业使命、企业核心价值观随处可见,在公益性企业范围的车辆、设施中冠以"北京公交",注重无形资产和知识产权的保护,形成文化的聚合力。

(四) 仪式文化

仪式文化是把集团开展的某些工作固定化、程式化,以宣传企业的核心价值文化为重点,是展示企业形象的重要途径和方式。仪式文化以集体行为的结构化和稳定的模式为特征,是一个不断强化文化宣传的过程。发挥仪式文化的作用,能够通过有形的活动将无形的文化理念内化于心,潜移默化地影响员工思维,形成文化习惯,增强员工的归属感和自豪感,有效解决企业文化的落地问题。

(五) 行为文化

行为文化是员工在生产经营、人际关系中产生的活动文化,是以员工的行为为形态的企业文化。行为文化真实地反映了企业的使命、愿景和精神面貌,是企业核心价值文化的折射。在行为文化的实践中,要以安全、运营、服务各项工作为重点,倡导员工的职业道德和诚信服务,满足乘客出行需求,提高服务水平,体现文明行为,帮助员工从思想意识、管理行为上塑造公交行为文化,提升员工的整体素养。

(六) 执行力文化

执行力文化是把"执行力"作为所有行为的最高准则和终极目标的文化,体现了企业的核心竞争力。执行力文化的关键在于透过企业文化塑造和影响企业所有员工的行为,形成全心全意、令行禁止、权责明确等工作作风。执行力文化具体体现为:说我们做的,做我们说的,说到做到。通过考核、督查等方式全面加强,不仅要列项目,更重要的是看结果,达到积极作为、善于作为、依法作为。

五、光荣传统和先进典型

（一）先进事迹掠影

工作在平凡岗位上的公交集团公司广大员工具有强烈的政治敏感和首都意识、窗口意识、服务意识，以确保稳定、坚持运营服务的崇高责任感和历史使命感，舍小家顾大家的大局观念和无私奉献的情怀，诠释着"一心为乘客，服务最光荣"的行业精神和"以人为本，乘客至上"的服务理念，展示了首都公交员工特有的风采。

（1）1976年唐山大地震波及北京，公交员工积极投身抗震救灾的第一线，发扬一不怕苦、二不怕死的精神，在余震不断，仍有强震发生的情况下，坚守岗位，确保了首都公共交通畅通无阻。7月28日凌晨发生地震后，共产党员、共青团员和各级管理人员站在了抗震救灾的第一线，驾、乘、调、保及后勤系统各岗位各工种的广大员工以保证交通的责任感、英勇无畏的气概，不顾个人伤痛，不顾亲属伤情，立即奔赴工作岗位，迅速及时地到车队报到、请战，留下上连班。震后1小时18分，市郊区89条线路头班车全部正点发车，"星期六义务劳动精神"再一次发扬光大，大家主动加班加点，在睡眠不足、路面复杂、客流变化的情况下，保证了行车安全，做到了热情服务，确保了运输正常有序。同时，还积极投身于抢险救灾的义务奉献中，在得知灾区救援急需车辆时，28日晚，员工们冒着暴雨高速度、高质量地完成了紧急检修30部车辆的任务，赶赴灾区，充分地体现了公交员工的道德情操。

（2）1988年8月23日，东蒲路火车道口由于立交桥施工，在原道口西侧修建专用浮桥，只准公共汽车和有证机动车通行，但由于有关单位失于管理，没有执行有关规定，造成机动车、行人混行。田欣华同志驾驶的39路公共汽车行驶至火车道口时，为避让一骑自行车捡鱼的妇女，紧急制动导致车辆熄火。田欣华同志协同乘务员尽快疏散乘客，但由于乘客的行包挡住了车门，影响了乘客下车速度，田欣华同志为保护乘客人身安全和企业财产不受损失，一面督促乘客尽快离开现场，一面努力把车辆推出火车道口，不幸被驶来的火车撞击牺牲。

田欣华同志被北京市委、市政府追认为烈士。

（3）1994年9月20日，一持枪歹徒持械逃亡，在建国门至雅宝路区段与公安干警对峙，并向44路（外环）、52路共6辆满载乘客的公交车疯狂扫射。在突发事件面前，在场的21名公交驾驶员、乘务员临危不惧，舍己救人，保护乘客，经受住了生与死的考验。44路驾驶员张汝生腿部负伤，无法正常驾驶车辆，但他以保护乘客安全为己任，置个人安危于不顾，沉着冷静，在乘务员的协助下，一边敦促乘客紧急躲避到车厢另一面，一边忍着剧痛，将车迅速驶离案发现场。把受伤乘客送到医院后，继续把车驶回总站，避免了重大伤亡事故的发生，体现了公交员工在突发事件中的英勇无畏精神和乘客至上的服务理念，受到了北京市委、市政府和广大北京市民的赞誉。

（4）公交企业素有顾全大局、万无一失、出色圆满完成各项重大政治活动和社会活动的光荣传统和政治素养，广大员工具有强烈的首都意识、窗口意识、长安街意识，以"在内宾面前我代表首都，在外宾面前我代表中国"的使命感，机智勇敢，主动灵活，避免了多起影响国际声誉的恶性案件发生。据不完全统计，仅1999年，就义务出车567车次，运送疏散各级各类上访人员6万多人次，还执行了去往保定、三河、阜新等地的疏散任务，广大员工冒着40℃的高温，日夜兼程，安全圆满地完成了任务，维护了首都的稳定和声誉。

（二）先进集体和先进人物录

一代又一代北京公交人用青春、热血乃至生命，谱写了公交可歌可泣的历史，在平凡的岗位上恪尽职守，涌现出了灿若群星的先进群体和个人，书写了公交史上最新、最美、最辉煌的乐章。1984年以来，北京公交企业被北京市政府命名了13个模范集体；被团中央、北京市总工会、市民委、市妇联命名了"工人先锋线路"35条、"民族团结路"1个；"工人先锋号"车（班）组110个；"三八红旗号"车（班）组105个；"民族团结模范号"车组7个；新世纪号车（班）组3个；青年文明号线路22条；青年文明号车（班）组212个。他们中有第一支被命名为"工人先锋车队"的10路车队，有公交行业一面旗帜的电车103路车队，有全国青年文明线路的374路车队，有与穆斯林同胞血脉相依的民族团结进步线路的61路车队，全国扶老助老先进线路的39路车队，体现男子汉风采的323路车队等。

从建国初期到现在的50多年间,北京公交行业先后有309名员工被命名为全国、北京市、建设部劳动模范。他们中有50年代驾驶煤气炉车的"节能状元"葛正中;60年代苦练技能的"一手清"吴兰芬;70年代"百问不倒"赵淑珍;80年代"晶莹露珠"王桂荣,"新长征突击手"杨本莉;90年代的"活地图"任玉琢,"岗位作奉献,真情为他人"的李素丽;21世纪涌现出被称为"编外队长"的于京生;"下岗再就业明星"刘俊华;首席技师任宏志等为代表的新一代先进典型。他们在平凡的工作岗位上,在日复一日的车厢服务中,用辛勤劳动和真诚奉献诠释着"一心为乘客、服务最光荣"的行业精神。

(1) 节油状元杨茂林。原公汽五场驾驶员,1952年至1955年、1959年,5次被评为北京市劳动模范,1956年被评为全国劳动模范。他热爱本职工作,认真钻研技术,虚心学习,摸索出一套既安全驾驶又节约燃料的操作方法,创造出80万公里无大修的纪录,节约了修理费用。他"脚轻手快,缓车滑行"的节油经验广泛推广后,节约了大量的燃料,同时创出了连续5年安全行车26万公里的佳绩。1955年,杨茂林等全国公路运输百名劳模向全国同行提出"开展10万公里无大修劳动竞赛"的倡议;1956年,他又同艾肇昌、葛正中等劳模向全国发出"节约燃料的三人倡议",促进了全国交通事业的发展,成为公共交通行业的标兵。

50年代的公交全国劳模还有葛正中、白宝琴、白淑兰和熊笃俊。

(2) 百问不倒的赵淑珍。原电车公司一场106路乘务员,1977年被国务院授予全国工业学大庆先进生产者称号,1978年、1979、1981年三度被评为北京市劳模。她20年如一日,身在车厢,心系群众,急乘客之所急,帮乘客之所需,热情照顾老、幼、病、残、孕及外地、外宾7种乘客,被乘客誉为贴心人;她走访了106路沿线154条胡同和各大医院,做到"一问四答,百问不倒"。她总结出的"四多",即:"多看一眼,多说一句,多扶一把,多体贴一下"的经验,在全行业广为传播;许多兄弟单位的乘务员到她车上跟班实习,她都言传身教,热情帮助。电车公司开展了"学习赵淑珍,争当赵淑珍式乘务员"的活动,推动了整体服务水平的提高。

与赵淑珍同年代的还有1979年被评为全国劳动模范的冯广善。

(3)"活地图"任玉琢。原电车公司110路乘务员,1983年被评为全国"三八红旗手",1986年被评为北京市优秀共产党员,1987年当选为党的十三大代表,两次出席全国党代会,1981年、1984年、1985年、1989年分别被北京市、建设部评为劳动模范和特等劳动模范,1989年国务院授予她全国劳动模范称号,多次受到党和国家领导人的接见。任玉琢同志坚持"一心为乘客,服务最光荣",从"代表中国,代表首都"的高度责任感出发,主动热情为乘客服务,热心照顾"五种人"。为解乘客之急,帮乘客所需,她不顾下班后的疲劳,冒着严寒酷暑,徒步做地理调查,利用业余时间,四处拜师,学会了广东、上海等地的方言和新疆、内蒙古等地区的民族语言,学会了英语简单会话和哑语,极大地方便了外地人、外宾和聋哑人乘车。她还根据不同乘客的需要,在车上增添了很多便民设施,得到乘客广泛赞誉。通过多年的实践,任玉琢和车组的同志们从售票、安全、服务方面,总结出"一坚持,三主动,十方便"的服务经验,做到了车组任务完成超计划、安全行车无事故、车厢服务和车辆清洁合格率均达到100%,她所在的车组首批被市总工会命名为"工人先锋号"车组。

(4)全国劳动模范张宝琴。原第五运营分公司43路乘务员,1989年至1996年连续7年被评为总公司级优秀共产党员、先进生产者,1992年至1996年连续被评为总公司级岗位标兵,1989年至1996年连续荣获市爱国立功标兵称号,1989年被授予北京市劳模,1990年至1992年荣获市级三八红旗手称号,在1992年学先进比奉献竞赛中被授予"全国先进女职工"称号,1994年她所在的"5088"车组荣获全国巾帼建功先进集体,1995年张宝琴被评为全国劳动模范。她一心扑在事业上,能听懂多种方言,脑子里有本"活地图",曾30多次到北京图书馆去查阅资料。"搀、扶、抱、找、拿"五字服务方针始终体现在张宝琴的服务中;报站清楚,不厌其烦是张宝琴的一大特点;"立席、离席、提前、点将"八字诀服务法她始终遵循,从未发生一次夹摔事故和服务纠纷。服务中始终贯穿四多、四勤、四个一样:多听、多看、多想、多做;手勤、脑勤、腿勤、嘴勤;高低峰时一样、有检查无检查一样、心情好坏一样、对不同乘客一样。分公司从所属的各个车队挑选优质服务车组代表让张宝琴带徒弟,她精心传授,12个亲授徒弟中,纪丽平、连丽荣、郑丽平、白砚玲多次被评为总公司级先进、岗位标兵、北京市爱国立功标兵，冯群英、冯群武姐妹车组被评为市"三八红旗号"；蒙宇、郑丽平车组被评为市"青年文明号"车组，白砚玲被建设部授予劳动模范。

（5）岗位做奉献，真情为他人的李素丽。原第一客运分公司60路、21路乘务员，1992年荣获"首都劳动奖章"，1993年荣获"全国五一劳动奖章"和"全国优秀乘务员"称号，1994年被评为"全国建设系统劳动模范"，1996年起先后荣获"五四奖章"、"全国三八红旗手"、"全国职业道德标兵"和"全国优秀共产党员"等荣誉称号。她在参加中国妇女第七次全国代表大会和中国共产党第十五次全国代表大会期间，受到江泽民、李鹏等党和国家领导人的亲切接见。建国50周年荣获"首都楷模"称号，2000年被评为"全国劳动模范"。在近20年的乘务工作中，她以强烈的首都意识、服务意识和公交窗口意识，在三尺票台和车厢服务中，把党的关怀、社会主义道德风尚，传送到每个乘客的心坎上，净化着社会风气和人们的心灵，把流动的车厢变成了展示首都精神文明的窗口，岗位作奉献，真情为他人，用真情架起了一座与乘客相互理解的桥梁，把微笑送到四面八方，被广大群众誉为"老人的拐杖，盲人的眼睛，外地人的向导，病人的护士，群众的贴心人"，模范体现了公交"一心为乘客，服务最光荣"的行业宗旨，赢得了广大乘客的尊敬和爱戴。她具有鲜明的时代特点，刻苦学习文化知识，认真学习英语、哑语，并努力钻研心理学、语言学，利用业余时间走访地理环境，潜心研究各种乘客心理和要求，有针对性地为不同乘客提供满意周到的服务，以其亲切、诚恳、朴实、大方、得体的服务，使平凡的乘务工作升华为一种艺术化的服务。1999年12月10日，"96166公交李素丽服务热线"开通，她与热线的同志一起耐心解答乘客问题，利用工余时间走访大街小巷，不断补充完善热线所需的资料，使热线成为"乘客出行的向导，解答问题的智囊，质量监督的渠道，联络感情的桥梁"，极大地方便了市民出行，架起了公交行业和乘客之间友谊的桥梁。

（6）"编外队长"于京生。作为322路车队的一名驾驶员。他始终把乘客的安全和企业的利益放在第一位。为确保行车安全，他坚持出车前做好"十检"，坚持行车中遵章守纪，坚持对路况进行动态分析做到了如指掌，25年间他从未花过事故费,安全行驶67万多公里。他利用业余时间帮助车队修理车辆,被同事们称为"业余抢修工"。他换轮胎1000多条,换柴油泵150台,换马达发电机130多个,其他碎修近2000余次。他还根据修车难点自费购置、设计、制作了60余套400多件修车工具,价值达2万余元。解决了维修车辆中的许多困难,降低了修车成本。他努力钻研技术,勇于创新。采用静压原理,设计制作了拆卸缸盖的修车工具——"铜套拿子",使每个修理过程节约了2/3的劳动量,4/5的维修时间,减轻了劳动强度,降低了维修成本。他努力为企业增收节支。把自己多年总结出的节油方法和经验毫无保留的传授给其他驾驶员。据不完全统计,他节约燃油3万多升,为企业节约资金9万多元。他利用业余时间把费油车变为节油车,带动了更多驾驶员的节油热情,仅末站车节油达25万多升。他心系车队,多年来每到冬天就住到站上保出车,工作之余,帮助车队领导和新驾驶员及年轻人做"日见面",叮嘱他们走好安全车。1998年至2002年被评为北京市经济技术创新标兵;2002年获首都劳动奖章;2002年北京市获城建系统优秀共产党员;2004年获建设部劳动模范、全国五一劳动奖章。2005年获全国劳动模范。

(7) 下岗再就业明星刘俊华。刘俊华原来所在的工厂倒闭,1999年进入了北京巴士股份有限公司。她说:"是巴士燃起了我对生活的希望,翻开了我人生新的一页。"在公交这个集体里,她从下岗人员成长为共产党员、劳动模范,在平凡的岗位上做出了不平凡的业绩。她严格遵守企业的规章制度,执行岗位职责,努力钻研业务,以热情的服务、文明的语言、整洁的车厢环境,为乘客服务并得到高度赞扬。她把乘客看作亲人,用"心"去为他们服务,用"情"与四面八方的乘客沟通,把"爱"洒满整个车厢。她的服务"六法"在企业推广,促进了整体服务水平的提高。为"建功新北京,奉献新奥运",她苦学英语,"双语"报站,介绍经过的名胜古迹。她还把学到的礼仪知识运用到工作中,让文明礼仪之风吹进了车厢。5年里,她的车组累计运送乘客55.7万人次、收到表扬信138封、接到表扬电话712次,她所带的60多名徒弟都成为了生产工作中的骨干。2002~2004年连续3年被评为北京市"经济技术创新标兵",2003年荣获"首都劳动奖章",2004年被评为"北京市优秀共产党员",并当选第六届"北京十大杰出青年",被人事部、建设部授予"全国建设系统劳动模范",同年被中华全国总工会授予"全国五一劳动奖章",2005年被评为全国劳动模范。

(8)"运营车辆好医生"关月刚。他是保修分公司五厂碎修组组长。25年来,关月刚在保修工的岗位上,凭着对工作的无限热爱,对保修事业的执着追求,在平凡的工作岗位上,做出了一名保修工人应做的贡献,尽了一名共产党员、劳动模范应尽的职责。多年来,他坚持一切从车队和驾驶员的需要出发,工作中高标准严要求,努力做到一丝不苟、精益求精。在20多年的保修工作中,他没有出过一次责任故障和责任返修,被厂里誉为"质量信得过的技术能手",被车路驾驶员亲切地称为运营车辆的"好医生"。他在保修工作中突出一个"细"字,在质量管理中体现一个"精"字,在保运营服务上讲究一个"实"字,在主动分担运营生产压力上充满一个"情"字。为给车队提供方便、快捷的服务,他自费配备了通信工具,并把号码告诉各车队相关人员,以实现他对各车队所作出的"有呼必应,随叫随到"的承诺。工作中,他以运营驾驶员的角度来测试车辆各项使用性能,达不到满意,决不放行。1996~2003年连续8年被评为总公司先进个人,1998~2003年连续6年被评为总公司优秀共产党员,2000年被授予北京市劳动模范,2002年、2003年被评为北京市城建系统优秀共产党员,2005年荣获全国劳动模范称号。

(9)首席高级技师任宏志。任宏志1973年从部队复员进入公交保修工作,凭借对工作的认真和对事业的执着,他成为公交系统公认的技术权威,被大家称为"学者加实干型"的技师,被保修分公司聘为首席技师。自2002年起先后参与完成了《实用技术培训讲义》、《新型公共汽车电路及电控技术》和《新车型应用1600问》的编写,2008年5月主编了《VITI-CAN总线技术在公交车上的应用》。这些讲义、教材将理论知识与实际应用相结合,广泛应用于员工培训,深受好评。结合生产实际,他先后完成了《技术培训基础建设》、《新型城市公共汽车电子技术》、《电控发动机故障维修指南、T270自动变速箱电子培训教材》和CAN总线演示台等七个项目的研制工作,取得了丰硕的科技成果,分别荣获了公交集团公司科学技术、分公司科技进步一、二、三等奖。2008年成为公交集团公司唯一享受市政府技师特殊津贴的员工,2010年被评为北京市劳动模范,并获得国家技能人才培育突出贡献奖。任宏志用奋发向上、无私奉献的行动,填写了他的人生履历,证明了他的人生价值,为公交车辆维修技术和员工技术培训事业做出了突出贡献。

(10)"问路请找我"特色服务品牌张鹊鸣。张鹊鸣同志是北京公交集团公司第一客运分公司387路乘务员,中共党员。2014年,被北京市评选为"北京榜样"十大榜样人物之一。张鹊鸣同志2000年参加工作,他秉承"以人为本,乘客至上"的企业理念和"一心为乘客,服务最光荣"企业精神,在乘务员的岗位上辛勤工作、甘于奉献,练就了熟知北京交通地理环境的绝活儿。他回答乘客的询问既耐心又准确;他踏勘过上百万公里的公交线,记录了上万个站点,编著了20多万字的《鹊鸣公交速查词典》,被评为"北京市经济技术创新工程优秀成果"奖。张鹊鸣同志把雷锋精神落实在本职工作岗位上,他坚持利用业余时间为乘客义务指路,10余年共计奉献4000余小时,义务指路达到了12万多人次,打造出了"问路请找我"特色服务品牌,被乘客誉为"公交活地图"。

(11)安全行车文明服务的刘美莲。刘美莲从1995年来到公交集团公司,作为一名驾驶员十八年来从未出现过一次违章和事故,安全行车20多万公里,收到表扬信、表扬电话数百件。在工作中,她坚持细心、耐心、专心、恒心,在平凡的岗位上做出了不平凡的业绩,成为乘客心中"最美"的公交人。作为一名共产党员,刘美莲在积极参加各种党组织活动之余,还积极创新车厢服务方法,营造良好的车厢服务和宣传环境,并将经验传授给身边的其他同志,带领他们共同进步。2012年,她代表首都公交11万员工出席了党的十八大,并把十八大精神和自己的心得带回来同大家一同分享。她的先进事迹受到首都多家媒体的关注,《北京日报》、《北京晚报》、《北京新闻》等多家主流媒体百余次的登载宣传。

(12)神州第一街,领先"大1路"的特色服务品牌。1路组建于1935年9月5日,1961年7月开始承担长安街运营任务,是北京公交开通时间最早、影响力最大、知名度最高的线路,因途经中南海、天安门、王府井等首都政治要地和繁华地区,被人们赋予"国门第一路"的称号,乘客则亲切地称它为"大1路"。1981年7月,北京市第一个被命名的"共青团号"64682车组就诞生在1路。车队根据政治线路的定位,推出了党支部"六佳"工作模式、管理人员岗位工作程序、"四个形象"及"五小"工作法等,培育员工共同价值观,总结出"十领先"的服务标准和"五个心"、"六个一"的特色服务方法。近年来,1路车队在公交集团公司开展的"创首都公交服务品牌,建人民群众满意公交"活动中,以"一路春风、一路平安、一路文明、一路真情"四位一体的鲜明服务形象,树立起"神州第一街,领先'大1路'"的特色品牌,并得到社会各界和行业内的认可。

【思考题】

1. 简述城市公共交通企业的性质与特点。
2. 城市公共交通企业的经营宗旨是什么?
3. 公共交通在城市中的地位与作用是什么?
4. 公共交通有哪些服务方式?
5. 什么是固定线路客运服务方式,主要有几类?
6. 固定线路客运服务方式有哪些特点?
7. 你了解了北京市公共交通企业发展的历史、现状及对未来的展望,有些什么感想?
8. 请默记公交集团公司的使命与企业愿景。

第二章

城市公共交通职业道德

第一节 城市公共交通职业道德概述

一、城市公共交通职业道德的特点及基本内容

城市公共交通职业道德是社会主义职业道德的组成部分,是企业员工在长期的生产经营活动中形成和发展起来的,是调节公交企业员工之间、公交员工与乘客之间、公交企业与社会其他行业之间关系的行为规范和准则。

(一)城市公共交通职业道德的特点

1. 体现城市公共交通职业特点和优良传统

城市公共交通职业道德是随着城市公共交通的出现,在城市公共交通职业活动中产生的。在我国,城市公共交通职业道德的迅速发展是在中华人民共和国成立以后。社会主义制度的建立,使城市公共交通职工成为国家的主人、企业的主人;同时社会主义建设事业的发展也带来城市公共交通的迅速发展。这些变化和发展,为社会主义城市公共交通职业道德的形成与发展奠定了坚实的思想基础和物质基础。城市公共交通员工,是我国工人阶级中一支具有光荣传统和献身精神的队伍,他们在艰苦的环境中,养成了吃苦耐劳、能打硬仗的优良品质;他们对本职工作认真负责,以高度的责任感,深刻理解了安全行车、准点运行对公交职业的道德价值;在长期的职业活动中创造了许多为乘客服务的好经验、好方法;在企业不断发展的过程中,经过几代人的努力,形成了具有北京公交特色的企业文化。公交职业道德在继承我国优良传统道德的基础上,把社会主义职业道德为社会、为人民服务的根本要求融于自己的职业实践中,生动地体现了公交员工先进的道德意识和道德标准。

2. 全心全意为乘客服务是城市公共交通职业道德的核心

城市公共交通是专门从事客运的服务行业,运营生产过程是运送对象在空间上的移动,其生产效能是满足人们的出行需要,具有鲜明的社会服务性特点。由于运送的对象是乘客,因此,摆正自己与服务对象的关系位置,确立"服务为本,乘客至上"的道德意识,讲求服务信誉,千方百计维护乘客利益,全心全意为乘客服务,就成为城市公共交通职业道德的核心。

城市公共交通职业道德是社会主义职业道德的一部分,其核心与社会主义道德的核心"为人民服务"是一致的,是具体化了的社会主义职业道德。公交行业是服务行业,为乘客提供满意的服务是企业经营的宗旨,因此,运营一线驾、售、调人员要牢固树立服务意识,二、三线保修和后勤系统干部职工要树立"为运营一线服务就是为乘客服务"的意识。特别是首都公交,担负"四个服务"的重任,因此首都公交的干部职工更要牢固树立首都意识,树立"在内宾面前,我代表首都;在外宾面前,我代表中国"的意识。每一名公交人,都应该在努力为乘客提供满意的服务上下功夫,以实际行动树立首都公交新形象。

(二)城市公共交通职业道德基本内容

城市公共交通职业道德是社会主义职业道德的重要组成部分。公交集团企业文化行为识别规范中明确提出,公交员工的职业道德是:诚实守信,尽职尽责;努力学习,提高技能;遵章守纪,廉洁奉公;尊重乘客,文明服务;顾全大局,团结协作;勤俭节约,艰苦奋斗。从城市公交行业的性质、任务和特点看,公交职业道德应包括以下具体内容。

1. 诚实守信,尽职尽责

主要内容:对企业忠诚,具有良好信誉,言行一致;立足岗位,忠于职守,具备良好的职业意识、职业素养、职业责任感;勤奋工作,完成规定的工作任务,避免工作失误和疏漏。这一条是公交职业道德的核心内容。企业以"德"、"诚"、"信"为根本,诚实守信就是要求企业经济活动信守合同,遵守约定,履行承诺,商品要货真价实,保证质量,质价相符。

从公共交通行业性质看,公交不是生产性企业,而是服务性行业,其产品只能是为乘客提供服务。就必须要求企业员工坚持"以人为本"的思想,树立良好的服务意识。服务代表公交企业的信誉和形象,服务关系到企业的生存和发展。在当前城市客运市场竞争日趋激烈的情况下,要以规范服务、文明服务和优质服务去赢得市场,更要以安全、准点、方便、快捷的服务,树立首都公交新形象。员工对企业的忠诚,要体现在维护企业形象上,要体现在忠于职守、尽职尽责、努力工作上,要把职业意识和职业责任感落实到每一个具体服务工作中,以个人的模范行为为企业增辉。

2. 努力学习,提高技能

主要内容:学习科学文化和业务知识,积极参加企业各种学习培训、技术练兵比武活动。掌握本岗位需要的现代通信和信息技术,不断提高工作能力和技术技能等级,成为学习型人才。

职业技能包含文化素养和职业素养。文化素养是在基础教育中培养出来的。而职业素养则是在从事职业过程中逐渐培育起来的。职业素养包含从业动机,职业理想,求知欲望,革新精神和创造力等内涵。因此,公交员工具备良好的职业技能,必须努力学习科学文化知识和业务知识,积极参加各种学习培训,不断提高个人的工作能力和技能等级。公交员工通过参加企业的各种素质培训,培育良好的职业素养,掌握过硬的岗位技能,这不仅是职业本身的要求,也是公交作为社会公益性服务行业对社会各界乘客服务的需要。公交员工要适应首都公交的发展,努力加强业务技术学习,提高技能水平,更好地为广大乘客服务。

3. 遵章守纪,廉洁奉公

主要内容:认真贯彻执行与岗位工作相关的法律法规及本单位规定的规章制度,严守工作纪律;廉洁奉公,不徇私情,正确行使工作职权,不以职权和工作之便谋取私利。

职业的高度社会化,必然要求从业者具备严格的组织纪律性。职业纪律以保证职业活动正常有序开展为标准。公交企业运营服务作业方式是独立作业,流动分散。因此,要确保运营服务工作正常进行,必须要求员工自觉遵守企业的规章制度和职业纪律,认真贯彻执行与岗位工作相关的法律法规,特别要严守交通安全法规。公交作为专业性的客运企业,安全责任重于泰山。历史上重大的群死群伤事故,给人民生命财产造成不可挽回的损失,在社会上造成重大负面影响,教训惨痛。痛定思痛,主要原因还是员工的法纪观念不强,职业意识淡薄,没有认真遵守规章制度。遵章守纪作为公交员工必须严格遵守的职业道德规范,要强化教育,加大纪律约束,不断提高员工遵章守纪的自觉性。

廉洁奉公:就是要求所有员工都要秉公办事,不徇私情,正确行使工作的权力,不以职权和工作之便谋取个人私利。公交是开放性的社会服务性企业,每天运送乘客近千万人次。只有每一名员工都做到秉公办事,一视同仁,主持公道,伸张正义,保护弱者,认真处理每一件事情,乘客的满意度才能提高,企业的整体服务水平才能得到社会各界的认同。

4. 尊重乘客,文明服务

主要内容:牢固树立"以人为本,乘客至上"的文化理念,弘扬"一心为乘客,服务最光荣"的企业精神,努力增强服务技能,积极倡导文明服务,不断提高服务水平。

牢固树立"以人为本,乘客至上"的服务理念,弘扬"一心为乘客,服务最光荣"的企业精神,是公交职业道德的基本要求。从公交行业服务特点看,公交服务对象是社会各界乘客。因此,公交员工必须牢固树立"乘客至上"的职业意识,认真尊重每一位乘客,把乘客作为自己的衣食父母,把乘客需求作为我们唯一的工作标准。文明礼貌待客,认真为乘客排忧解难,乘客利益无小事。把满足乘客需求作为我们工作的出发点和落脚点。特别是在新形势下,大张旗鼓地倡导为人民服务的道德观,深化服务意识,创新服务内容,提升服务质量。热情服务乘客。文明待客是职业道德在服务工作中的主要表现,是社会人与人之间互相友爱的具体体现,是实现为人民服务宗旨的集中反映。公交行业每天与普通百姓的生活发生着千丝万缕的联系,其服务质量的优劣是职业道德水平的最直观、最具体的反映。要以优质服务赢得社会各界的理解,反映出人民公交为人民的宗旨。

5. 顾全大局,团结协作

主要内容:正确处理国家、企业、个人三者利益关系,以大局为重,团结协作,相互尊重,文明交往,树立公交一盘棋思想,强调单位之间、部门之间的和谐,建立员工之间团结、友爱、平等、互助的良好人际关系。

公交企业的工作特点是:点多、面广、流动分散、马路车间、单兵作业。这种工作特点决定了公交员工应具备大局意识,团结协作精神,增强执行纪律的自觉性。讲大局意识,必须个人服从组织,一个车组要服从整条线路的运营服务;个人的言行既代表首都又代表中国;讲团结协作,每个车组同志要紧密配合,共同完成运送乘客的任务。各个车组之间,也要团结协作,服从调度的统一安排;顾全大局,团结协作关系到公交企业的生命线,是公交员工必须遵守的职业准则。在多年的工作实践中,许多优秀员工做出了顾全大局,团结协作,可歌可泣的事迹。如:2003年,北京"非典"时期,巴士旅游分公司的员工响应市防治"非典"联合工作小组和市交通委的号召,不顾个人安危,积极报名,增援120急救中心驾驶员,同医护人员混同编组,运送"非典"病人。他们的事迹得到市委市政府的表彰。作为公交员工,必须树立"顾全大局,团结协作"的职业道德观念。

6. 勤俭节约,艰苦奋斗

主要内容:增强勤俭节约的意识和观念,从一点一滴做起,节能降耗,建设节约型企业;发扬艰苦奋斗的光荣传统,不怕困难,勇于开拓,不断提高企业的社会效益和经济效益。

勤俭节约,艰苦奋斗是几代公交人的光荣传统,是公交职业道德的重要体现。公交是社会公益性的服务行业。多年来,一直靠政府支持,财政补贴。公交经营的目标不仅要提高社会效益,最大限度的满足乘客需要,扩大服务领域,提高乘客的满意度,还要尽最大努力提高经济效益,减少亏损,减低成本。这就需要全体员工树立勤俭节约,艰苦奋斗的意识。勤俭节约,从一点一滴做起,节能降耗,降低成本,不铺张浪费,勤俭办每一件事,建设节约型企业。艰苦奋斗是一个人、一个企业能否发展壮大,有没有希望的重要标志。要树立一种不怕困难、敢于吃苦,拼搏奋斗的精神。几代公交人在艰苦奋斗精神的感召下,身体力行,以乘客利益为第一生命,以服务乘客为光荣己任。正是因为有了这样的职工,公交事业才有了今天的发展。我们要把勤俭节约,艰苦奋斗的光荣传统进一步发扬光大,成为每一名公交员工的道德准则和行为规范。

(三)公交各工种职业道德规范

城市公共交通企业由许多工种组成,由于各工种的工作任务、性质、特点、服务对象等各不相同,因此,各工种的工作规范也应有所不同。以下为公交集团公司 5 个主要工种的职业道德规范,以供学习参考。

1. 驾驶员职业道德规范

遵纪守法,服从指挥;

文明驾驶,安全行车;

学习技术,提高技能;

整车爱车,完成任务;

驾乘配合,规范服务。

2. 乘务员(站台服务员)职业道德规范

遵章守纪,执行制度;

规范服务,符合要求;

及时提醒,确保安全;

重点照顾,主动周到;

爱车护车,维护环境。

3. 调度员职业道德规范

科学调度,文明指挥;

遵章守纪,坚持原则;

平衡运力,措施妥当;

关心驾乘,团结协作。

4. 保修人员职业道德规范

钻研技术,提高技能;

遵章守纪,安全生产;

精检细修,文明生产;

修旧利废,点滴节约;

抢修及时,服务一线;

建好班组,美化环境。

5. 后勤人员职业道德规范

遵章守纪,履行职责;

热情服务,周到满意;

供应及时,保障便利;

卫生保洁,美化环境;

精打细算,点滴节约。

公交集团公司结合公交职业道德特点,还制定了《公共电汽车乘务人员工作守则》内容如下:

(1)准点发车,按站停车,正点运行。

(2)正规操作,中速行驶,行车平稳。

(3)停稳开门,关好门行车。

(4)主动售票,认真验票,按规定收费。

(5)规范着装,佩戴标志。

(6)坚持三报,规范服务,语言文明,态度和蔼,不说忌语。

(7)积极疏导,满员时耐心劝导,照顾老、幼、病、残、孕乘客。

(8)车容整洁,服务设施、标志齐全。

(9)执行制度,遵章守纪。

(10)虚心听取意见,接受乘客监督。

(四)加强职业道德建设的意义

城市公共交通是城市基础设施的重要组成部分,是城市的动脉,是首都精神文明建设的窗口。因此,加强公交职业道德建设具有重要的意义。

1. 有利于城市经济的发展和社会的稳定

城市公共交通是城市公用事业,与城市的经济建设、城市的发展、国际国内交往以及市民生活息息相关。城市公交日复一日,年复一年运送各界乘客到城市不同地点,这本身就是促进经济发展的基础。可以说,公交越发达,经济就越繁荣。公交的正常运营也是社会稳定的重要标志之一。北京公交作为"窗口"行业,担负着"四个服务"的重任。公交服务质量的高低,精神文明建设水平的高低,直接关系到广大群众的利益,关系到首都经济的发展和社会的稳定,关系到首都综合服务功能的发挥,关系到首都在国内外的声誉和形象。

加强公交职业道德建设,提升企业的综合素质,有利于提高公交行业的信誉,促进公交行业的发展。同时,有利于促进城市经济的健康发展和社会的全面进步。

2. 有利于坚持正确的经营方向,促进公交事业的健康发展

公交的企业精神是"一心为乘客,服务最光荣"。这句话高度概括了公交职业道德"以人为本,乘客至上"的服务理念。同时,也为公交企业指明了正确的经营方向。公交企业加强职业道德建设,就是坚持为人民服务经营方向的基础;就是按照"发展是硬道理"的思想和"方便出行,改善服务"的方针,努力适应国际化大都市的需要;也是公交企业生存发展的内在需求。随着我国加入世贸组织,多种资本进入国内市场,客运市场的竞争日趋激烈。我们要按照公交集团公司党委的要求,认清形势,振奋精神,占领市场,赢得发展,建设现代化首都公交,让市委市政府放心,让社会各界和广大乘客满意。公交企业只要坚持正确经营方向,就会使企业两个效益不断提高。企业在市场中的竞争力不断增强,促进公交事业全面健康的发展。

3. 有利于职工队伍素质和运营服务质量的提高

提高运营服务质量最根本的是提高职工队伍素质。职工队伍素质包括政治素质、技术素质和文明素质。因此,加强职业道德建设,可以提高职工队伍的综合素质,促进"四有"职工队伍的形成,提高运营服务水平。近年来,通过实施素质建设工程,职工队伍素质有了明显的提高。但是距建设现代化国际大都市的要求,距广大市民对公交出行服务的需求还存在较大差距。主要集中在站台秩序混乱,车辆故障较多,服务态度的生、冷、硬等问题上。这就要求进一步提高职工队伍职业道德素质,努力提高公交集团公司整体服务水平。

4. 有利于精神文明的传播,促进社会风气的好转

公交的每一个流动的车厢都是精神文明建设的"窗口",每一名乘务员都是精神文明的传播者,而这些都需要良好的职业道德作保证。在社会上,人际关系的改善,社会风气的好转,也离不开像公交车厢这样"社会细胞"的努力。公交车厢就是一个流动的社会。乘务人员在车厢内照顾老、弱、病、残、孕乘客,就

是发扬中华民族尊老爱幼的传统美德;化解车厢各种矛盾,就是在倡导良好的社会风尚,以实际行动践行社会主义荣辱观。这些工作,对全社会加强精神文明建设,实现"建首善,创一流"的首都公民道德建设目标都将发挥重要的作用。

5. 有利于公交职工个人的成长和进步

职业道德修养是个人进步和成长的重要条件。职工个人职业道德水平的提高,是靠平时一点一滴,日积月累的磨炼,只有积善,才能成德。提高乘务人员的职业道德素养,不是简单的乘务职业培训,而是对乘务人员循法守礼的品格训练。不仅要活跃乘务人员的思维,增强乘务人员的组织纪律性,还要培养乘务人员的公忠正义、自强执节、明致勇毅、勤俭廉洁、恪尽职守、诚实守信、严己宽人、尊老爱幼等好品德。在严格的职业训练中,所形成的良好职业修养和优秀职业品德是引导每一位公交人走向辉煌的必经之路。

若每一位公交职工的职业道德水平在服务工作中得到体现,那么,我们公交集团公司职工队伍的整体思想道德素养水平就会有一个显著的提高。

二、职业道德修养

公交员工要圆满完成本职工作,除了必须刻苦学习,努力掌握现代科学文化知识、专业知识及技能技巧外,更为关键的是应注重道德修养,努力使自己成为一个具有较高职业道德修养的人。

(一)职业道德修养的必要性

1. 职业道德修养的含义

修养是指人们为了在理论、知识、艺术、思想、道德品质等方面达到一定的水平,所进行自我教育、自我改善、自我锻炼和自我提高的活动过程。如理论修养、科学修养、文化修养、艺术修养和道德修养等等。修养是人们提高科学文化水平、专业技能和道德品质必不可少的手段。

职业道德修养是指从事各种职业活动的人员,按照职业道德基本原则和规范,在职业活动中所进行的自我教育、自我锻炼、自我改造和自我完善,使自己形成良好的职业道德品质和达到一定的职业道德境界。

公交员工形成良好的道德品质和达到一定的职业道德境界，首先是要有对职业道德的正确认识，即明确遵守职业道德规范是一个人从事职业活动的必要条件。其次是根据职业道德规范而进行的自我教育、自我改造、自我锻炼和自我完善。职业道德修养是一个从业人员形成良好的职业道德品质的基础和内在因素。公交员工仅仅知道什么是职业道德规范而不进行职业道德修养，是不可能形成良好职业道德品质的。在现实工作中，没有良好职业道德品质的员工在职业活动中往往是以个人利益为中心，凡事斤斤计较，缺乏奉献精神，这样是难以立足社会的，更谈不上有什么发展了。

2.加强职业道德修养的必要性

公交员工的职业道德品质决定了自己如何立身处世。如前所述，一个人如果不加强自身的修养，就不可能提高自己的精神境界，也就不可能形成良好的职业道德品质，进而在职业活动中就会出现违背职业道德规范要求的职业行为。因此，职业道德修养对于任何一名职工来说，都具有十分重要的意义。

（1）职业道德修养是公交员工形成良好职业道德品质的必要手段

良好的职业道德品质不是先天具有的，而是在其后的长期职业活动中逐步形成的。要使自己成为一个具有良好职业道德品质的员工，关键在于自己在职业活动中能够按照职业道德规范的基本要求自觉进行职业道德修养。经常自觉地检查自己的职业行为，哪些符合职业道德规范的要求、哪些不符合职业道德规范的要求；并自觉纠正不符合职业道德规范要求的行为，发扬光大符合职业道德规范的行为，使自己逐渐养成良好的职业行为习惯。

（2）职业道德修养是个人成才的重要条件

中华民族历来注重德才兼备。常言说"有德无才，不是人才；有才无德，是个祸害。"因此，每一位公交员工，都应高度重视自身的职业道德培养，只有平时注重良好行为习惯的养成，才可逐步形成良好的道德品质；才能逐渐成为对社会发展有所贡献的人才。

（二）职业道德修养的途径

职业道德修养的过程是指职业者在日常学习、工作和生活中按照职业道德规范的要求，进行自我教育、自我改造、自我磨炼和自我完善的过程。职业道德

修养的途径主要有以下几个方面:

1. 确立正确的人生观是职业道德修养的前提

人生观是指人们对人生目的、人生价值和意义的根本看法和态度。在现实生活中,每一个理智健全的人都有对人生问题的根本看法和态度。例如,有的人认为,人生的目的就在于满足人的生理本能的需要,如吃喝玩乐,追求物质、金钱,以满足享乐的需要,这就是享乐主义人生观;有的人认为,人生在世就要对社会和他人承担责任,要有对社会强烈的使命感和责任感,为社会的进步做出贡献,这是科学的、进步的人生观。人生观有正确的、进步的,也有错误的和落后的。

享乐主义人生观就是一种落后的错误的人生观,它注重的是多占有物质与金钱以满足享乐的需要;以是否能满足自己享乐需要作为价值评判标准。在社会实践活动中,具有享乐主义人生观的人,其一切行为都是为满足自己享乐的欲求,因而这种人是不会关心社会进步和他人利益的,在职业活动中是不会用职业道德规范要求进行职业道德修养的。由此可见,一个人只有确立正确的进步的人生观,才会有强烈的社会责任感,才会在职业活动中进行自觉的职业道德修养,形成良好的职业道德品质。

2. 职业道德修养要从培养自己良好的行为习惯着手

职业道德修养是一个长期的改造自己、完善自己的过程,而这个过程是从养成良好的行为习惯做起的。而良好行为习惯的养成需要从我做起,从现在做起,从小事做起。

古人说:"合抱之木,生于毫末。九层之台,起于垒土。千里之行,始于足下";"勿以恶小而为之,勿以善小而不为"。这都是说一个人良好的行为习惯是从一件一件小事做起的。如果一个人连一件有利于社会和他人的小事都做不到,那么就不会有强烈的社会责任感和无私的奉献精神,良好的职业道德品质和崇高的精神境界更无从谈起。

自觉培养良好的职业行为习惯,是职业道德修养的基本要求,只有养成良好的职业行为习惯,才能确立正确的职业观,才能自律职业道德行为,逐渐形成良好的职业道德品质。

3. 学习先进人物的优秀品质,不断激励自己

在现实生活中各行各业都涌现出无数的先进人物。他们在各条战线上为了祖国的繁荣富强,为了人民的幸福无私地奉献自己的才华和心血,做出了卓越的贡献。他们在各自的职业活动中表现出高度的职业责任和崇高的思想境界。他们不仅为社会创造了丰富的物质财富,而且为社会创造了不可估量的精神财富。他们的优秀品质激励着每一个有志者奋发向上,为祖国为人民在不同的岗位上做出自己的贡献。公交集团公司有一大批以李素丽为代表的劳模及先进工作者,他们在平凡的工作岗位上恪尽职守,用辛勤的劳动和真诚奉献诠释着"一心为乘客,服务最光荣"的企业精神。广大职工要学习他们对社会的无私奉献精神,学习他们的优秀品质,不断提高自己的职业道德水平和思想境界。

学习先进人物的优秀品质,就应像先进人物那样具有强烈的社会责任感。责任感是一个人成功的基础,缺乏责任感的人终将一事无成。在现实生活中,一个人的责任感表现在他的一切行为之中。例如,在职业活动中,表现为强烈的职业责任;在与他人交往中,表现为对他人的利益负责,对他人的幸福负责;在日常生活中,表现为对自己的行为后果负责。责任感是一个人做好本职工作,自觉进行道德修养,形成良好职业道德品质的基础。

公交企业职工学习先进人物的优秀品质,就要像先进人物那样严于律己,宽以待人,关心他人胜于关心自己,以集体、国家利益为重,为了集体、国家利益甚至可以牺牲个人的一切。每一个公交员工都必须以先进人物的崇高思想境界为榜样,经得起长期的、各种各样的考验,在日常的学习、工作和生活中不断进行自我教育、自我改造,不断提高自己的职业道德水平,逐渐达到较高的思想境界。

4. 不断地同错误思想、错误意识以及社会上的不良现象做斗争

在我们学习工作和生活的周围,经常有落后的观念和意识以及社会上不良现象影响我们,如果经不起落后观念和意识以及社会上不良现象对我们的侵蚀,那么,我们就不可能进行自觉的职业道德修养,形成良好的职业道德品质也就会成为一句空话。

目前，贪图享乐，一切向钱看，以权谋私，有钱就有一切，有权就有一切等错误的观念、意识和不良现象还在社会上蔓延，腐蚀着人们的心灵。作为公交企业的职工既要认识到这种错误观念、意识和不良现象对社会造成的危害，又要积极地同它们做斗争。要同错误的观念和意识决裂，树立正确的观念和意识，如责任意识，奋发向上、积极进取的意识，职业文明的观念，诚实守信的观念，遵纪守法的观念，公平竞争的观念等等。要敢于除恶扬善，不仅自己不做有损于集体、国家和他人利益的事情，而且还要通过自己的言行影响和教育他人不做损人利己的事情。要以身作则，一身正气，勇于同社会上不良现象做斗争。

（三）职业道德修养的方法

职业道德修养的方法是多种多样的，概括起来，有以下几种：

1. 加强学习，提高职业道德修养

在社会主义市场经济条件下不讲道德、损人利己的人终将会被淘汰。因此，每一名职工首先要认真学习职业道德原则和规范，掌握职业道德基本知识，从理论上明确职业道德规范的基本要求和应该怎样做不应该怎样做的道理，明确职业道德修养所要达到的目标，把握职业道德修养的标准。以此来提高进行职业道德修养的自觉性，增强职业道德修养的针对性。其次要努力学习现代科学文化知识和专业技能，提高文化素养。努力学习现代科学文化知识和专业技能是做好本职工作的基本条件，只有勤奋努力，才能学到知识和技能。而掌握科学文化知识和专业技能，有助于进行职业道德修养，或者可以说，学习科学文化知识和专业技能是进行职业道德修养的一个重要方面。它能帮助我们准确理解职业道德修养在一个人成长过程中的重要作用，准确理解职业道德建设在社会主义市场经济中的重大意义。一个人也只有准确理解了职业道德在现实社会中的重要作用，才能更好地去学习职业道德规范，才能更自觉地进行职业道德修养，努力提高自己的道德水平和思想境界。

2. 注重自我调节，经常进行自我反思

自觉加强职业道德修养，注重自我调节，是加强职业道德修养、提升职业道德水平的必由之路。

（1）增强自律性，自我反思。就是依据职业道德标准经常检查自己，同不符合职业道德规范要求的行为做斗争,并自觉地使自己的言行符合职业道德标准的要求。

一要严于解剖自己,客观地看待自己,既要看到成绩,又要看到不足。同时,还可以让领导和同志帮助自己找出存在的弱点和缺点,并闻过则喜,积极改正。二要敢于自我批评,自我检讨。"金无足赤,人无完人",我们所做的与职业道德规范的要求相比,肯定还会有不小的差距。因此,我们每一个人都要积极内省,敢于检讨自己的不足之处,做到"日省吾身,有则改之,无则加勉"。三要有改正缺点的信心与决心,在实践中不断完善自己的职业道德品质。古人有"吾日三省吾身"的修养方法,这种方法就是要求个人每天三次检查自己的行为,看是否有不符合道德规范的行为。今天,我们应借鉴古人的修养方法,经常用职业道德标准对照检查自己的言行,要敢于正视自身存在的缺点。人只有能正确客观地认识自己,发现自身的缺点,才能改正缺点,不断进步。

(2)努力做到"慎独"。"慎独"是指在没有外界监督、独自一个人的情况下,也能自觉遵守道德规范,不做任何对国家、对社会、对企业、对他人不道德的事情。"慎独"既是一种重要的道德修养方法,又是一种崇高的精神境界,是衡量一个人道德觉悟和思想品质的试金石,是自觉道德意识的体现。"慎独"是儒家提出的一种道德修养方法。从最隐藏处最能看出人的品质,从最微小处最能显示人的灵魂。所以,越是独自一人、没有监督时,越要小心谨慎,不做违反道德的事。人的自我修养就是要诚其意而正其心。否则,当面一套,背后一套,说一套,做一套,如何诚其意而正其心?"慎独"正是强调了道德主体的内心信念的作用,体现了严格要求自己的道德自律精神。一个人做了坏事别人也可能看不见、不知道,他的行为善恶全凭他自己的良心判断,这是对人的道德水平的真正考验,而这种考验对于提高人的道德自律和道德修养大有裨益。

职业道德修养是一个长期的艰巨的自我教育、自我磨炼、自我改造和自我完善的过程。我们只有经常按照职业道德的标准严格要求自己,不断发现和纠正自身存在的缺点与不足,发扬成绩,才能不断提高职业道德水平,达到一种较高的精神境界,在各自工作岗位上发挥更大的聪明才智。

第二节　职业理想与职业文明

一、职业理想

（一）理想的概述

理想是人们在现实生活实践中形成的具有现实可能性的对美好未来的追求和向往，是人们的社会生活体验、政治立场和世界观、人生观、价值观在人生奋斗目标上的集中体现和反映。

理想就是对客观现实的一种反映，是人们在社会实践中形成的，对美好未来的向往。我们通常所说的理想是指人生理想。它是人生观的核心。在人生道路上，每个人对未来都有着自己的奋斗目标。理想是同奋斗目标相联系的，是对现实可能性的向往和追求，然而，人们从不同的角度对理想概念也有不同的解释。从社会学角度来看，理想是对未来社会符合客观发展规律的想象和希望；从心理学角度看，理想是同奋斗目标相联系的有实现可能的信念；从哲学角度看，理想是对奋斗目标有根据的构想；从政治学角度看，理想是人们政治立场在奋斗目标上的集中表现。无论从哪个角度讲，我们都必须把理想同空想、幻想严格地区分开来。空想是人们对未来的一种想象，也反映了人们的追求和目标，但是它缺乏客观根据，是脱离实际的一种主观臆想，它违背社会发展的客观规律，因而是不可能实现的。幻想是由个人愿望或社会需要引起的指向未来的特殊想象。幻想有两种：一种是完全不切实际的想象，根本不存在实现的可能性；另一种是符合现实生活发展要求的想象，在条件具备的时候，有可能成为现实。但幻想距离现实较远，不表现为确定的努力追求的目标。而理想是人们在把握了必然规律的基础上，具有明确的、努力追求的目标。理想、幻想、空想虽然在形式上都是主观的，都是人们对未来事物的一种想象，但在内容上却有完全不同的规定。理想的内容是客观的，幻想的内容是对客观的超越，而空想的内容则完全是主观的。要树立远大理想，可以有幻想，但必须抛弃不切实际的空想。理想的本质含义主要有以下几点：

第一，理想是一种社会意识形态，是一定社会生产方式的产物。由于社会生产力发展水平不同，社会实践的广度和深度不同，人们的愿望、要求和追求目标也不同。一部社会发展史，实际上就是人类为实现理想而奋斗的历史。因此，理想是社会存在的反映。

第二，理想是人类特有的一种精神现象。人和动物的不同之处，除了人会制造工具和劳动外，就是有理想。人有自我意识，能从理性把握自己的行为及其生命存在的意义，使自己的生命活动过程变成自己的意志和意识的对象。正因为如此，人能够对自我实践行为的价值取向进行选择，从而规划自己的生命活动，塑造自己的人格，确立自己在社会政治、经济生活中的立场和行为方式，决定自己的奋斗目标。这种对生命活动的规划和对奋斗目标的追求，是一种由客观的物质现象所决定的人类特有的一种精神现象，实际上也就是理想的确立和追求。

第三，理想是真、善、美的有机统一。理想必须建立在客观现实发展可能性的基础上，以一种历史的必然趋势来展示明天的现实。理想是反映人们愿望和要求的，对社会生活发展前景的一种形象化的构想。它既是真的，又是善的，也是美的。

第四，理想是人们对未来美好现实的向往和追求。理想是现实中的美好之花，它包含了对社会发展前景的构想，对未来充满了美好的憧憬。因此，它具有诱人的魅力，激励着人们去不懈地努力奋斗，引导人们对美好未来的追求。马克思主义的诞生，使社会主义由空想变为科学，并在科学的基础上描绘崇高理想的蓝图。人们正是受这种最进步、最美好的理想吸引，而去奋斗、去创造、去推动社会前进的。

(二) 职业理想的含义

职业理想又叫作事业理想，是指人们对未来合乎自己意愿的职业以及事业上获取成就的追求和向往。它包括两个方面：一是人们希望自己能选择一种理想的职业，找到一个理想的工作；二是希望自己在工作和职业活动中达到理想的境界，取得理想的成绩。这第二个方面其实就是事业理想，它是职业理想的核心内容。在职业岗位日益多样化和变动不居的现代社会中,重要的不在于人一生中只选择一种理想工作,而在于不论从事什么样的工作,都要把它当作一种理想来追求,并努力争取达到理想的境界。职业理想在人们的社会生活中占有重要地位,并且也具有明显的个性。

高层次的职业理想是职业选择首先关注社会的迫切需要,同时为自己的职业活动确立较高的成就目标,注重更好地回报社会。低层次的职业理想是职业选择注重获取,职业活动的成就目标不明确。较低层次的职业理想是职业选择时首先关注个人的需要,职业活动的成就目标较低。

(三)职业理想的树立

职业理想是职业道德的灵魂,一个人有了高尚而实际的职业理想就能够正确对待自己所从事的职业。职业理想是人的社会化过程的反映,也是人的身心发展的必然结果。人类个体在环境和教育的影响下,随着知识水平和爱好兴趣的发展,会逐步培养起对某种职业的爱好,并在此基础上形成一定的职业理想。职业理想具有初级、中级和高级3个层次。

1. 初级层次职业理想

现阶段,人们的劳动还只是谋生的手段,远没有达到共产主义社会那种"劳动是人的第一需要"的程度。因此,大部分人的工作目的首先是为了维持自己和家庭的生存,过安定的生活,这是人对职业的最初动机、最低要求,是职业理想的基本层次。每一个健康的人,随着年龄的增长,知识的增多,都会有这样的职业理想,这表明初级层次的职业理想具有普遍性。

2. 中级层次职业理想

待业或从业人员希望从事适合个人能力和爱好的工作,以充分发挥自己的才能并提高自己的各种素质,即寻求和从事能够发挥自己专长的职业。其主要目的是通过特定的职业,施展个人的才智,这是职业理想的中级层次。由于人们的兴趣和爱好各异,中级层次职业理想表现出因人而异的多样性。

3. 高级层次职业理想

人们工作的目的是承担社会义务,通过社会分工把自己的职业同为社会、为他人服务联系起来,同人类的前途和命运联系起来,这就是高级层职业理想。

职业理想的 3 个层次的内容和要求虽然有明显的区分,但是,在一个人身上,它们却是可以同时存在并行不悖的。对于同一个人,其工作目的完全可以是谋求生存、发展个性和承担社会义务三者共存。当然,在我国现阶段,有低层职业理想和中层职业理想的人比较普遍,而具有高层职业理想的人还只是少数。在社会主义职业道德建设中,应该根据职业理想的实际情况,肯定前两个层次的职业理想,鼓励和倡导人们树立高层次的职业理想。

(四)职业理想的意义

一个人只有明确为什么去工作,他的职业生涯才是有意义、有价值的。如果连为什么工作都不甚明了,那么,他在工作中就没有目标。正如原俄国作家列夫·托尔斯泰说:"理想是指路明灯,没有理想,就没有坚定的方向,而没有方向,就没有生活。"

正确的职业理想是从业人员职业生涯的精神支柱,这是千万人职业实践所证明的客观真理。对于职业理想,马克思在 17 岁时就表达了这样一个观点:"如果我们选择了最能为人类幸福而劳动的职业,我们就不会被生活的重负而压倒。"而正是这一选择支撑着马克思后来不畏艰险,不辞辛劳,写下了《资本论》这一不朽名著。"吾志所向、一往无前、愈挫愈奋、再接再厉",这是中国民主革命的先行者孙中山先生以奋斗目标作为精神支柱的生动写照。在社会主义建设中,千百万劳动模范在职业生涯中以崇高的职业理想为动力,在本职工作岗位上,坚持勤奋工作,兢兢业业地创造一流的工作业绩,践行全心全意为人民服务的宗旨,坚定不移地为建设中国特色社会主义而奋斗。孔繁森、徐虎、李素丽、许振超、宋鱼水等,把无私奉献的精神作为道德规范的最高要求,在工作中追求"精益求精"、"尽善尽美"、"止于至善",以服务人民、服务社会为自己职业活动的根本宗旨,以高度的社会责任感履行职责,成为时代的先锋和广大劳动者学习的榜样。

正确的职业理想不仅是职业活动的精神支柱,也是催人奋进的内在动力。一般来说,一个人的职业理想越高远,信念越坚定,它所提供的动力就越大;反之,一个人如果目光短浅、胸无大志,也必定会失去前进的动力。正确的职业理想及其锲而不舍的实践,总是造成这样一种心理态势,这就是在实践奋斗目标的进程中,越是接近目标,越是不愿舍弃;越是靠近彼岸,越会竭尽全力。在现实中,各个领域都可以找到许多成功者的事例,追随他们的成功足迹,虽各不相同,但成功的动力却大同小异,这就是他们都有正确的奋斗目标。

(五)职业理想形成的条件

人的年龄增长、环境的影响和受教育程度是人的职业理想形成的内在因素,社会发展的需要是职业理想形成的客观依据。一方面,凡是符合社会发展需要的职业理想都具有现实可能性,都是社会所承认和肯定的职业理想;另一方面,个人自身所具备的条件是职业理想形成的重要基础,个人条件的不同决定着个人职业理想的不同,条件的变化规定着职业理想的变化。

总之,个人职业理想的确立,必须根据社会发展的需要和个人内在的条件来确定,任何脱离社会发展的客观需要和自身所具备的条件而自我设计的职业理想都是不切实际的空想和幻想,都不具备实现的可能性。

人们职业理想的层次越高,他就越能发挥自己的主观能动性,他对社会的贡献也越大。相反,一个人只停留于谋生的职业理想,他就不容易激发起积极性和创造性,那么,他对社会的贡献就相对要小些。

(六)实现共同理想,为远大理想而奋斗

1. 共同理想和最高理想

建设中国特色社会主义,把我国建设成为富强、民主、文明的社会主义现代化国家,是我们党在现阶段的奋斗目标和行动纲领,也是我国各族人民在社会主义初级阶段的共同理想。而建立各尽所能、按需分配的共产主义社会,则是我们党的最高纲领和最终奋斗目标,也是我们的最高理想和远大目标。共同理想与最高理想的关系是辩证统一的。一方面,共同理想是最高理想在当前和今后一个时期的具体体现,最高理想是共同理想的思想基础和最高原则。我们在为共同理想奋斗的时候,不能忘记实现共产主义的远大目标,否则,共同理想就会失去正确的方向。另一方面,共同理想是实现最高理想的必经阶段,最高理想是共同理想的最终目标。只有脚踏实地地为实现现阶段的共同理想不懈努力,才能经过漫长的历史过程和艰苦奋斗,最终实现共产主义。那种把共同理想和最高理想等同起来或对立起来的观点都是错误的。

共同理想是全国人民的共同利益和愿望的集中表现。因此，它能否实现，不仅关系到我们国家和民族的前途，而且关系着我们每一个人的切身利益。为了实现共同理想，党中央已经制定了社会主义初级阶段的基本路线，毫不动摇地坚持这条基本路线，是胜利实现共同理想最可靠的保证。

2. 为实现共同理想而努力

对我们每一个人来说，职业理想只是个人理想，要把个人理想与实现共同理想有机地结合起来，就要充分发挥个人的积极性、主动性和创造性，把自己的智慧和才能贡献给社会主义现代化建设事业。具体地说，主要是处理好以下四个关系：

（1）要正确认识和处理共同理想和个人理想的关系。共同理想是我国各族人民在现阶段所共有的理想，属于社会理想范畴，它规定和制约着个人理想，而个人理想则必须服从于和服务于共同理想。这是因为我们个人理想的确定必须以共同理想为指导，才能树立正确的崇高的理想追求；同时，个人理想的实现，也必须以共同理想的实现为前提条件。所以，我们不能离开共同理想去强调个人理想，而应根据社会的需要，使个人理想与社会需要、人民需要相适应。

（2）要正确认识和处理共同理想和本职工作的关系。共同理想是我国各族人民在现阶段的奋斗目标，它的实现有赖于每一个行业、每一个部门，以至每一个工作人员的工作任务的完成。每一个人的本职工作，是实现共同理想的具体的、直接的环节。一个地方、一个行业、一个部门具体奋斗目标的实现，每一个工作人员本职工作的完成，都将直接影响着我国各族人民共同理想的实现。因此，公交员工要积极做好本职工作，为建设富强、民主、文明的社会主义现代化国家，为实现共同理想多做贡献。

（3）要正确认识和处理共同理想和个人利益的关系。共同理想是全国人民的利益和愿望的集中体现，从总体说，它和个人利益是一致的。为实现共同理想而奋斗就内在地包含着承认、尊重和关心正当的个人利益。因为社会主义生产的目的就是不断满足人民日益增长的物质和文化生活的需要，只有使正当的个人利益不断地得到满足，才能使人民群众体会到社会主义的优越性，才能激发出人民群众的生产积极性，为社会创造更多的财富。当然，在实现共同理想的过程中,有时候共同理想也会同我们的个人利益发生矛盾。这就需要我们正确认识和处理个人利益同集体利益、国家利益的关系,克服只顾个人利益以至损害集体、国家利益的思想和行为。

(4)要正确认识和处理职业理想和"理想的职业"的关系。"理想的职业"是职业选择的目标,而职业理想是职业活动、职业实践的奋斗目标。职业选择的目标正确,会有助于职业理想的实现,反之则会妨碍职业理想的实现。换言之,能实现高层次职业理想的职业就需要自己获得全面发展,具备较高的社会条件,比如学识、能力、资历等。当我们选择了公交,就应当以此为"理想的职业",以为公交事业的发展进步为己任,用自己辛勤的劳动为社会、为人民做出有益的贡献,实现自身的人生价值。

二、职业文明

职业文明是社会经济高度发展的产物,是职业者从业的基本职业素质要求,是现代企业文化建设的重要内容。作为社会主义职业道德的重要内容之一,职业文明是人们在职业活动中长期实践与修养的结果。因此,作为城市公共交通企业的员工在从业过程中应时刻严格要求自己,自觉按照职业文明行为规范的具体要求从事职业活动,为塑造良好的公共交通企业形象贡献自己的力量。

(一)文明礼貌

1. 文明礼貌的含义

"文明"、"礼貌"通常是分用的,如社会主义物质文明,社会主义精神文明,文明经商,文明时代;礼貌待人,讲礼貌,有礼貌等。

文明,是指人类社会摆脱愚昧、野蛮落后的程度和整个社会进步的状态,包括物质文明和精神文明两个方面。这里说的文明,主要是从精神文明方面讲的。礼貌,是人与人之间交往中互相尊重、谦虚恭敬的表现。文明,就社会来说,主要讲的是科学文明、道德文明;就个人来说,就是在为人处世、人际交往中应遵循的文明准则。礼貌是合乎道德要求的行为方式,从本质上说,就是随着经济的发展和文化水平、科学技术水平的提高,人们在自己的言谈举止上表现出来的高尚与典雅状况。它是人类社会发展程度和进步程度的一种象征,是精神文明的具体表现之一。

"文明"、"礼貌"有时也可合用,称为文明礼貌。它是指人们的行为和精神面貌符合先进文化的要求。如"全民文明礼貌月"活动。有时"文明"、"礼貌"通用,如不礼貌,也可称为不文明。

2. 文明礼貌是一个社会文明程度的重要标志

它表明这个社会科学文化发达、思想道德高尚、人际关系和谐、社会秩序良好的状况。文明礼貌,也是衡量一个人道德水平高低和有无教养的尺度。讲文明礼貌,表明一个人有文化和有修养,是一个高尚的人,而不是一个愚昧落后、野蛮的人。文明礼貌,不是无关紧要的小事,是关系一个人的素质、一个社会进步程度的大事。

文明礼貌作为社会公德的一个重要范畴,主要包括仪表整洁、举止端庄,语言文明、待人有礼、平等交往、相互尊重等。它要求每个公民从自身做起,从日常生活中一点一滴小事做起,与人互敬互谅,即尊重他人的人格,尊重他人的兴趣爱好,尊重他人的劳动成果,这既是处理人际关系的一般法则,又是遵守社会公德的基本要求。社会生活的实践表明,只有自己尊重别人,别人才会尊重自己。俗话说:"你敬人一尺,人敬你一丈。"如果每个人在相互交往中都能尊重他人,关心他人,急他人所急,想他人所想,整个社会就会变成一个温暖的大家庭,就能形成一种团结和睦、平等友爱的人际关系。

人总是生活在一定的社会关系中,进行各种各样的社会交往。"文明礼貌"是社会交往的"润滑剂",是保持人们社会交往和谐的基本准则,对社会交往起着重要的促进和规范作用。在社会主义市场经济条件下,人们的社会交往无论广度和深度都有了进一步的发展。现实生活对人们的文明交往提出越来越高的要求,文明礼貌作为现代社会交往的重要内容越来越受到普遍的重视。文明礼貌是社会公共生活的一条重要的道德规范,是人与人在社会交往中必须遵循的基本准则。文明礼貌既是做人的起码要求,也是个人道德修养境界和社会道德风貌的表现。随着社会的发展和文明程度的不断提高,人们的行为也应当越来越文明,以适应日趋复杂的社会公共生活和人与人之间的正常交往的要求。

（二）职业文明是从业人员的基本素质

职业文明是职业道德的重要内容，尤其是社会服务窗口行业更要强调职业文明建设的重要性，它是对从业人员上岗的首要条件和基本素质要求。作为城市公共交通企业的员工要不断地提高政治、文化、业务水平；崇尚职业文明、全心全意为人民服务。为此应做到：

（1）维护社会主义职业道德、职业文明信誉。

（2）为人民服务，对人民负责，文明上岗、礼貌待客。

（3）使用职业文明用语，服务乘客主动、热情、耐心、周到。

（4）有问必答；不冷落、顶撞乘客，不厚此薄彼、不优亲厚友。

（5）维护公交企业信誉，严格执行票务制度、不随意涨价和变相提价。

（6）坚守岗位，遵守劳动纪律，不迟到、不早退、不擅离职守，不岗位上聊天、不揽做私活。

（7）保持良好车容车貌，车厢内设施整洁有序。

（8）爱护公共财产、廉洁奉公，遵守财经纪律，敢于向贪污、盗窃等一切违法违纪行为做斗争。

（9）自觉接受群众监督，欢迎群众批评，有错即改，不护短，不包庇。

1. 职业文明是从业的基本条件

职工初次上岗均要进行思想政治教育、职业道德教育和职业纪律教育以及职业技术培训。在职业道德教育和职业纪律教育中都包含有职业文明的教育，不符合教育要求者不能上岗。文明执业的基本条件如下：

（1）讲究礼貌，具有亲和力、好奇心、积极性。

（2）具有良好的语言表达能力，说话明确清楚。

（3）仪表整洁，性格开朗。

（4）身心健康，精神安定，具有耐性。

2. 职业文明是终生的事情

对于大多数乘务员来说，在工作岗位上一两天或对待一两位乘客做到热情周到服务是容易的，但要长期做到文明礼貌则是很难的。坚持时时处处讲文明则更是一件不容易的事。这就需要我们每一位公交员工要从思想上提高认识，把讲职业文明作为崇德重义、修身自律、处己立身、励志自强崇高职业追求。文明礼貌是文明发展的基本标志。在一切场合一切时候都应该讲文明礼貌,还要在行动上长期坚持,加强修养,形成习惯。

(三)职业文明是塑造公交形象的需要

公交企业职工在企业活动中的职业文明行为不仅是职工个人的表现和修养的体现,而且与公交企业的兴旺发达密切相关。

1. 职业文明是企业文化形象的重要内容

企业文化形象直接关系到企业的发展和职工的切身利益。企业的形象包括道德形象、实力形象、内部形象和外部形象。例如,公交集团公司企业文化行为识别规范中,首先就是"员工职业道德规范",把职业道德作为企业的一种追求。在社会主义市场经济条件下,企业的道德形象非常重要,它能够增加公众对企业的信任度,对乘客有导向作用。因而能增加企业的经济效益,使企业在竞争中处于有利地位。

企业内部形象主要是指其内部管理形象(包括员工的整体素质、管理风格、经营目标、经营作风、意识观念、进取精神等),它对从业人员的整体素质、管理风格、工作作风都有职业文明的具体要求。企业外部形象是指企业在社会公众中的视觉和听觉形象。职业文明是维护企业外部及内部形象的重要手段。但当企业文化形象受到破坏,它在社会中就会失去信誉,失去市场,就意味着企业在社会竞争中的失败。因此,我们每一位公交企业员工要像爱护自己的眼睛一样爱护公交企业在社会公众中的文化形象。

2. 乘务人员的个体形象影响着城市公共交通企业的整体形象

个体形象和整体形象是辩证统一的关系,公交企业的整体形象是由每一位公交员工的个体形象集合而成的,公交企业个体形象是公交企业整体形象的一部分,没有每一位公交员工个体形象就没有公交企业整体形象,公交企业整体形象要靠公交企业个体形象来维护。公交集团公司企业口号:"在内宾面前我代表首都,在外宾面前我代表中国",突出强调了公交窗口行业的形象意识和影响力。在这个口号中就蕴涵着个体形象与整体形象的辩证统一关系。我们的公交企业因个别乘务人员的不当表现致使乘客不满,乘客往往不会说公交企业某某员工怎样,而是对整个公交企业的否定。因此,每一位公交员工对自己所属的企业整体形象都负有法律责任及道义责任。这就要求每一位公交员工应严格要求自己,树立良好的个体形象。

乘务人员是直接面对乘客,直接服务乘客的员工,每一个员工的言行都有广泛的社会影响。如果在工作岗位上表情冷漠傲慢、目中无人,会使乘客感到难以接近,甚至望而生畏;衣着不整,指甲不剪,头发蓬乱,会给乘客造成懒散、不认真的感觉;动作忙乱、脾气急躁,会令乘客会对你产生不信任感;姿势不端正,乘客会认为你漫不经心,工作粗疏。凡此种种形象集合起来,就会使乘客得出公交企业的乘务人员素质低下的结论,影响到乘客对公交企业的信任,从而产生对公交企业服务的抵触情绪。相反,如果乘务人员在一线岗位上精神饱满、着装整洁、举止得体适度、表情自然端庄、规范佩带证章、服务程序规范,乘客就会深感身心愉悦,进而从内心产生城市交通为人民的亲切感。李素丽、刘俊华就是通过良好的个人形象与人格魅力展示了祖国首都的时代风采,树立了工人阶级的光辉形象,为公交行业争了光。所以说乘务人员的个体形象影响着城市公共交通企业的整体形象。

3. 公交员工要带头做文明员工

(1)在社会主义精神文明建设中,党和政府积极倡导公民的职业文明行为,号召各企业争创文明单位、文明员工。文明员工是指在社会主义精神文明建设中起模范带头作用,自觉做有理想、有道德、有文化、有纪律的先进员工。文明员工的基本要求是:

①热爱祖国、热爱人民,热爱社会主义、热爱共产党,努力提高政治思想水平。

②模范遵守国家法律和各项纪律。

③讲究文明礼貌,自觉维护社会公德,履行职业道德。

④保持和发扬工人阶级本色,抵制剥削阶级的腐朽思想和各种不正之风。

⑤努力学习现代科学文化技术知识,在业务上精益求精,做好本职工作,献身建设中国特色社会主义事业。

(2)公交企业的员工应做到文明生产。文明生产是指以高尚的道德规范为准则,按现代化生产的客观要求,进行生产活动的行为。它是社会进步的重要标志之一,反映着生产的组织者和劳动者的文化素养和精神面貌。文明生产应做到:

①生产的组织者和劳动者要语言文雅、行为端正、精神振奋、技术熟练,以主人翁态度从事生产活动。

②在生产活动中,要发扬顾全大局、团结协作精神,互相学习,取长补短,互相支援,共同提高。

③生产管理严密,劳动纪律、工艺纪律严明,严格执行操作规程,生产优质、低耗、高效。

④工作环境优美、陈设整洁有序、员工身心健康。

公交员工以什么样的精神风貌工作和服务,直接影响到社会风尚的取向。公交企业的各级领导必须坚持两个文明一起抓,加大对所辖职工思想教育和文化教育的力度,不断提高员工的文明素质和技术熟练程度,使其讲理想、讲道德、讲文明、守纪律,在本职岗位上以崇高的职业道德要求自己,以满腔的热忱工作,以热心的服务待人,用我们的实际行动努力创造良好的社会文明氛围。

第三节　职业纪律与职业礼仪

纪律也是一种行为规范,但它是介于法律和道德之间的一种特殊的规范。它既要求人们能自觉遵守,又带有一定的强制性。换句话说,一方面遵守纪律是一种美德,另一方面,遵守纪律又带有强制性,具有法令的要求。公交员工循法守礼是公交企业正常运营的基本保证,也是公交企业发展的客观需求;它直接关系到企业的发展和职工的前途;关系到公交现代化建设的顺利进行和精神文明的进步。循法守礼是公交企业社会主义职业道德建设的重要内容,是对公交员工职业行为的基本要求。

一、职业纪律的特点及内容

任何人想要做好工作,都离不开职业道德和职业纪律。由于各行各业工作性质不同,存在着不同的职业特点,因而职业纪律也有各自的特殊性。例如公交企业严禁驾驶员酒后驾车;林区严禁携带火种、吸烟、做饭等。无规矩不能成方圆,没有秩序我们的企业便不能正常运行。

(一)纪律的含义

1.纪律

纪律是一种行为规范。它要求人们在社会生活中遵守秩序、执行命令和履行自己的职责。它是调整个人和他人、个人和集体、个人和社会等关系的主要方式。

我国社会主义纪律是一种自觉的纪律,它是建立在人民群众利益一致的基础上,同全体从业人员对工作的责任心相联系的纪律,是互相尊重的同志式纪律,是和自由相联系的,在社会实践中充分发挥个人独创性和主动性的纪律。这种纪律再也不是由少数人制定,强迫大多数人遵守的纪律,它是反映全社会共同利益,从最高领导到普通群众都必须共同遵守的纪律。社会主义纪律是强制性和自觉性的统一。它要求人们选择符合人民利益的行为,禁止危害人民利益的行为。违反纪律当然要受到相应的处分,如罚款、警告、记过、撤职、留单位察看,甚至除名等。同时,社会主义纪律又是为保障人民利益所制定的,所以能够为人民接受并且自觉自愿地遵守。

2.职业纪律的含义

职业纪律作为对人的职业行为进行社会控制的手段,它产生于职业分工。职业分工的产生和发展,使具有不同利益和处于不同地位的人们不可避免地要发生社会交往,为了维持这种交往的正常进行,以达成交易,便订立了一些能被双方从业者都能接受的行为规范,以此来约束从业者的行为。在调整各方面的关系和处理各种矛盾的过程中,逐步积累了一些经验,经人们不断总结,制定出一些从业者必须遵守的纪律、守则等职业行为规范,要求从业者去遵守、去执行、去履行自己的职责。

职业纪律是在特定的职业活动范围内从事某种职业的人们必须共同遵守的行为准则,它包括劳动纪律、组织纪律、财经纪律、群众纪律、保密纪律、宣传纪律、外事纪律等基本纪律要求以及各行各业的特殊纪律要求。职业纪律在调节从业人员与他人、与集体、与社会以及职业生活中局部与全局关系等方面起着重要作用。

（二）职业纪律的特点

1. 职业纪律具有明确的规定性

职业纪律一般都用守则、合同、行业规定等方式体现出来。它一经形成，就有很大的权威性，如果违反纪律就要被处罚。在职业活动中，职业纪律都是很明确的，它规定了职业行为的内容，指示从业者应当做什么，要求从业者怎样做。职业纪律是每一个从业者开始工作前应明确的，在工作中必须遵守、必须履行的职业行为规范。

2. 职业纪律具有一定的强制性

我国社会各行各业的纪律虽然各不相同，但它们都是社会分工体系中的组成部分，共同分担着整个社会的责任。要维系社会的正常发展和良性运行，就必须有严格的纪律来保证各项具体职责的实现。职业纪律的强制性表现在两方面：一是要求从业者遵守、执行纪律、履行自己的职责；二是追究从业者不遵守所造成的过失和后果，如果因违反纪律造成了职业过失，就要追究其责任。这种强制性，除了通过社会舆论、传统习俗和内心信念对从业者造成压力外，还具有纪律的强制性。

我国社会主义职业纪律和与职业活动相关的法律法规，反映了工人阶级和广大人民群众的意志和利益，对于调节职业活动中的各种关系，保证职业活动和国家经济活动的正常进行十分重要，各行各业及其从业人员必须严格遵守。

（三）遵守职业纪律是对公交员工的基本要求

1. 职业纪律

职业纪律是在职业活动中为履行职业责任，协调人际关系，维护职业秩序而要求从业者必须遵守的行为规范。它是调整从业人员与他人、与职业组织、与社会，以及职业生活中局部与全局关系的重要方式，也是从业者对职业行为进行社会控制的手段。每个职业都有各自的职业规范，每个从业人员都要根据职业角色的具体规定，严格按照职业规范去调适自己的行为，以保证生产秩序的正常进行。

2. 职业规范

职业规范包括职业岗位责任、职业操作规则、职业规章制度等。岗位责任规定了该岗位的工作范围和工作性质;操作规则是职业劳动具体而详细的程序和动作要求;职业规章制度是明确的职业规范,它以行政命令的方式规定了职业活动中最基本的要求,明确规定了职业行为的内容,指示从业人员应当做什么,不应当做什么。如驾驶员的职业纪律不许酒后开车。每一个岗位都有相应的规章制度,它代表企业整体的意志和力量,每一位职业者都应对这些原则、规定,保持敬畏和尊重,一丝不苟地认真执行,来不得半点马虎、任性和随意。遵守职业纪律是职业者从事社会劳动是必须恪守的基本行为要求。

现代科学技术的发展,规模越来越大,综合性越来越强,日益趋向于整体化、综合化。市场经济的发展,使现代生产社会化的程度越来越高。高度社会化的现代化生产活动,参加的人员有成百上千甚至上百万。庞大的组织,必须有极为严格的纪律,才能进行协调工作,任何从业人员违反纪律的行为都将影响全局。在科学技术高度发达的今天,遵守劳动纪律就能提高劳动生产率,就能节省时间,而时间就是金钱。遵守劳动纪律就能严格生产秩序,严格生产秩序就能保证产品质量,而产品质量是企业的生命。遵守劳动纪律就能够培养职业人员良好的劳动习惯,良好的劳动习惯是职业人员素质的基本要求。

遵纪守法是公交企业对每位公交员工最基本的要求,也是公交员工从事职业活动应具备的基本道德要求和最基本职业素质。必须依照法律及企业纪律的有关规定行事,只有这样我们的企业才能有序、健康的发展。

二、公交职业纪律

城市公共交通是城市赖以生存与现代化建设的大动脉。"动脉"是否畅通,能否正常、安全、有效地运转,是至关重要的。公交企业要维持正常的生产秩序,就要求每位公交人员必须自觉遵职业纪律,即在劳动过程中要求员工自觉自动地遵守职业行为规范。公交职业纪律主要包括:劳动纪律、乘务纪律、驾驶员文明驾驶纪律、票务纪律、车辆技术纪律、保密纪律、监督检查纪律等。

(一)劳动纪律

公交企业中的每位员工所进行的职业活动,都是企业经营活动的一个组成部分;乘务人员是否严格遵守职业纪律,是否认真履行职业责任,不仅是个人的事,还会影响到其他岗位职业责任的实现,并且关系到人民生命财产安全,关系到公交企业整个的正常运转。

因此,为确保公交运营生产秩序的正常运转,就必须运用法律或者其他强制手段约束所辖职工,使其严格遵守行业纪律,履行自己的职责,做好本职工作,如果违反职业纪律造成不良后果,涉及者必将受到纪律的处罚甚至法律的制裁。

公交企业劳动纪律的主要内容有:一是组织方面的纪律,是指职工应该服从指挥,根据下达的计划和调度的指令,按时、按质、按量完成应承担的生产和工作任务;二是生产技术方面的纪律,是指职工在生产和工作中,遵守企业的生产技术规章制度,如岗位责任制、技术操作规程、安全生产规程等,不得违章指挥、违章作业;三是工作时间方面的纪律,是指职工应当遵守工作时间制度和考勤制度。

1. 职工请假考勤制度

（1）职工请病假有关规定

①职工请病假(急诊除外)必须按规定提前办理请假手续。早班应在前一天晚6点之前,晚班应在接班前2小时之前请假。过发车点请假,2小时内按迟到处理,超过2小时按旷工处理。

②请假看病后,医疗保险定点医院的病假证明要在次日之内及时交给所在单位劳动管理人员,逾期无效。病假到期仍不能上班,应在假期满之前及时办理续病假手续,逾期未办理的,按旷工处理。

③职工患病就诊,须到医疗保险定点医院治疗,非定点医院的假条一律无效,急诊证明只限一次不能连续急诊治病,急诊假条有效期最多不超过2天,逾期无效。

④职工在工作时间患病,应及时向劳人员或主管负责人请假,经批准后方可就医,就医后有病假证明按病假计算,无病假证明按事假处理。

⑤预备人员派车后,出示病假证明或请假看病者一律不予批准,派车不走按摆班处理。

(2) 职工请事假有关规定

①请事假的人员必须提前写出书面申请，申明请假事由、时间，由基层单位（车队、车间）的主管负责人核实情况，行政领导签批意见。

②由请假人持基层单位（车队、车间）行政领导签批意见的请假申请，到分公司人力资源部办理请假手续。

③审批事假的权限3天以内（含3天）的事假由基层单位（车队、车间）的行政领导签批;4天至7天（含7天）的事假由分公司人力资源部负责人签批;7天（不含7天）以上的事假由人事经理签批。任何人不能越权审批。

④请假必须严格履行请假手续，未办理手续擅自歇假的，按旷工处理。

⑤连续事假1个月上班后，须经复工培训后方可重新上岗。

(3) 职工请其他假的有关规定

①职工探亲应提交书面申请书，经基层单位（车队、车间）行政领导签批后到分公司人力资源部办理探亲手续，探亲假到期必须按时归队，除遇不可抗拒的情况，逾期不归的均按旷工处理。

②婚假、丧假、孕产假、计划生育假、献血假、工伤假、疗养假等均按有关规定执行。

2. 职工岗位规范考核

岗位规范是指职工在生产、工作中履行岗位职责、遵守企业规章制度、按要求完成工作任务的基本行为准则和标准。企业对职工岗位规范的考核管理，是依据国家和企业的有关规定对职工所从事生产工作岗位的岗位规范，建立起按月考核、年度审核、达标上岗、优胜劣汰考核管理机制，以确保企业生产经营工作健康、有序进行。

公交集团公司主要岗位规范考核有《职工岗位规范考核管理暂行规定》、《职工严重违规、违纪及严重失职、营私舞弊对企业造成重大损害解除劳动合同的暂行规定》等有关文件。

《职工岗位规范考核管理暂行规定》中对职工的考核内容主要包括:思想政治表现、生产工作成绩和技术业务水平。

(1) 对职工思想政治表现的考核，主要包括遵守国家的法律、法规和企业的规章制度,树立良好的职业道德及劳动工作态度等方面。

（2）对职工生产工作成绩的考核,主要包括履行岗位职责,遵守企业安全生产操作规程,文明生产、礼貌服务、保质、保量、按期完成生产工作任务等方面。

（3）对职工技术业务水平的考核,主要是按照现行的《工人技术等级标准》和《职工培训教材》进行技术业务理论和实际操作技能的考核。

（4）对职工岗位规范的考核采取"12分"量化考核方法,凡职工未执行岗位规范的各项规定,在年度内累计扣分达到或超过"12分"的,应予以优化下岗接受培训,并在本人考核档案中加以登记。

"12分"量化考核方法包括：

①运营生产扣分标准。

②调度指挥考核扣分标准。

③安全行车考核扣分标准。

④车辆技术考核扣分标准。

⑤服务工作考核扣分标准。

⑥稽查工作考核扣分标准。

⑦保修生产考核扣分标准。

⑧劳动纪律考核扣分标准。

⑨治安保卫考核扣分标准。

⑩后勤服务考核扣分标准。

《职工岗位规范考核管理暂行规定》对不同情形的违规违纪做出不同的扣分标准。职工在工作中未能达到岗位规范标准被扣分的,要按照公交集团《工人岗位效益工资制实施办法》及各单位《工人岗位效益工资制实施细则》的规定对工资进行扣罚;职工在年度考核中违反岗位行为规范,累计扣分达到"12分"的应在当月办理优化下岗手续;凡职工在12个月内连续2次(含2次)优化下岗或在合同期内(合同期超过五年的按五年考核)累计3次优化下岗,企业要按规定解除劳动合同。同时还规定,职工因严重违规、违纪及严重失职、营私舞弊对企业造成重大损害的,一经认定属实,除扣除"12分"后,要依据《职工严重违规、违纪及严重失职、营私舞弊对企业造成重大损害解除劳动合同的暂行规定》,企业可与其解除劳动合同。

(二)运营纪律

运营纪律是指为了提高运营服务质量,加强调度指挥,充分发挥车辆运输效力重申强调的运营生产纪律。

公共交通的运营车辆,用于有计划的运送乘客,车辆的调派指挥权统属各级调度系统。各级干部不得私自批、调运营车辆改作他用,不得私自打乱行车计划。如需公务用车或需改变作业计划时,须经业务主管经理批准,交调度系统办理。

各级保修部门对运营车辆要及时保修,不得拖保漏项;保养试车需在指定地点进行,不得借试车为名私自动用运营车辆,如确需出场试车磨合时,要经业务调度系统同意、签发路单。

1. 对乘务人员的要求

(1)服从值班调度员指挥,按计划正点运营,积极疏导乘客,有空位让上车。不得私自甩站不停或拖点怠行,不得谩骂和干扰调度员正常工作。

(2)运行中,接班人员未到,不得摆车不走,不得等点下班。

(3)发区间车或快车时,必须在车辆上显示相应标志,并做好宣传。运行中发生事故、纠纷、故障及其他影响运营情况时,要及时向值班调度员报告。

(4)运营车辆不得私自改线行驶,不得私自把车开回家去。

违反调度纪律反映在签注、记录、汇报不真实或不及时汇报;工作不负责任,采取措施不当,影响线路正常运营;不服从上级调度指挥;擅离工作岗位或交他人代行本职工作;办事不公,利用职权刁难他人或打击报复。

2. 对调度人员的要求

(1)以行车时刻表为依据指挥车辆运营。随时掌握客流变化和车辆行驶情况。灵活调度车辆,保持线路的正常运营秩序。

(2)顾全大局,坚决执行上级调度下达的调度命令。

(3)如实签注、记录,按规定内容及时向上级调度汇报。

(4)坚持原则,办事公平,作风正派,态度和蔼。

(5)耐心解答乘客询问,临时处理当班发生的问题,并立即报告值班干部解决。

(三) 乘务纪律

公交客运的服务性是乘客运输质量的综合表现。文明优质服务,是乘客运输质量的重要特征。所以,公交客运服务具有鲜明的社会公益性和社会效益,其服务质量评价的基本标准就是乘客能够满意。而执行乘务纪律则是保证文明优质服务的前提。

乘务纪律是指公交企业根据生产特点,为了维护企业形象,确保运营秩序而对乘务人员提出的纪律要求。

1. 不准擅离职守,无故摆车不走

乘务员工作岗位在售票台,虽然有的车型在设置方面已经没有了售票台,但乘务员的工作岗位没有变,工作的重点仍然是监卡售验,不论有无固定售票台,乘务员都不准离开工作岗位,如,乘务员查完票到驾驶员旁边聊天,到乘客身边聊天等。

调度员是一线指挥官,按调度命令走车是企业铁的运营纪律,在某种程度上,调度命令就像上前线打仗的战斗命令一样,如果车不能按正点发出,必然会影响后面车辆的正点,乘客不能及时乘车,就会造成负面影响,同样,无序的运营会给线路的正常带来恶性循环,工作中要求乘务人员在接到调度命令后,不能以任何借口延误发车时间,更不能无故摆车不走,破坏企业正常生产秩序,因为,运营是基础,是企业两个效益的保证。

2. 不准私自甩站,严禁用车门卡、甩乘客

由于线路网密集,生产任务难度加大,企业内部的竞争也更加激烈。工作中,职工关心每日生产任务完成情况,积极性高,但同时也出现了一些不好的现象,如:抢拉票款,私自甩站,还有的职工私自变更调度命令,中途站不停车等,由此造成乘客投诉,社会影响非常不好。不准私自甩站是企业对乘务人员运营生产的严格要求,是运营生产中的一项重要工序,广大职工要维护企业的全局利益,不能因个人利益而影响到集体利益。

严禁用车门卡、甩乘客。是指工作中应不急不躁,确保乘行安全。有时候,乘务人员由于堵车、点紧,关门时看到人多,容易产生急躁心理,在动员劝解无

效的情况下，习惯用开关车门催促乘客，但其效果恰恰相反，容易使双方矛盾加剧。乘务人员用开关车门催促乘客，容易出现失误，夹伤乘客，耽误其他乘客的时间。车门是用来保证乘客安全的，不是催促乘客的工具，要正确开关车门。

3. 不准歧视、刁难乘客

人，没有贵贱之分，乘务人员接触的是人，每个乘客都是服务的对象，从消费角度来看，凡是乘客都是消费者，在接受服务时是平等的。在企业规范中，有对特殊乘客的特殊服务，那是为了满足个别乘客的乘行需求。如：对外地乘客，首先要求乘务人员问清乘客换乘地点，解决出行到达目的地问题；其次是耐心周到的服务，让外地乘客消除陌生感。要尊重乘客，工作中要有换位服务的意识，要设身处地解决乘客困难，不刁难乘客。如：车内拥挤，民工携带东西多，乘务人员不准阻止其乘车，要积极疏导，解决民工乘车问题。要避免以貌取人，造成乘客心理反感。在大量乘客投诉中，投诉人主要是平民百姓，所以，乘务人员工作要想得到乘客的理解，首先要学会尊重乘客，服务中不歧视、刁难乘客，只有这样，才会得到乘客的满意，工作中辛苦付出才会换来好的社会效应，从而使自己身心得到愉悦，激励自己更加努力工作。

4. 不准在工作中做与工作无关的事情

乘务人员在生产运营的第一线，要严格执行出乘服务规范，这是最基本的工作标准，除规定应该做的，其他的都属于服务工作中不宜做的。如：在检查中，经常看到有的乘务人员与别人聊天，玩手机，报站也没有了，售验监卡也不认真了，其行为给企业的"两个效益"带来很大的损失。试想，如果乘务人员不做工作中应该做的，驾驶员想在哪儿停就在哪儿停，想停多久就停多久，乘务员想卖票就卖，企业就没有信誉可言，一个没有信誉的企业是没有竞争力的，缺乏市场竞争力，企业就不可能生存，生存的空间没了，职工的饭碗也会砸的。所以，职工在工作中执行企业制定的规章制度，实际上是关系到切身利益的大事，纪律规定与服务无关的事情，在出乘中都不得去做。

5. 不准讽刺、谩骂、殴打乘客，盲目介入他人纠纷

在乘客车票出现问题时，乘务人员要做到不讽刺、不刁难乘客，就必须要讲究方法。如：查验免票证件时，乘务员经常会查到冒用的，按制度要补交票款，

但有的乘务人员使用讽刺的话,让乘客在众人面前下不了台,因此被投诉。实际上工作中不发生矛盾是不客观的,有了矛盾正确化解是很重要的,这其中就包括不歧视、刁难乘客,不盲目介入他人纠纷。

6. 不准乱罚款

乘客票务违章时,按规定要有处罚,乘务人员在处理过程中,不能凭感情,主观随意。如:一般情况下,违章者补交罚款并不痛痛快快,有的乘务人员处理时,看到罚款不痛快,一怒之下,会对乘客加重处罚,甚至有的乘务人员随意乱罚,工作中出现"三乱"现象,这些均属于严重违反票制行为。也有的乘务人员对票制违章处罚业务不熟,不知处罚标准,随口要钱。

(四)驾驶员文明驾驶纪律

驾驶纪律是指为确保运营安全和运营秩序,驾驶员必须遵守的纪律要求。

(1)讲究交通公德和职业道德,文明驾驶,礼貌行车。服从交通民警指挥,认真遵守交通安全法律、法规和企业制度。

(2)车辆检查不漏项。确保制动、转向、灯光、刮水器、低压警报器等安全设施灵敏有效。

(3)随身携带驾驶证,不准驾驶与准驾车型不符的车辆,严禁将车交给非驾驶员驾驶。驾驶车辆时要精神集中,按规定车道行驶,不闯灯、不超速、不闯单、禁行线,严禁疲劳驾驶、酒后开车。不准穿拖鞋驾驶车辆。不做有损公众利益的动作,不随地吐痰、乱扔废弃物。

(4)驾驶车辆时要坐姿端正、正确操作。行车中不闲谈、不吃东西、不吸烟、不转移视线、不双手离开转向盘、不做与驾驶无关的动作。

(5)车辆起步。听准信号,关好车门开关,观察车外情况(三面看)确认安全后方可起步。

(6)车辆行驶中。尾随前车时,要保持必要的安全距离;会车时,要主动避让;超车时,要鸣笛或灯光示意,做到"让则超不让则不超",严禁强行超车或从右侧超车。通过铁路道口,要"一停二看三通过。"

(7)行车平稳不急躁。按规定车速行驶,安全礼让、起步不闯、拐弯不晃、制动不点头,选择安全道路行驶,不抢行。

(8)车辆进站。要开启右闪光灯,照顾慢行车,缓慢进站,不准截头进站。遇有人群拥挤,要人挤车停,车停稳后方可开启车门总开关。

(9)车辆出站。要开启左闪光灯,照顾左侧车辆,不得强行挤入机动车道。进、出站要执行"七必须、七不准"的规定。

(10)倒车时,要先看清车身周围情况,车后必须有人指挥。倒车速度不得超过5km/h,并随时做好停车准备。

(11)夜间行驶须按规定使用灯光。

(12)遇风雾雨雪天气。影响视线时,必须开启雾灯和近光灯,缓慢行驶,不得超车和逆行,视线不清要停止行驶;遇雨天,须减速慢行,拐弯和进站要轻打轮、缓制动、防侧滑;遇积水路面,水情不明或积水深度超过车轮半径时,不得通过,涉水后要磨制动;在雪地和结冰路面要缓慢行驶,宽打窄用,禁止滑行,要利用引擎制动。雨、雪天气进、出站及行驶中,要特别注意避让行人和非机动车,防止雨、雪溅到非机动车、行人、乘客身上及其他物体上。

(13)要安全礼让礼宾车队,严禁穿插礼宾车队。执行大型集会活动任务时,要服从交通民警指挥,按指定路线顺序行驶,依次停放车辆。

(14)发生行车事故必须立即停车,保护现场,抢救伤者,并及时报告单位领导和公安交通管理部门。

(五)公共电汽车票务制度

乘务人员的工作性质决定了乘务人员每日要经手大量票款,所以乘务人员必须自觉按企业财经纪律,规范严格要求自己,廉洁奉公、不谋私利,并且要坚持原则,模范执行政策,不怕打击报复,敢于同不正之风做斗争。

为确保票款收入的完成,提高公交企业的经济效益,加强对乘务人员的票务管理,企业特制定票务制度。

1. 票务制度的内容

(1)领票

当班乘务员在出车前须凭本人有效证件到票务室领取当日车票,并当面核对清楚,如有差错,要立即提出更正;当日所领车票(除个别线路晚班必须提前领取次日车票外)必须当日交还;无人售票或准无人售票线路当班人员,要领取足够的无人售票车专用车票。

（2）签注

凡在出乘服务工作中与票款有关系的乘务人员，上岗前都必须由调度员在票单或路单上如实签注私款；车辆每次到达首、末站时，乘务员必须签注售止票号，号码不得少于4位。

（3）售票

①售票必须按规定使用红蓝铅笔划线，上行划红线，下行划蓝线。单一票制的线路所划站号与当日日期相同，分段计价线路按票价可乘坐的最远距离划足站号；集体票（5张以上，含5张）可以撕口代替，不得划重站号或提前划线。

②售错票或划错线时，应与同班乘务员或驾驶员声明后，方可继续出售。未能及时售出的要在单程运营结束时向当班调度员说明情况并由调度员签注后，方视为有效车票。

③乘务员在售票当中应做到"唱收唱付"，不得拒收零币、旧币及其他法定流通的货币。遇有乘客票务违章，需要补交票款时，要当面按补票款足额撕票或付给补票凭证。

（4）交接班

①乘务员交班时要做到票、款、账"三清"，接班乘务员应认真核对票、款，否则，由此而产生的后果由接班乘务员自负。

②中途交班乘务员遇有不认识的人接班，必须回到首末站经调度员同意后，方可进行交接，否则，出现问题由交班乘务员自负。

③间歇作业车组停驶时，当班乘务员应将钱、票封好，交票务室或调度员保管，不准私自携带或存放他处。

（5）交账

①交账时要填写交账清单，连同剩余车票及所售票款一起交付收账员验收，少款补齐，多款上交（由于忘找乘客钱或其他原因造成的多款应向车队说明，严禁私存票款），取得交账回执后方可离去，否则，出现问题由交账人负责。

②由于自己保管不当，发生丢失车票，按账面计算票款，由过失个人负责全部赔偿。

2. 违反票制的性质划分

(1) 票务过失

①不按规定领票、交票。

②不按规定签注售止票号。

③丢失车票或票款。

(2) 一般违反票制

①售票时不按规定划线。

②不按规定签注私款。

③出乘中无人售票车投币口长时间滞留票款。

④出乘中私存废票。

⑤拒收零币或其他法定流通人民币。

⑥出乘中票款长出本线路一个最高票面(含)以内。

⑦无人售票车出乘中不配备或未配足车票凭证。

(3) 严重违反票制

①不按规定收费或乱罚款。

②出乘中私款长出签注数额。

③出乘中票款长出本线路一个最高票面(不含)以上。

④出乘中出售私存废票。

⑤收钱不撕票或多收钱少撕票。

⑥乘客补交票款后不交付票据，私留补交票款。

⑦收取乘客财物，允许其乘车不购票。

⑧无人售票车乘务人员直接收取票款，不投入投币箱。

⑨从无人售票车投币箱内私自截取票款。

⑩出乘后长款不上交。

⑪私自涂改票单。

(4) 违反票制的处理

①属于票务过失的，要对当事人进行批评教育，并责令写出检查。

②属于一般违反票制的，除责令当事人写出检查外，还要给予一定的经济

处罚。

③属于严重违反票制的,要在加重经济处罚的同时,给予行政处分或解除劳动合同。

④违反票制的处理实施细则,由各单位自行制定,并经职代会讨论通过,上报所在地区劳动仲裁部门备案后执行。

(六)车辆技术纪律

车辆技术纪律也称车辆技术规范,是对车辆技术性、操作性、动力性、安全性、可靠性等方面的强制性要求。

1. 出车前必须对车辆进行检查,确认无问题方可上路运行

出车前必须检查的项目是:机油油量、燃油(燃气)量、冷却液量、自动变速器油量、助力油量;气压、油压、电流、温度仪表指示;有无漏油、漏水、漏气;喇叭、刮水器、灯光、信号、开关;制动踏板、制动反映;转向盘自由量、转向反映;轮胎气压、轮胎固定螺栓、半轴螺栓;车身设施;尾气排放。

2. 正确起动发动机,怠速升温

用起动电机起动发动机时,一次起动时间不得大于 5 秒;二次起动与一次起动之间要有一定间隔;三次起动后仍不能着车,应停止起动,进行相应检查判断后再行起动。不允许连续长时间的用起动机起动。电控(电脑模块)车辆不允许邦车起动;自动变速车辆不能拖拽起动。发动机起动后,必须怠速运转升温正常运转后方可起步。

3. 规范驾驶操作,合理行车

车辆平稳起步后,要轻匀加油,缓慢提速,依车速换用挡排。行车中不准把脚放在离合器踏板上。驾驶自动变速车辆,行驶中不能变换挡位,不能熄火或空挡滑行,更不能使用起动电机,并要注意变速器油油温指示。驾驶中要注意观察仪表、信号显示,视情况调节处理或及时停车。

4. 使用增压发动机车辆

使用增压发动机车辆,发动机高速运转下不允许立即熄火灭车,必须怠速运转 3~5 分钟后才能熄火灭车。短暂停歇时,发动机怠速运转时间不得过长(不超过 10 分钟)。

5. 收车停驶

收车停驶时油箱要加满油,拉紧驻车制动,挂起步挡,关好门窗,切断电源总开关,燃气车辆还要关断供气总开关。对运行中感觉及停车后检查到的问题要报修。

6. 装用自动变速器车辆的拖动

拖动自动变速车辆,要分开传动轴拖拽,挡位选择在空挡"N"的位置,拖拽时速不得超过25km,拖拽时间最长不超过2小时。

7. 其他

(1)以水作为冷却液的车辆要加足水,不得亏水行车;以防冻液作为冷却液的车辆,液面在附水箱高度的1/2~2/3处。

(2)水箱开锅时要在怠速运转下降温,补充冷却液要在降温后进行。

(3)不准摘前盖和橇掀后盖运行。

(4)轮胎温升过高时,车辆要停歇降温,不准用冷水泼浇轮胎,也不准将轮胎放气。

(5)发动机及发动机舱要保持整洁,不得放置杂物。电气、高热部件处要隔热防护。

(6)不明水情时,不得贸然涉水行驶。当积水深度超过车轮半径时不得涉水通行。

(7)行驶中有漏电现象时要立即停驶报修,经处理并测试合格后方可继续行驶。

(8 不准用水冲刷地板。

(七)保密纪律

保密纪律是指为保守企业秘密,维护公交企业的安全和利益,对公交员工提出的纪律要求。严守企业机密是每位职业者应肩负的职业道义和责任,它要求企业的每一个员工无条件地遵守企业保密制度和纪律,增强保密意识,严格依法办事。

(1)保密范围

①企业重大决策中的秘密事项。

②未经公开的企业经营决策。

③企业的智力成果。

④未经公开的科研成果。

⑤车辆技术机密。

⑥机密文件。

⑦需要保密的特殊任务及活动。

⑧其他经企业确定的需要保密的事项。

(2) 保密要求

①遵章守纪，严守机密。每一个公交员工在业务工作中，要严格遵守党和国家有关的保密制度和纪律，严格遵守《中华人民共和国保密法》及遵守企业保密制度和纪律。对属于保密资料的搜集、整理、分析、提供等诸环节都要严格把关，不该提供的资料数据决不泄漏，不该讲的内情决不外传。要做到不该说的绝对不说，不该问的绝对不问，不该看的机密绝对不看。

②内外有别，上下有别。谈及企业内部的事情要注意场合，只容许在内部谈的，不要当着外人谈；只容许少数人知道的，不要扩大范围；不宜家属、子女、亲友知道的不要告诉家属、子女、亲友。企业秘密设定在哪一个级别，就一定在哪一个级别保守机密，下级不该问的机密绝对不问。

③小心谨慎，提高警惕。乘务人员要有保密意识，不要在车厢及公共场所谈论企业机密。凡是涉及企业机密的绝对不说；同时不要口无遮拦，随意谈及企业内部的事情，"说者无心，听者有意"，许多泄密事故往往是在不经意中泄露的。

④严格防范，确保安全。每一个公交员工都要树立防范意识，不在不利于保密的地方存放机密文件、资料；不在非保密本子上记录机密事项；不携带机密材料探亲访友和出入公共场所；加强计算机和网络的安全防范，涉及机密的文件存入计算机、软盘、硬盘、U盘等要进行加密处理，防止失密、泄密。

(3) 失密、泄密的处理

①属于失密、泄密过失的，要对当事人进行批评教育，并责令写出检查。

②属于一般违反保密制度的，除责令当事人写出检查外，还要给予一定的

经济处罚。

③属于严重失密、泄密的,要在加重经济处罚的同时,给予行政处分或解除劳动合同;是党员或党员领导干部的按照党纪条规给予警告、严重警告直至开除党籍的处理,同时给予行政处分或解除劳动合同。

④故意或者过失泄露企业秘密,情节严重的要承担法律责任。

(八)监督检查纪律

监督检查纪律是指为加强公交运营服务质量监控,确保运营生产秩序,对稽查人员和接受稽查的乘务人员的纪律要求。

安全服务综合稽查队是企业内部监控服务质量的专职检查队伍,专职稽查员是从事公交服务稽查工作的专职人员。

稽查队由各级服务部门统一管理。上一级稽查组织有权调动下级稽查员开展稽查活动,下级稽查组织必须服从上级稽查组织的指挥调动。

(1)稽查职责

①对驾驶员、乘务员和站台服务员执行服务规范的情况进行检查。

②对争创荣誉称号的先进集体或个人进行达标验收,对获得荣誉称号的先进集体或个人进行复查复验。

③纠正驾驶员、乘务员和站台服务员的违章、违纪行为。

④查处乘客票务违章行为,协助车组处理运营服务当中的突发事件。

⑤完成上级交办的特定任务。

(2)稽查任务

①稽查工作以明查为主,暗查为辅。执行明查任务时,必须穿着统一的制式服装、佩戴标志。执行暗查任务时,只需穿着便装。

②执行稽查任务时,须按规定的日期、时段、时间到达检查地点,按确定的检查项目和标准,完成检查任务。实行跨公司、跨专业的全方位质量监控,有效工时不少于6小时。

③稽查员要做到文明稽查,纠正被检查人员服务中的问题,应向当事人出示稽查证件。并注重方式、方法和语言艺术,避免与被检查人员发生冲突。

④被检查人员出现违纪、违反票制问题时,要问清当班人员姓名,记清违纪

情节,填写违纪(违票)通知书,违反票制情节严重的移交分公司或车队处理。

⑤检查表统计汇总后上交稽查队负责人或服务部门。检查中的问题,按专业归口处理。

⑥查处乘客票务违章,乘客补交票款后,要付给乘客补票凭证。乘客不配合稽查工作的,可送交公安机关协助处理。

(3)稽查纪律

①服从组织安排,不准私自换班;

②遵守工作时间,不准迟到早退;

③坚持文明稽查,不准蛮横粗暴;

④保守稽查秘密,不准营私舞弊;

⑤如实反映问题,不准弄虚作假;

⑥坚持公平公道,不准吃请收礼。

(4)对乘务人员的要求

①加强自律,遵守运营纪律和票务工作制度。

②服从稽查人员的检查,积极配合工作。

③在稽查中发生矛盾和争议,要通过组织渠道反映和解决,不得谩骂和干扰稽查员的正常工作。

④对稽查人员正当履行职责,不得徇私舞弊,打击报复。

公交员工要做到遵纪守法,应树立职业规范意识,懂得个人命运与企业前途紧密相连,个人利益系于企业之发展,从而自觉地学习和认同企业的职业规范,自觉自愿地严格遵守公交企业的职业规范,把外在的约束力化为个体自主自愿的需要,把"要我做",变成"我要做",养成遵纪守法的良好道德品质。

公交员工要适应严格管理并认识到严格管理的必要性;"遵守制度、服从管理""严格纪律、严格管理"是企业与职工共同发展的重要保证。

总之,要做到遵纪守法,首先必须了解与自己所从事的职业相关的岗位规范、职业纪律和法律法规。只有认真地学习岗位规范、职业纪律和法律法规,才能提高遵纪守法的自觉性,才能保护本单位、本企业和个人的正当权益。同时要严格要求自己,在实践中养成遵纪守法的良好习惯。遵纪守法的美德不仅是个认识或心理问题，更重要的是行为践履的问题。只有把对遵纪守法的正确认识、情感、意志、信念转化为行动，在日常的工作、生活实践中坚持不懈地努力去做，不断地学习、实践、再学习、再实践，才能够养成自觉遵纪守法的美德。遵纪守法良好习惯的养成不是一朝一夕的功夫，并非一蹴而就的易事，必须长期坚持，"从我做起，从小事做起，从现在做起"。

另外，公交员工还要敢于同违法违纪现象和不正之风做斗争。我们不仅要自觉遵守职业纪律和有关的法律、法规，而且要自觉维护国家和人民的利益，敢于同违法、违纪现象做斗争，敢于同以权谋私的不正之风做斗争。这是社会主义法制和道德对职业劳动者的要求。如果我们社会中每一个人都能同违法乱纪的丑恶现象做斗争，社会风气就能日益净化，就能促进社会主义现代化建设的顺利进行。否则，犯罪分子就会肆无忌惮，不正之风就会泛滥，人民就会遭殃，个人就会受损。至于同情、迁就、包庇违法乱纪行为，不仅是错误的，而且还可能因此触犯法律。我们应该克服"事不关己，高高挂起"的想法和做法，敢于同违法、违纪和不正之风做斗争，不怕打击报复，以自己的实际行动履行社会主义职业道德规范，做一个遵纪守法、享有尊严、受人尊敬的公交员工。

三、职业礼仪

职业礼仪是人际交往、个人品德修养、组织形象塑造中不可缺少的行为规范，是城市公交职业道德建设和职工素质的一个重要方面。礼仪体现人的文化层次和文明程度，同时也体现了时代的风尚与道德水准。公交员工要全面提高个人素质，就要学习礼仪、遵循礼仪，从言谈举止、待人接物、仪容仪表等方面加强职业礼仪修养，使自己成为一个文明有礼、善于沟通，能够胜任本职工作，受人尊重和欢迎的和谐社会的一员。

（一）礼的基本概念

1. 礼

礼的繁体字为"禮"。《辞海》中对礼的解释是：本谓敬神，引申为表示敬意的通称。礼的含义比较丰富，它既可指为表示敬意而隆重举行的仪式，也可泛指社会交往中的礼节、礼貌，是人们在长期的生活实践中约定俗成的行为规范。

在古代,礼字还特指奴隶社会或封建社会等级森严的社会规范和道德规范。

2. 礼节

礼节是人们在社会生活中(如政务、公务、商务、社交、日常生活等)一个人、一个群体、一个主权国家,对他人、他个群体、他个主权国家表达目的、情感,所使用的规范的惯用仪式。如中国古代的作揖、跪拜,当今世界各国通行的点头、握手,南亚诸国的双手合十,欧美国家的拥抱、亲吻,少数国家和地区的吻手、吻脚、拍肚皮、碰鼻子等,都是不同国家礼节的表现形式。礼貌和礼节之间的关系是相辅相成的。有礼貌而不懂礼节,容易失礼。对乘务人员来说,礼节往往是对乘客表示尊敬、善意和友好的行为。对一个人来说,是其心灵美的外化。例如:在涉外事务服务接待中,乘务人员应主动微笑问候"对不起"、"请问"等。在服务时,乘务人员应按照先宾客后主人,先女宾后男宾等礼貌顺序进行。

3. 礼貌

礼貌是指人们在社会生活中(如政务、公务、商务、社交、日常生活等)一个人、一个群体、一个主权国家,对他人、他个群体、他个主权国家相互表达尊重的程度;是人与人之间在接触交往中相互表示敬重和友好的行为准则,它体现了时代的风貌与道德品质,体现了人们的文化层次和文明程度。礼貌可以通过一个人待人接物时的言谈、表情、姿态等来表示。礼貌可分为礼貌行为和礼貌语言两个部分。礼貌行为是一种无声的行动,如微笑、点头、欠身、鞠躬、握手、双手合十、拥抱接吻等。礼貌语言是一种有声的语言,如使用"同志"、"前辈""老人家"等敬语;"恭候光临"、"我能为您做点什么"等谦语。我国历来十分重视"语言"与"礼"的关系,有许多关于礼貌的语言至今仍为人们所沿用。如"己所不欲,勿施于人"、"礼尚往来"、"来而无往非礼也"等。过去常说的"温良恭俭让",即做人要温和、善良、恭敬、节俭、忍让,也是我国古代衡量礼貌周全与否的准则之一。今天我们正在提倡的礼貌语言为五声十字,即"您好"、"请"、"谢谢"、"对不起"、"再见",充分体现了语言文明的基本形式。

乘务人员在工作岗位上与乘客交往中得体适度地讲究职业礼貌,不仅有助于建立相互尊重和友好合作的新型乘务关系,而且能缓解或避免某些不必要的冲突。对从事公共交通服务的员工来说,职业礼貌是衡量服务质量高低重要标之一。

4. 礼宾

礼宾是指在社会生活中那些以交流为目的，以交际为手段的工作。对国内称礼宾，对国外称国际礼宾。一般来说，各种礼宾，国际上都有一定的惯例；但各国、各地区、各行业往往又根据本国、本地区、本行业的特点和风俗习惯，有自己独特的做法或者根据特殊的需要灵活变通。

礼宾是公共交通服务的一项重要工作。在公共交通服务开展任何一项礼宾工作都需要做大量细致的具体工作。因此，要求每一位参与其中的工作人员既要有高度政治责任感，又要熟悉各方面的业务；并且还要有既严谨而又灵活的工作作风。

5. 礼仪

礼仪是指人们在社会交往中由于受历史传统、风俗习惯、宗教信仰、时代潮流等因素的影响而逐渐形成，既为人们所认同，又为人们所遵循，以建立和谐关系为目的的各种符合社会道德规范、伦理规范精神及要求的行为准则。

由于礼仪是社会、道德、习俗、宗教等方面人们行为的规范，所以它是社会文明程度和社会人道德修养的外在表现形式。

礼仪是人类文明的结晶，是一个国家和民族文明程度的重要标志。文明的体现宗旨是尊重，既是对人也是对己的尊重，这种尊重总是同人们的生活方式有机地、自然地、和谐地和毫不勉强地融合在一起，成为人们日常生活、工作中的行为规范。这种行为规范包含着个人的文明素养，比如待人接物热情周到、彬彬有礼；人们互帮互助、彼此尊重、和睦相处，体现出人们日常生活中的文明友好；注重个人卫生，穿着适时得体，见人微笑问候致意，礼貌交谈，文明用语，这也体现出人们的品行修养。

今天，人们对于"礼仪"二字的认识更多地已提升到文化层面。礼仪文化是指一个国家、一个群体其政治、经济、文化、风俗、宗教等综合发展，通过公民的精神风貌所体现的社会文明与发展。

（二）礼仪的功能、原则和特征

1. 礼仪的功能

"读书是学习,使用也是学习,而且是更重要的学习",学习的目的全在于运用。之所以要学习礼仪,是因为它具有很多功能,既有助于个人,又有助于社会。

(1)沟通功能

人们在社会交往过程中发生各种关系,主要有经济关系、政治关系和道德关系,这三者构成了人们的社会关系。在人际交往中,不论体现的是何种关系,只要双方都能自觉地执行礼仪规范,就容易沟通双方之间的感情,从而使人们之间的交际往来得到成功,进而有助于人们所从事的各种事业得到发展。

(2)协调功能

在一定意义上说,礼仪是人际关系和谐发展的调节器。人们在交往时按礼仪规范去做,有助于加强人们之间互相尊重、友好合作的新型关系,可缓和或避免某些不必要的情感对立与障碍。

(3)维护功能

礼仪是整个社会文明发展程度的反映和标志,同时礼仪也反作用于社会,对社会的精神文明产生广泛、持久和深刻的影响。社会上讲礼仪的人越多,社会便会更加和谐稳定。

在维护社会秩序方面,礼仪起着法律所起不到的作用。

(4)教育功能

礼仪通过评价、劝阻、示范等教育形式纠正人们不正确的行为习惯,倡导人们按礼仪规范的要求去协调人际关系,维护社会正常生活。遵守礼仪原则的人客观上也起着榜样的作用,无声地影响着周围的人。

2. 礼仪的原则

在日常生活中,学习、应用礼仪,有必要在宏观上掌握一些具有普遍性、共同性和指导性的礼仪规律。这些礼仪规律,即礼仪的原则。

(1)遵守原则

礼仪规范是为维护社会生活稳定而形成和存在的,实际上是反映了人们的共同利益和要求。社会上每个成员都应自觉遵守执行,如果违背了礼仪规范,就会受到社会舆论的谴责。在人际交往中,共同遵守的原则主要有遵守公德、遵时守信等。

（2）尊重原则

人际交往中必须尊重对方的人格尊严，尊重是礼仪的情感基础。人与人之间彼此互相尊重，才能保持和谐愉快的人际关系。做到敬人之心常存，处处不可失敬于人。失敬就是失礼。尤其要注意不可侮辱对方的人格。

（3）适度原则

人际交往中要注意保持一定的社交距离，也就是要把握与特定环境相适应的人们彼此间的感情尺度。例如，在与乘客交往时，既要彬彬有礼，又不能低三下四；既要热情大方，又不能阿谀奉承。公交企业职工在接待国外宾客时，要以"民间外交官"的姿态出现，特别要注意维护国格和人格，做到"威武不能屈，富贵不能淫"，绝对不能玷污我们伟大祖国的光辉形象和崇高声誉。

（4）自律原则

自律就是自我约束，自我控制，自我对照，自我反省，自我检点。通过礼仪的教育与训练，人们会在心中树立起一种高尚的道德信念和行为修养准则，并以此严格约束自己，在社交活动中自觉地按礼仪规范去做，使自己成为一个高尚的人、一个受欢迎的人。

3. 礼仪的特征

礼仪体现的是人与人之间的关系，它必须符合特定历史条件下的道德规范和传统的文化习惯。而现代礼仪较之传统的礼仪有着明显的特征，其主要是：

（1）国际性

礼仪作为一种文化现象，是全人类的共同财富，它跨越了国家和地区的界线。尽管不同国家、不同民族、不同社会制度所构成的礼仪有一定的差异性，但在讲文明、讲礼仪、相互尊重原则基础上形成并完善规范化的国际礼仪，已为世界各国人民所接受和广泛使用。现代礼仪兼容并蓄，融会世界各国礼仪之长，从而使现代礼仪更加国际化，国际礼仪更加趋同化。

（2）民族性

礼仪作为约定俗成的行为规范，在拥有共同性的同时，又表现出明显的民族差异性。如：东方民族含蓄、深沉，西方民族则直率、开放；东方人在初次见面时习惯于拱手、鞠躬,西方人则习惯于接吻、拥抱等。

(3)继承性

礼仪的形式和完善,是历史发展的产物。但礼仪一旦形成,通常会长期沿袭,经久不衰。例如,我国古代流传至今的尊老敬贤、父慈子孝、礼尚往来等反映民族传统美德等礼仪,一代一代流传下来,并将代代相传,发扬光大。

(4)时代性

礼仪具有时代性,随时代的发展而发展。现代生活具有多元、丰富、多变的特点,因此,现代礼仪必须正确反映时代精神,体现新的社会道德规范,确立新型的人际关系,并在实践中不断更新其内容,改变其形式。

(三)礼仪的性质、作用和意义

1. 礼仪的性质

(1)礼仪的阶级性

礼仪自产生之日起即具有阶级性,当人类社会发展到阶级社会以后,这一性质更加鲜明。统治阶级为了使自己的统治能长治久安,一方面建立起强大的国家机器,充分发挥国家机器的镇压和压迫职能;另一方面又通过建立和完备礼仪制度、道德规范等使统治和被统治、压迫和被压迫的关系合法化、秩序化。在长期的历史发展过程中,逐步形成了一整套祭天地、祭祖先以至统治者的登基、成年、婚庆、寿辰、死亡等礼仪,不断地灌输统治者的统治是"天意不可违"、"君权神授"、"天然合法"等思想。

统治者为了维护自己的统治,除了在礼仪规范中强调其统治是天然合理外,还需要有稳定的社会秩序。为此,统治阶级也需要制定并不断完善社会各阶级之间的行为准则和礼仪规范。但是,在奴隶社会、封建社会中,统治阶级和被统治阶级的礼仪又是严格区分的。所谓"礼不下庶人"、"刑不上大夫"等,是礼仪的阶级性的又一鲜明体现。

(2)礼仪的民族性、国别性

不同国家、不同民族,由于其历史文化传统、语言、文字、活动区域不同,以及在长期的历史发展过程中形成的心理素质特征不同,其礼仪都带有本国、本民族的特点。例如:我国自古以来就是一个地域辽阔的多民族的文明古国,56

个民族各有体现本民族特点的礼仪规范,呈现出多姿多彩的礼仪形态。但是,我国又是一个统一的国家,不同民族、不同地区的礼仪规范在国家统一的长期历史发展中逐步融会起来、凝固起来,形成统一的中华民族的礼仪规范。

在辽阔的中华大地上,尽管各民族、各地区之间在具体礼仪方面存在着某些差异,但在中华民族范围内,各民族、各地区的礼仪又是相互联结、相互沟通、互为补充的。

在我国与外国的往来中,统一的中华民族礼仪已成为促进国际友好交往、和平相处的重要手段,体现了我们中华民族的自信与尊严,被外国人称颂为"礼仪之邦"、"文明之邦",这正是中华民族礼仪的民族性的体现。

在国际交往中,既发扬礼仪之邦、文明古国的礼仪规范的精华,又注意尊重他国、他民族的礼仪和生活习惯,从而赢得了世界各国人民的尊敬。周恩来总理对我国的外交工作提出的"入乡随俗,不强人所难"的指导原则,是对礼仪的民族性、国别性的最精辟的见解。

(3)礼仪的普遍性

礼仪是人类文明的一种表现和象征,具有极其明显的人文性、社会性。礼仪在人类生存和发展中,可以说是无时不在、无处不在,这就是礼仪的普遍性。

现在的世界是一个开放的世界,科技、交通的日新月异改变了原有意义上的空间距离,天涯变咫尺。无线通信、电子技术的发展,使人们可以在短短的几秒钟内与几万公里之外的亲友互致问候、互通信息。在这个日益"缩小"了的星球上,人们在空前频繁的相互交往中,逐渐形成了带有普遍性的国际礼仪。

2. 礼仪的作用

礼仪是人们在社会生活中用以调整、处理相互关系的手段。具体来说,礼仪的作用有以下几个方面:

(1)尊重作用

人际交往中尊重是相互的,当你向对方表示尊敬和敬意时,对方也会还之以礼,即"礼尚往来"。

(2)约束作用

礼仪作为行为规范,对人们的社会行为具有很强的约束力。礼仪一经制定和推行,便成为社会的行为规范和习俗,人们都应遵守和服从,都将自觉或不自觉地受到约束。如果一个人我行我素,不能遵守社会上普遍的礼仪要求,他就会受到道德和舆论的谴责,甚至被施以法律的手段。

(3) 教育作用

礼仪作为一种道德习俗,对全社会的每一个人都在施行教育。礼仪一经形成和巩固,就成为社会传统文化的重要组成部分,世代相继,世代相传。在人类社会的发展和进步中,职业礼仪的教育作用具有重要意义。

(4) 调节作用

人际关系是人类社会生活中极为重要的关系。一个人如果没有良好的人际关系,就无法满足个人的归属感、受尊重感,就会怅然若失甚至惶惶不安、行为变异。同样,如果一个单位或者整个社会人际关系混乱、紧张,就不会有安定团结的局面。礼仪作为一种规范、程序,作为一种凝固下来的文化传统,对人们之间的相互关系模式起着固定、维护和调节的作用。例如,人们在家庭生活中的关系以及各自的权利和义务都受着传统的、现实的礼仪规范的约束。父母爱子女,但更要教育好子女,决不能溺爱子女;子女则要尊敬父母,孝顺父母。夫妻之间地位平等,应该相敬如宾,白头偕老。朋友之间要以信为先,受人点滴之恩,当涌泉相报。如果人际关系中出现了不和谐,或者需要做出新的调节,往往要借助于某些礼仪形式、礼仪活动。

3. 礼仪的意义

在社会生活中,人们往往把讲究礼仪作为一个国家和民族文明程度的重要标志;对个人而言,礼仪则是衡量其道德水准高低和有无教养的尺度。公共交通业是我国的窗口行业,讲究职业文明礼貌有它的特殊意义。

(1) 讲究礼仪是精神文明建设的需要

讲究礼仪是文明的行为,而文明行为是人类历史发展的产物和需要。它反映了人类的发展和进步,标志着人类生活摆脱了野蛮和愚昧。在人类文明史上,依次出现过奴隶制社会文明、封建制社会文明、资本主义社会文明。如今我们要建立的是社会主义社会的精神文明,这是人类精神文明发展的新阶段,是社会主义社会的重要特征。社会主义精神文明建设的根本任务是适应社会主义现代化的需要,培养有理想、有道德、有文化、有纪律的社会主义公民,提高整个中华民族的思想道德素质和科学文化水平。

在精神文明建设中,特别是要加强思想道德建设,加强社会公德、职业道德与组织纪律教育。礼仪属于社会公德的一部分,是思想道德与职业道德建设的基础部分,也是纪律教育中必不可少的一个方面。讲究礼仪反映了社会主义精神文明的程度和公民的精神风貌。同时,它又反作用于思想道德建设,促进社会主义精神文明的发展。可见,这种文明一旦与亿万人民群众行动相结合,就能成为改造自然、推动社会进步的原动力。在当前,它对加强国际交往、增进我国人民与各国人民的友谊,具有十分重要的现实意义和深远的历史意义。

(2)讲究礼仪是人际关系和谐的需要

人们都希望自己能在安定、团结、和谐的环境中工作、学习和生活。安定团结是党的方针政策,也是改革开放以来国家为广大人民群众造就的一种社会环境,人人都十分珍惜。如果人际关系紧张,火药味十足,见面、相处、离别时连句客气话都不讲,那么工作中必然会矛盾重重,甚至生活也会感到乏味无趣。所以,讲究礼仪是为人们创造安定团结环境的需要,是人际关系和谐的润滑剂。

(3)讲究礼仪是社会平等交往的需要

高度社会化的大生产已经使整个社会分工越来越细,在这种生产方式中劳动和生活的人们通过长时间的实践,认识到人与人之间必须紧密配合,互相联系,互相关心,互相合作。人类社会在高度社会化大生产的条件下,除了在阶级社会中的阶级关系之外,还有人际关系这一重要方面,即在社会化大生产中,要求彼此地位平等、相互协作、相互关心、相互帮助。也正是这种要求,成为人们平等交往中共同的礼仪基础。

社会交往是人类生活的影子。可以说,自从有了人类社会,便有了人与人之间的交往。没有社会交往,人类的生活是无法想象的。人们参加社交活动,可以调节紧张的生活、建立友谊、交流感情、融洽关系、广结良缘、增长见识、拓展信息。现代化的社会对人们的社交活动提出了新的要求,社会越发展,物质生活水平越高,对人的社会交往的要求就越高。为此,人们就更需要认真学习在社会平等交往中有关礼仪方面的知识。

(4)讲究礼仪是文明社会公民应有的行为规范

人与动物的区别,不仅在于人会说话、能劳动,更重要的是人最讲究礼貌礼节,这说明人已脱离了野蛮和愚昧,生活在文明社会之中。所以,在社会大家庭中,每个人都应该学会尊重他人,其表现首先就是对别人要有礼貌。实际上,人人都有自尊心,并希望别人尊重自己,希望在别人眼里自己是一个受欢迎的人。如果自己不注重讲究礼仪,甚至庸俗粗鲁、蛮不讲礼,就不可能被别人瞧得起,更谈不上得到别人的尊重。因此,作为文明社会的公民,就必须约束自己的言行,养成讲究礼仪的良好习惯。

我国古语有"诚于中而形于外"之说,即只有思想"诚",才能在实际中讲究礼貌礼节。社会主义社会的职业文明是建立在人与人相互平等、相互尊重的思想基础上的。只有尊重别人、关心别人、体贴别人,才会在职业交往中注意自己的言行,养成良好的职业礼仪习惯,同时自己也会受到应有的礼遇。因此,讲究职业礼仪不仅是现代公交企业发展应具有的职业行为规范,而且也是人际关系和谐的需要。

(5)讲究文明礼仪是做好乘务服务工作的先决条件

公交企业对乘客提供优质的服务,对加速我国社会主义物质文明和精神文明的建设具有十分重要的意义,公共交通服务工作是面向世界的工作,处事适宜、待人以礼是公交人的应有风范,也是我国人民的优良传统。乘务服务的直接目的,是为了最大限度地满足不同乘客的正当需求。为此,就必须了解掌握应有的职业礼仪规范,懂得乘客的服务消费情感需求,以便采取正确的服务方式,使他们的出行心情愉悦。

(四)职业礼仪修养的养成途径

职业礼仪修养一般也称为教养,是指人在待人接物方面的素质和能力。它是人类文明的标志之一。一个人的文明礼仪修养,往往反映一个单位乃至一个国家的文明水平。古人云:"礼义廉耻,国之四维",荀子也曾说过:"人无礼则不生,事无礼则不成,国无礼则不宁"。良好的职业礼仪修养,是需要经过长期的有意识的学习、实践、积累而逐步形成的。可以从以下几个方面着手:

1. 坚持努力学习,树立礼仪意识

首先要进行理论学习,即利用图书资料、广播电视,系统、全面地学习礼仪;其次是在社会实践中学习。实践是检验真理的唯一标准。通过实践,不仅可以使人加深对礼仪的了解,强化它的印象,而且还可检验其作用,增强文明礼貌意识,提高自己的文明素质。

2. 养成良好习惯,贵在持之以恒

俗话说:"习惯成自然"。文明良好的习惯是平时从一点一滴做起的,是经过日常不断地积累、升华并抑制和纠正不良行为而逐渐形成的。作为公交职工,就要以高度的自觉性和社会责任感,约束自己的行为,时刻保持清醒的头脑,谦虚谨慎,以礼待人,坚持从我做起、从现在做起、从点滴做起,并持之以恒,养成文明良好的习惯,并成为自觉的行动。

3. 加强道德修养,陶冶美好情操

道德是人们共同生活和行为的准则与规范。它依靠社会舆论的力量,以善与恶、好与坏、美与丑、公正与偏私、诚实与虚伪等道德观念来评价每个人的行为,使人明是非、知荣辱,以调整各种社会关系。礼仪与道德相辅相成,相互补充。礼仪行为体现道德观念,道德观念制约、调整礼仪行为。礼仪行为是一个人内心世界的外在表现和真实感情的自然流露。那种举止大方、温文尔雅、彬彬有礼的风度,必须以良好的道德修养好基础。可见,道德修养能有效地调节和控制人的行为,美好情操是文明习惯的自然修饰和流露。

加强道德修养,就会树立正确的社会道德观和人生价值观,就会增强社会责任感、使命感;通过培养高尚的情操,就会从生活中不断汲取美的情感,铸造美好的心灵,就会明辨是非,提高审美情趣和鉴赏能力,从而自觉地规范自己的行为,使自己保持良好的职业形象。

【思考题】

1. 公共交通的基本任务是什么?
2. 公共交通服务的一般特点是什么?

3. 公共交通职业道德有什么特点?
4. 为什么说"以人为本、乘客至上"是公交职业道德的核心内容?
5. 如何在公交服务工作中贯彻公交员工职业道德规范?
6. 理想的本质含义是什么?
7. 为什么说理想是人生的精神支柱?
8. 结合实际谈一谈理想的时代性和实践性。
9. 试述个人理想与社会理想的关系。
10. 结合本职工作谈一谈如何树立正确的职业理想。
11. 什么是职业纪律?其基本内容与特点是什么?
12. 企业为什么要加强职业纪律?
13. 为什么说遵纪守法是从业人员的基本要求?
14. 乘务人员应当遵守哪些职业纪律?
15. 结合自己的岗位规范谈谈怎样增强职业道德意识,自觉遵守职业纪律?
16. 什么是礼、礼貌、礼节、礼仪、礼宾?
17. 中国古代礼仪演变分哪几个阶段?
18. 礼仪的功能和原则是什么?它有哪些特征?
19. 礼仪的性质和作用有哪些?讲究礼仪有什么意义?

第三章

城市公共交通岗位规范

第一节 乘务人员语言规范

语言是人类最重要的交际工具。公共交通企业的服务对象——乘客是由有思想、有感情的人组成,在车厢这个特殊的空间内,乘务人员所提供的服务主要是依靠语言来实现的。乘务人员需要使用语言这个工具与各界乘客交往,因此,乘务人员运用语言的水平,对车厢服务质量,企业的社会效益、经济效益具有重大的影响。

运用语言的艺术是指如何正确地、高效地使用语言工具,体现在整个社会交往的全过程。根据公共交通企业运营生产的需要,重点研究乘务人员在出乘过程中如何运用语言的艺术,即乘务语言,为乘客服务。乘务语言侧重于实用性,强调的是表达形式与效果的统一,包括语言的内容、感情色彩、使用的连贯性、选择性以及有声语言与无声语言的一致性等。

一、学习乘务语言的必要性

乘务语言是指乘务人员为提高服务质量而使用的富有创造性的语言表达方式,乘务人员讲究语言艺术的根本目的是追求良好服务动机和良好服务效果的统一。

车厢服务的过程是在特殊环境中的人际交往过程,这种交往的主要形式是由乘务人员向乘客提供服务,语言则是提供服务的主要手段。大家都知道,语言是一种社会现象,是人类交际最重要的工具。但是,有了语言这个工具并不一定能够得心应手地使用、达到运用自如的程度,还需要在实践中学习、研究运用语言的方法、技巧。

语言具有社会功能,它产生于社会交往之中,又服务于社会交往。由于语言本身就是一种约定俗成,因此运用语言首先要具有规范性,所使用的语言、词汇、语法要符合社会公认的规范标准,这样才能达到使用语言的目的,即表达自己的情感、愿望、需求,别人听到后能够理解。在实践中,人们希望自己所运用的语言能够产生更高的效能,即不仅让人听得懂,而且让人懂得容易、透彻;不仅懂了,而且愿意听,感兴趣;不仅让人听进去了,而且让人信服、受感染,产生共鸣,乐于接受。这就需要所使用的语言简练、敏捷、生动、富于幽默感,在运用语言的过程中讲究规范性和艺术性。

(一) 讲究乘务语言艺术是沟通乘务员与乘客之间感情的必要手段

城市公共交通的车厢是一个人员密集、成分复杂、充满矛盾的"小社会",社会上的各种心态,各种现象都能在车厢中体现。在乘车前和乘车过程中,乘客难免遇上这样或那样不顺心的事,造成心理上的不平衡,这种心境在乘车时会随时发泄,发泄的对象往往集中到驾驶员和乘务员身上。由于彼此都是"萍水相逢"、互不相识,往往小题大做,言辞激烈,无所顾忌。这些"唇枪舌剑"不仅会极大伤害当事双方的自尊心,而且还会影响其他乘客的情绪,破坏车内良好的气氛和乘车秩序。在这些矛盾冲突中,语言无疑成为宣泄思想感情的重要工具。

广大乘客在乘车过程中都希望有一个能够使乘客和乘务人员心情愉悦的、文明和谐的乘车氛围,这种氛围的形成要依赖于乘客和乘务员之间沟通感情,相互理解,相互信任。乘务人员是车厢的主人,沟通感情的主要任务自然而然地落到乘务人员身上,而讲究语言艺术则成为重要手段。

语言不仅是认识的工具,更是调整人们的情绪,解决人们之间矛盾的"润滑剂",有人曾形象地比喻"乘务语言可以是导火索,也可以是灭火器"。如果乘务人员不讲究语言艺术,说话随便,出口伤人,不仅使人反感、厌恶,而且极易造成矛盾、引起争执。相反地乘务人员如果巧妙地运用语言,可以防止和减少无谓的摩擦和矛盾。亲切温柔的语言能够缩短乘务人员与乘客之间的心理差距,沟通与乘客之间的感情。比如,乘车途中经常遇到堵车的情况,乘客心情急躁,常常向乘务人员发脾气,乘务人员巧妙地答到"我也不愿意堵车,堵车虽然不是我们的责任,但我理解大家,大家有气尽管朝我发,能帮大家消消气,我很乐意"。听到乘务人员的回答后,乘客明白了什么,不仅不再吵嚷了,而且会感慨地说:"乘务员也难当啊!"乘客的情绪稳定了,车厢的气氛就又和谐了。

(二)讲究语言艺术是提高车厢服务质量的重要手段

城市公共交通提供的服务不仅表现在为乘客乘车提供了必要的物质条件,还要体现在满足乘客的精神需求上,乘客的精神需求则主要靠乘务人员运用语言来满足。比如在售票、帮助找座、疏导上下车、耐心解答询问时,运用语言工具充分表达出自己真挚的为乘客服务的情感,可以使乘客对乘务人员产生亲切感,提高乘客对公交的满意度。

乘务实践证明,讲究语言艺术是提高车厢服务质量的重要手段,只有恰如其分地运用语言,才能增强服务效果,顺利实现企业的服务功能,达到提高效益的目的。实际上讲究语言艺术本身就是一种科学的服务方法,就是对服务工作客观规律的一种适应。随着人民生活水平日益提高,人们的物质需求和精神需求也日益增长,对公共交通企业服务质量的要求也随之提高,为了适应和满足这个要求,广大乘务人员必须全面提高运用语言的能力。否则,空有为乘客热情服务的良好愿望,没有确切、得体的语言表达或表达起来言不由衷,又怎样达到为乘客服务的目的呢?提高车厢服务质量也只能是空谈。

(三)讲究语言艺术有助于树立公共交通职工的良好职业形象

在车厢服务过程中,乘务人员需要用大量的语言向乘客做宣传解释工作,引导乘客的乘车行为。广大乘客评价公交职工的形象是通过自身感受做出的,乘务人员能否用得体的、恰当的语言为乘客服务,体现着乘务人员的素质。如果满嘴粗话、脏话,或者抓住乘客一点差错就连讽刺带挖苦,那就难免使乘客认为"乘务人员张嘴骂人,素质太低"。相反地,如果用文明礼貌的语言、热情耐心地服务,无疑会正面影响乘客,客观上起着示范表率的作用,能够达到潜移默化的宣传精神文明的效果。讲究语言艺术、用语文雅、恰到好处、寓情于理、亲切感人,同样可以感化乘客的心灵,使广大乘客留下良好的印象,有助于塑造和维护公交职工的形象。

二、乘务语言的分类及功能

乘务语言是指乘务人员在出乘过程中使用的语言,乘务语言包括规范化语言和使用语言的技巧,本节主要探讨的是乘务服务过程中的规范化语言。

规范化语言是指规范化服务过程中经常而且必须使用的语言,按照语言的特点和服务性质分别介绍如下:

(一)从服务性质上分类

乘务语言从服务性质上区分,可以分为一般服务语言和特殊服务语言两种。

1. 服务语言及其功能

服务语言是指乘务人员在车厢服务中应该使用的规范化语言和乘务语言的一般表达形式,它主要在报站、售验、监卡、疏导时使用,所有线路已输入语音合成器中。它的基本功能是使乘客清楚乘车过程中的基本情况。一般服务语言包括:

(1)陈述说明式用语主要用于"三报",向乘客介绍车辆运营情况。如"××路,开往×××,请您前(中)门刷卡上车,没卡乘客请您买票(投币)"。

(2)问讯式用语主要用于提出问题,了解乘客动向,以及有针对性的服务。如"哪位乘客没票?"、"您到哪站下?"。

(3)疏导式用语主要用于调整车厢密度,组织协调乘客上下车。如"各位乘客,现在是乘车高峰时间,请您抓紧时间上下车"。

2. 特殊服务语言及功能

特殊服务语言是指为照顾特殊乘客和处理特殊事情时所运用的语言。

(1)祈使式。是表示请求或命令而使用的语言形式,经常在给特殊乘客找座位和制止违章乘车行为时使用。如"请您给这位老大妈让个座儿!"、"请您不要在车上吸烟!"。

(2)感叹式。是在抒发感情、振奋精神和调解情绪时所使用的语言形式,最常见的是"谢谢"、"感谢您的合作"。

(二)从语言表达形式上分类

1. 口头语

口头语是乘务语言的主要表达形式,具体包括中国语言和外国语言。中国语言又包括汉语和少数民族语言。汉语中又包括普通话和方言。在外国语言中，涉及最多的是英语，其次涉及日、俄、阿拉伯语等。

普通话是中国的标准语言，也是乘务人员应该使用的语言。为了更好地为外地乘客服务，乘务人员在必须使用普通话的基础上还要在实践中学会、学懂方言以及少数民族和外国的一些日常用语。在北京成功获得2008年奥运会承办权以后，学习英语已经在北京蔚然成风，作为"窗口"行业的城市公共交通，乘务人员更要率先熟练掌握英语基本服务用语。

2. 手势语

在乘务语言中，我们所讲的手势语是指聋哑人使用的手语，是通过面部表情和不同手势表达思想感情的一种语言形式。学习手语可以增强乘务人员的服务技能，有助于与聋哑人的交往，更好地为聋哑人服务。

3. 无声语言

表情即无声的语言，是乘务人员用自己的面部表情及姿态、动作来表达自己的思想感情或赞同、反对等基本态度时所使用的语言。其中常见的表情有满意、赞同、愤怒、鄙视、愧疚、疑问等。表情语言往往配合口头语言和手语运用，比如微笑配合陈述说明式语言，会使人感到和蔼可亲。表情语言是口头语言和手势语言的补充，应该与口头语言和手势语言保持一致。

三、乘务语言的基本特点和要求

乘务人员在车厢服务过程中所使用的语言属于应用性语言，其基本特点表现在掌握的词汇多、句式多，在表达正确、熟练的基础上，能够依据需要快速地选用最恰当的词汇，构成最合适的语句。在提供服务、宣传道理、反驳错误时，不仅明白流畅、具有较强的逻辑性，而且能够轻重得体、感染人、说服人。使用乘务语言时要能正确鉴别乘客的语言，应答敏捷、清晰。乘务人员所使用的语言的基本特点和要求可以概括为：适合需要，文明礼貌，准确清晰，含蓄委婉，简单生动，富有情趣。

（一）乘务语言的基本特点

乘务语言是乘务人员在特定的环境、时间和人员中使用的语言，它的基本特点是：

1. 行业性

乘务语言只限于在公共交通运营车辆的车厢中使用，包括一般行业用语。语言的使用范围和内容受到一定的限制，呈现行业的一些特点。如果把这些语言换一个空间、时间使用，就会令人啼笑皆非。

2. 通用性

使用大家都能听得懂的语言，在我国绝大多数城市公共交通的车厢中都使用国家规定的标准语言——现代汉语，即汉语普通话。即使在北京我们也要注意不使用北京的地方方言。

3. 主动性

乘务人员在车厢中是以主人的身份提供服务的，要主动满足乘客的需求。体现在主动接待、主动介绍、主动宣传、主动服务上。所使用的语言均要侧重于主动，即便是回答乘客的询问，也要使用主动性语言。

4. 规范性

公共交通企业运营车辆很多，如每位乘务人员都使用自己独特的语言提供服务，乘客会感到很不一致，很难适应。因此，乘务人员与乘客交流时所使用的语言应具有规范性，使用统一的标准规范。当然在保持语言规范性（即共性）的基础上允许每个人具有各自的特色（即个性）。

5. 平稳性

乘务人员使用的语言要适应乘客的需求，在提供服务的过程中应该不急不躁，表现一定的耐心。特别是解答乘客询问时，如果急躁，采用过激的语言，使乘客难于接受，导致乘客的不满情绪。因此，乘务人员使用的语言除个别情况需要艺术处理外，在多数场合的规范服务中应该尽量使用中性词汇，使语言具有平衡性，表现出不急不躁的心态。

6. 重复性

乘务人员出乘过程是往复循环地进行，行驶路线固定，服务内容基本相同。企业生产的特点决定了乘务人员所使用的语言具有重复性。对乘务人员来讲，服务用语已经说过千遍万遍，对于常乘车的乘客来讲也是非常熟悉，他们可能觉得"老是这一套"、"没意思",甚至反感。但是我们也应该看到几乎每个运营车辆的车厢中都有第一次听到的乘客,这些乘客则"竖"起耳朵听,重复的服务用语对他们来说不仅是需要,而且是渴求。

(二)乘务语言的基本要求

依据乘务语言的基本特点,乘务人员所使用的语言应包括以下基本要求:

1. 清楚

乘务人员所使用的语言是为乘客提供服务的,也是为了表达自己的思想感情、意见、要求,首先应该让乘客知道自己讲的是什么,如果乘务人员说了半天,乘客根本不知道讲的是什么,那怎么可能使自己的语言产生效果呢?因此"清楚"是对乘务语言的首要要求。

清楚是指语言的内容明确,表达有序,发音清晰,节奏合理。从乘务人员本身来讲,首先自己要清楚自己说什么内容,为什么要说,需要达到什么效果。从乘客来讲,出行是具有一定目的的,为了达到自己的出行目的,就需要选择乘车线路、上下车地点和换乘车站,也需要知道乘务人员介绍的各种情况,了解公共交通业。无论从乘务人员还是从乘客来讲,语言清楚都具有重要意义。

要清楚就要做到表达时语句完整,语意明确,发音清晰,表达的内容要有头有尾,符合逻辑,易于被乘客接受。绝不能使用含混不清的语言,残缺不全的语句,杂乱无章的内容。特别应该强调的是表达应有节奏,语速适中。语速快乘客听不清楚,相反则会显得拖沓。根据经验正常的语言速度为每分钟150~180个字,使用这种语速人们的感官和神经系统可以清楚地接到语言信号,一些老乘务人员曾经通俗地解释为"慢、高、清"。

2. 准确

准确是指发音准确,使用的词汇贴切,语法规范,符合人们的语言表达习惯。

(1)发音准确。是指使用现代汉语的标准发音,剔除方言发音。少数乘务人员平常讲话时带有乡音,应注意学习普通话,练习标准发音,在出乘时必须使用标准发音。选择词汇要贴切,是因为现代汉语表意丰富,要注意词汇的感情色彩,要选择最适合的词汇来表达自己的意思,不能不加选择地乱用词汇,更不能言不由衷。所谓语法规范，是说符合人民群众的语言表达习惯，易于被乘客接受。

（2）词汇准确。是指运用语言的形式要与思维形式相对应。思维是语言表达的内容，语言是思维的表达形式，"言为心声"告诉我们，要准确表达自己的意愿，就要选择准确的语言形式，表达的语言不能自相矛盾，颠三倒四。

（3）对象准确。是指运用的语言要具有针对性。针对不同情况、不同对象，因人而异、因时而异地运用适当的语句、语气，并辅之以表情，使用的语言"对路子"，收到最佳的表达效果。

3. 精练

精练是指讲话既要言之有物又要使用最少的语言，避免多余的语句和不必要的重复，同时表达出完整、具体的内容。乘务服务是在车厢有限的运营时间内进行的，特别是与某一位乘客交往，时间更是短暂。所以，乘务工作的特点要求乘务人员所使用的语言必须精练。

在车厢服务过程中使用的规范服务用语是经过长期实践、提炼出来并经过反复检验的语言，熟练掌握和运用这些语言就基本上达到了精练的要求。除此之外，在解答乘客询问、处理乘务矛盾时，由于情况复杂很难提出统一的标准用语，在此，只做一般性原则提示，即：思维敏捷、斟酌词句、用词适度。

4. 生动

生动是指乘务人员使用的语言形象、诙谐，表达方式灵活、自然、富于幽默感。乘务人员使用生动的语言可以在车厢内创造一个轻松、愉快的氛围，使乘客乐意接受我们的意愿，特别是在情绪对立的时候，使用生动的语言往往能起到缓和僵局的作用。但是，我们也要注意把生动和耍贫嘴区别开来，做到风趣而不失庄重。要想取得语言生动的效果，一方面需要与清楚、准确、简练的要求结合在一起，综合运用。另一方面还需要以表情、手势辅助语言，保持有声语言和无声语言的一致。科学研究表明，一个信息的效果有54%来自无声语言，即姿态、动作、表情。因此要确切地表达我们的情感，就要充分运用无声语言的效果。

5. 文明

文明是指乘务人员使用的语言文雅、纯洁，不使用非礼性语言，特别是不能使用侮辱性、辱骂性语言。乘务人员是车厢的主人,在出乘过程中我们的全部言行都应以为乘客服务为宗旨,视乘客为亲人。对待自己的亲人,我们只能多奉献一点爱心,多一点尊重,哪能使用不文明的语言对亲人讲话呢?乘务语言文明反映着乘务人员本身的素质和文化修养,具有较高修养的人是不会使用粗鲁语言的。乘务语言文明还要注意词汇的感情色彩,褒义、贬义运用准确,一般不使用程度激烈的语言。要想做到乘务语言文明就要在平时注意培养语言习惯,不仅出乘过程中不使用不文明语言,就是在日常社会生活交往中也要自觉地培养自己的语言习惯,如果平时我们不注意培养,养成了一些不良习惯,特别是一些所谓的"口头禅",就像有的人张口闭口"京骂",这样在车厢服务过程中就会自觉不自觉地带出来,造成语言的不文明。没有文明的语言,绝不会收到良好的服务效果。

四、乘务语言规范

(一)称谓

乘务人员与乘客发生人际交往时,得当的称谓是必需的,特别是接待特殊乘客,交流前应考虑如何称呼对方。中国古代把称谓看得十分郑重,各种不同身份的人在称谓上各有严格而烦琐的规则,社会成员须恪守不误,违犯了不仅是失礼、丢面子的事,还可能落下"不敬"的罪名。随着时代的发展,繁琐的规则虽已被逐步淘汰,但与时俱进的社会人际交往规范应是必须尊重、遵守和运用的。

1. 尊称

称呼是代表人身的符号,在称呼上对人表示尊敬,也就是对人身的尊敬。对人尊称通常有:

(1)对德高望重者:冠以"先生"、"前辈","老师"等称呼。

(2)称呼对方的身份时:附加"贤"、"尊"、"高"等,是对他人隆礼的表示。

(3)当对方有行政职位时,下属必须以其职位相称。如:"局长"、"处长"、"主任"等。

2. 谦称

对己谦称即是自谦的表现,同时也是对他人的尊敬。谦称一般有以下几种：

(1)直接用含有贬义色彩的词称呼自己,如:"鄙人"、"愚"、"不才"。

(2)辈分低自谦:如:"小弟"、"小侄"。

(3)用低下的地位自称,寓自谦之意,如:"晚辈"、"学生"。

(4)直呼自己的名字,不带姓氏。

3."同志"的用法

在我国,"同志"这一称呼广泛地运用于不同年龄,不同性别,不同职业、职务者之间。"同志"即志同道合之意。大家拥有共同的理想,平等互爱,反映了社会主义国家所提倡的特殊人际关系的确立和发展,长期以来人们以"同志"相称,既严肃又不失礼貌。但是,在乘务工作的具体情境中,"同志"的使用也应注意分寸。如:对于一般的乘客用此称呼是合适的。对工人身份的中老年乘客可称"师傅",对年长乘客可亲切地称之为"大妈"、"大伯"、"大爷"、"叔叔"、"阿姨"等。某些特殊职业的乘客可按职业称谓称呼,如:老师、大夫、律师,有专业职称的也可用做称呼,如教授、工程师等。对于德高望重的学者一般称为×(姓)老。同事之间由于接触频繁,彼此熟悉,称呼一般简单随便。若对方相对年长,可在其姓氏前加一个"老"字,如"老李"、"老赵",年轻者可称为"小李"、"小赵"。在这些具体情境中,如不分对象,一味称"同志",会丧失某些尊敬、亲切感。

对于外宾,特别是非社会主义国家的来访者,尤其不能以"同志"相称,而应按照他们的礼节习惯来称谓,如:"先生、女士、夫人、小姐"等。

4.称谓禁忌

得当地使用称谓可以体现出乘务人员的职业文明礼貌;乘务人员不会正确地运用职业规范称谓,往往被视为是缺乏职业素养的表现。有些称谓在特定的场合使用可能是亲切的、自然的,而在公共交通服务岗位上使用则被认为是无礼的或令人不快的。所以应当有所禁忌。

(1)小名:又叫乳名、奶名。《中国风俗史》有言:"幼小之名谓之小名。长则更名,而以小名为讳。"由此可见称他人小名,权利只在长辈或同辈,而且应限于家庭范围。在工作岗位上同事之间,忌以小名相互称谓,此种做法是对所从事工作的不尊重,是对乘客的不尊重。

(2)绰号:又叫"外号"、"混号",是人本名以外,别人根据他的特征给他另起的名字,大都含有亲昵、憎恶或开玩笑的意味。绰号的种类繁多,有的以残疾命名,有的以被称呼者的个人习惯命名、也有以生活状况命名。

同事之间互给他人起绰号并公开或私下称呼是极度非礼的行为。运营工作中同事之间更是不可以小名相互称谓。

(3)雅号:在古代文人雅士多有雅号。雅,即清高之意。现今雅号已不多见,仅限于少数学者,在赠书赠画或藏书中以私人图章的方式出现。在公共场合则不宜提及。所以,在为乘客服务时自报雅号不仅是显自命清高不凡,更是不伦不类。称呼乘客的雅号易引起他人的嘲笑。

(4)昵称:亲热的称呼。一般在长辈对晚辈,朋友、恋人、夫妻之间称呼。称呼不一而足。大多是采取姓名的后两个字,或另有约定。在正式场合不宜称呼。

(5)排行:一个家庭或家族中兄弟姐妹按长幼排列的顺序号。过去的家庭子女甚多,为了方便,父母常以排行称呼孩子。上学后,大多以学名(即大号)代替之。这类称呼在家庭亲友以外场合不宜使用。运营工作中同事之间,相互以排行称谓是极不严肃的。

(6)蔑称、贬称:乘务语言规范的主旨是向乘客表示友好的尊敬,蔑称与贬称内涵恰恰相反,是蔑视和轻视听话人的一种称谓。如称农民"土老帽儿"、"土包子"。这是相对于把工人称为"老大哥"的一种类推用法,它并不含有尊敬的意思,反而具有讽刺的味道。再如称外国人和外族人为"洋鬼子"、"番蛮子",称异地人为"山东棒子"、"东北佬"。称军人为"大兵"、"当兵的"等等。有些人由于无知,或出于好奇而任意使用蔑称或贬称,虽然未必称在其人当面,但也产生恶劣影响,在乘务服务工作应杜绝。

(7)凶祸忌:人们视死为不吉利,所以尽量规避。即使真的死了,也要改换说法,称为"谢世"、"逝世"、"老了"、"没了"、"走了"等等。如今,在战场上为国家而战死的人,也被称作是"捐躯"、"牺牲"、"光荣了"等等。有的地方甚至讳言其谐音字,在台湾医院里没有四号楼或第四号病房,公共汽车也没有四路,只因"四"与"死"读音是谐音。

过去社会上不同行业的人也都有各避讳的字眼儿,如:对船家忌说"翻",万不得已时还改称帆布为"抹布"。

(8)破财忌:中国人见面寒暄,年节拜访,爱拱手说"恭喜发财"。可见财运的好坏直接关系到人们的切身利益,在此祝人好运令人舒心快慰。

并不是所有的人都有"说凶即凶"、"说祸即祸"、"说破财就破财"的幼稚迷信心理,但由于人们长期形成的心理习惯,一时很难改变,讲话中出现不祥的字眼,总引人不大愉快,从一个家庭到一个集体,有谁不希望言谈话语中总带着祥和、美满、富贵的色彩呢?所以,了解和尊重人们避凶趋吉的传统习惯,会使你的语言更显出教养和礼貌。

(9)亵渎忌:羞耻之心,人皆有之。这种意识使一些带有亵渎意味的词语成为避讳。老百姓把这叫作"矮子面前不说短话。"

(10)年岁忌:人的年岁也有所避讳。人上了年纪,常常恐惧死亡,谈话中听到"死"字,会引发不愉快的联想。例如乘务人员称赞老年乘客高寿,不应说:"嗬,您老都84啦!"

5. 东西方姓名差异

外国人姓名与我国姓名有很大差异;姓名中,字词的含意、姓名的组成、排列顺序都有明显不同。在同外国人交往中,必须注意,如果出现差错,就会闹笑话或发生误会,甚至引人不满和反感。

由于各国、各民族文字不同,各国人们的姓名也是五花八门,作为首都公交企业的员工了解、掌握东西方姓名差异相关知识是有必要的。

(1)姓前名后。这类名字的构成和排列同我国习惯相似,在亚洲国家,如日本、朝鲜、柬埔寨、越南等国。欧洲的匈牙利人一反欧洲习惯,也是这样顺序。日本人的姓一般由一个到五个汉字组成,但以两个汉字的居多,约占80%。据统计,日本人姓氏有12万之多,常见的有40多个,其中最多的姓是:铃木、佐藤、田中、山本、渡边、高桥、小村、中村、伊藤、斋藤等。日本人名字也以两个汉字居多,男人常用"郎"字,标示兄弟排行和幼辈身份,如太郎、次郎(二郎)、三郎等。太郎的长子称小太郎、又太郎、新太郎,长孙称孙太郎,曾孙称彦太郎。

也有根据有一定意义的数字而取名的,如山本五十六。男人名字常用象征勇敢、吉庆、长寿的字。女人名字多取子、江、枝等秀气优雅的字眼。日本人姓名书写常把姓与名分开写,姓在前,名在后,如:田中角荣,二阶堂进等,日常称呼只称其姓,在姓后再加上"君"表示尊敬,正式场合和社交中则用全名。

（2）先名后姓。这一类姓名构成顺序遍及世界大部分地区,欧洲、美洲、中东和亚洲的印度、泰国、菲律宾、老挝等均属此类。英美人姓排列于最后,名往往不止一个,而是两个或更多。如爱德华·亚当斯·戴维斯,爱德华是教名,亚当斯是本名,戴维斯是姓。妇女结婚前都有自己的姓和名,结婚后则用自己的名加丈夫的姓。书写时通常把名字缩写成一个字母,姓则不缩写,英国人习惯全缩写名字,美国人只缩写中间的名字。法国人姓名一般由二节、三节组成,多的可能有五节。这么多节都是教名或长辈起的名,最后一节是姓,名字中还常有 Le,La 等冠词和 de 等介词。西班牙人名字一般有三节到四节,第一、第二节为本人名字,倒数第二节为父姓,最后为母性,简称时用第一节加父姓。葡萄牙人姓名与西班牙人相似,只是倒数第二节是母姓,最后是父姓,简称时称个人名和父姓。俄罗斯人、阿拉伯人姓名顺序一般第一节为自己名,接着是父名,有时还加祖父名,最后是姓。

西方等国人的口头称呼一般称姓,朋友之间称名字,家庭成员之间还有爱称。正式场合应用全称(如办理手续),一般情况下的口头称呼在不得已时用简称、姓加先生(或小姐、夫人、女士等),只呼其名是失礼的。如果你没听清对方名字,不妨直接请教,没有把握要详细请教拼读,叫错人名或写错字母是很失礼的。

（3）有名无姓。这类姓名在世界上为数很少,以缅甸和印度尼西亚的爪哇族为主。缅甸人有名无姓,但常在名前冠以表示性别、长幼、社会地位等的字、词。爪哇族的名字有的有三节之多,但前一节或前二节是最后名字的说明。如苏山多·宾·阿卜杜,其意是苏山多是阿卜杜的儿子。

称呼男性外宾一般可称先生或名字加先生,对女子可称夫人(已婚)、小姐(未婚或不知婚否者)、女士。知道名字者最好冠以名字,这样能给客人以亲切感。

对地位高的政府官员可称阁下（一般为国家部长级以上官员），一般用官职加阁下即可，但美国、德国、墨西哥等国习惯一律称先生；君主制国家，对国王、皇后称陛下，亲王、王子；公主称殿下；对有爵位的人可称爵位，亦可称阁下或先生。

一些专业职称可作为从事这种职业的人的称呼。如医生、教授、法官、律师等。学衔也可作称呼，如博士。军职人员一般称军衔。

教会中的神职人员，一般可称教会的职称、名字加职称、职称加先生，如神父、伽马神父、神父先生。对主教以上的神职人员也可称阁下。对教徒一般直接称先生。

有些国家对职务或身份高的妇女也有称先生的，如日本等国就有这种习惯。

6. 请记住他人的名字

乘务人员除与乘客交往外，还有同事间、上下级间等的人际交往。在这些交往中如果连名字都记不住，那么所谓"尊称"等也就成了虚妄空洞。人们在日常生活中，都有这样一种共同的体验，能够在邂逅的场合立刻叫出你的名字的人，你会随即对他发生好感。可见，记住别人的名字是件不可忽略的大事。

然而，正是在这个问题上，粗心的人几乎每时每刻都在犯着两个重大错误：一是忘记了对方的姓名。往往有这样的情形，尽管双方过去见过面，甚至还不止见过一次面，但是分别一段时间后，再次相见时只觉得面熟，却忘记了对方的姓名。到头来，人家还得重新自报家门，或你不好意思地请教对方的姓名，弄得两个人都很尴尬。第二个错误是张冠李戴，即把人家的工作单位，姓名，职务等弄错。张冠李戴，不仅失礼，令人尴尬，有时还会影响交往效果。以上两个错误应该力戒。

（二）恭维与赞美

1. 适度的恭维是人际关系的润滑剂

每个人都有渴望得到别人赞赏的心理，希望得到他人的好评。重视得当的恭维在人际关系中是必不可少的。乘务人员在工作中学会赞美同事、乘客不仅是提高服务质量的需要，更是获得良好人际关系的需要。

2. 恭维不同于奉承

恭维与奉承的不同之处在于,赞誉之辞是否发自内心,有些人把赞誉语言当成一种手段,为谋取某种好处到处"拍马屁",给人戴高帽子,这种情形只需稍加留意,便容易识别。乘务人员对乘客的赞美只要发自内心、真心诚意,自然会激起乘客心灵的反响,其根本性质在于发现和肯定他人身上的长处。对此,有哪一位乘客不因被恭维而感到快慰呢?

3. 给予乘客赞美

乘务人员为更好地改善与乘客的关系,学习使用得当的语言给予乘客得体适度的赞美是必需的,如"您的孩子真可爱",这种赞美的特点是:给乘客留下善解人意的印象。

4. 赞美中的禁忌

(1)不符合事实。这里的误区最多最大。有些人往往由于急于求得对方的好感而信口开河,结果适得其反、铸成大错。

(2)虚情假意。乘务人员对乘客的赞美应是发自内心的,虚情假意的奉承不会有好的效果。

(3)千篇一律。赞美中另一个常见的误区是千篇一律。有些赞美词似乎放在什么时间来说,针对什么人来说都合适,没有特色。乘客听起来会觉得乘务人员并不是出于真心,而是利益的驱动。

(4)不合时宜。不合时机的恭维无异于南辕北辙。这样恭维的效果常产生副作用。

(三)答谢

1. 答谢原则

(1)必须诚心诚意,发自内心,表示确实有感谢对方的真挚愿望,这才能使"谢谢"这个词蕴含一定的感情和生命,"谢谢"听起来便不死板,不感到是一种单纯应付的客套话。

(2)要认真、自然,不要轻描淡写含糊地嘟噜一声,不要为此觉得不好意思,应大方、清晰地说:"谢谢您"或"非常感谢"。

(3)应有明确的称呼,通过称呼被谢人的名字,使你的道谢专一化。如果你要感谢的是几个人,那就不要说声"谢谢大家"便完事,最好是一个个地向他们道谢,这样就会在每个人的心里引起反响和共鸣,达到感情的进一步交流。

(4)要选择适当时机,这样才能使对方切实感到你是在对他的高尚行为和礼貌言行一种回敬和酬谢。

(5)要伴随一定的体态,头部应轻松一些,目光应注视着需要感谢的人。

2. 答谢禁忌

(1)忌虚情假意、刻板教条。

(2)忌手足无措、推三推四。

(3)忌不看对象,千篇一律。

(4)忌卖弄口舌、夸夸其谈。

(5)忌空泛客套、华而不实。

(四)致歉

1. 致歉用语

(1)确认自己言行不当:"失礼了!"、"对不起!"、"太不应该了!"、"给您添麻烦了!"。

(2)请求对方的谅解:"请原谅!"、"请多包涵!"、"望海涵!"、"大人不记小人过,宰相肚里能撑船"、"请别介意"。

(3)告诉对方你此时的负疚心情:"很抱歉"、"很惭愧"、"不好意思"、"过意不去"、"十分懊悔"、"深感不安"。

(4)对待他人的致歉,应以谦逊友好的态度回报:"没关系!"、"别客气!"、"算不了什么!"、"您太谦虚了!"、"您太在意了!"。

2. 不可谦虚过分

致歉语并不仅表明说话者真的在某件事上有什么过错,有时也是一种谦虚的礼貌表示。如许多人在公众面前发表演讲时会说:"我讲得不好,请大家原谅。"这样的客套应掌握尺度。并不是随便把自己贬得一文不值就能够显出你重视别人的尊贵。在西方各国,如果你在讲话中强调自己"讲得不好,定有许多不当之处"听众多半会嗤之以鼻:"明知自己讲不好,有错误,为什么还要浪费我们的时间呢?"再如,乘务人员在乘务服务时,已为乘客提供了周到的服务却说:"我的服务不好,请多包涵!",此时:不但收不到礼貌的效果,还会适得其反。轻则使人莫明其妙,重则会使乘客生气:"为什么不提供好的服务给我?"可见,致歉作为一种谦虚的客套时,不应超出必要的限度。

3. 认错不可夸张

怠慢或忤逆了乘客,致歉时不可言过其实。夸张到了失实的程度,不但难以使乘客领会你的用意,反而会造成误会和再度失礼。在乘务服务有过失的时候,不去实事求是地根据具体情况恰如其分地解释,而把错误夸张到极点,将自己说得一塌糊涂,致歉的态度有失诚恳,乘客是不会接受的。

4. 致歉应适可而止

只要乘客明白了你歉疚的意思,致歉的使命便告完结。忌唠叨个没完,反而让乘客难堪。生活中常有这样的人,一旦由于自己的过错造成他人不愉快,便忐忑不安,放不下心来,一而再,再而三地提起此事。结果越是道歉,事情越麻烦。

(五)戒掉不良口头禅

乘务语言应文雅、干净、利落。有些乘务人员说话常带有口头禅,它属于不良语言习惯,应该戒除。归纳起来,口头禅不外乎以下3种:

1. 脏语

脏语给人粗野鄙俗,低级下流之感,给人留下极为恶劣的印象,不仅降低了讲话者本人的身份和品位,还会使人大生反感。但是,日常生活中我们仔细加以观察就会发现,有相当一部分人有这种不良语言习惯,这些人,应该下功夫戒除。

2. 傲语口头禅

"你知道吗?"、"我告诉你说"、"我跟你讲"、"我觉得吧!"、"你明白吗?"、"是不是啊!"等等。它们往往只是说话者的一种语言习惯,在句子里没有实际意义,不表达任何情绪而反复出现。这种口头禅给乘客一种自以为是、盛气凌人、居高临下、轻视蔑视的感觉,使乘客心理上产生不舒服的感觉。

3. 口头禅

口头禅是指乘务人员在与乘客交流时,下意识地、习惯地使语言显得拖沓、紊乱不流畅,令人不耐其烦。口头禅大多在无意识中不自觉地形成,它反映了乘务人员身上某些修养的细节。要想给乘客留下彬彬有礼、谦逊而干练的美好印象,必须戒掉不良的口头禅。

4. 不可滥用幽默

幽默是一个人身上可贵的情趣,有幽默感的人总是比严肃而呆板的人更容易获得交往的成功。他们善于使用幽默的语言,委婉含蓄在表达自己的观点、巧妙地劝导他人、礼貌地回敬不礼貌的言辞、风趣地使自己摆脱尴尬的处境,他们机智、从容的谈吐总是受到人们的仰慕和青睐。

幽默的作用是它会使单调枯燥的人际关系变得丰富多彩,充满生机和活力,令人心情愉快,有时甚至化干戈为玉帛,让矛盾或紧张的气氛化解、缓和。所以,幽默是现代文明人应该具备的优良素质。

幽默应是格调高雅、健康积极的,应是智慧、才能和对工作乐观态度的自然流露,是乘务人员精神饱满、心胸开朗的表现。幽默不可滥用,过分的幽默则易流于油嘴滑舌。使用幽默语言应把握方寸,忌开庸俗低级的玩笑;忌拿同事、乘客取笑;忌挖苦、讽刺同事与乘客;忌开残疾人和女士的玩笑;不揭同事的隐私;不以同事的难堪和痛苦为笑料;不借机攻击他人;不虚张声势、装模作样地哗众取宠。上述种种,只能使自己的职业形象滑稽、猥琐。幽默一旦超出了职业礼仪基本要求,也就不成其为幽默了。

(六)讲好普通话

1. 讲好普通话

严肃地说,讲好普通话是乘务员应具备的基本职业素质之一,在为乘客服务时用标准的语言表达,可以让乘客更清楚,更畅达地理解你的意图,而不必陷于南腔北调,婉转别扭的口音迷雾中,不知所云。更避免给乘客留下扯"邪腔土调"的印象。公交集团公司乘务人员绝大多数是北京人,不要认为北京话就是普通话,要走出这个误区,自觉纠正京腔,讲好普通话。

2. 回避使用生僻的方言土语

方言都有一些特有的词,只在某一方言区使用,如"聊天"在东北地区叫"唠嗑",在成都叫"摆龙门阵","南瓜"有的地方叫"北瓜"、"倭瓜",等等。有一些方言词语,为丰富普通话的词汇做出了贡献。比如现代汉语中通用的动词

"搞",过去曾是四川方言中的词语,由于它简便、实用,符合经济的原则,在普通话里已广泛地运用它来代表各种动态:"搞学问"、"搞对象"、"搞活动"、"搞材料"……但是,方言土语中有的比较生僻,缺少全民族的共同性,出了方言区使用,往往使人听不懂。如南方某些地方问人年龄,不管对方老少,一概说:"你几岁啦?"这话用在北京就会发生误解。北京方言也很多,乘务人员在乘务服务中应尽量回避使用。

3. 不可耻笑歧视地方口音

车厢内汇集着来自祖国各地的人们,尽管大家习惯于用普通话进行交流,但有些人还是克服不掉浓重的地方口音。事实上,任何一种口音都是自然形成的,在产生这种语言的本地都能正常地达到语言表达的目的。从这个意义上说,各种口音并没有高低优劣之分,是一概平等的。乘务人员没有理由嘲笑某地口音有这样或那样的缺陷。所以,在车厢服务时乘务人员之间,忌私下以滑稽、搞怪的心态互相模仿加以耻笑,这是极不道德的行为。

(七)文明服务用语规范

乘务人员在车厢服务用语中要做到"四声",即乘客上车有"呼声",动员乘客有"请声",乘客问话有"答声",麻烦乘客有"谢声"。

1. 文明用语

根据公交服务工作的特点,文明用语主要有以下9种:

(1)文明敬语

①内容:"请"、"您"、"谢谢"、"对不起"、"没关系"、"不客气"、"再见"。在服务中要灵活、准确、纯熟地运用好文明敬语。

②标准:对乘客说话要有"请"、"您";得到乘客帮助要说"谢谢";受到乘客表扬说"不客气";遇到乘客道歉说"没关系";乘客下车说"再见"。

(2)报站用语

①内容:按照三报规范要求报清路别、方向,预报站名,报到达站。正确使用报站机(报话器)。

②标准:

a. 车辆进站时,向站台报"路别方向":"××路,开往×××,请您前(中)

门刷卡上车,没卡乘客请您买票(投币)"。

b. 车辆出站时,向车内报"预报站":"下一站×××,请您准备从后(前)门下车"。

c. 车辆即将进站,向车内报"到达站":"××站到了,请您从后(前)门下车,下车请刷卡,车票请出示"。

(3)售验票用语

①内容:在售票和查验车票中的用语。

②标准:

a. 售验、刷卡提示用语:"持卡乘客请刷卡,没卡乘客请买票(投币)"、"下车请刷卡,车票请出示"。

b. 遇持免票证件乘客上车时,应说:"请您出示证件"。

c. 查验票(证)后,应说:"谢谢,请收好"。

d. 遇乘客需购票时,乘务员应说:"请问您到哪?"、"票价××元(块)钱"、"收您××元(块)钱,请拿好钱和票";无人售票驾驶员、监票员应说:"请问您到哪?"、"票价××元(块)钱"、"请您投币入箱,自行取票"。

e. 遇找零时,乘务员应说:"您这是××元(块)钱,收您××元(块)钱,找您××元(块)钱,请拿好钱和票";无人售票驾驶员、监票员应首先说:"车里哪位乘客能够帮忙换下零钱?谢谢您",无人换零时,应说:"非常抱歉,没有人能够帮您换零钱,本车为无人(准无人)售票线路,不设找赎,请您谅解"。

(4)解答询问用语

①内容:遇到乘客询问时的解答用语。

②标准:

a. 解答乘客询问应做到有问必答,不知代问,多问不烦。

b. 无人售票线路驾驶员在行车中不便解答乘客询问,可婉言谢绝:"请稍等,我到站为您解答"。

c. 当乘务人员不清楚如何解答乘客询问时,应向乘客诚恳解释:"对不起,我不太清楚,我帮您问问其他乘客"、"谢谢哪位乘客能够帮忙解答"。

(5)疏导乘客用语

①内容:为缓和车内局部拥挤,均衡车内载客空间使用的宣传用语。

②标准:

a. 上下车用语"各位乘客,现在是乘车高峰时间,请您抓紧时间上下车"。

b. 均衡载客用语"刚上车(路远、车门处)的乘客请您尽量帮忙往里走"。

(6)温馨提示用语

①内容:有关提示乘客注意乘车安全的用语,如开关车门提示、雨雪天防滑提示、车内、外安全提示、车内防盗提示、携带物品提示等。

②标准:

a. 开关车门提示:"站在车门处的乘客,请您注意,(我)要开(关)车门了"。

b. 雨雪天防滑提示:"上下车的乘客,请您小心,脚下防滑"。

c. 高速路提示:"车辆驶入高速公路,请您扶好坐好"。

d. 车内、外安全提示:"车辆拐弯,请您扶好坐好"、"车辆进站,请您注意安全"。

e. 车内防盗提示、携带物品提示:"各位乘客,请您携带(保管)好随身物品,以免丢失"。

f. 乘客身体部位探出车外提示:"乘客您好,为了您的乘车安全,请不要将身体的任何部位探出车外,谢谢"。

(7)节日问候语

①内容:在"元旦""春节""五一""十一"等国家法定节假日期间向乘客祝贺节日的用语。

②标准:"各位乘客,新年好!"、"各位乘客,过年好!(春节好!)"、"各位乘客,节日好!"或者"五一节好!"、"国庆节好!"。

(8)处理问题用语

①内容:在运营服务中遇到一些具体问题时,应当使用的规范用语。

②标准:

a. 发生机械故障或交通事故时,乘务人员应对乘客说:"各位乘客,非常抱歉,本车发生了机械故障(交通事故),无法继续运行。我们将帮助您换乘本线路下一辆车,您所购买的车票依然有效,持卡乘客请刷卡下车,再上车时不需刷卡。"

b. 发生客伤事故时,乘务人员应对乘客说:"各位乘客,非常抱歉,刚才遇到突然情况紧急制动,有受伤的乘客,请您及时告知我们。"

c. 当乘客妨碍安全视线或向乘客提出某项具体要求时,驾驶员应说:"对不起,您妨碍了我的安全视线,请您让一下,谢谢。"或"请您往里走"。

d. 乘务人员请求乘客协助、帮助时应该说:"劳驾"、"拜托"、"打扰"、"借光"等。

e. 观察到乘客有为难之处时,乘务人员应该说:"您需要帮助吗?"或"我能为您做点什么?"。

f. 驾驶员遇到难以满足乘客提出的某些要求时应该说:"对不起,企业有规定,为了您的安全,不能中途上下车,请您谅解"。

g. 因某种原因给乘客带来不便、妨碍、打扰时应该说:"抱歉"、"对不起"、"请原谅"、"不好意思"、"请多包涵"等。

h. 遇无北京市老年优待卡的老年人要求免费乘车时应说:"根据市政府文件精神,持北京市老年人优待卡的老年人可以享受免费乘车待遇,请您谅解"。

i. 当车已满载时应说:"各位乘客,本车已满员,实在上不来人了,请您等候下车,谢谢您的合作"。

j. 当出现 IC 卡问题时应说:"您的卡余额不足,请及时充值";"您的卡已过期,请到充值点进行激活";"请您拨打一卡通服务热线 88087733 进行咨询";"您可能是在上次乘坐公交车时没有在下车时正常刷卡结算,您也可以拨打一卡通服务热线 88087733 进行进一步的咨询、核实";"非常抱歉,我将帮您记录下卡号及您的联系方式,并上报给车队,由车队为您做进一步的解决,请您谅解"。

(9) 公交乘务英语

以《公交乘务英语 100 句》一书为教材。鼓励乘务人员掌握更多的外语种类,具有更高的听说能力,在有外宾需要的时候使用。

2. 服务忌语

公交乘务人员在运用语言技巧,说好用好文明服务用语的同时,还要杜绝

以下服务忌语:

(1)忌说不礼貌的称谓,如:"老冒"、"老头儿"、"当兵的"、"老外"等。

(2)忌说容易引起乘客反感的疏导用语,如:"怕挤呀?打的去!"、"上不来下去,别撂着!"、"靠边点儿,别挡着!"、"往里,往里,快点!"。

(3)忌说容易引发乘务矛盾的售验票用语,如:"就这钱,爱要不要!"、"没票赶紧买,别等着下车罚款!"、"包儿得买票,快拿钱,少废话!"、"刷卡、刷卡、刷卡了吗你?"。

(4)忌说不文明的宣传用语,如:"把烟掐了!"、"看车!看车!"、"找死呀,活腻歪了!"、"快点!快点!磨蹭什么呢?"。

(5)忌说容易激化矛盾的处理问题用语,如:"谁让你不快点上,夹着活该!"、"长耳朵干嘛使的?"、"就这态度,有能耐你告去,告到哪儿我都不怕"。

(6)出现坏车、晚点时忌说的不文明语言:"车坏了,都下车!我们也没办法!"、"嫌慢,打的去!"。

(7)解答乘客询问时忌说"不知道,问别人去?"、"刚才不是告诉你了吗,怎么还问,真烦人!"。

(8)乘客不遵守乘车秩序时忌说"干嘛呢,别瞎挤,后边排队去!"。

五、对待非正常人的语言规范

(一)对非正常人的特殊礼节手语

1. 乘务人员为非正常乘客服务时,应注意的原则

(1)忌用食指对其指指点点,对方会认为你在议论他或者瞧不起他。

(2)忌好奇地、长时间地注视、寻看对方,这是最不礼貌的动作。

2. 与聋哑人交往

(1)称呼聋哑人可用"手语"。因为聋哑人有语言障碍,与之碰面最好用"手语"打招呼,切忌上前拍肩膀,更不要直呼"聋子"或"哑巴",他们虽然听不见,但可以从你说话时的口型,看出你说话的内容。

(2)聋哑人多半性格急躁,执拗多疑,与之交往,态度要诚恳,语气要温和。如果你与他们交往中,些许流露出不友好的表情,他们就会伸出小拇指,意思是

说你"不好"。

（3）聋哑人与正常人的交往一般惯用"手语"，因此，常与聋哑人交往的人应学一些手语。

（4）有时候，也可以采用笔谈的方式。但要注意，一般聋哑人书面语言能力较差，多用通俗易懂的语言笔谈，少用抽象费解的词语。

3. 与精神病人交往

（1）忌给他们易伤人、毁物的物品。

（2）忌歧视他们，不要把他们当作洪水猛兽，他们不发作时，几乎与正常人一样。对他们最好直呼其名，但要注意语气，忌称呼"疯子"。

4. 与盲、肢残人交往

盲人虽然看不见，但可听见。因而，对其的称呼要格外亲切，切忌称呼"瞎子"、"瘸子"或"路不平"等。

（1）与盲人交谈时不应有过多地描述。盲人看不见你的表情，所以，在盲人与你交谈时，忌总是沉默不语。

（2）盲人乘客上车后乘务人员应及时询问他们是否需要帮助，搀扶他们的手臂须征得同意。

（3）盲人乘客下车时乘务人员应及时、热情关照他们注意安全。

（二）与有生理缺陷人的交往

1. 与口吃人的交往

（1）忌对口吃乘客提问"你为什么口吃"或"你怎么口吃"这样的问题，因为你这样即使他难堪，又使他无法回答你。

（2）忌与口吃乘客交谈时，不要突然发笑，也不要捂嘴。

（3）忌在口吃乘客面前，模仿他如何口吃。

2. 与驼背人的交往

忌对驼背乘客说"我发现你有些驼背。"这是因为他并非不知道自己的缺陷。此时，他或许正为此苦恼。

3. 与近视人的交往

（1）忌随便议论近视乘客的眼镜。

(2)忌说近视乘客为"四眼"。

4. 与秃顶人的交往

(1)忌在秃顶乘客面前说"灯泡亮"。

(2)忌向他们介绍各种生发用品。

(3)忌触摸秃顶乘客的头,哪怕你是他最亲近的人也不行。

(4)忌看着秃顶乘客的面,夸耀自己或别人的头发好,或者议论其他秃顶乘客。

5. 与耳背人的交往

(1)忌在耳背乘客面前说三道四。

(2)忌以为他们什么都听不见。

(3)忌对他们大声嚷嚷。

6. 与侏儒人的交往

(1)忌与侏儒乘客比身高。

(2)忌以此开不适当的玩笑。

7. 与弱智人的交往

(1)忌让弱智乘客作滑稽动作。

(2)忌设置圈套,让弱智乘客上当。

(3)忌称呼智乘客为"傻子"。

乘务人员应该根据非正常乘客的特点,注意与他们交往的职业礼节。忌称呼口吃者为"结巴",如某人姓李,应视身份或场合选择恰当称呼,如可称"李同志",切忌称其为"李结巴";忌称"驼背"者为"罗锅子";忌称"近视"者为"四眼"或"四眼狗";忌称"侏儒"者为"地出溜";忌称"弱智"为"傻子";忌称"秃头"为"灯泡"、"地中海"等。

六、乘务语言禁忌

乘务人员与乘客交谈时由于谈话的内容欠考虑或表达方式不妥,会破坏与乘客沟通的效果,使交谈收不到预期目的,甚至导致彻底失败。以下是乘务人员与乘客交流时应注意的谈吐禁忌。

1. 交谈忌讳

(1) 谈及乘客隐私。谈话内容应回避涉及乘客隐私,一旦张口问及乘客不愿启齿的个人隐私,将会置乘客于尴尬境地,并易引起乘客反感。如果乘客觉得个人隐私有必要向你说明,觉得你是可以信任的人,自然会主动向你谈起。涉及乘客的婚恋问题、家庭纠纷问题、经济收入等问题都是乘务语言禁忌。

(2) 忌议论不在场的第三者。乘务人员与乘客交流不议论不在场的第三者。

(3) 忌谈论他人的伤心事或缺陷。尽管有时你说的是铁的事实,但乘客听起来也会感到非常刺耳。例如"你离婚了"、"听说你几天前被领导训了一顿"等,诸如此类的语言不但会伤害乘客的自尊心,被其他在场乘客听到也会深感不快。

(4) 忌问不该问的问题。忌问及乘客私人情况,如对方收入、家庭成员的私人问题、住在何处等;对年轻的女乘客忌询问她们的年龄、婚否、住处;更忌对她们的长相品头论足;对政界人士不宜询问决策内幕、忌询问领导与领导之间的关系、忌向军人乘客询问军队内部事务及军事秘密。

(5) 忌没完没了谈自己的事情。乘务人员与乘客交流是必要的,但是如果没有度地海阔天空,不但会令人反胃,还会影响正常的乘务工作。

(6) 忌自吹自擂。个别乘务人员在与同事及乘客交流时,常喜欢自吹自擂、语气骄横。如详细地吹嘘自己如何有社会背景,如何办事有路子,如何有社会关系等。想以此抬高自己在对方心目中的地位,而实际得到的结果却恰恰相反。

(7) 忌抱怨不休。遇到共同的话题,人们容易谈得投机,尤其朋友之间更愿一诉衷肠。但是有些人抱怨不休,不停地向对方诉苦。这样的谈话会使对方感到毫无意义而产生厌烦心理。

(8) 忌饶舌。个别乘务人员口齿伶俐,碰到初识的人或者老熟人,常表现欲过于强烈,不管对方喜不喜欢某个话题,不管对方愿不愿听下去,滔滔不绝地一直说下去,使对方根本没有说话的机会,更难以改变话题。

(9) 忌句句不离"我"字。有些乘务人员与相识的人谈话,虽然谈的不是自己的事情却喜欢频频使用"我"字,如"我以为"、"依我看"、"我才不在乎呢",

"我如何如何",使整个谈话令对方感到你是自以为中心,他充其量是个听客罢了。因此,除非对方要求你谈谈自己的事,否则,在处理同事关系、为乘客服务时,忌句句不离"我"字,应适当多关心对方,多谈些对方感兴趣的话题。

(10)忌沉默寡言。与饶舌不休的人正相反,有些乘务人员由于性格内向或自卑心理,在与同事交谈、为乘客服务时,常沉默寡言、不爱说话,这种行为不仅影响融洽的同事关系,更会影响与乘客的交流及乘务服务质量。

(11)忌打断他人的话。个别乘务人员在与同事或乘客交谈时,常不由自主地打断他人的话或者抢别人的话头,扰乱说话者的思路,这是不得体的。个别乘务人员在同事或乘客说话尚未告一段落时,为表现自己领悟得快,比说话者更聪明,随意插嘴,这是极失礼的。

(12)忌措辞难懂。有人以为使用别人难于理解的词汇便显示出自己的学识渊博,其实不然,在交谈中应该尽量避免使用专门术语或学术用语,须知:普通人理解专门术语的能力毕竟是有限的,如果因为听不懂其中一两个字词而无法听懂你说的意思,那真是不应出现的缺憾。也不要说些连自己都不太懂的话,或者使用自己也似懂非懂的词说话,如果搞错了,不但会使听者如坠云里雾中,而且还会贻笑大方。

(13)忌使用不文雅的字眼。乘务人员在与同事或乘客交谈时,如语言粗俗并常常伴随不雅的口头禅,使人深感俗气满身,市侩味十足。

(14)忌开玩笑没分寸。乘务人员在与同事或乘客交流过程中适度地开玩笑,能够活跃谈话气氛,拉近彼此的心理距离,其益处是不言而喻的。开玩笑是用幽默的语言,巧妙含蓄的构思,艺术地进行思想交流和感情交流。但是,如果交谈中开玩笑失去限度,也是十分不礼貌的。

2. 玩笑忌讳

(1)忌男女无别。一般来说,女性对语言情境的承受能力比较弱,对男性无所谓的玩笑若施于女性身上,会使她们十分难堪甚至不堪忍受。

(2)忌长幼无序。下级对上级、新员工对老员工等开玩笑时不能失去对长者的尊重,使之"下不来台";上级对下级、老员工对新员工等开玩笑时也要注意充分尊重他们,不能过分。

（3）忌以缺陷短处为玩笑对象。人们自己对心理和身体上的缺陷分外敏感。乘务人员如果开玩笑时以乘客的缺陷、短处当笑料，会深深刺伤乘客的自尊心。一旦失言，要向乘客真诚致歉。

（4）忌不分场合。庄严肃穆的场合忌开玩笑，工作时间不宜开玩笑；集会、仪式场合、同事间忌开玩笑。比较熟悉的人在一起开开玩笑是可以的，与自己不熟悉的同事忌开玩笑，搞不好会触及你所不了解的隐私或缺陷，而冒犯对方。

（5）忌举止轻浮。忌讲话时除非需要用手势来加强语气或表示特殊感情，否则忌无意义的举动。说话时手脚胡乱晃动、对人指指点点、同事间拍拍打打、手舞足蹈，举止轻狂，吐沫四溅均是极不礼貌的行为。

（6）忌要求乘客重复说过的话。由于自己注意力分散，要求别人重复说过的内容是不礼貌行为。

（7）忌连珠发问。像倾泻炮弹般地连续发问，让人觉得你好奇心过重，以至难以应付。

（8）忌随便解释某种现象。不要轻率地下定义，借以表现自己的内行。

（9）忌争论不休。不要就某个无关紧要的问题与上级、同事、乘客争论不休，甚至不欢而散。

七、运用乘务语言的技巧

语言是心灵的声音，乘务语言运用技巧包含表达形式技巧和语言内容技巧两个方面。如吐字清晰，声音优美、悦耳、温柔、委婉都是表达形式的技巧，而完整、健康、文明则是语言的内容技巧。

乘务语言艺术的标准应该是乘客获得心理上的共鸣和精神上的愉悦，乘务人员运用语言的技巧，从根本上说就是依据客观实际存在的情况、环境、对象以及人们的心境灵活地、恰当地遣词造句，确切地表达自己的思想感情、意愿要求。乘务人员学习运用语言技巧最基本的方法是在实践中不断探讨运用语言的技巧，不断总结运用语言的规律，不断丰富自己的语言表达能力。由于现代汉语具有丰富的表意力，又加之乘车过程遇到的情况复杂，需要各种各样的语言表达方式表达乘务员意愿，很难准确地提出语言表达技巧的概念、标准或规范,我们只能依据乘务实践对大家探讨运用语言的技巧做一些提示。

那么,怎样有礼貌地与人说话呢?

(一)态度要诚恳

说话本身是用来向人传递思想感情的,所以,说话时的神态、表情都很重要。举例说,当你向别人表示祝贺时,如果嘴上说得十分动听,而表情却是冷冰冰的,那对方一定认为你只是在敷衍而已。同样,当你向别人表示慰问,而神态却显得很不专心时,对方也一定认为你是在故作姿态。这样,对方不但不会对你感激,反而会引起疑虑甚至反感。所以,乘务人员讲话文明礼貌首先必须做到态度诚恳和亲切,让乘客真正对乘务人员的说话产生表里一致的印象。

(二)用语谦逊文雅

礼貌的语言对乘客应多用敬语,比如,可称呼对方为"您"、"先生"等,而对自己则应多用谦语,我们提倡的礼貌用语:"请"、"您"、"谢谢"、"对不起"、"没关系"、"不客气"、"再见"等,就体现了说话文明的基本语言形式。

(三)语气亲切

语气亲切是从语音、语调角度探讨运用语言的技巧。语音、语调是语言的重要组成部分,乘务人员在出乘过程使用亲切的语气表达,可以增强表达内容的效果,同样的语言内容用不同的语气表达可以收到不同的效果。

从心理学的角度看,人们在社会交往中都乐于听到优美、亲切、悦耳、温柔的声音,而最反感的是噪声。在出乘过程中和谐、亲切的声音可以使乘客的心情愉悦、轻松,产生宾至如归的感觉,引起乘务人员和乘客感情上的共鸣。同样是"谢谢"两个字,用不同的语气表达,生硬的语气会使乘客感到十分勉强,是言不由衷的;亲切的语气可以使乘客感到是发自内心的、诚心诚意的,使乘客乐于接受。因此语气亲切可以增强语言内容的表达效果,有助于表达我们提供服务时的热情,创造和谐的乘车氛围。

(四)商量口气

乘务人员虽然是车厢的主人,但是却无权对客人下达各种命令,在提供服务的过程中,乘务员人表达语言时应使用商量的口气。

商量的口气表示了对乘客的尊重,容易被乘客所接受、得到乘客的支持。特别是乘客乘车行为还不能完全靠法规来制约,仅靠"须知"来维持的现状下,商量口气往往可以减少乘务人员处理问题时的"尴尬"场面,比较容易地变被动为主动。比如有的乘客携带行李放在门口,影响了别人上下车。这时乘务人员用商量的口气疏导"这行李是哪位乘客的,往里挪挪好吗?"一般是不会遭到乘客拒绝的。反过来,采取强迫命令式的口气疏导"这行李是谁的?这么不长眼,堵在这里别人怎么上下车?往里拿!"往往会遭到乘客拒绝,找各种各样理由搪塞,即使拿了也十分不情愿。

(五)言辞委婉

乘务人员在处理乘务问题时运用含蓄委婉的言辞表达意愿、提醒乘客,比较容易得到乘客的理解和配合。委婉、含蓄的言辞表示了对乘客的尊重,保护了乘客的自尊心,满足了乘客的心理需要。反之,言词直率,往往含有责怪的意思,容易引起乘客的反感,造成乘务矛盾,甚至发展成乘务纠纷。比如,车厢比较拥挤,当行驶到站时,车内有一青年乘客挤住车门,使车门打不开无法上人。此时乘务人员用委婉的言辞诱导道:"这位师傅,请您往里挤挤,要是您在站上等车,好容易盼着车来了,可上不去多着急啊!"这时乘客一般不好意思再挤车门了,乘务人员没有使用直率的语言批评责怪,但表达了规劝甚至批评的意思,比较容易收到使之改正的效果。相反地,用直率的语言批评到:"你这么做不对,你挤着车门别人怎么上?光顾你自己,不管别人!"这位乘客很容易回答:"这么多人我挤不动,我管不了那么多,敢情你坐在那不挤!"如此发展下去,极易引发乘务矛盾。

(六)恰到好处

恰到好处是指乘务人员语言表达时,依据不同的情况,掌握好表达的分寸,包括语言使用的多少,语气的轻重,语词的色彩。通俗地解释,就是该说的,一句不能少说;不该说的,一句不能多说;该亲切的不能生硬;该严肃的不能嬉皮笑脸;该使用褒义词的,不能使用贬义词。至于什么时候该怎样表达,只能依据客观实际确定。比如外地乘客或老年乘客询问乘车线路时,要介绍的细一点、耐心一点,不能认为你清楚了乘客也就清楚了,如乘客再多问一句就烦了。这时,可以给乘客写个方便条,会有更好的结果。反过来,有的乘客对公交企业的规章制度不了解,乘务人员做出解释后,乘客仍然喋喋不休,此时乘务人员宜少说话,让其自己去了解。我们不可能,也没有义务在一次乘车过程中教育一个人。如果我们坚持争个是非,论个短长,不仅影响了我们的正常工作,还可能由口角发展成乘务纠纷。

(七)留有余地

乘务人员在提供服务的过程中运用语言要注意留有余地,不能把话讲得绝对了,否则会给自己带来被动。

乘务人员与乘客之间因所站立场不同,看问题的角度也不一样,认识上很难保持一致。况且乘车过程中的具体问题都发生在瞬间,乘务人员很难全面了解每一个乘客的语言习惯和个性特征,很难做到全面、客观地看问题,为了避免由于自己主观认识局限而产生的失误,就必须在运用语言时留有充分的余地。表面上"留有余地"可能让人感到"模棱两可",而实际上"余地"可以使我们自由、灵活地去处理问题,表达意愿。比如,乘务员验票时某位乘客拿不出票来,此时乘务员耐心地讲"您别着急,再找一找"。乘客仍然拿不出票时,乘务员又说:"要是一时找不到,您照章补票吧!"乘客此时会顺从地补票。我们分析一下,虽然乘务员讲了"您别着急",可是众目睽睽之下无票乘客能不着急吗?相反地,如果乘务员主观上已经认定乘客就是无票乘车了,说:"瞧你就不像有票的,别装模作样的了,赶快补票!别耽误大家时间!"假使此时乘客真的找出票来,乘务员面对这个被动场面又怎么下台呢?

(八)语言幽默

幽默是语言表达的一种风格,乘务人员适度地运用幽默语言可以调节乘客的听觉神经,有助于调整乘务人员和乘客的情绪,使乘客感到轻松、愉悦、风趣,往往变严肃紧张为轻松和谐,让乘客消除拘谨和不安,感到乘务人员可亲可敬、有意思、易接近,从而使乘务人员的语言表达收到最佳效果。

幽默语言是运用比喻、拟人、双关等修辞手法,通过可笑、有趣的语言调节、处理人际关系。它既不是要贫嘴,也不是哗众取宠。运用幽默语言要注意场合、气氛,使用要得当,否则会适得其反。

(九)注意自责

乘务人员在提供服务时要接触众多的乘客,要处理各种各样的问题,由于时间的局限很难处理得面面俱到。再者乘务人员本身做得很好,但由于乘客需求不一,公交企业的服务也难免会出现不尽如人意的疏漏。鉴于这种现状,乘务人员运用语言时要注意自责。

所谓注意自责,是指乘务人员运用语言时,主动承担责任,这样既表现了自己的谦虚,又较容易平息乘客的各种不满,取得乘客的谅解。特别是一些乘客准备发泄不满时,由于乘务人员主动自责,乘客反而不便发泄。注意自责可以有效地防止车厢中的口角,及时融洽乘客和乘务人员之间的感情。

(十)顾全大局

乘务人员运用语言时要顾全大局。因为我们是车厢的主人,看待问题、处理问题时不能只站在个人的角度,更要站在公交企业的角度,用妥善的语言恰当地表达;还要注意影响,特别是遇到国际友人、港澳台胞、少数民族以及残疾人乘车时,要依据有关法规和企业的规章制度讲话办事,运用语言时要防止随意性,要掌握适当的尺度,特别不宜讲超出原则的话语,也不宜大声宣扬。

(十一)因人而异

乘务人员语言交流要针对乘客实际情况,察言观色,具有很好的倾听能力并能迅速判断乘客的心理和服务需要。车厢中的乘客构成成分复杂,职业、年龄、性格各异。要因人而异,区别对待,善于使用不同的礼貌用语,避免语言的平淡、乏味、机械。

因人而异首先表现在称谓上,依据乘客年龄、性别、职业、装扮,选用得体的称谓,称谓要表示尊重,一般不宜使用指代词语,例如:"戴帽子的"、"大胡子"、"穿黑衣裳的"。

其次,因人而异表现在对不同身份的乘客使用不同的语言。工人喜欢直率、幽默,不宜装腔作势;知识分子喜爱文雅、和声细语,不宜粗鲁;农民喜爱和蔼、耐心,不宜生硬;老年人喜爱细致、周到;儿童喜欢被哄逗。

乘务人员运用语言的技巧还有安慰语言、激励语言、暗示语言、意会语言、反驳语言等,因为乘务工作的特点和时间的限制,乘务服务的语言还要简练,通俗、亲切等,这些有待于每一位乘务人员在乘务实践中去探讨、去总结,只要我们广大乘务人员注重语言艺术的学习,并通过乘务实践不断丰富自己,那么在公共交通的车厢里就会创造出相互平等、相互尊重、相互理解、文明和谐的乘车气氛,公共交通企业的服务质量就会产生质的飞跃。

第二节 乘务人员其他服务规范

城市公共交通是人们生产、生活出行的主要交通工具,在流动的车厢中,有直接服务的乘务人员,他们每天迎来送往乘客,急乘客所急,想乘客所想,热情、周到地服务于每一名乘客。乘务人员的仪容仪表、行为举止不仅反映个人的精神风貌,也代表着企业的形象,因此,每一个乘务人员都应当按照企业的要求,讲究服务礼仪,注重个人形象。

一、乘务人员仪表仪容规范

(一)乘务人员仪表仪容

仪表仪容,是指人的外表,它包括容貌、姿态、风度以及个人卫生等方面。

公交乘务人员在运营服务当中,每天接触成千上万的乘客,其仪表仪容,不仅代表着自身和企业的形象,展示着人格和企业的信誉与尊严,而且还体现着社会的文明程度、道德水准,反映着民族和时代的风貌。在某种程度上可以说,乘务仪表仪容是公交服务质量不可缺少的组成部分。因此,公交乘务人员对乘务仪表仪容要有明确的、高度的认识,在服务当中注重和规范自身的仪表仪容。

乘务人员的仪表仪容应当是:仪容整洁,仪表端庄,举止大方,待客有礼。

我们所讲的仪表端庄是指乘务人员的服饰、装扮。我们的乘务人员绝大多数是青年人,爱美之心人皆有之,青年人特别是女青年又更加刻意打扮自己,处处显露着青春活力,这本来是无可非议的。但是,我们的工作是服务性的工作,而且不像饭店、宾馆那样有固定的服务场所,我们工作的岗位是车厢,服务的特点是"马路车间",单车作业,这一点在郊区,特别是边远郊区线路显得尤为突出。根据工作岗位的特点,我们提倡乘务人员的仪表要端庄、适度。

所谓端庄、适度是指在工作岗位上乘务人员的服饰要适合工作的需要,不要过分追求时髦或新潮,不要过分地引起他人注意,应该穿统一配发的服装。至于离开工作岗位之后,完全可以按照自己的心愿去装饰自己。化妆已经成为许多女同志装扮的重要手段,在工作岗位上,略施淡妆、突出东方女性的美,显得更有活力,是无可非议的,但我们坚决反对浓妆艳抹。乘务实践已经证明,那些身着奇装异服、梳着新潮发型、又浓妆艳抹的乘务人员,别说是正确处理乘务矛盾了,往往未曾开口就在多数乘客心目中受到非议,更容易引起不法分子寻衅滋事,本身就会引发乘务矛盾。因此我们认为,仪表端庄会给乘客留下美好的映象,不仅为正确处理乘务矛盾、热情为乘客服务奠定基础,而且也是乘务人员自我保护的一项措施。

1. 乘务人员仪表端庄包括的内容

（1）衣着整洁,统一着职业装。整洁、大方的服装会给乘客在精神上以轻松感,乘务人员统一着职业装,给乘客以规范庄重的感觉,身着职业装时,最好不要佩戴饰物。

（2）仪表端庄,佩饰得体。乘务人员要注意个人卫生,班前不吃有异味的食物,不理怪发型。女同志爱美,适当的化妆可以弥补容貌上的不足,给乘客以精神上的愉悦,但化妆时应注意化淡妆,清新淡雅的化妆,有助于与乘客的交流,能得到对方的好感和尊重。

2. 公交集团公司对乘务人员仪表仪容的具体要求

（1）对男乘务人员的仪表仪容要求

①发型。保持头发清洁,修剪得体,两侧鬓角不超过耳垂底部。前不遮盖眼睛,后不超过衬衣领底线。不染怪异发色,不刻意留怪异发型或光头。

②面部和胡须。上岗之前要搞好个人卫生,特别是面部卫生,保持面部清洁,剃净胡须,修剪鼻毛,不允许留小胡子和络腮胡子。

③手和指甲。保持手部干净,无污浊斑迹。指甲清洁无污垢,修剪整齐,长度不超过2mm,不得做美甲。身体纹身部位不得外露。

④饰物。运营服务中只允许贴身佩戴手表、项链、戒指,允许佩戴的饰品必须做到从小、从细、从一。

(2)对女乘务人员的仪表要求

①发型。可留各式短发和长发,短发须梳理整齐,长发过肩须束起。不染怪异发色,不刻意留怪异发型。

②化妆。工作时间可化淡妆,保持容貌的清雅、秀丽、自然。切忌浓妆艳抹、香味刺鼻。

③手和指甲。保持手部干净,无污浊斑迹。指甲清洁无污垢,修剪整齐,长度不超过2mm,不得做美甲。身体纹身部位不得外露。

④饰物。运营服务中只允许贴身佩戴手表、项链、戒指、耳环(钉)、发卡、头饰,允许佩戴的饰品必须做到从小、从细、从一。饰物宜少不宜多,发卡、头饰应以美观实用为宜;耳环或耳钉只允许戴一副,款式、形状应得体适度;戒指,可以根据个人的喜好,选择不同款式的戒指,戒指只可戴1枚;项链,可以根据个人情况选择不同质地、款式的一条项链,不宜佩戴脚镯或脚链。

(二)乘务人员着装规范

乘务人员的衣着是仪表仪容重要组成部分,规范得体的穿着,反映着公交员工的文明素质和精神风貌,也体现着公交企业的形象。乘务人员应当按照企业规定规范穿着职业装。

1. 职业装着装标准

职业装应保持干净、平整、无破损、无异味。穿着应做到端正、规范,按照季节更换职业装,不得随意剪裁或更改职业装样式,不得穿拖鞋或鞋子拖穿,不得外套其他衣服,内套衣服不得外露。

(1)夏装:外衣(配硬肩章)、长袖衬衣(配软肩章)、马甲、领带。

衬衣领口平整,衣服自然下垂,无褶皱,衣扣除领口第一颗扣子可敞开外全部系上。衬衣内可套穿其他衣服,但不得外露。裤子平整自然下垂,系好拉链和扣子,裤脚不得卷边。如衬衣系入腰带内,腰带必须为制式皮带。

(2)春秋装:半袖衬衣(配软肩章)、长裤。

衬衫领口平整,衣扣除领口第一颗扣子可敞开外其他全部系上,衬衫下摆必须系入腰带内,袖口系好扣子,不得卷起,衬衣内可套穿其他衣服,但不得外露。裤子应平整自然下垂,系好拉链和扣子,腰带须为制式皮带,裤脚不得卷边。衬衣外可套穿马甲或外衣,也可同时穿着。外衣、马甲穿着时应系好全部扣子。外衣应保持领口平整,衣服自然下垂,无褶皱。根据温度变化,春秋季上身可单独穿着衬衣(单独穿着衬衣时,应佩戴软肩章),也可在衬衣外套穿马甲或毛衣类织物等。套穿非职业装衣服时,必须套穿职业装外衣。

(3)冬装:防寒服。

防寒服应保持整洁,穿着时系好门襟拉链。防寒服外不得套穿其他服装,内不得穿明显外露、不搭配的衣服。如脱下防寒服,内应保持春秋装的着装规范。防寒服不得撤掉内胆单独穿着外皮。

2. 职业装标识及领带(领花)佩戴

(1)标识

职业装标识工包括号工号牌、星号牌、臂章、软(硬)肩章,工号牌佩戴在左胸处,肩章佩戴在两肩处。员工上岗时职业装标识必须佩戴齐全,并确保佩戴端正,尼龙搭扣粘贴平整牢固,防止刮蹭丢失。

(2)领带、领花

在重大节假日、重要活动、重要会议或其他规定场合,必须佩戴领带、领花。佩戴领带、领花时应系好领口。领带系端正,领花贴近领口。

3. 职业装换季时间

夏装着装时间为6月至8月;春秋装着装时间为9月至次年5月;冬装着装时间为11月至次年3月。

职业装应保持干净、平整、无破损、无异味。穿着应做到端正、规范,按照季节更换职业装,不得随意剪裁或更改职业装样式,不得穿拖鞋或鞋子拖穿,不得外套其他衣服,内套衣服不得外露。

乘务人员是公共电汽车车厢的主人,每天要和成千上万的乘客打交道,乘务人员的形象受到格外的关注。乘务人员要使自己的仪表形象与自己工作的环境相和谐,美好的仪容仪表、规范的着装能给乘客留下良好的第一印象,能增强自信心,更好地完成工作任务。

二、乘务人员文明行为规范

公交乘务人员的行为举止,主要是指乘务人员在服务当中表现出来的仪态、站立、行走、动作等。乘务人员的一举一动,是一个人精神面貌的外在体现,也是对乘客态度一种由内而外的自然流露。乘务人员的行为举止既能够体现出自身性格、文化素质和道德修养,也能够反映出乘务人员的心理状态和文明程度。北京公交集团把"和蔼可亲礼貌待客,积极主动询问需求,热情周到体贴照顾,宾至如归笑迎笑送。"作为"文明服务行为"基本内容和标志,强调和突出"得体规范的着装,温文尔雅的举止,细致周到的服务。"突出重点照顾"老、幼、病、残、孕"、抱小孩、外埠及国际友人的乘车,使文明服务行为贯穿公交运营服务全过程。

(一) 举止大方,行为得体

乘务人员在车厢服务中应做到举止大方,行为得体。举止大方是指乘务员在工作岗位上表情、言谈、行为要得体,不卑不亢,既要热情为乘客提供服务,又要掌握好言谈、表情、行为的分寸。我们所表达的意思,所使用的语言,所采取的行动,所流露的表情,要能为乘客所接受、所肯定。

1. 坐姿

坐姿要稳重、端正。乘务员在售票台上的坐姿要端正,温文尔雅。不要歪倚斜靠,犯困打盹,腿脚伸得很远或跷二郎腿。坐时应克服不雅的坐姿,包括半躺半坐、前仰后倾、歪歪斜斜、两腿跷在售票台上、坐在椅子背上等。不雅的坐姿会给乘客轻浮、疲惫且缺乏修养的印象,是失礼和不雅观的。

2. 站姿

站姿要端正、挺拔。乘务员在站立时要保持身直、挺胸、两肩平正,给乘客留下挺拔、舒展、健美的印象。在车辆运行中服务,要在保证安全的基础上,尽可能保持站姿美,如站立售票可身体倚门,依靠座位作为支撑,保持身体平衡,但不可靠在乘客身上。应克服不雅的站姿,包括弯腰驼背、斜腰屈腿等。不雅的站姿会给乘客留下懒散、缺乏力量、不健康的印象。

3. 走姿

走姿要优雅、轻盈,有节奏感。在车厢中行走要保持"轻、稳、灵",不要给乘客留下忙乱无章、慌慌张张的感觉。在人多拥挤打串票时要礼貌用语在先,如"对不起,我过去一下"然后方可从乘客身后侧身走过,动作要轻,不可横冲直撞。这些小节不注意,既影响自身形象,也表现出对乘客不够尊重。行走时应克服不雅的走姿,包括左摇右晃、重心不稳、步履拖沓、趿拉着鞋走路、内外八字脚等,不雅的走姿不仅有失风度,也破坏了行走时的平衡对称及和谐一致的感觉。

4. 对其他姿势的要求

在车厢服务中,乘务人员的一个表情、一个动作都是一种无声的形体语言,正确的形体语言,可以起到事半功倍的作用,错误的形体语言,会起到不好的作用。

(1)手势。手势是乘务人员在车厢服务中使用最多也最灵活方便的肢体语言,有极强的吸引力和表现力。手势的运用要规范适度,简洁明确,自然亲切。疏导乘客运用手势掌心应斜向上方,手势的摆动宜亲切自然,动作宜慢忌快,注意不要攥紧拳头,更不能用食指指点乘客。乘务员在配合驾驶员进行安全行驶时,可用手势向车辆、行人示意,但不应探出身体用手敲击车身。

(2)表情。表情是心理活动的寒暑表,表情可以辅助甚至代替有声语言,乘务人员在服务中的表情如何,是向乘客传递信息最有效的方式。自然真挚的表情是塑造良好服务形象的必要内容。乘务人员对待乘客的表情应当是:友善坦诚、率真自然、适度得体、温文尔雅。要学习李素丽的微笑服务,充分发挥微笑在表情中的魅力,让乘客感到亲切、温暖。可以说,车厢是舞台,乘务人员是这个舞台上的演员,当你登上这个舞台的时候,就应当把个人的喜怒哀乐放在一边,笑迎八方乘客,演好自己的角色,全身心投入工作。因此,要注意自己的表情,对乘客不可趾高气扬、盛气凌人、目中无人、表情木讷。

(二)公交集团公司乘务人员文明行为的具体要求

(1)乘务人员在运营过程中禁止向车内外吐痰、吸烟、闲谈、吃东西、打瞌睡、操作手机及做一切与工作无关的事宜。

(2)乘务员、监票员要坐姿端庄,站姿挺拔,面向乘客。驾驶员要坐姿端正,双手同时握住转向盘,双腿下放。

（3）乘务人员要按规定时间使用报站机、报话器，外扩音的使用时限为早7点到晚7点，内扩音的使用时限为全天。使用报站机时要按照三报要求报清、报全，禁止中途切断报站机。乘务员、监票员报站时坚持先使用报站机，再口报；口报时坚持按照三报要求报清、报全"路别方向"、"预报站"、"到达站"；对沿线换乘信息和公益性单位进行宣传。

（4）五环以内的车辆随路灯开启时间开启车厢灯。

（5）车厢温度达到26℃以上时，开启空调冷风系统，并保持车厢温度在25℃左右；车厢温度在11℃以下时，开启空调暖风系统。车厢温度过高或过低时，应通过调节空调温度、送风量或间歇式开关的方式，保持车厢温度适宜。当车内乘客对是否开启空调或温度高低意见不一致时，应耐心协调，妥善处理。

（6）驾驶员要规范操作车载读卡机（小键盘），出车前做好检查、时间校验及方向设置。进站后，待上下车乘客刷卡完毕后再加减站号或使用招呼站。乘务员、监票员要立席监督刷卡，面向乘客，目视读卡机，及时提示乘客下车刷卡、提示驾驶员变更站号。

（7）乘务员在售票当中应做到"唱收唱付"。售票时必须按规定使用红蓝铅笔划线，首站发出划红线，末站发出划蓝线，按票价可乘坐的最远距离划足站号；集体票（5张以上，含5张）可以撕口代替，不得划重站号或提前划线。

（8）遵守票务制度，乘务人员不得拒收零币、旧币及其他法定流通的货币。遇到乘客票务违章，需要补交票款时，要当面按补交票款足额撕票。无人售票驾驶员、监票员不准直接接触票款，遇乘客需要找零时，可动员其他乘客进行互换。

（9）遇老年乘客，要做到视情搀扶、积极找座、提示安全，并允许在就近车门下车；乘坐双层车时，要安排老人在下层就座。

（10）遇乘坐轮椅乘客，配备无障碍踏板的车辆，要放下无障碍踏板，乘务人员要下车协助乘客把轮椅推上车。未配备无障碍踏板车辆，乘务人员要动员其他乘客一起主动搀扶。上车后妥善安置轮椅（轮椅不得收取包裹费），问清下车地点，到站时要提前提示，严格执行开关车门制度。

（11）遇盲人乘客，乘务人员要妥善引导，积极宣传，找到座位，问清下车地点,提醒下车或委托顺路乘客协助照顾。

(12)遇肢体残疾乘客,有条件要搀扶,积极宣传,找到座位。下车叮嘱安全或委托其他乘客协助照顾。遇到无家人陪伴的智障乘客,要耐心询问去向,细心叮嘱乘车安全。

(13)遇孕妇乘客,小声宣传让座,温馨提示安全。遇抱小孩乘客,积极宣传找座,并叮嘱家长注意照顾好小孩乘车安全。

(三)语言文明,说好第一句礼貌用语

正确处理乘务矛盾很重要的一点是靠乘务人员的语言去说服、解决,在正确处理乘务矛盾的过程中,我们特别要强调的是乘务人员所使用的语言要文明,坚持说好第一句礼貌用语,自始至终不说非礼的语言。实践证明,大多数乘客是通情达理的,一句"对不起"往往能化解对方心头的积怨,一句非礼的不文明语言,往往会激发乘务矛盾升级。

三、驾驶员文明行车规范

随着城市经济的发展,汽车已经进入市民家庭。各种车辆的大量增加使得路面拥堵,公交驾驶员很容易心浮气躁,发生不愉快的事情,甚至各种交通事故时有发生。尽管造成交通事故的原因是十分复杂的,但是由于不遵守交通规则及缺乏驾车礼仪规范是一个重要原因。对于前者,一个重要原因是缺乏法制观念。譬如酒后开车等违反交通法规的现象屡禁不止;对于后者,一些驾驶员缺乏必要的素质。只要一开上车,脾气也大了,道德水平也低了,文明意识也弱了。因此,在驾驶行为上表现出基本素质的先天不足。譬如,在开车中"斗气",互不礼让等现象。

公交车辆驾驶员文明素质如何,直接关系到运营服务质量和企业的形象。因此,公交车辆驾驶员要养成良好的驾驶习惯,做到安全礼貌行车,文明规范驾驶,用自己的一言一行、一举一动表现出首都公交驾驶员的职业素养。

(一)驾驶员的岗位特点和要求

公交驾驶员是公交客运主要工种。公交客运具有快速、分散的特点,构成了营运车辆驾驶员与其他行业从业人员不同的特点和要求。

1. 流动分散

公交运输的特点是点多、面广和流动分散作业。因此,要求驾驶员自觉地遵章守法、注重公德,保证运输的有序进行。

2. 操作的独立性和广泛的联系性

由于分散作业的特点,公交驾驶员通常是一个人独立工作。一方面要经常独立地处理运输中遇到的由于车况、路况、交通状况和气候等变化而出现的各种问题;另一方面还要和乘客发生联系。因此,要求驾驶员必须具有独立处理问题的能力、全局观念、业务知识、法律意识以及团结协作的精神。

3. 要有良好的驾驶作风和职业习惯

能否实现运输安全,不仅与驾驶员的驾驶技术水平有关,而且还与其个性、涵养和习惯有关。因此公交驾驶员要加强自身修养,培养良好的个性心理,不盲目开快车,不开"英雄车",不开"斗气车"。做到得理也让人,主动积极地维护公共秩序和交通秩序。

4. 爱岗敬业、优质服务

在大力弘扬社会公德、职业道德的氛围下,只有对本职岗位的热爱,才能树立"敬业"精神,以"干一行,爱一行,专一行"的姿态,投入到实际的工作中去。优质服务的前提是爱岗敬业,不热爱自己专业的人谈不上"敬业",更谈不上优质服务。

(二)文明驾驶的前提是遵守交通法规,服从民警指挥

公交车辆驾驶员的首要职责是安全行车,这不仅关系企业的效益,更重要的是关系广大乘客的生命财产安全和自身的安全。所以驾驶员首先要心系乘客,加强法治观念,熟知《中华人民共和国道路交通安全法》及各项与道路交通安全有关的法律、法规,并且模范地予以执行和遵守。每一名驾驶员为了自己与他人的安全,为了交通的畅行无阻,都应以小我服从大我,自觉地接受交通民警管理。这是保证安全驾驶的第一准则。

其次,要自觉地服从交警管理。对于交通民警的指挥、检查、处罚与管理,必须无条件地予以服从。

交通违章不仅给驾驶员和他人、国家及个人财产带来危害,也对道路交通

秩序产生较大的影响,甚至造成交通拥堵。这就浪费了别人的时间,侵犯了他人的利益。而大部分交通事故、交通拥堵的发生都是由驾驶陋习造成的。如:开车聊天、打手机、吸烟、走自行车道、会车时高灯闪烁、堵车时狂按喇叭、拐弯时车速过快等。这种"陋习"是造成车毁人亡悲剧的元凶。要真正做到文明开车,首先要改掉这些坏习惯,文明驾驶,礼貌行车。

(三)文明驾驶的保障是做到"礼让三先"

公交驾驶员要做文明行车的典范。在任何条件下,驾驶员均应以自己的实际行动对其他人、其他车辆"礼让三先",做到"先慢、先让、先停"。

1. 礼让其他机动车

驾驶机动车行驶时,都应当具有平等意识。小车不宜欺负大车,新车不宜欺负旧车,高档车不宜欺负低档车,公交车不宜欺负社会车。同样的道理,老驾驶员不可欺负新驾驶员,大车驾驶员不可欺负小车驾驶员,本地驾驶员不可欺负外地驾驶员。

在行驶期间,每一名驾驶员都要遵守交通法规。不要强行超车道,不要动辄挤占其他车辆的车道。万一有人那么做了,不妨主动避让,让出车道,令其先行。

一旦自己的车辆与其他车辆发生事故,不要与对方吵嘴、打架,更不要制造交通拥堵,应与对方协商处理办法,或听从交通民警的处理意见。

2. 礼让非机动车与行人

对非机动车与行人,驾驶员更要认真礼让。切勿在行驶时"唯我独尊","仗势欺人",更不可以"公交优先"自居。

(1)要礼让非机动车。要与自行车、三轮车、架子车等非机动车错位行驶,避免并行。

(2)要礼让行人。对行人,尤其是老人、孩子、残障人士,一定要予以照顾。该避让时要避让,该减速时要减速,该停车时要停车。对跑来上车的乘客要做到"跑来等"。

(3)要礼让外国贵宾。遇到外国贵宾乘坐的车辆通过时,不论当时是否进行了交通管制,机动车驾驶员均应对其礼让。

3.各行其道、中速行驶、安全礼让,行车平稳,按规定进出站

认真执行驾驶员操作守则,中速行驶,在有"公交专用道"路段,要在专用车道行驶,不可占用其他车道。驾驶员在行车中要专心致志,保持良好的心态,不开"斗气车"、"逞强车";不强行超车猛拐;不做有碍安全驾驶和与安全驾驶无关的动作。要按照规定进、出车站,遇到雨、雪等恶劣天气应当减速慢行,特别要注意避让行人和非机动车,防止雨雪溅到行人、乘客身上或非机动车上。行车中遇突发情况,努力维护国家利益和人民生命财产安全,发生交通事故要积极抢救伤者,并及时报告值勤交通民警或打"122"报警电话,杜绝各类事故逃逸行为的发生。

(四)严格遵守文明驾驶规范,讲究机动车驾驶礼仪

驾驶员文明驾驶规范是企业对驾驶员的基本要求,体现驾驶员的职业道德,规范驾驶员的言行举止。

1.公交集团公司驾驶员文明行车规范的具体要求

(1)遵守交通安全法律、法规和企业规章制度。

(2)行车平稳,通过人行横道要提前减速,做到匀速行驶,安全礼让。

(3)按照交通标志、标线行驶,遵守"公交专用道"使用规定。

(4)按线路路由逐站停车,进出站不截挤,严格执行"七必须、七不准"(详见第四章第三节)的规定。

(5)停站靠边、停靠到位,有站台文明乘车引导员时按照引导员指示位置停靠,无引导员时按照站牌停靠。遇到串车,必须做到二次进站。雨(雪)天进站减速慢行,避免雨(雪)飞溅他人,停车时避开积水。

(6)车辆停稳后,先开上车门,缓开下车门,注意观察车内外乘客动态,确认没有上下车的乘客后,先关下车门再关上车门,有条件做到跑来等,二次开门时要提醒乘客,关好门走车。

(7)出站或向左侧变更车道时,驾驶员要规范使用转向灯,在确保安全的情况下向窗外伸手示意,并对礼让车辆竖大拇指表示谢意。

2.公交乘务人员必须禁止以下行为

(1)禁止在班前、班中饮酒。

(2)禁止在行车当中接听、拨打手机,或玩游戏。

(3)禁止在运行中向车内、外吐痰或乱扔废弃物。

(4)禁止在处理乘客票务违章时,强行滞留乘客物品。

(5)禁止在售票当中拒收零币。

(6)禁止在行车中吸烟、饮食或与熟人闲谈。

(7)禁止在出乘服务中携带有可能造成人身伤害的任何利器械具。

(8)禁止乘务人员协带无关人员随车运营。

四、车容整洁设施完好

车容整洁包括车辆内外卫生良好,设施完备,色彩协调,装饰雅观。不论是人还是车,都要注意外部形象,乘务人员仪表端庄,车辆整洁舒适,设施完好代表着企业的精神面貌和服务水准。

车容整洁,指的是为乘客提供整洁舒适的乘行环境;车辆设施完好,指的是车辆的服务设施、服务标识完好无损。车容车貌、车辆设施是公交服务的必要条件,乘务人员要逐步树立一种观念,维护车辆设施完好,搞好车辆清洁也是服务,是做好服务工作的基础,整洁舒适的乘行环境代表着一个企业的形象。乘务人员要让乘客心情舒畅地乘行,就必须通过自己辛勤的劳动和汗水,换取乘客的舒适和享受。车辆整洁关键是保持,车辆设施完好的关键是维护,前提是正确使用车厢服务设施。比如,爱护和正确使用扩音器,不在硬物上磕打,用毕应保管好;按照规定使用夜间车厢照明设施,夜灯、电子显示器等服务设施出现故障应及时报修等。乘务人员要为乘客着想,努力创造舒适整洁的乘行环境,为企业赢得良好的信誉,树立良好外部形象。

(一)运营车辆清洁标准

(1)玻璃:风窗玻璃、车门玻璃透亮,无污迹,无各类通知、告知、遮阳等张贴物。

(2)车身(皮):外围、顶部、反光镜(后视镜)壳均无污迹(垢)。

(3)轮胎:轮胎、轮毂无油污、无积泥。

(4)地板:地板、脚踏板、台阶、后排座椅平台无废弃物、无污迹、无油泥。

(5)扶手:扶手杠、吊环拉手无污渍。

(6)窗帘:窗帘、遮阳帘(板、膜)无尘土、无污渍。

(7)内壁:车厢内四壁、内顶、驾驶舱后挡板、车厢标志、铰接棚和空调车回风口无污渍、无尘土。

(8)座椅:座椅面、靠背、椅背、座套无尘土、无污渍,座椅夹缝无杂物。

(9)设施:移动电视、滚动屏、车载读卡机、灭火器(箱)、电风扇、行李架、售票台、保洁桶外壳无积土、无污渍,保洁桶内无陈旧废弃物,灭火器箱、行李架、售票台内无杂物。

(10)驾驶舱:驾驶舱内、操作台、前风挡处干净整洁,无积土、无杂物、无污渍。

(二)车容设施完好标准

1. 车容良好

(1)车身蒙皮完好,漆皮光亮,无龟裂、脱落。运营车辆严重龟裂($500cm^2$以上)、车身广告脱落、刮撞未修复禁止上路运营。

(2)车门完好、部件齐全、开关灵活、开度正常。

(3)风窗玻璃无缺损。侧窗推拉灵活,推手和卡口完好有效。

(4)车厢内围板、挡板齐全完好,安装牢固,无裂损、破损。

(5)座椅安装牢固,无破损。老幼病残孕专座用红(黄)色区分,数量达标、质量合格。

(6)天窗开关灵活,闭合后不漏水。

(7)铰接棚完好。

(8)扶手杠牢固不缺损。

(9)地板完好。地板盖齐全完好,盖合平整。

(10)车厢内、外灯具齐全,完好有效。

(11)灭火器齐全、有效,安装牢固。

(12)投币机完好有效。

(13)空调车出风口齐全有效。

(14)车辆保洁桶安装牢固,使用完好,无破损变形。

(15)上车门扶手立柱上的1.3米儿童购票标志,安装牢固,字迹清楚。

2. 电子设施完好

(1)报站机播报准确、声音清楚、按键、话筒灵敏有效。

(2)显示屏字迹清楚、无乱码错字或汉字笔画短缺问题,并同步显示报站机报站信息。

(3)移动电视图像清晰,音质清楚。

(4)监视器图像清楚。

(5)摄像头能够采集有效图像。

(6)路、腰、尾牌齐全完好、字迹清楚,与行驶线路一致。

(7)车载读卡机、小键盘有效,完好。

(三)运营车辆服务标志

1. 车辆标志

车辆标志应按固定位置进行放置、张贴,确保齐全完好、平整牢固、干净整洁。

2. 位置标志

(1)车厢外上(下)车门左侧张贴"上(下)车门"标志。

(2)车厢内老幼病残孕专座区车窗上沿顶部张贴"老幼病残孕专座"标志。

(3)无障碍车前风挡右侧下方和后门右侧张贴"无障碍车辆"标志。

(4)车厢内上车门门盒处张贴"请后(前后)门下车"标志。

3. 禁止警告标志

(1)车厢内中部车窗上沿顶部张贴"综合禁止"标志。

(2)车厢内驾驶位上方张贴"请勿与驾驶员闲谈"标志。

(3)车厢内上(下)车门门轴(柱)中上部张贴"请勿手扶"标志。

(4)通道车铰接棚两侧立柱中部张贴"请勿倚靠"标志。

4. 综合信息标志

(1)车厢内车窗上沿顶部张贴"线路图"标志,单机车不少于2张,通道车不少于3张,双层车上、下层各不少于1张。

(2)车厢外上车门左侧张贴"票价标志",可与上车门标志结合使用。

（3）驾驶舱背板处张贴"梯形票价表"标志。

（4）下车门门盒处张贴"下车请刷卡"标志。

（5）投币箱正对上车门一侧张贴"主动投币"标志。

（6）"综合禁止"标志右侧张贴"三项规定"标志。

5. 荣誉称号标志

获得不同级别荣誉称号的先进集体，荣誉称号标志应统一规格、统一位置进行放置(张贴)。

6. 车厢广告

车厢内、外的广告，要求规格统一，位置得当(不妨碍服务标志的张贴，不妨碍安全行车)，安装牢固并保持整洁。

第三节　乘务心理与行为

所谓乘务就是乘务人员为乘客服务的过程。乘务是乘务人员和乘客共同的行为。乘务是一个过程，对乘客来说是由候车、上车、位移、下车和心理感受等环节组成；对乘务人员来说则是由辅助过程、服务过程、质量评价等组成。公共交通全部乘务过程是由准备、传递、控制三个阶段组成。本节从乘务活动实际情况出发，科学探讨贯穿乘务活动过程中的不同特点和人的行为规律，通过对人的心理活动的探讨研究，帮助乘务人员分析乘客心理活动特点，运用有效的服务方法，满足乘客不同的服务需求，力求达到乘客在心理需求与精神感知方面的基本一致。

一、乘务心理、乘务行为概述及其研究

（一）乘务心理

当乘务人员每天都在重复报站、向不同乘客反复说同一句话时，难免会在心里产生一种厌烦的情绪；乘客每天站在拥挤的车厢中，无奈的守候时，往往会在不知不觉中产生烦躁心理。在乘务活动中，人的心理产生和变化，都会导致

人们形成各式各样的乘务行为。掌握乘务活动中人的一般心理规律，客观的看待乘务活动中出现的问题，加强人与人之间的相互理解，妥善解决乘务活动中遇到的矛盾，是研究乘务心理学的关键。

如果说心理学是研究人类心理现象或心理活动发生、发展规律的科学的话，那么乘务心理则是在此基础上，对人们在乘坐公共交通工具过程中所发生的各种心理现象及其规律的探究。

心理现象产生包括人对事物的认知过程、情绪过程和意志过程，即知、情、意三个方面。当然人的遗传因素、文化修养、职业和社会角色以及社会环境，都会对人的心理产生重要的影响。在乘务活动中，人是服务的主体。是人就会有心理活动，从婴儿的第一声啼哭开始，就伴随着心理活动的产生，每个人在成长过程中，要经过不同阶段的心理过程，每个过程随着年龄的不断增加，在心理需求上都会有所变化，这种心理变化是随着个人对客观环境的不断认识，在主观意识中形成的感受，然后经过整理加工，在人们头脑中形成不同判断，这种判断会通过一定的行为方式表现出来。如：人们乘坐公共交通工具和乘务人员提供服务是普遍的经常的社会活动，由于人的心理活动千差万别，因而形成了乘务过程中不同的心理现象和心理活动规律。我们常常看到，在乘务过程中，有的乘客上下车行动敏捷，有的则行动迟缓；有的乘客态度谦和，有的则傲慢无理；有的乘务人员服务热情，有的则服务不热情。在个人身上表现出来的这些个性心理特征，反映出了人的心理活动不同，由此可见，每个人的行为都是通过心理现象表现出来的。

（二）乘务行为

行为是个体受心理支配表现出的外部活动。乘务行为是乘务员在服务过程中语言、礼仪、职业道德、服务技能、文化素质的集中反映。在乘务活动中，"人"是活动的主体，人的行为千差万别、千变万化，但是，不管男女老少，哪个时代、何种阶层，都有其共同点。

1. 行为特征

（1）自发的。人的行为是自动自发的。外力虽然能影响其行为，但无法发动其行为。

(2)原因的。行为的产生都有其原因。遗传和环境是影响其行为的因素,外在条件也可能影响其内在的动机。

(3)有目的的。人的行为不是盲目的,它不但有起因,而且有目标,有时候第三者看来毫不合理的行为,对其本身来说却是合乎目标的。

(4)持久性的。行为指向目标,目标没有达成以前,行为不会终止,行为会一直持续到完成目标。

(5)可改变的。人们为了达到期望的目标,不但会常改变其手段,而且会通过学习或训练改变行为内容。这与其他受本能支配的动物行为有所不同,因为人的行为具有可塑性。

2. 影响人行为的因素

任何事物的运动都有其内部和外部原因,人的行为也毫不例外,在乘务活动中,受特殊环境的影响,个人主观内在因素和客观外在环境因素都会对其行为进行影响。

(1)知觉与行为。知觉与感觉不一样,感觉是人脑对客观事物的直接反映,知觉是对事物整体的反映,这种反映不是孤立的,是对事物的内涵做出的全面判断。知觉是一个人的思维窗口,与思维紧密联系。

(2)个性与行为。个性是指一个人的整体面貌,是经常出现的、比较稳定的心理倾向性和非心理倾向性特征的总和。由于个性差异存在,导致每个人的行为不同。

(3)价值观、态度与行为。价值观是一个人对周围事物的评价和看法,有什么样的价值观就会有什么样的态度。不同的态度就会有不同的行为。

(三)乘务心理与行为之间的相互关系

在乘务活动中,乘务心理与行为是同一活动中不可缺少的两个重要环节,两者互相联系,同时发挥作用。辩证唯物主义观点告诉我们"内因(心理)在事物发展过程中起决定作用,外因(行为)是事物发展变化的条件,外因(行为)通过内因(心理)而起作用"。换句话说,有什么样的乘务心理就会产生什么样的行为。如:过路口等红灯时间过久、车辆晚点等,驾驶员心理就容易产生急躁情绪,在行为上就会出现驾驶车辆不规范的情形,个别驾驶员还会采取强行进出站、侵占非机动车道等不利于安全行车的违法行为；而乘客在漫长的堵车中，也会出现烦躁心理，如：某些乘客不顾及驾驶员违章行车可能引发交通事故，从而对自己或他人造成人身伤害的因素，希望驾驶员车开快车，在心理上认同驾驶员道路违章的合法性，在行为上不仅不进行制止，还表现出支持。从以上乘务过程中双方人员在心理与行为方面表现出的不同反映可以说明，需求是人们心理活动的推动力量。需求如果得不到满足，人们的心理活动就会十分活跃，并不断加剧，以支配行动来实现自己的需求。

人总愿意去做一些能够满足需求的事，需求的满足是每个人实现目标的精神享受。好的心理需求，能够促使人形成良好的心理品质，促进人的价值观、人生观、世界观和道德观念、法律观念的健康发展，从而做出正确的行为；反之不好的心理需求，则会导致错误的行为，并产生负面效应。

（四）乘务心理与乘务行为的研究

研究乘务心理与乘务行为是以构建人与人和谐交往、建立文明有序的乘行服务环境为追求目标，通过对乘务活动的不断总结，逐步提高服务质量，达到在精神需求与服务感受上的最佳效果。

1. 乘务心理、乘务行为研究的意义

（1）有利于建立乘务人员与乘客之间的良好关系

在服务活动中，存在着显性服务和隐性服务。显性服务是乘客在感官上能感觉到的服务；而隐性服务是内在的，是乘客在经历被服务过程之后，在精神上的收获，是高标准的服务需求。了解乘客的服务心理需求，掌握服务行为对策，无疑可以使乘务人员用人性化服务方法满足不同乘客的乘行需求，并赢得乘客对公交服务工作的理解和支持，形成乘务人员与乘客之间的良好关系。

（2）有利于营造和谐有序的车厢环境

由于公交服务环境的特殊性和心理需求所具有的复杂性、多样性，看似简单的日常服务活动，实际上在小小的车厢中充满着各种社会矛盾。所以，针对不同乘客的心理需求，在服务中增强心理的正确判断力和加强服务技巧的灵活性，就能够有效化解乘务矛盾，营造和谐有序的车厢环境。

(3)有利于调动职工的积极性

服务工作不是简单的体力劳动,而是脑力和体力的同时付出,也可以说是一种高层次、富有活力和创造性的工作。在乘务活动中,人是主体,乘务心理与行为就是要研究人的能力、优缺点、心理的特点。通过对乘务心理的研究,激发出乘务人员正确的服务动机,充分调动工作的积极性、创造性。

(4)有利于提高服务质量

服务质量是服务工作的生命线,是公交企业在竞争中不断发展的决定因素。研究乘务心理学的目的,就是要充分发挥潜能,是急乘客所急,想乘客所想,全面了解乘客的心理状态,并努力满足乘客的乘行需求。

2.乘务心理与乘务行为研究的原则

任何事物的发生、发展和变化都是有规律的,乘务心理与行为现象也不例外。因此研究乘务心理、乘务行为必须遵循以下原则:

(1)客观原则

客观环境是人类赖以生存、发展、从事生产和生活的外部客观世界。客观环境直接影响人的感觉器官,引起人特定的认知、情感和态度,对人的心理和行为产生影响,决定人对客观环境的适应方式,人们在不同环境条件下进行自我心理调适,以适应和创造一种有利于个体发展的环境。因此,研究乘务心理与行为的首要原则是客观原则。客观原则要求从事乘务活动的双方要依据社会环境发展变化,对获得的事实做出全面的客观分析和充分研究,以便找出其客观规律性。

(2)发展原则

这是研究乘务心理和行为必须遵循的原则。这一原则要求,不仅要阐明研究对象的心理品质和行为养成的客观性,而且要用发展的眼光研究社会环境与心理之间的相互关系。随着社会不断进步,人类面临的环境问题表现得更加突出,因此,研究乘务心理,就要把注意力转向更加广泛宏观的发展环境,只有这样才能对乘务活动中可能出现的问题有正确的了解和预测。

3.乘务心理、乘务行为研究的方法

(1)细心观察

这种观察是在自然条件下进行的。我们知道,人的行为是受心理支配的,这种心理活动会通过人的喜、怒、哀、乐和语言等行为方式表现出来。如：在乘务过程中，抱孩子的乘客企盼座位的眼神，老年人不肯向车厢里移动的固执，病人脸上痛苦的神情，外地乘客不了解地理环境的迷茫，都在向乘务人员传递着需要帮助的信息。乘务人员在服务过程中细心观察这些现象和行为表现，并在此基础上运用科学原理解释观察到的现象，制定相应的服务对策，不断改善服务方法，在细小的服务上见证服务质量，是体现窗口行业人性化服务的关键。

（2）认真分析

这种方法是建立在细心观察的基础上，通过分析来揭示人的心理行为特点和规律，从而找出实质性、规律性的东西，指导乘务工作。如：外埠乘客在乘行中往往会左顾右盼，每到一站都会神情紧张的侧耳谛听乘务员报站，乘务人员如果通过观察，就可以分析出外埠乘客心理需求是对地理环境不熟悉，在宣传疏导方面需要乘务员报站清楚、询问主动、到站提醒、解答乘客询问耐心，当好他们的向导，有针对性地开展乘务服务，就会得到乘客认可，取得良好效果。

（3）反复实践

在观察、分析基础上制订出的服务方式效果如何，要经过服务实践的检验，有的需要反复实践才能摸索出服务语言科学性和规律性。如：乘务活动中，乘务人员用什么样的语言更合适，如何把握好话语的音调、语气和节奏，在什么时候进行报站、宣传，注意到这些细节都能使乘客在乘行中感受到乘务人员贴心热情的服务，使乘客达到服务心理需求与精神感知上的一致。

（4）不断总结

许多乘务人员在工作实践中不断摸索，分析乘客心理特征及心理需求，为乘客排忧解难，提供人性化的服务，从中积累了很多好的经验。如：李素丽同志，是公交系统20世纪90年代涌现出来的劳模，她在学习和继承几代公交人优质服务工作经验的基础上，融合了自己的乘务工作实践和掌握的知识加以创新发展，创造出了实用可行的《李素丽服务法》。该书贯穿了公交人辛勤工作、热情待客、不断总结探索服务方法的历史脉络。这些好的经验，积少成多，上升为理论，再将理论用于指导服务工作，对于城市公共交通发展和服务质量不断提高具有重要作用。

二、乘客心理与行为

服务行业的特殊性决定,生产的产品不能储存,生产和消费需同时完成。在生产过程中,产品质量(服务质量)检验完全是通过乘客参与过程来实现的,产品的质量是伴随着乘务活动的全过程进行的。在产品生产和销售活动过程中,产品质量是通过被服务者的内心感受来反馈的,而内心感受是无形的、看不见的、摸不着的,是隐性的心理需求,是服务生产过程中极难控制的一个环节。因此,科学的了解乘务活动中乘客的心理需求,是提高服务产品质量特别关键的内容。

(一)乘客的需要、动机与行为

1. 需要

需要是在一定条件下,人的有机体对客观事物的需求。如:人饿的时候对食物会有需要,渴了对水会有需要,成年人有对工作的需要等,人的这些需要既包括生理的也包含心理的。在本节中我们通过对人的心理需求的分析,重点研究掌握乘务活动过程中乘客的心理需要。

1943 年美国心理学家马斯洛(A. Maslow)提出了人类的"需求层次理论",即把人的需要归为 5 大类:生理需要、安全需要、归属与爱的需要、尊重需要和自我实现需要。在乘务活动中,按照重要性和发生的次序,乘客的心理需求也可以归为五级:

第一级:乘行中的便利需要。在乘坐公共交通工具时,乘客首先有如下基本需求:候车时间短,线网布局合理,可供选择的出行方式多,出行乘车步行距离不太远,乘车时不拥挤,准点到达等。现代文明城市的标志就是公共交通是否发达,线网布局是否合理,可供乘客选择出行的方式是否便捷。2008 年奥运会后,北京市政府提出要以构建文明城市为目标,大力发展轨道交通,公共电汽车线路要衔接好轨道交通,可乘行接泊步行距离不超过 500 米的宏伟规划。在公共交通线网基础布局上,尽量做到方便人性化。

第二级:乘行中的安全需要。当乘客出行第一级心理需要得到满足后,心理需求就会上升到安全方面,乘行中特别希望人身财产能受到保护。如希望服务设施牢固,驾驶员驾驶技术好、行车平稳、进出站安全,乘务员照顾乘客周到、不给乘客分家、不出现车门夹人、摔人等危害人身安全的现象。

第三级:乘行中的服务需要。当安全得到保障后,服务心理需求就逐渐开始。排队等候时,希望有人管理站台秩序,排队上车有序;上车后希望乘务人员能彬彬有礼、语言文明、工作热情、积极疏导、耐心解答,给予老人特殊照顾等。

第四级:乘行中的舒适需要。乘客舒适心理包括硬件环境和软件环境两方面心理需求。随着城市精神文明建设的发展,公共交通服务设施更加人性化,原来四处漏风的老旧车辆逐渐被智能化的新车型所替代,如:在车内增设残障服务设施、设置冷热空调等,使乘客置身于一个比较舒适的宽松环境中。硬件服务设施的不断完善,对软件服务标准要求就会更高,需要乘务人员服务态度好,车内环境整洁,视觉和听觉没有噪声污染等心理需要。

第五级:乘行中的尊重需要。每个人都有自尊心,即希望在他人面前或社会公众面前满足自尊心又希望得到合理的尊重。在乘行活动中,乘客希望乘务人员语言文明礼貌,不讲讽刺、挖苦的话,注重礼节,特别希望乘务人员能向待贵宾一样给予周到细致的照顾。这种受人尊重的心理需要,随着社会的进步会越来越明显。

以上5种需要是由低级向高级发展的,有时候,这5种需要对于每个人来说是不同的,其需要的先后顺序也有所不同。如工薪阶层乘客,他们工作的目的,首先是为了生活,解决衣食住行问题,在乘行中他们首先需要的是在上班时不迟到、不被扣钱,每月工资一分不少的拿回家,在经济上独立,在家庭里有地位;其次是在社会上希望受人尊重、乘务人员服务态度好、乘行安全、环境舒适等需要。而老年乘客则恰恰相反,他们大多数退休在家,工作一辈子不容易,闲暇时外出散心锻炼身体,希望在乘行中舒适不拥挤、乘务员服务态度好、安全行车有保障、受人尊重、时间上宽松等。

虽然需要可分为5个层次,但需要有其共同的特点:

一是这种需要总是具体的,是离不开一定条件的。如:乘客对服务设施的需要、对驾驶员安全驾驶的需要、对车辆舒适的需要等,都是指向一定的实物和对象,而这些需要的满足,都必须具备一定的条件。

二是已经形成的需要,决定着乘客的行动及其需要内容的选择。如:由于时间上的紧迫,乘客在选择出行工具时,他们往往以快捷的交通工具为首选,一旦乘客选择了代步交通工具,完成了乘行的目的,心理上达到了满足,就会在交通工具方面又有新的选择。

三是需要并不因获得满足而终止,有些需要还可以重新出现和产生。如:上班族,在早高峰,他们需要车辆能准时到达,在到达工作岗位后,这种对车的心理需求就慢慢淡化了,心理的需求转化到工作上。当工作结束后,对车的心理需求又重新出现,盼望能尽快来车,与家人团聚。这种情况,周而复始,对于上班族来说,车的需求永不终止。但由于工作地点的改变,出行的交通方式也会随之发生变化,步行或自行车代替了公交车,他们对车的需求也就停止了。如此可以说明,某些需要,是与周围环境的变化相适应的。乘客的需要是永无止境的,当一种需要达到满足后,会追求另一种心理的需要。

2. 动机

(1)动机是激励人们行为的原因。人活动的原因,在心理上称为动机。了解动机对于了解人的行为具有重要的意义。正是人的动机的性质决定并制约着人们行动的性质、人们行动的效果、实现行动的不同方式以及在行动中的坚持性等。例如:一名外地乘客,他乘车的主导动机是为了浏览名胜古迹,那么在乘行中他会对乘务员的宣传、服务用语非常感兴趣,因而对乘务员第一位的服务需求是宣传名胜古迹;反之,如果乘客只是乘车办事,就会对时间的心理要求较高,而忽略乘务员的热情宣传。动机由两种因素形成,其一是需要,在上文中已经陈述,其二是刺激。

(2)动机由刺激产生。如:乘客由于工作中遇到了不顺心的事,在回家的途中,长时间等车不来,就会产生外部刺激,在心理方面就会形成不良的动机,上车后,采取过激行为,不主动刷卡,质问乘务人员为什么不来车,受情绪影响还极易与周围乘客发生矛盾,这种强烈的不满情绪还会导致其产生过激行为,甚至会引发严重的纠纷出现。

3. 行为

虽然人的行为是千差万别、瞬息万变的,但就乘客而言,其行为仍具有共同

之处,主要有以下几点:

(1)行为是自发的。人的行为是完全自动自发的。外界因素能影响其行为,但无法发动其行为。如:乘客乘坐公交车是完全自觉自愿的,但由于候车时间较长,会迫使乘客改变乘行工具。因此,乘客选择乘坐什么样的车,是公交职工不能控制的。

(2)行为是具有原因的。任何一种行为的产生都有其起因,遗传和环境可能是影响其行为的主要因素,外部条件也可能影响其内在的动机。如:车厢环境差,使乘客乘行产生厌烦心理,相互间易产生摩擦。受外部乘行条件的影响,原本文质彬彬的乘客也会由于乘行环境差,在心理因素方面发生变化,表现出对小事计较,易与其他乘客或乘务人员发生口角等行为。

(3)行为是持久性的。任何一个人的行为,在没有达到目标时,是持久的,不会终止的。外部条件只会改变其行为方式,由外在的行为转为潜在行为,但仍会不断地向目标进行。如:许多老年乘客,喜欢乘坐他比较熟悉的乘务人员服务的车辆,宁愿候车时间长,也要坐上自己所喜欢的乘务人员的那辆车,只有这样,心里才会踏实,才有安全感。这种候车行为是持久性的。

(4)行为是可以改变的。人们的行为受各种条件制约,具有可塑性。因为人的行为是动机性行为,心理学家认为,所有人的行为,都是朝着为了满足目标而进行的。人类为了达到一个目标,不但常改变其手段,而且经过学习或训练也可以改变其行为。

(二)乘客的共性心理与行为

乘客产生乘车动机的时候,心里就会出现某些需求,这种需求具有共性的特点。在乘车过程中,安全、准点、舒适、尊重是乘客的共性心理,这种共性心理具有一定的规律性。

研究乘客的共性心理与行为,对于公交职工做好本职工作,提高服务质量,满足乘客服务需求,缩短乘客在乘务活动中感受与感知间的服务差距,使心理需求和服务享受达到基本一致。

1. 乘行中的安全心理与行为

随着社会环境不断改变,乘客安全意识逐步增强,这种安全心理需求,不仅仅是指驾驶车辆不出意外事故这种小范围的安全,还希望的是整个乘务活动过程中的大安全,希望从候车开始到服务过程结束,都处于绝对安全环境中。在外出时对车辆服务设施安全性、车辆驾驶安全性、人身财物安全免受侵害等方面希望有保障。希望法制环境能保护自己的权益不受侵害,遇到问题时,有法可依。如:一天下午,王先生乘坐公交车,由于人多,乘务员没有看见他刷卡,便对王先生说:"您没刷卡,请您刷卡",王先生告知乘务员已经刷卡了,乘务员回答说:"我没听见刷卡机响",并要求乘客出示 IC 卡进行核对,乘客说:"下车我给你看一百遍都行,现在我不给你拿!"。乘务员的要求遭到乘客的拒绝,回到售票座位后,声音非常大地与车上其他乘客说:"现在有的乘客就是不自觉,明明看见他没刷卡,可他就说刷卡了,没刷卡的人比谁都要横!"车上有几位乘客也随声附和的说:"车上什么样的人都有",听到这些话让王先生非常气愤,控制不住地大声对乘务员喊道:"你有完没有,我告诉你,你现在正在侵犯我的权利,你知道吗?"。车到站,王先生在刷卡机上进行刷卡后,再次叫乘务员说:"你看着,我刷卡了",乘务员不理智地回答说:"没看见"。双方矛盾迅速升级,此时,王先生用非常不文明的语言辱骂乘务员。事后,王先生将乘务员投诉到服务热线,车队先后 4 次与乘客进行沟通,希望得到乘客的谅解,乘客不接受,并表示要将乘务员告上法庭,理由是乘行中乘务员侮辱自己人格,个人的合法权益受到侵害,要借用法律还其名誉,要让乘务员在法庭上公开给他赔礼道歉,同时在精神上给予补偿。其实在乘务活动中,乘务人员每天都会遇到类似的问题,由于个人的文化修养和道德水准存在差异,对事物评判的标准和服务需求同样会有所不同,个人的权利受到侵害,乘客在心理上感觉很不安全。因此,可以从以下几类群体全方位的了解乘客安全心理需求,充分把握、运用和分析不同群体需求。

(1)老年乘客

老年乘客由于年龄和身体原因,上车时动作表现迟缓,应变能力差。他们担心车辆拥挤,上下车时特别注意自我安全保护,乘车时有一定的依赖性,喜欢靠近服务设施,以便应急,遇有车辆紧急制动或行经繁华地段时,他们会产生恐惧心理,手紧抓扶杆或椅背,神情紧张,希望得到乘务人员的关注和细致周到的服务。

(2) 青年乘客

青年乘客大多数是在校学生和刚参加工作的年轻人,一般情况下,乘车时安全意识差,车来就上,不顾他人安全,对车辆安全行驶要求不高,喜欢驾驶员开快车,车开得越快越感觉刺激,车厢中,喜欢独立而站,不爱抓扶安全设施,特别是接打手机时不注意道路情况,遇有紧急制动,经常是东摇西晃,易造成摔伤。

(3) 少年乘客

多数是中小学生,对外界事物天真好奇,安全观念比较淡薄,自我保护意识差。乘车时,喜欢成群结队,上车后嬉戏打闹,容易对自己和他人造成伤害。

(4) 女性乘客

首先安全意识特别强,乘车时,就怕开快车。其次对车内乘客间距离要求高,不喜欢与男乘客面对面站立对视,反感身体与他人接触,自我安全防范意识强,希望与其他乘客保持一定的空间距离。还有部分女乘客既要忙于工作又要照顾子女、忙于家务,对时间的观念特别强,来车就上,但又怕被车门夹住、摔倒,上车时紧张,下车时谨慎,动作缓慢。

(5) 带小孩的乘客

带小孩的乘客有两种情况,一是孩子不能行走,需要大人抱着乘车;二是孩子虽然自己能行走,但年龄尚小,缺乏自我保护能力,离不开成年人的帮助。带小孩的乘客在乘车时,对子女的安全保护意识特别强,心中有四怕:怕人多挤不上车,怕上车没有座位,怕人多挤着孩子,怕车制动时摔着孩子,对安全感和座位的需求非常强烈。

以上从5种乘客的安全心理与行为中可以看出,安全是人们乘行的基本需要之一。

2. 乘行中的时间紧迫心理与行为

随着城市节奏加快,忙忙碌碌的人们对时间观念要求特别强,乘客外出时,在时间上是有严格计划。

(1) 首班车

一般情况下,乘坐首班车的乘客比较固定,他们大多数是距工作单位、学校较远的工作人员、学生,还有一些参加晨练的老年人。他们乘车较固定,对线路的地理环境也比较熟悉,希望车辆发出准点,来车不等,上车后能迅速、顺利到达目的地,担心车辆到点不来,怕车辆发生故障,最怕车辆到站不停车出现甩站等。还有少数乘客是临时乘车,他们大多数是外地乘客,沿途地理环境不清楚,乘车时怕坐错了车,耽误时间,易产生紧张心理。

(2)末班车

乘坐末班车的乘客多数是工作人员,他们乘车线路、时间较为固定,心里有三怕:一怕错过了末班时间,等车时不停地看表、张望;二怕车到站不停,等车时焦急,经常是迎着车头靠马路中间迎候车辆,希望车辆规范进出站,注意行人安全;三怕坐过站,末班车的乘客多数下班后身心疲劳,上车后就找个合适安静的地方睡觉,需要报站提醒。

(3)早、晚高峰

乘坐早、晚高峰车的乘客,大多数是上班族和学生,其共同特征是时间观念强,乘车不怕挤,来车就要上,上车后希望车辆行驶准点,遇有车辆堵车间隔大,易产生急躁情绪。

(4)节假日

假期长,家人、朋友团聚,串亲访友,结伴旅游,乘客外出一般对时间的要求不甚紧迫,但是他们乘车有三怕:怕夹、怕摔、怕分家。特别是一些平时不出门的老年人,上下车行动迟缓,最怕别人催促,埋怨其行动慢。遇有车辆进站,总是担心上不去车,下车时提前到车门前站立,人多时,喜欢就近车门下车,同时又怕被人挤着,怕遇到紧急制动摔着等。

(5)低峰时间

乘客此时间外出,多为购物。年龄较大乘客多数退休在家担负着家务劳动,为家人做饭,为子女接送孩子,乘车时,希望车辆不太拥挤,候车时间不太长,怕影响做家务,这些人对地理环境熟悉,购物多,上车后,就近站立,不愿往里走,怕下车麻烦等。

通过以上不同时间来分析乘客的共性心理,可以明显看出,他们对时间上要求普遍比较紧迫,但受客观条件的制约,有时乘客的时间心理需要不能满足,乘客表现出来的行为经常是：脾气暴躁，易与他人发生矛盾冲突，对小事斤斤计较，不愿意宽容别人的过失，有的乘客内心烦躁，面部表情愤怒，不愿意为他人付出，不理解公交职工的工作，把自己的时间看的比任何事情都要重。如：早高峰，有的乘客突然发现自己随身财物被盗，情急之下，请求乘务人员能尽快协助抓到小偷，找回被盗物品，当乘务人员希望得到车上其他乘客支持时，许多乘客表现得非常冷漠，不愿为别人耽误自己的时间。

从乘客的乘车目的可以看出，他们共有的心理就是希望用最短的时间完成乘车过程，以缓解乘车时的紧张情绪。

3. 乘行中的方便心理与行为

乘客在乘坐公交车时，图的是方便省钱，在心理上，希望路走得越短越好，乘车时，线路选择越多越方便。如：由于站位设置不合理，造成乘客出行不便，使乘客线路选择发生变化，容易使乘客产生心理紧张，会导致行为上的厌烦情绪。特别是外地乘客，由于地理环境生疏，在乘行中方便心理占主导地位，希望换乘车方便、省时、省力。新搬迁的小区居民，由于家离工作单位和上学的地方很远，在乘行中希望公交车站设置离住地越近越好，他们在乘行中的共性心理是：不论家住有多远，都能有方便的公交线路为其提供乘行需求，车辆间隔时间不能太长，首、末车都能满足随时出行的需求。这种方便心理需求，不受主观因素制约，在现实中往往与客观环境发生一定冲突，导致乘客的这种心理需求得不到完全满足，产生不良的行为。在心理上表现出遇事不冷静、乘车时容易对周围乘客和乘务人员发泄心中不满等心理，在行为上表现为：语言过激、行动粗鲁、社会公德心差等。

4. 乘行中的舒适心理与行为

乘客乘坐公共电汽车，其舒适的环境能给予乘客良好的心态，好的心态能产生良好的人际关系和行为。乘客舒适心理包括对车辆设施的人性化需求、车厢环境的整洁化需求、车厢空间宽松化需求、乘客之间相互和谐化需求等。不同类型的乘客有不同的心理与行为。

（1）女性乘客

女性乘客在乘车时对车厢的环境特别注意，怕脏，喜欢挑选清洁的位置，夏天,穿着服装较浅,易出汗,多数喜欢站立,怕弄脏衣裳。在乘车时,怕车厢拥挤,部分女乘客上班时携带子女,上班时间卡得比较紧,既怕孩子上学迟到又怕自己上班迟到,希望车厢环境宽松,不拥挤。下班时,采购物品多,希望到站就有车,上车能有座位,能坐在舒适的公交车上休息,缓解一天工作的疲劳。

(2)孕妇乘客

孕妇乘客虽然极少数,但她们却是照顾的重点对象,一般在低峰时外出,车厢环境对她们乘行很重要。车挤、车脏不愿搭乘;上车后喜清静,怕人碰到身体、怕被人发现是孕妇,但心里却希望能有个座位;上下车时动作慢,不愿让其他乘客接触到自己。

(3)闲散乘客

闲散乘客多数是休息和退休乘客,他们外出,对时间要求不是很迫切。但他们有车内环境宽松、空间环境美观整洁、上车有座位、车内无噪声等共性心理。

5. 交往中的尊重心理与行为

每个人不论年龄大小,职位高低,都希望得到他人的尊重,相互间一句礼貌、恭敬的称呼会使人心理上得到满足。乘客也是这样,外出乘车时同样要求得到他人的尊重。如:

(1)知识分子乘客

多数受传统家庭教育和多年学校环境的熏陶,重视自身价值,在交往中注重礼节,希望周围的人对他们礼让相待,自尊心非常强。在乘行中喜欢不动声色地观察别人的举动,遇事爱讲道理,不愿承认自身的错误。

(2)老年乘客

习惯用社会的道德要求别人,部分老年乘客受封建传统教育的影响,对周围的事物看不惯,喜欢对别人说教,怕其他人说他们倚老卖老,喜欢用自己的标准去评判事物对错,自尊心比较强。

(3)外埠乘客

受地域语言、习惯的影响,乘车时心理紧张,一般携带物品较多,怕坐错了车,询问地理环境时怕别人听不懂,怕别人歧视,渴望得到别人的帮助和尊重。

（4）农民乘客

农民乘客多数是务农在家，接触社会机会少，对大都市的繁华热闹感到新鲜。他们大多性格朴实，在与他人交往时，不太拘泥礼节。如：询问地理环境时，不使用尊称；上车后，不主动给老年人和有困难的乘客让座；由于人生地不熟，乘车时不辨方向，心情紧张，而且不愿意别人对他们说话不礼貌，担心被人瞧不起，自尊心较强。

（5）伤残乘客

由于身体残疾，伤残乘客多数有心理的自卑感和失落感，自尊心特别强，乘车中对他人的态度、说话的语气和对自己的称呼非常敏感。乘车有四怕：怕磕碰、怕拥挤、怕摔倒，最重要的是怕被人看不起。

通过以上对五种乘客共性心理的特点和行为分析，可以看出，不同的乘客在乘车交往中心理、行为表现有很大的差别。只有掌握了不同乘客的共性心理、行为规律，才能有针对性地做好服务工作，因势利导，化消极因素为积极因素。

（三）乘客的个性心理与行为

乘车是人们从事生产生活时所必须进行的一种广泛的社会活动，这种活动是由每个具体人参加的。正如世界上没有两片完全相同的叶子，同样世界上也不存在两个性格完全一样的人。在乘客群中，每个人的性格都有别于他人，心理学上把那些在个人身上经常地、稳定地表现出来的心理特征总和（包括如何影响别人，怎样对待自己，以及他的可被认识的内在或外在的品质全貌）称为个性。有些偶然出现的特征，并不能算作一个人的个性心理特征。所谓经常地、稳定地表现出来的心理特征，是指那些以某种机能特点或结构形式在个人身上表现出比较固定的特点。如：乘客在乘行过程中，偶然忘了刷卡，这并不能说明他有健忘症；偶尔因为心情不好，与乘客发生一次口角，也不能就判定此人平时素质差。只有当这些特征经常地、稳定地在一个人身上表现出来，并影响他的举止行为时，才是他的个性。下面我们试从乘客气质、意志、情绪方面分析不同乘客的个性心理与行为。

1. 乘客的气质与行为

气质类似人们平时说的"性子"、"脾气"，是个人行为特点的综合。这种个性主要表现在人的情感稳定性和灵活性方面。当车厢中发生争吵时,不同乘客的反映有明显的差别。第一种人,听完争吵的缘由,上前主动劝解;第二种人,不劝解,只是与周围乘客议论是非曲直;第三种人,自己观战,在心里辨别是非,不表现出来;第四种人,不闻不问,与己无关。通过这4类乘客对待一件事情的反映就可以分析出乘客个人的气质。下面主要介绍4种气质类型乘客的特点:

(1) 胆汁质

又称不可遏止类,属于战斗类型。这种人情绪易于激动,反应迅速,行动敏捷,暴躁而有力。在语言、表情、姿态上都有一种迅速燃烧的热情表现。这种类型的乘客性格直率,为人热情,愿与人交往,喜欢打抱不平,但容易与他人发生矛盾。

(2) 多血质

又称活泼型,属于敏捷好动、善于交际的类型。这种人由于神经过程平衡而灵活性高,易于适应环境的变化。这种类型的乘客活动敏捷,表现在上下车行动迅速,善于与他人主动交往,适应车厢的不同环境,待人接物说话率直,外部特征明显。

(3) 黏液质

又称安静型,属于缄默而沉静的类型。由于神经过程平静而灵活性低,反应比较缓慢。这种类型的乘客能遵守乘车秩序,有良好的公德意识,遇有矛盾能表现出外部沉静,情感上不易激动,不轻易发脾气,能有条不紊地处理矛盾。其不足是灵活性不高,有些惰性,表现在乘行中主动性差,不愿与他人交往,较自私,个人利益不能受到侵犯等。

(4) 抑郁质

又称抑制型,属于呆板而羞涩的类型。这种人有强烈的感受能力,经常因为微不足道的事情动感情。抑郁质的乘客内部心理表现强烈,外部表现则沉静,行动与众不同,自尊心理非常强,上下车行动缓慢,与其他乘客不爱交往,遇事多愁善感,反应迟缓。

以上4种类型的乘客在乘行活动中,举止、行为表现各不相同。以乘客上车忘记刷卡为例,胆汁质的乘客在上车刷卡时,由于人多可能会与乘务员发生争执；多血质的乘客可能会千方百计地找一个借口不刷卡；黏液质的乘客可能会找一个理由从容上车；抑郁质的乘客则可能想，今天真不走运，忘记带卡了，哪儿都不去了，回家算了。

研究乘客的不同气质类型，主要是了解乘客在乘行过程中的个性心理，多数乘客是介于各类型之间的中间类型，只有少数乘客是4种类型的代表。个性心理反应的虽然是少数乘客的心理，但对乘务人员来说，则是他们工作的难点和重点。

2. 乘客的意志与行为

意志是人在社会实践中自觉地确定目的，克服困难，并支配其行动以实现预定目标的心理过程。乘客的意志构成比较复杂，存在着一定的差异，这些差异表现在以下类型：

(1) 固定型

指乘客的意志比较固定，变化性不大。一般来说，老年人、成年人、部分青年人和具有丰富乘车经验的乘客，意志活动比较固定。

(2) 灵活型

指乘客的意志活动比较灵活，变化性比较大。这主要指部分青年人、少年、儿童及乘车经验不足的外地乘客。

(3) 坚定型

指意志比较坚定的人。在乘车过程中，他们的意志活动不容易改变，能够克服困难，不怕挫折，特别表现在必要时能当机立断，果断处理问题。

(4) 薄弱型

是指意志较为薄弱者。一般地说，其意志对个人的心理状态和面部表情调节作用较小。这样的乘客很少能克服困难，对突如其来的车厢内复杂变化往往束手无策，不知所措。

3. 乘客的情绪与行为

人的情绪会影响其行为。情绪与情感是人对客观事物产生需要的态度和体验。人的情绪是极其复杂的，在同一时间和空间内，人的情绪是千差万别的，因人而异，即使同一个人在不同的时间和空间内的情绪也不同。不同情绪的乘客主要表现为以下几种类型：

(1)稳定型

指情绪的起伏较小和波动程度较稳定的乘客。在乘行中，这部分乘客内心安静，对任何事均持客观的态度，情绪上受外界事物影响较小，行为上不慌不忙。

(2)理智型

指情绪控制较理智的乘客。能客观分析乘行中的任何事情，对乘行中的突发问题，有自己正确的认识和分析，并能理智对待。而不理智的乘客则有可能表现出突发的行为。

(3)控制型

指能控制自己情绪的人。这部分乘客对自己的情绪有较好的控制能力。在乘行中能不受环境的影响，保持良好的心态，控制自己的情绪不受干扰，能自觉遵守乘车秩序。不与他人发生争执。而缺乏控制的乘客则情绪易失控，表现与前者相反的行为现象。

(4)持久型

指情绪在一定时间内保持一致的人。这部分乘客在乘行中能自始至终保持良好的情绪，表现在对他人有礼有节，态度和蔼。缺乏持久性情绪的乘客则往往表现出对他人忽冷忽热，情绪好坏不定，易受周围环境影响，其情绪波动大。

乘客的情绪不同，其表情动作也会不同。乘务人员应细心观察，及时把握乘客的情绪变化，并提供有针对性的服务。

三、乘务心理与行为对策

了解乘客的心理与行为，无疑可以采取相应的服务方法，满足乘客安全、方便、迅速、舒适和受尊重的基本乘车需求，从心理上、行动上给乘客以满足感，有助于提高服务质量和效率。

(一)按不同气候分

1.夏天

特点：天热烦车挤，希望通风好，浅装爱干净。

行为对策:有空调的车辆按车内温度及时开启空调,随时调整车内温度;没有空调的车辆做到途中开窗通风;对有困难乘客关心照顾周到;搞好车辆环境清洁。

2. 雨天

特点:遇雨心情急,久等怕雨击,来车就想上,车上可避雨。

行为对策:积极宣传、文明疏导有耐心,争取多上,及时关闭车窗,上车时提示乘客脱下雨衣、收好雨伞;下车时提醒乘客注意脚下安全,携带雨具,做到随时保持座位干净、没雨水。

3. 冬天

特点:天气寒冷,候车怕久等,来车就想上,穿多行动慢,不愿等下辆,天冷烦伸手,验卡心情急。

行为对策:积极宣传、疏导,劝等耐心不急躁;驾乘配合,主动礼貌地提示、监督乘客刷卡。

4. 雪天

特点:行车间隔大,候车时间长,车速慢,心情焦急,上下车行动慢,恐怕脚下打滑,上班怕迟到。

行为对策:积极疏导,尽量多上乘客;提醒乘客上下车注意脚下别打滑,随时观察,保证安全行车。

(二)按时间分

1. 首班车

特点:乘客乘车较固定,定点熟人多,有座就闭眼,中途怕耽搁。

行为对策:驾乘配合,走好正点,追车要等,到站提醒。

2. 末班车

特点:等车心急,怕车过去,路边眺望,车到心喜。

行为对策:走好正点,不甩站,提醒尽量往前坐,随时招呼到站下,安全送达不着急。

3. 早、晚高峰

特点:早高峰多为上班族,时间观念强,上车不怕挤,时间要求紧。晚高峰,下班身体疲倦,希望来车不太挤,盼望早回家。

行为对策:积极耐心宣传、疏导,妥善解决乘务矛盾。如:高峰时间,经常出现车门关不上的情况,乘客怕上班迟到的心情要理解,乘务人员要多用恳切、商量的口气,使乘客接受疏导。

4. 节假日

特点:家庭、朋友团聚,老人、孩子外出多,乘车怕挤、怕夹、怕分家。

行为对策:及时为老人、孩子找座,照顾细心不分家,主动宣传,及时提醒,车门开关要慢,注意观察,细心周到。

(三)按不同乘客群分

1. 男性乘客

特点:上车不怕拥挤,少数人只顾自己,自尊心理较强,就怕冷嘲热讽,易与他人产生矛盾。

行为对策:说话友善,调解矛盾含蓄,避免正面冲突。如:在车厢中,经常会遇到乘客因为相互抢座位,发生争吵,大动干戈。乘务人员要及时调解,说话要委婉,语气要柔和,避免乘客冲突。

2. 女性乘客

特点:怕推、怕碰、爱干净,时间卡得紧,携带物品多,来车就上怕迟到。

行为对策:进站细心观察,招呼照顾周到,协助提拿物品,宣传疏导轻声细语,站位多留私人空间。

3. 老年乘客

特点:行动迟缓反应慢、怕挤、怕摔又怕站。

行为对策:积极宣传,及时就近找座,到站下车提醒,主动搀扶,车门关闭要慢,确保安全。

4. 青年乘客

特点:年轻气盛,易激动,乘车不需照顾,自尊心理强,就怕别人不理解。

行为对策:语言文明,不伤自尊,缓解矛盾,方法得当。如:遇到个别乘客乘车没有及时刷卡时,提示询问刷卡用语要文明柔和,避免语言生硬,尽量不使用命令式的语气。

5. 少年乘客

特点：早晚高峰乘车多，活泼好动爱说话，乘车喜欢结队，下车着急猛冲。

行为对策：注意观察上下车地点、时间，及时提醒注意安全，尽量安排站在乘务人员可以照顾到的范围。

6. 学龄前儿童

特点：天真好奇，见空就挤，不怕危险，家长担心。

行为对策：语言柔和不生硬，照顾周到勤提醒。

7. 闲散乘客

特点：时间宽裕，乘车观景，希望车辆环境宽松，服务态度好。

行为对策：积极宣传地理环境和介绍名胜古迹，语言和气不伤自尊，开关车门要慢，提醒乘客注意安全。

8. 知识分子

特点：自制能力强，言语文明，行为礼貌，自尊心理特别强，遇事爱较真。

行为对策：用语恰当，语气含蓄，不伤自尊。遇有矛盾以理服人，处理问题留有余地。

9. 工人

特点：喜欢直来直去，为人热情，爱帮助他人，方法简单，不拘小节。

行为对策：不计较说话方式，不急于解释，避开矛盾热情服务，切勿语音生硬过激。

10. 农民

特点：携带物品多，来车就要上，方向辨不清，恐怕坐过站，心情不放松。

行为对策：耐心解答，积极疏导，主动宣传，到站提醒。

11. 外地乘客

特点：携带物品多，唯恐乘错车，上车爱打听，就怕坐过站。

行为对策：细心观察，物品集中，解答耐心，态度热情，报站清楚，到站提醒。

（四）按特殊乘客群分

1. 少数民族乘客

特点：语言不通，地理生疏，乘车好奇。

行为对策:报站清楚,解答耐心,主动询问,到站提醒,积极宣传,给予照顾。

2. 盲人乘客

特点:听动静,爱打听,手摸门,既怕上错车,又怕坐过站。

行为对策:上车主动搀扶,就近找座,问清下车地点,到站及时提醒、搀扶下车。

3. 伤残乘客

特点:自尊心强,乘车怕被人瞧不起。

行为对策:细心观察,主动询问,用语恰当,关心有度,及时就近找座,到站搀扶下车。

4. 孕妇乘客

特点:乘车怕拥挤,上下不方便。

行为对策:找座声音小,手势引导好,避免说特征,下车照顾好。

5. 抱小孩乘客

特点:怀抱婴儿上车难,眼睛望着乘务员,希望帮助找座位,自己刷卡不方便。

行为对策:宣传乘客不要挤,照顾孩子要优先,就近找座后刷卡,下车协助把卡刷。

6. 晕车乘客

特点:脸色苍白坐不住,表情痛苦总想吐。

行为对策:主动询问多照顾,安排乘坐通风处,吐后清除别挖苦,提示下车多保重。

7. 拿行李多的乘客

特点:肩背手提行动慢,就怕关门心焦虑,上车物品占客位,不愿往里站门口。

行为对策:帮助拿行李,照顾要仔细,询问下车站,远近安排好,下车早提醒,留心遗留物。

8. 追车乘客

特点:追车心急,就怕车走,车空不等,准不满意。

行为对策:进站关门慢,规范进出站,照顾上车要仔细,车有空,点不急,追车乘客要照顾,尽量做到跑来等。

多年的服务经验,使我们逐步找出了不同乘客的心理规律,制定了相应的服务对策,尽可能地满足了不同乘客的心理需求,但随着人们物质生活水平的不断提高,乘客在心理需求上还会有新的变化,公交企业及广大乘务人员应根据乘客的心理需求变化,不断总结、摸索出更好的服务对策,赢得乘客对公共交通的信任和支持。

第四节　员工岗位规范考核办法

为加强对员工执行岗位规范的考核管理,不断提高企业员工的整体素质,建立起与之相配套的有效激励员工的企业绩效考核机制,公交集团公司依据企业的有关规章、制度制定了《员工岗位规范考核管理规定》现将与服务工作和乘务员岗位相关的内容摘录如下:

一、运营生产考核扣分标准

(一)有下列情况之一的,一次扣12分

(1)派车不走影响运营生产。

(2)私自甩站造成新闻批评和恶劣影响。

(3)未经批准,擅自停线、改线或摆班,影响运营或生产工作。

(4)擅离职守、脱离生产岗位影响运营或生产工作。

(二)有下列情况之一的,一次扣6分

(1)私自甩站。

(2)不服从调度命令(含智能调度系统命令)。

(3)未按规定及调度命令加油、加气、充电,造成影响下一车次或次日出车。

(4)违反场站内、进出口行车流线,在场站内逆向行驶造成严重后果。

(三)有下列情况之一的,一次扣 3 分

(1)违反智能调度系统关于签注的相关规定,车辆到达场站不及时刷卡或未向调度员报到的。

(2)车辆有异常情况,未及时报告,影响运营。

(3)未按单程点行驶,快点 5 分钟(含)以上。

(4)未经同意擅自离开调度员的联系范围,影响正常运营秩序的。

(5)人为原因造成高峰出现 20 分钟(含)以上间隔,平峰及晚二次出现 30 分钟(含)以上间隔。

(四)有下列情况之一的,一次扣 1 分

(1)未能做到提前进站,按点发车。

(2)未按指定站位停车或未二次进站、越站停车。

(3)不按规定停车,随意揽客。

(4)按单程点行驶,快点 2 分钟(含)以上、5 分钟以下的。

(5)未经同意使用车载定位设备故障的车辆,造成智能调度数据不准确的。

二、安全行车考核扣分标准

(一)有下列行为之一的,一次扣 12 分

(1)饮酒后驾驶机动车。

(2)非驾驶员驾驶车辆。

(3)当班驾驶员将机动车,交非驾驶员、无准驾资格或驾驶证被吊销、暂扣人员驾驶。

(4)驾驶机动车违反道路交通信号灯通行。

(5)高速路、快速路超速 20% 以上,或其他道路超速 50% 以上者。

(6)在高速路、快速路车道内违法停车。

(7)未取得校车驾驶资格驾驶校车。

(8)未悬挂机动车号牌或者故意遮挡、污损、不按规定安装机动车号牌。

(9)发生安全事故隐瞒不报,造成严重后果。

(10)行经高速公路企业安全检查站,拒不接受检查。

(11)违反有关规定,发生场站事故造成人员死亡。

(12)发生重大道路交通事故负双方同等责任(含)以上。

(13)发生客伤事故,负主要责任(含)以上、并造成人员群伤或死亡。

(14)行车斗气给企业造成恶性影响。

(15)未按企业规定参加健康体检驾驶车辆的。

(16)机动车驾驶证有效期满,未按规定换证驾驶车辆的。

(二)有下列行为之一的,一次扣6分

(1)驾驶车辆时,使用手机、吸烟、饮食、闲谈等有碍安全驾驶的。

(2)高速路、快速路超速未达到20%,或其他道路超速20%以上未达到50%。

(3)驾驶转向器、制动器不符合安全要求或无气压(低气压)的车辆。

(4)行经铁路道口,不按规定行车或停车。

(5)行车斗气。

(6)逆向行驶。

(7)强行超车造成险情。

(8)不按规定停车(突然坏车除外),影响道路畅通,妨碍行车安全且情节严重。

(9)在高速公路上车辆发生故障、事故停车后,不按规定使用灯光和设置警告标志。

(10)高速路、快速路违规占用应急车道。

(11)发生重大道路交通事故负次要责任。

(12)发生大事故负双方同等责任(含)以上。

(13)发生一般事故负主要责任(含)以上。

(14)未按规定进行酒精测试或酒测不合格影响驾驶。

(15)发生安全事故隐瞒不报的。

(16)驾驶车辆闯黄灯通行并确认核实的。

(17)机动车驾驶证有效期满未按规定换证的。

(18)私自调整车载摄像机角度或故意遮挡车载监控摄像机。

(三)有下列行为之一的,一次扣 3 分

(1)不按规定走公交专用道。

(2)其他道路超速未达到 20%。

(3)在高速路、快速路不按规定车道行驶者。

(4)行经人行横道,不按规定减速、停车、避让行人。

(5)侵占他人路权。

(6)驾驶车辆时,精神不集中严重转移视线。

(7)出车前不按规定对车辆进行安全检查。

(8)夜间行车不按规定使用灯光。

(9)不按规定超车、会车、倒车。

(10)不按规定关好车门行车。

(11)发生大事故负次要责任。

(12)发生一般事故负双方同等责任。

(13)发生客伤事故,负主要责任(含)以上,并造成人员轻伤。

(14)违反有关规定,发生场站事故造成人员伤害。

(15)违反交通标志、交通标线指示行驶。

(16)车辆发生故障、事故停车后,不按规定使用灯光和设置警告标志。

(17)每个记分周期结束后三十日内未到公安交通管理部门接受审验的,但在一个记分周期内没有记分记录的除外。

(四)有下列行为之一的,一次扣 1 分

(1)驾驶车辆时,不按规定携带驾驶证。

(2)不按规定进出站。

(3)不按规定进站靠边停车。

(4)转弯车不遵守让行规定。

(5)不按规定正确使用喇叭、乱鸣笛。

(6)发生一般事故负次要责任。

(7)发生轻微事故负主要责任(含)以上。

(8)发生客伤事故,负次要责任。

(9)运营中未合理使用转向灯的。

(10)行驶中长时间单手扶方向盘的。

(五)上述条款之外,因交通违法受到交管部门扣分处理的,企业按相应的分数进行扣分

三、车辆技术考核扣分标准

(一)有下列行为之一的,一次扣3分

(1)驾驶制动尖叫或车容不整车辆上路行驶。

(2)出车前不按规定对车辆进行例检或收车后不做收尾工作。

(3)出车前未对车载信息化设备进行例检,造成车载信息化设备丢失或损坏。

(二)有下列行为之一的,一次扣1分

(1)配备使用的车辆设施短缺及设施损坏负有责任。

(2)用异物遮阳。

四、服务工作考核扣分标准

(一)有下列情况之一的,一次扣12分

(1)发生查证属实的严重批评。

(2)发生恶性服务纠纷。

(3)严重违反票务制度。

(二)有下列情况之一的,一次扣6分

(1)发生一般责任服务纠纷。

(2)盲目介入他人纠纷致使事态扩大,造成不良影响。

(3)站台发生挤压、碾伤事故负有责任。

(4)讽刺、谩骂、刁难、歧视乘客。

(三)有列情况之一的,一次扣3分

(1)发生查证属实的一般投诉。

(2)用车门催、夹、卡、甩乘客。

(3)一般违反票务制度。

(四)有下列情况之一的,一次扣1分

(1)车容整洁中,清洁区域内发生单项不合格的。

(2)仪表仪容中,发生单项不合格的。

(3)饰品佩戴中,发生单项不合格的。

(4)文明用语中,发生单项不合格的。

(5)不主动售验票(证)或不监督刷卡。

(6)不积极疏导乘客。

(7)解答乘客询问未做到有问必答、不知代问、多问不烦。

(8)不按规定开关车门。

(9)坐姿、站姿不规范。

(10)不服从站台文明引导员指挥。

(11)不照顾安全。

(12)失礼不道歉的。

(13)对"五种人"不照顾、不宣传、不找座。

(14)站台服务检查中"准时上岗"、"佩戴标志"、"按规定负责"、"文明值勤"、"站区卫生"单项不合格。

(15)未按规定使用或报修空调、报站机、读卡机(小键盘)、滚动屏、车厢灯等车辆服务设施。

(16)发生车辆故障,不按规定引导乘客乘坐后续车辆,或后续车辆拒载、令前车乘客重复刷卡或买票。

(17)未按规定领、交票,未按规定签注售止票号,丢失车票或票款,不按规定画票等"票务过失"行为。

(18)收车后,乘务人员不巡视车厢、清扫地板、清倒保洁桶,不关闭车窗。

五、稽查工作考核扣分标准

有下列情况之一的,一次扣12分。

（1）弄虚作假。

（2）营私舞弊。

六、劳动纪律考核扣分标准

（一）有下列行为之一的，一次扣12分

（1）经批准实行"综合计算工时工作制度"的人员，接到公休日停休通知后不到工作岗位。

（2）殴打管理、检查、稽查人员。

（3）故意破坏公物及公共设施。

（4）班内饮酒。

（5）工作时间或工作场所赌博、饮酒、打架斗殴等。

（二）有下列行为之一的，一次扣6分

（1）旷工一至两天。

（2）违反安全操作规程和违章指挥造成事故和重大隐患。

（3）擅离职守、脱岗、睡岗。

（4）因工作失职、舞弊给企业造成一定的经济损失或较大影响。

（5）弄虚作假骗取表扬单。

（6）谩骂管理、检查、稽查人员。

（7）班前饮酒影响工作的。

（三）有下列行为之一的，一次扣3分

（1）派活不干、预备人员不服从补班、派班的。

（2）不按规定履行请假手续。

（3）在工作中做与本职工作无关的事情。

（4）转借员工卡。

（5）不服从稽查人员检查。

（四）有下列行为之一的，一次扣1分

（1）发生迟到、早退。

（2）工作中不按规定佩戴使用劳动保护用品（职业装）、设备。

(3)不按规定参加业务培训或培训未合格。

(4)不按规定携带员工卡影响运营生产。

(5)不按规定着装(职业装、工装等)或着装不规范。

(6)上班违反规定佩戴饰物。

(7)经相对考核后被认定当月主要生产任务指标完成未达到85%的。

七、安全应急(安保)扣分标准

(一)有下列行为之一的,一次扣12分

(1)受公安机关治安拘留(含)以上处罚。

(2)因违法犯罪行为被刑事拘留。

(3)因违法犯罪行为被取保候审。

(4)火灾事故、重大治安案件、刑事案件的直接责任者。

(5)违章停放车辆造成车辆丢失。

(6)煽动、串联、胁迫他人群体闹事滋事,围堵、冲击单位办公场所;拦截车辆、堵塞、阻断交通或者以自杀、自伤、自残相威胁,扰乱单位正常工作、生产、经营秩序和生产设备、工具。

(7)因违反治安处罚法、消防法等安全法律法规和企业治安消防管理规定、国家和北京市信访条例和有关国有企业单位信访工作办法被上级部门通报、新闻媒体批评、曝光,造成恶劣影响。

(8)在运营中,遇突发情况,未执行"运营中驾乘人员遇到治安问题怎么办",造成严重后果或恶劣影响的。

(9)驾驶员离车不拔钥匙,造成影响的。

(10)破坏运营、经营和生产设备、工具,歪曲、捏造事实,散布谣言或者以其他方法故意扰乱单位生产经营和公共秩序。

(二)有下列行为之一的,一次扣6分

(1)违反企业治安消防管理规定造成后果。

(2)违章使用汽油等易燃液体清洗零部件。

(3)工作中发生治安、火灾事故不按规定处置,造成后果。

(4) 运营生产过程中发生突发事故(或事件)未立即报警(或报告)。

(5) 公交车辆在运营过程中,出现突发事件,未按照规定使用一键报警系统的。

(6) 驾驶员因驾驶原因,造成场站安防设施如岗亭、电子道闸损坏又拒不赔偿的。

(三) 有下列行为之一的,一次扣3分

(1) 受到治安警告或治安罚款处罚。

(2) 损坏或擅自挪用场站及车辆物防、技防设备设施。

(3) 车辆停放占压消火栓、堵塞消防通道。

(4) 在运营车辆和停车场站禁止吸烟区吸烟。

(5) 违反岗位治安防火制度。

(6) 车辆停站、停驶、维修状态,驾驶员或维修人员离开车辆未妥善保管钥匙。

(7) 车辆配备的安全设备、设施丢失或损坏未及时上报的。

(8) 不依法依规正常反映问题和诉求,扰乱正常信访秩序的。

(9) 公交场站安装车辆进出自动识别系统后,车辆进出不使用识别系统的。

八、考核方式与处罚办法

员工岗位规范的考核方式主要有:民主监督、乘客投诉、舆论报道、各级专业检查员检查。对上述各渠道检查、反映的问题,各基层单位要及时将信息进行汇总,调查核实。员工所在车队(车间)应在每月月底召开车队(车间)办公会,对本单位考核情况进行汇总,对有关的问题进行认定,并将考核结果进行公示,同时送交本单位考核管理人员执行扣分、处罚,并将结果记入个人考核档案。

(一) 员工岗位规范考核管理的责任部门划分

(1) 遵守劳动纪律、完成任务等考核认定由员工所在基层单位负责。

(2) 运营生产考核认定由运营(生产)部门负责。

(3) 行车安全、服务工作的考核认定由安服部门负责。

(4)保修作业考核认定由技术部门负责。

(5)安全应急(安保)考核认定由安保部门负责。

(6)工伤考核认定由人力资源部门负责。

(7)行政后勤考核认定由行政部门负责。

(8)IC卡采集、充值工作考核认定由票务部门负责。

(9)信息设备设施使用管理考核认定由信息中心负责。

(二)员工年度考核管理工作程序

员工在年度考核中违反岗位行为规范,累计"扣分"达到"12分"的应在当月办理下岗培训手续,其管理工作程序是：

(1)员工所在基层车队(车间)负责与员工进行教育谈话,填写《员工谈话记录》并经本人签字后,填写员工《下岗培训登记表》,上报分公司、公司人力资源部门进行审核,对其进行下岗待业登记,填写《员工下岗登记表》,签订《下岗待业协议书》,下岗待业期限原则上不得超过一年(劳动合同期限不满一年的,以劳动合同期限为准),约定其在下岗待业期间与单位双方的权利和义务,并作为劳动合同附件。双方就签订《下岗待业协议书》,经协商未达成一致的,单位可与其解除劳动合同。

(2)对履行上述下岗手续的人员,转入本单位劳务市场(未建立劳务市场的单位,由人力资源部门指定专人负责),实施下岗培训管理。各单位劳务市场,应结合本单位实际,制定为期一周的培训计划,并按规定组织开展培训教育工作。对下岗待业期间经过两次培训不合格的或经培训合格后两次不服从分配的人员,劳务市场应与其解除《下岗待业协议书》,由人力资源部门按规定办理解除劳动合同手续。

(3)员工在下岗培训和下岗期间,按规定缴纳各项社会保险费,享受企业下岗人员生活保障费。

(4)凡员工在年度考核中,累计扣分不满"12分"的,在年度考核时办理审核备案工作,进行相应处理后注销其年度考核累积积分,在新的年度内重新考核。

(5)凡员工在12个月内连续2次(含2次)考核下岗或在合同期内(合同期超过

5年的按5年考核)累计3次考核下岗,企业要按规定与其解除劳动合同。

(6)员工因严重违规、违纪及严重失职、营私舞弊对企业造成重大损害的,一经认定属实,除扣除"12分"后,依据公交集团公司《劳动合同管理办法》的规定,企业可与其解除劳动合同。

(7)各单位员工在工作中应严格执行岗位行为规范,服从管理,接受检查。对无理取闹、拒不接受检查和管理者,企业要进行批评教育直至给予行政处分。

第四章

城市公共交通企业安全生产

第一节 法律常识

一、法律与社会主义法治

(一)法与法律的概念

法是国家按照统治阶级的利益和意志制定或者认可的,并由国家强制力保证其实施的行为规范的总称。法的目的在于维护有利于统治阶级的社会关系和社会秩序,是统治阶级实现其统治的重要工具。

"法律"通常从广义和狭义两个方面来理解,广义的法律指的是法律的整体,即法律规范的总和,或者通俗一点讲就是人们在生活中解决纠纷所适用的法条的总和;狭义的法律通常用来指专门由特定的国家机关制定的规范性法律文件,比如全国人民代表大会制定的法律,全国人民代表大会常务委员会制定的法律,地方各级人民代表大会制定的地方性法规。广义的法律又被叫作"法",在通常情况下,人们一般将"法"与"法律"混用,并不加以十分严格的区分,只是视具体的语境有时称为"法",有时称为"法律"。

宪法是国家的根本大法。在我国,它以法律的形式确认了各族人民奋斗的成果,规定了国家的根本制度和根本任务,具有最高的法律效力。全国各族人民、一切国家机关和武装力量、各政党和各社会团体、各企业事业组织,都必须以宪法为根本的活动准则,并且负有维护宪法尊严、保证宪法实施的职责。

(二)社会主义法治的内涵和目标

法治是指统治阶级以法对国家权力的限制和制约,以有效地制约和合理运用公共权力,使已经制定的法律获得普遍的服从。它包含着法律的至高权威,法律的公正性、稳定性、普遍性、公开性和平等性,对人权的保障和对公共权力的制约等一系列原理和基本要求。它作为一种治国的方法和理论,是相对于人治而言的。

社会主义法治是指在社会主义法制的前提下,以法建立合理的权力结构形式和制约机制,以限制和正确运用公共权力、保障公民权利,使人民真正成为社会的主人,即"人民要当家,国家要守法"。社会主义法治和资本主义法治的原则区别在于社会主义法治要把坚持党的领导,发扬人民民主和严格依法办事统一起来,从制度和法律上保证党的基本路线和基本方针的贯彻实施,保证党始终发挥着总揽全局、协调各方的领导核心作用。

党的十五大确立了"依法治国,建设社会主义法治国家"的发展战略,而且也提出了今后一个时期法治建设的目标:加强立法工作,提高立法质量,到2010年形成有中国特色社会主义法律体系。维护宪法和法律的尊严,坚持法律面前人人平等,任何人、任何组织都没有超越法律的特权。一切政府机关都必须依法行政,切实保障公民权利,实行执法责任制和评议考核制。推进司法改革,从制度上保证司法机关依法独立公正地行使审判权和检察权,建立冤案、错案责任追究制度。加强执法和司法队伍建设。深入开展普法教育,增强全民的法律意识,着重提高领导干部的法制观念和依法办事能力。完善监督体制,建立健全依法行使权利的制约机制。加强对宪法和法律实施的监督,维护国家法制的统一。

二、我国公民的基本权利和义务

一个国家的公民是指具有该国国籍的自然人。《中华人民共和国宪法》(以下简称《宪法》)第33条规定:"凡具有中华人民共和国国籍的人都是中华人民共和国公民",我国公民就是具有我国国籍的自然人。

(一)公民的基本权利

依据《宪法》规定,我国公民享有的基本权利可概括为以下8类:

(1)政治权利自由:指公民有参加国家管理、参政议政的民主权利,以及在政治上享有表达个人见解和意愿而不受政府非法限制的权利和自由。

(2)宗教信仰自由:指公民有信仰宗教或不信仰宗教的自由;有信仰这种宗教或那种宗教的自由;有过去不信教而现在信教的自由,也有过去信教而现在不信教的自由。

(3)人身自由:指公民的人身享有不受非法拘捕、侵害、搜查和审查的权利。

(4)批评、建议权、检举、控告权,申诉权和取得赔偿权。

(5)社会经济权利:指公民享有的经济物质利益方面的权利。

(6)文化教育权利:指公民有受教育权和进行科学研究、文学艺术创作和其他文化活动的自由。

(7)婚姻、家庭、妇女、老人、儿童受国家的保护。

(8)保护华侨、归侨和侨眷的权利和利益。

(二)公民的基本义务

基本义务是宪法规定的公民必须履行的法律责任,它决定着公民在国家生活中的政治与法律地位。《宪法》第52条至56条规定了公民的主要义务,主要有:

(1)维护国家统一和全国各民族团结的义务。

(2)遵守宪法和法律,保守国家秘密,爱护公共财产,遵守劳动纪律,遵守公共秩序,遵守社会公德。

(3)维护国家安全、荣誉和利益,不得有危害祖国的安全、荣誉和利益的行为。

(4)保卫祖国、抵抗侵略,依照法律服兵役和参加民兵组织。

(5)依法纳税。

除了上述专门规定的5种义务外,我国公民的基本义务还包括基本权利条文中规定的4种义务:劳动的权利和义务;受教育的权利和义务;夫妻双方有实行计划生育的义务;父母有抚养教育未成年子女的义务,成年子女有赡养扶助父母的义务。

三、法律责任与法律制裁

(一)违法的概念

违法是公民个人或者社会组织违反法律规定,危害社会的行为。它表现为行为人不履行守法义务,超越法定行使权利的界限,对其他主体的合法权益造成破坏和侵害。

(二)法律责任

法律责任是指法律所规定的、违法行为人因违法所应承担的制裁性法律后果。法律责任的大小、范围、期限和性质,都是由法律明确规定的;法律责任的认定和实现,必须由国家专门机关通过法定程序进行,其他任何组织和个人均无此项权力;法律责任具有国家强制性,以国家暴力机器为后盾来保证其实现,其他社会责任则不存在国家强制性。

法律责任分为5种:违宪责任、民事责任、行政责任、经济责任和刑事责任。

(三)法律制裁

法律制裁是由特定的国家机关对违法者依其所应承担的法律责任而实施的强制性惩罚措施。它与违法行为和法律责任有密切的联系,法律制裁与法律责任是基于违法行为而产生的。没有违法行为,就没有承担责任的客观基础,也就谈不上实施法律制裁。法律制裁以确认违法行为为前提,又是实现法律责任的重要方式。法律责任与法律制裁具有逻辑性联系,违法行为必须承担法律责任,而追究法律责任,一般都必须实施法律制裁。法律制裁旨在强制主体承担违法行为的后果,迫使侵害人付出或者丧失一定的利益,其目的在于恢复被侵害的权利,治理越轨的法律关系,维护社会关系的正常运转。

根据违法行为和法律责任的性质不同,我国的法律制裁可分为以下4种:

(1)违宪制裁。违宪制裁是对违宪行为所实施的法律制裁。

(2)行政制裁。行政制裁是国家行政机关对行政违法者所实施的法律制裁。

(3)刑事制裁。刑事制裁又称为刑罚,是指人民法院对触犯刑法,实施犯罪行为的人实施的法律制裁,是最为严厉的一种法律制裁。

(4)民事制裁。民事制裁是人民法院依法给予民事违法行为者应承担的民事责任而进行的法律制裁,是适用范围最为广泛的法律制裁。

(四)不懂法的危害

职工群众学法、懂法、守法,学会依法办事是预防违法犯罪的一个重要方面。守法,亦称法的遵守,是指人们依照法律规定正确地行使法律权利,切实履行法律义务的活动。我国社会主义法的遵守,是指我国的一切组织与个人以及在我国领域内的外国组织和个人,依照我国法律规定,正确地行使法律权利,切实履行法律义务的活动。不学法、不懂法有多方面危害。

(1)不能有效地依法保护自己。在社会上生活,可能会遇到被他人侵犯了某种权益和利益的时候,这时只能依法处理。如果不懂法,便谈不上依法处理。

(2)不懂法,容易出现使好心没办好事的后果。

(3)如果不懂法,则不利于同违法行为或犯罪行为进行有力地斗争。作为一个公民,不仅要依法保护自己的各项权益不受侵犯,也有依法维护群众利益、维护国家利益的责任。当一种违法或犯罪行为出现时,应当勇于斗争。可是,不懂法的人往往不知道怎样与其斗争,甚至对某些违法或犯罪行为尚分辨不清,这就不利于更好地维持国家和人民的利益。

四、犯罪、故意犯罪和过失犯罪

(一)犯罪的概念和特征

《中华人民共和国刑法》(以下简称《刑法》)第 13 条规定:"一切危害国家主权、领土完整和安全,分裂国家、颠覆人民民主专政的政权和推翻社会主义制度,破坏社会秩序和经济秩序,侵犯国有财产或者劳动群众集体所有的财产,侵犯公民私人所有的财产,侵犯公民的人身权利、民主权利和其他权利,以及其他危害社会的行为,依照法律应当受刑罚处罚的,都是犯罪,但是情节显著轻微危害不大的,不认为是犯罪"。根据这一规定,犯罪有以下 3 个基本特征:

(1)犯罪是危害社会的行为,即具有一定的社会危害性。根据《刑法》第 13 条的规定,这种社会危害性主要表现在以下几个方面:

①对于社会主义的国体、政体和国家安全的危害;

②对于社会公共安全的危害;

③对于社会主义市场经济秩序的危害;

④对于公民民主权利、人身权利的危害;

⑤对于社会主义制度下各种财产权利的危害;

⑥对于社会秩序的危害；

⑦对于国防利益和军事利益的危害；

⑧对于国家机关行政、司法秩序及公务活动的廉洁性的危害。

（2）犯罪是触犯刑律的行为，即具有刑事违法性。只有当行为不仅具有社会危害性，而且违反了刑法，具有刑事违法性，才能被认定为犯罪。

（3）犯罪是应受刑罚处罚的行为，即具有应受刑罚处罚性。

上述都是犯罪必备的基本特征，由此将犯罪与不犯罪、犯罪与其他违法行为区别开来。

（二）故意犯罪

根据《刑法》第14条的规定，明知自己的行为会发生危害社会的结果，并且希望或放任这种结果发生，因而构成犯罪的，是故意犯罪。这一规定表明，故意犯罪分为两种：一种是直接故意犯罪，一种是间接故意犯罪。前者指行为人明知自己的行为会发生危害社会的后果，并且希望这种结果发生，因而构成犯罪；后者则指行为人明知自己的行为会发生危害社会的后果，并且放任这种结果发生，因而构成犯罪。无论是直接故意还是间接故意，《刑法》均规定"故意犯罪，应当负刑事责任"。

（三）过失犯罪

根据《刑法》第15条的规定，应当预见自己的行为可能发生危害社会的结果，因为疏忽大意而没有预见，或者已经预见而轻信能够避免，以致发生这种结果的，是过失犯罪。过失犯罪可以分为两种：一种是疏忽大意的过失；一种是过于自信的过失。前者指行为人应当预见自己的行为可能发生危害社会的结果，因为疏忽大意而没有预见，以致发生这种结果；后者指行为人预见到自己的行为可能发生危害社会的结果，但轻信能够避免，以致发生这种结果。"过失犯罪，法律有规定的才负刑事责任。"

五、正当防卫与紧急避险

（一）正当防卫

根据《刑法》第20条第1款规定："为了使国家、公共利益、本人或者他人的人身、财产和其他权利免受正在进行的不法侵害,而采取的制止不法侵害的行为,对不法侵害人造成损害的,属于正当防卫,不负刑事责任。"正当防卫是刑法赋予每个公民的一项合法权利。正当防卫的合法条件是由防卫意图和防卫行为两部分组成,防卫意图包括防卫认识和防卫目的两个因素。防卫认识是产生防卫意图的前提,防卫目的是防卫意图的核心。

1. 防卫认识

是指行为人对合法权益遭受不法侵害的主观认识。防卫认识的基本内容包括必须认识侵害合法权益不法行为的存在、防卫的时间、认清不法侵害者等。

2. 防卫目的

是指行为人反击不法侵害,保护合法权益的主观意志。防卫目的必须以保护合法权益、制止不法侵害为内容。

3. 防卫行为四要素

(1)防卫起因:即合法权益正在遭受不法侵害。

(2)防卫时限:指可以实行正当防卫的时间。根据我国刑法的规定,只能对"正在进行的不法侵害"实行正当防卫。

(3)防卫对象:指正在实施不法侵害的人。

(4)防卫强度:正当防卫不能超过必要的限度造成不应有的危害。

正当防卫明显超过必要限度造成重大损害的,应当负刑事责任,但是应当减轻或者免除处罚。同时《刑法》第20条第3款还规定:"对正在进行行凶、杀人、抢劫、强奸、绑架以及其他严重危及人身安全的暴力犯罪,采取防卫行为,造成不法侵害人伤亡的,不属于防卫过当,不负刑事责任。"这一规定,将起到鼓励和保护公民与严重犯罪行为做斗争的作用。

(二)紧急避险

根据《刑法》第21条规定:"为了使国家、公共利益、本人或者他人的人身、财产和其他权利免受正在发生的危险,不得已采取的紧急避险行为,造成损害的,不负刑事责任。紧急避险超过必要限度造成不应有的损害的,应当负刑事责任,但是应当减轻或者免除处罚"。紧急避险的特点,是法律所保护的两种合法权益发生冲突时,为了保全其中较大的权益,不得已损害另一个较小的权益。

根据《刑法》的规定，紧急避险必须具备以下4个条件：

（1）只有在合法权益面临正在发生的实际危险时，才能采取紧急避险措施。所谓实际危险，即可以是自然灾害，也可以是人为灾害。

（2）必须是为了保护公共利益、本人或者他人的合法利益免受正在发生的危险的侵害，才采取紧急避险措施。这里所说的"本人"，不包括在职务上、业务上负有特定责任的人，例如：公共汽车的驾驶员不能在遇到危险时，丢下乘客不管而只顾自己逃命。

（3）只有在迫不得已的情况下，才能采取紧急避险措施。如果在当时的情况下，还有别的、更好的办法可以使用，而行为人却采取了损害合法权益的方法，其行为就不是紧急避险。

（4）紧急避险不能超过必要限度而造成不应有的损害。所谓必要限度，是指在采取紧急避险行为时所损害的利益，必须小于所保护的利益，而不能等于或者大于所保护的利益。如果紧急避险超过必要限度造成不应有的损害时，应当负刑事责任，但是应当减轻或者免除处罚。

六、治安管理与处罚

（一）适用原则

治安管理处罚必须以事实为依据，与违反治安管理行为的性质、情节以及社会危害程度相当。

实施治安管理的处罚，应当公平、公正、尊重和保障人权、保护公民的人格尊严。

办理治安案件应当坚持教育与处罚相结合的原则。

对于因民间纠纷引起的打架斗殴或者损毁他人财物等违反治安管理行为，情节较轻的，公安机关可以调解处理。经公安机关调解，当事人达成协议的，不予处罚。经调解未达成协议或者达成协议后不履行的，公安机关应当依照本法的规定对违反治安管理行为人给予处罚，并告知当事人可以就民事争议依法向人民法院提起民事诉讼。

(二)违反治安管理的行为种类

根据《中华人民共和国治安管理处罚法》(以下简称《治安管理处罚法》)规定,凡扰乱社会秩序,妨害公共安全,侵犯人身权利,公民财产,妨碍社会管理,具有社会危害性,依照《刑法》的规定尚不够刑事处罚,依照《治安管理处罚法》应当受到处罚的行为,就是违反治安管理的行为。这涉及社会生活的各个领域,包括:

(1)扰乱公共秩序的行为。如扰乱单位、公共场所、公共交通和选举秩序;扰乱文化、体育等大型群众性活动秩序;扰乱公共秩序;寻衅滋事行为;利用封建迷信、会道门进行非法活动;干扰无线电业务及无线电台(站)的行为;侵入、破坏计算机信息系统的行为等。

(2)妨害公共安全的行为。如违反危险物资管理的行为;对危险物资被盗、被抢、丢失不报;非法携带管制器具;盗窃、损毁公共设施;妨害航空器飞行安全行为;妨害铁路运行安全行为;妨害公共道路安全行为;违反安全规定举办大型活动;违反公共场所安全规定行为等。

(3)侵犯人身权利、财产权利的行为。如恐怖表演、强迫劳动、限制人身自由;胁迫利用他人乞讨和滋扰乞讨;侵犯他人人身权利;殴打或故意伤害他人身体;猥亵他人和公共场所裸露身体;虐待家庭成员、遗弃被抚养人;强买强卖、强迫服务;煽动民族仇恨、民族歧视;侵犯通信自由;盗窃、诈骗、哄抢、抢夺、敲诈勒索、损毁公私财物等。

(4)妨害社会管理秩序的行为。如拒不执行紧急状态决定、命令和阻碍执行公务的行为;招摇撞骗;伪造、变造、买卖公文、证件、票证;违法设立社会团体;非法集会、游行、示威;违法出租房屋;制造噪声干扰他人;妨害执法秩序;偷越国(边)境;妨害文物管理;非法驾驶交通工具;卖淫嫖娼;传播淫秽信息;组织参与淫秽活动;赌博;非法持有毒品,向他人提供毒品,吸食、注射毒品;服务行业人员通风报信行为;饲养动物违法行为等。

(三)治安管理处罚的种类和适用

根据《治安管理处罚法》规定,对违反治安管理行为规定了5种处罚:

（1）警告。

（2）罚款。

（3）行政拘留。

（4）吊销公安机关发放的许可证。

（5）对违反治安管理的外国人，可以附加适用限期出境或者驱逐出境。

根据《治安管理处罚法》第15条规定，醉酒的人违反治安管理的，应当给予处罚。醉酒的人在醉酒状态中，对本人有危险或者对他人的人身、财产或者公共安全有威胁的，应当对其采取保护性措施约束至酒醒。

（四）违反治安管理的行为和处罚

1. 扰乱公共秩序的行为和处罚

（1）有下列行为之一的，处警告或者200元以下罚款；情节较重的，处5日以上10日以下拘留，可以并处500元以下罚款：

①扰乱机关、团体、企业、事业单位秩序，致使工作、生产、营业、医疗、教学、科研不能正常进行，尚未造成严重损失的；

②扰乱车站、港口、码头、机场、商场、公园、展览馆或者其他公共场所秩序的；

③扰乱公共汽车、电车、火车、船舶、航空器或者其他公共交通工具上的秩序的；

④非法拦截或者强登、扒乘机动车、船舶、航空器以及其他交通工具，影响交通工具正常行驶的；

⑤破坏依法进行的选举秩序的。聚众实施前款行为的，对首要分子处10日以上15日以下拘留，可以并处1000元以下罚款。

（2）有下列行为之一，扰乱文化、体育等大型群众性活动秩序的，处警告或者200元以下罚款；情节严重的，处5日以上10日以下拘留，可以并处500元以下罚款：

①强行进入场内的；

②违反规定，在场内燃放烟花爆竹或者其他物品的；

③展示侮辱性标语、条幅等物品的；

④围攻裁判员、运动员或者其他工作人员的;

⑤向场内投掷杂物,不听制止的;

⑥扰乱大型群众性活动秩序的其他行为。

因扰乱体育比赛秩序被处以拘留处罚的,可以同时责令其 12 个月内不得进入体育场馆观看同类比赛;违反规定进入体育场馆的,强行带离现场。

(3)有下列行为之一的,处 5 日以上 10 日以下拘留,可以并处 500 元以下罚款;情节较轻的,处 5 日以下拘留或者 500 元以下罚款:

①散布谣言,谎报险情、疫情、警情或者以其他方法故意扰乱公共秩序的;

②投放虚假的爆炸性、毒害性、放射性、腐蚀性物质或者传染病病原体等危险物质扰乱公共秩序的;

③扬言实施放火、爆炸、投放危险物质扰乱公共秩序的。

(4)有下列行为之一的,处 5 日以上 10 日以下拘留,可以并处 500 元以下罚款;情节较重的,处 10 日以上 15 日以下拘留,可以并处 1000 元以下罚款:

①结伙斗殴的;

②追逐、拦截他人的;

③强拿硬要或者任意损毁、占用公私财物的;

(5)其他寻衅滋事行为。

(6)有下列行为之一的,处 10 日以上 15 日以下拘留,可以并处 1000 元以下罚款;情节较轻的,处 5 日以上 10 日以下拘留,可以并处 500 元以下罚款:

①组织、教唆、胁迫、诱骗、煽动他人从事邪教、会道门活动或者利用邪教、会道门、迷信活动,扰乱社会秩序、损害他人身体健康的;

②冒用宗教、气功名义进行扰乱社会秩序、损害他人身体健康活动的。

(7)违反国家规定,故意干扰无线电业务正常进行的,或者对正常运行的无线电台(站)产生有害干扰,经有关主管部门指出后,拒不采取有效措施消除的,处 5 日以上 10 日以下拘留;情节严重的,处 10 日以上 15 日以下拘留。

(8)有下列行为之一的,处 5 日以下拘留;情节较重的,处 5 日以上 10 日以下拘留:

①违反国家规定,侵入计算机信息系统,造成危害的;

②违反国家规定,对计算机信息系统功能进行删除、修改、增加、干扰,造成计算机信息系统不能正常运行的;

③违反国家规定,对计算机信息系统中存储、处理、传输的数据和应用程序进行删除、修改、增加的;

④故意制作、传播计算机病毒等破坏性程序,影响计算机信息系统正常运行的。

2. 妨害公共安全的行为和处罚

(1)违反国家规定,制造、买卖、储存、运输、邮寄、携带、使用、提供、处置爆炸性、毒害性、放射性、腐蚀性物质或者传染病病原体等危险物质的,处10日以上15日以下拘留;情节较轻的,处5日以上10日以下拘留。

(2)爆炸性、毒害性、放射性、腐蚀性物质或者传染病病原体等危险物质被盗、被抢或者丢失,未按规定报告的,处五日以下拘留;故意隐瞒不报的,处5日以上10日以下拘留。

(3)非法携带枪支、弹药或者弩、匕首等国家规定的管制器具的,处5日以下拘留,可以并处500元以下罚款;情节较轻的,处警告或者200元以下罚款。

(3)非法携带枪支、弹药或者弩、匕首等国家规定的管制器具进入公共场所或者公共交通工具的,处5日以上10日以下拘留,可以并处500元以下罚款。

(4)盗窃、损坏、擅自移动使用中的航空设施,或者强行进入航空器驾驶舱的,处10日以上15日以下拘留。

在使用中的航空器上使用可能影响导航系统正常功能的器具、工具,不听劝阻的,处5日以下拘留或者500元以下罚款。

(5)有下列行为之一的,处5日以上10日以下拘留,可以并处500元以下罚款;情节较轻的,处5日以下拘留或者500元以下罚款:

①盗窃、损毁或者擅自移动铁路设施、设备、机车车辆配件或者安全标志的;

②在铁路线路上放置障碍物,或者故意向列车投掷物品的;

③在铁路线路、桥梁、涵洞处挖掘坑穴、采石取沙的;

④在铁路线路上私设道口或者平交过道的。

(6)擅自进入铁路防护网或者火车来临时在铁路线路上行走坐卧、抢越铁路,影响行车安全的,处警告或者 200 元以下罚款。

(7)有下列行为之一的,处 5 日以下拘留或者 500 元以下罚款;情节严重的,处 5 日以上 10 日以下拘留,可以并处 500 元以下罚款:

①未经批准,安装、使用电网的,或者安装、使用电网不符合安全规定的;

②在车辆、行人通行的地方施工,对沟井坎穴不设覆盖物、防围和警示标志的,或者故意损毁、移动覆盖物、防围和警示标志的;

③盗窃、损毁路面井盖、照明等公共设施的。

(8)举办文化、体育等大型群众性活动,违反有关规定,有发生安全事故危险的,责令停止活动,立即疏散;对组织者处 5 日以上 10 日以下拘留,并处 200 元以上 500 元以下罚款;情节较轻的,处 5 日以下拘留或者 500 百元以下罚款。

(9)旅馆、饭店、影剧院、娱乐场、运动场、展览馆或者其他供社会公众活动的场所的经营管理人员,违反安全规定,致使该场所有发生安全事故危险,经公安机关责令改正,拒不改正的,处 5 日以下拘留。

3. 侵犯人身权利、财产权利的行为和处罚

(1)有下列行为之一的,处 10 日以上 15 日以下拘留,并处 500 元以上 1000 元以下罚款;情节较轻的,处 5 日以上 10 日以下拘留,并处 200 元以上 500 元以下罚款:

①组织、胁迫、诱骗不满 16 周岁的人或者残疾人进行恐怖、残忍表演的;

②以暴力、威胁或者其他手段强迫他人劳动的;

③非法限制他人人身自由、非法侵入他人住宅或者非法搜查他人身体的。

(2)胁迫、诱骗或者利用他人乞讨的,处 10 日以上 15 日以下拘留,可以并处 1000 元以下罚款。反复纠缠、强行讨要或者以其他滋扰他人的方式乞讨的,处 5 日以下拘留或者警告。

(3)有下列行为之一的,处 5 日以下拘留或者 500 元以下罚款;情节较重的,处 5 日以上 10 日以下拘留,可以并处 500 元以下罚款:

①写恐吓信或者以其他方法威胁他人人身安全的;

②公然侮辱他人或者捏造事实诽谤他人的；

③捏造事实诬告陷害他人，企图使他人受到刑事追究或者受到治安管理处罚的；

④对证人及其近亲属进行威胁、侮辱、殴打或者打击报复的；

⑤多次发送淫秽、侮辱、恐吓或者其他信息，干扰他人正常生活的；

⑥偷窥、偷拍、窃听、散布他人隐私的。

（4）殴打他人的，或者故意伤害他人身体的，处5日以上10日以下拘留，并处200元以上500元以下罚款；情节较轻的，处5日以下拘留或者500元以下罚款。

（5）有下列情形之一的，处10日以上15日以下拘留，并处500元以上1000元以下罚款：

①结伙殴打、伤害他人的；

②殴打、伤害残疾人、孕妇、不满14周岁的人或者60周岁以上的人的；

③多次殴打、伤害他人或者一次殴打、伤害多人的。

（6）猥亵他人的，或者在公共场所故意裸露身体，情节恶劣的，处5日以上10日以下拘留；猥亵智力残疾人、精神病人、不满14周岁的人或者有其他严重情节的，处10日以上15日以下拘留。

（7）有下列行为之一的，处5日以下拘留或者警告：

①虐待家庭成员，被虐待人要求处理的；

②遗弃没有独立生活能力的被扶养人的。

（8）强买强卖商品，强迫他人提供服务或者强迫他人接受服务的，处5日以上10日以下拘留，并处200元以上500元以下罚款；情节较轻的，处5日以下拘留或者500元以下罚款。

（9）煽动民族仇恨、民族歧视，或者在出版物、计算机信息网络中刊载民族歧视、侮辱内容的，处10日以上15日以下拘留，可以并处1000元以下罚款。

（10）冒领、隐匿、毁弃、私自开拆或者非法检查他人邮件的，处5日以下拘留或者500元以下罚款。

（11）盗窃、诈骗、哄抢、抢夺、敲诈勒索或者故意损毁公私财物的，处5日以上 10 日以下拘留,可以并处 500 元以下罚款;情节较重的,处 10 日以上 15 日以下拘留,可以并处 1000 元以下罚款。

4. 妨害社会管理的行为和处罚

(1)有下列行为之一的,处警告或者 200 元以下罚款;情节严重的,处 5 日以上 10 日以下拘留,可以并处 500 元以下罚款:

①拒不执行人民政府在紧急状态情况下依法发布的决定、命令的;

②阻碍国家机关工作人员依法执行职务的;

③阻碍执行紧急任务的消防车、救护车、工程抢险车、警车等车辆通行的;

④强行冲闯公安机关设置的警戒带、警戒区的。

(2)阻碍人民警察依法执行职务的,从重处罚。

(3)冒充国家机关工作人员或者以其他虚假身份招摇撞骗的,处 5 日以上 10 日以下拘留,可以并处 500 百元以下罚款;情节较轻的,处 5 日以下拘留或者 500 元以下罚款。

(4)冒充军警人员招摇撞骗的,从重处罚。

(5)有下列行为之一的,处 10 日以上 15 日以下拘留,可以并处 1000 元以下罚款;情节较轻的,处 5 日以上 10 日以下拘留,可以并处 500 元以下罚款:

①伪造、变造或者买卖国家机关、人民团体、企业、事业单位或者其他组织的公文、证件、证明文件、印章的;

②卖或者使用伪造、变造的国家机关、人民团体、企业、事业单位或者其他组织的公文、证件、证明文件的;

③伪造、变造、倒卖车票、船票、航空客票、文艺演出票、体育比赛入场券或者其他有价票证、凭证的;

④伪造、变造船舶户牌,买卖或者使用伪造、变造的船舶户牌,或者涂改船舶发动机号码的。

(6)船舶擅自进入、停靠国家禁止、限制进入的水域或者岛屿的,对船舶负责人及有关责任人员处 500 元以上 1000 元以下罚款;情节严重的,处 5 日以下拘留,并处 500 元以上 1000 元以下罚款。

(7)有下列行为之一的,处 10 日以上 15 日以下拘留,并处 500 元以上 1000

元以下罚款;情节较轻的,处 5 日以下拘留或者 500 元以下罚款:

①违反国家规定,未经注册登记,以社会团体名义进行活动,被取缔后,仍进行活动的;

②被依法撤销登记的社会团体,仍以社会团体名义进行活动的;

③未经许可,擅自经营按照国家规定需要由公安机关许可的行业的。有前款第三项行为的,予以取缔。取得公安机关许可的经营者,违反国家有关管理规定,情节严重的,公安机关可以吊销许可证。

(8)煽动、策划非法集会、游行、示威,不听劝阻的,处 10 日以上 15 日以下拘留。

(9)旅馆业的工作人员对住宿的旅客不按规定登记姓名、身份证件种类和号码的,或者明知住宿的旅客将危险物质带入旅馆,不予制止的,处 200 元以上 500 元以下罚款。

(10)旅馆业的工作人员明知住宿的旅客是犯罪嫌疑人员或者被公安机关通缉的人员,不向公安机关报告的,处 200 元以上 500 元以下罚款;情节严重的,处 5 日以下拘留,可以并处 500 元以下罚款。

(11)房屋出租人将房屋出租给无身份证件的人居住的,或者不按规定登记承租人姓名、身份证件种类和号码的,处 200 元以上 500 元以下罚款。

(12)房屋出租人明知承租人利用出租房屋进行犯罪活动,不向公安机关报告的,处 200 元以上 500 元以下罚款;情节严重的,处 5 日以下拘留,可以并处 500 元以下罚款。

(13)违反关于社会生活噪声污染防治的法律规定,制造噪声干扰他人正常生活的,处警告;警告后不改正的,处 200 元以上 500 元以下罚款。

(14)有下列行为之一的,处 500 元以上 1000 元以下罚款;情节严重的,处 5 日以上 10 日以下拘留,并处 500 元以上 1000 元以下罚款:

①典当业工作人员承接典当的物品,不查验有关证明、不履行登记手续,或者明知是违法犯罪嫌疑人、赃物,不向公安机关报告的;

②违反国家规定,收购铁路、油田、供电、电信、矿山、水利、测量和城市公用设施等废旧专用器材的;

③收购公安机关通报寻查的赃物或者有赃物嫌疑的物品的;

④收购国家禁止收购的其他物品的。

(15)有下列行为之一的,处 5 日以上 10 日以下拘留,并处 200 元以上 500 元以下罚款:

①隐藏、转移、变卖或者损毁行政执法机关依法扣押、查封、冻结的财物的;

②伪造、隐匿、毁灭证据或者提供虚假证言、谎报案情,影响行政执法机关依法办案的;

③明知是赃物而窝藏、转移或者代为销售的;

④被依法执行管制、剥夺政治权利或者在缓刑、保外就医等监外执行中的罪犯或者被依法采取刑事强制措施的人,有违反法律、行政法规和国务院公安部门有关监督管理规定的行为。

(16)协助组织或者运送他人偷越国(边)境的,处 10 日以上 15 日以下拘留,并处 1000 元以上 5000 元以下罚款。

(17)为偷越国(边)境人员提供条件的,处 5 日以上 10 日以下拘留,并处 500 元以上 2000 元以下罚款。

(18)偷越国(边)境的,处 5 日以下拘留或者 500 元以下罚款。

(19)有下列行为之一的,处警告或者 200 百元以下罚款;情节较重的,处 5 日以上 10 日以下拘留,并处 200 元以上 500 元以下罚款:

①刻划、涂污或者以其他方式故意损坏国家保护的文物、名胜古迹的;

②违反国家规定,在文物保护单位附近进行爆破、挖掘等活动,危及文物安全的。

(20)有下列行为之一的,处 500 元以上 1000 元以下罚款;情节严重的,处 10 日以上 15 日以下拘留,并处 500 元以上 1000 元以下罚款:

①偷开他人机动车的;

②未取得驾驶证驾驶或者偷开他人航空器、机动船舶的。

(21)有下列行为之一的,处 5 日以上 10 日以下拘留;情节严重的,处 10 日以上 15 日以下拘留,可以并处 1000 元以下罚款:

①故意破坏、污损他人坟墓或者毁坏、丢弃他人尸骨、骨灰的;

②在公共场所停放尸体或者因停放尸体影响他人正常生活、工作秩序,不听劝阻的。

(22)卖淫、嫖娼的,处10日以上15日以下拘留,可以并处5000元以下罚款;情节较轻的,处5日以下拘留或者500元以下罚款。

(23)在公共场所拉客招嫖的,处5日以下拘留或者500元以下罚款。

(24)引诱、容留、介绍他人卖淫的,处10日以上15五日以下拘留,可以并处5000元以下罚款;情节较轻的,处5日以下拘留或者500元以下罚款。

(25)制作、运输、复制、出售、出租淫秽的书刊、图片、影片、音像制品等淫秽物品或者利用计算机信息网络、电话以及其他通信工具传播淫秽信息的,处10日以上15日以下拘留,可以并处3000元以下罚款;情节较轻的,处5日以下拘留或者500元以下罚款。

(26)有下列行为之一的,处10日以上15日以下拘留,并处500元以上1000元以下罚款:

①组织播放淫秽音像的;

②组织或者进行淫秽表演的;

③参与聚众淫乱活动的。

(27)明知他人从事前款活动,为其提供条件的,依照前款的规定处罚。

(28)以营利为目的,为赌博提供条件的,或者参与赌博赌资较大的,处5日以下拘留或者500元以下罚款;情节严重的,处10日以上15日以下拘留,并处500元以上3000元以下罚款。

(29)有下列行为之一的,处10日以上15日以下拘留,可以并处2000元以下罚款;情节较轻的,处5日以下拘留或者500元以下罚款:

①非法持有鸦片不满二百克、海洛因或者甲基苯丙胺不满十克或者其他少量毒品的;

②向他人提供毒品的;

③吸食、注射毒品的;

④胁迫、欺骗医务人员开具麻醉药品、精神药品的。

(30)教唆、引诱、欺骗他人吸食、注射毒品的,处10日以上15日以下拘留,并处 500 元以上 2000 元以下罚款。

(31) 旅馆业、饮食服务业、文化娱乐业、出租汽车业等单位的人员,在公安机关查处吸毒、赌博、卖淫、嫖娼活动时,为违法犯罪行为人通风报信的,处 10 日以上 15 日以下拘留。

(32) 饲养动物,干扰他人正常生活的,处警告;警告后不改正的,或者放任动物恐吓他人的,处 200 元以上 500 元以下罚款。

七、破坏交通工具罪

(一) 破坏交通工具罪的概念

破坏交通工具罪,是指故意破坏机动交通工具,足以使其发生倾覆、毁坏危险,或造成其他严重后果的犯罪行为。

(二) 破坏交通工具罪的特征

根据《刑法》规定,破坏交通工具罪有以下特征:

(1) 破坏交通工具罪的主体是一般主体,且只限于自然人。

(2) 破坏交通工具罪的客体是交通安全。仅有破坏交通工具的行为而不致侵害交通安全的,如破坏正在检修中的交通工具,破坏尚未使用的交通工具,都不构成此罪。

(3) 破坏交通工具罪的客观方面表现为破坏火车、汽车、电车、船只、航空器,足以使其发生倾覆、毁坏危险或造成严重后果,危害公共安全的行为。

(4) 破坏交通工具罪的主观方面是故意,可以由直接故意构成,也可由间接故意构成。

(三) 破坏交通工具罪的处罚

《刑法》第 116 条规定:破坏火车、汽车、电车、船只、航空器,足以使火车、汽车、电车、船只、航空器发生倾覆、毁坏危险,尚未造成严重后果的,处 3 年以上 10 年以下有期徒刑。

第 119 条第 1 款规定:破坏交通工具、交通设施、电力设备、燃气设备、易燃易爆设备,造成严重后果的,处 10 年以上有期徒刑、无期徒刑或者死刑。

八、信访

为了保持各级人民政府同人民的密切联系,保护信访人的合法权益,维护信访秩序,2005年1月10日国务院以431号令发布了《信访条例》,自2005年5月1日起施行。

(一)信访的概念

信访,是指公民、法人或者其他组织采用书信、电子邮件、传真、电话、走访等形式,向各级人民政府、县级以上人民政府工作部门反映情况,提出建议、意见或者投诉请求,依法由有关行政机关处理的活动。

(二)信访事项的提出

(1)信访人提出信访事项,一般应当采用书信、电子邮件、传真等书面形式;信访人提出投诉请求的,还应当载明信访人的姓名(名称)、住址和请求、事实、理由。有关机关对采用口头形式提出的投诉请求,应当记录信访人的姓名(名称)、住址和请求、事实、理由。

(2)信访人采用走访形式提出信访事项的,应当到有关机关设立或者指定的接待场所提出。多人采用走访形式提出共同的信访事项的,应当推选代表,代表人数不得超过5人。

(3)信访人提出信访事项,应当客观真实,对其所提供材料内容的真实性负责,不得捏造、歪曲事实,不得诬告、陷害他人。

(三)信访人应当遵守的规定

信访人在信访过程中应当遵守法律、法规,不得损害国家、社会、集体的利益和其他公民的合法权利,自觉维护社会公共秩序和信访秩序,不得有下列行为:

(1)在国家机关办公场所周围、公共场所非法聚集、围堵、冲击国家机关,拦截公务车辆,或者堵塞、阻断交通的。

(2)携带危险物品、管制器具的。

(3)侮辱、殴打、威胁国家机关工作人员,或者非法限制他人人身自由的。

（4）在信访接待场所滞留、滋事，或者将生活不能自理的人弃留在信访接待场所的。

（5）煽动、串联、胁迫、以财物诱使、幕后操纵他人信访或者以信访为名借机敛财的。

（6）扰乱公共秩序、妨碍国家和公共安全的其他行为。

第二节　劳动安全卫生

一、劳动安全卫生概述

劳动安全卫生又称职业安全健康。职业安全健康是现代企业安全管理国际通称，过去我国将其称为劳动安全卫生，包括安全生产、劳动保护和职业卫生。

劳动安全卫生是使员工在劳动过程中不发生人身伤亡事故或职业病，实现安全生产和文明生产，从而保障员工在劳动过程中的安全和身心健康。具体讲有以下三项基本任务：一是保证劳动安全。企业通过各种技术的和组织的措施，消除劳动过程中的不安全因素，把不安全因素降到最低限度，从而保障员工在安全和符合职业卫生标准的条件下从事劳动。二是合理安排劳动时间，实现劳逸结合。保障员工有充分的休息休假时间，包括休息、睡眠和一定的文体活动。三是实行女员工和未成年工特殊保护。由于女员工和未成年工自身的生理特点，抵抗力差、患病率高，特别是女员工在孕期、产期和哺乳期内患病率更高，所以要有更多的劳动保护。

二、安全生产方针

1952年，第二次全国劳动保护工作会议提出了劳动保护工作必须贯彻安全生产的方针。1985年1月3日，全国安全生产委员会正式提出将"安全第一、预防为主"作为安全生产方针，并写入了党的十三届五中全会决议。2006年，党的第十六届五中全会提出了"安全第一、预防为主、综合治理"的12字方针，党的十八大报告明确要求"强化公共安全体系和企业安全生产基础建设,遏制重特大安全事故",进一步加强和完善我国的安全生产管理工作。

安全第一:首先强调安全的重要性,它要求我们在一切生产活动中要把安全工作放在首要位置,优先考虑。

预防为主:是指在实现安全第一的许多工作中,做好预防工作是最主要的。它要求我们防微杜渐,防患于未然,把安全事故和职业病消灭在发生之前。

综合治理:是综合运用经济、法律、行政等手段,人管、法治、技防多管齐下,并充分发挥社会、职工、舆论的监督作用,有效解决安全生产领域的问题。

三、劳动安全卫生法规简介

(一)劳动安全卫生法规概述

国家为了保护劳动者在劳动过程中的安全和健康所制定的各种法律规范的总和,称为劳动安全卫生法规。劳动安全卫生法规规定的范围包括:在劳动安全卫生方面对劳动者的保护;在工作时间方面对劳动者的保护;对女工和未成年工的特殊保护。

劳动安全卫生法规具有一定的强制性。一切有关的企业、机关和人员必须严格执行。对严重违反劳动安全卫生法规的任何人,都要追究其法律责任。

(二)《宪法》及主要基本法关于劳动安全卫生方面的规定

《宪法》第 42 条规定:"国家通过各种途径,创造劳动就业条件,加强劳动保护,改善劳动条件,并在发展生产的基础上,提高劳动报酬和福利待遇。"

《中华人民共和国劳动法》(以下简称《劳动法》)第四章规定了劳动者的工作时间和休息休假。第六章规定了有关劳动安全卫生的事项。第七章规定了对女职工和未成年工的特殊保护。

(1)工作时间。《劳动法》第三十六条规定"国家实行劳动者每日工作时间不超过八小时,平均每周工作时间不超过四十四小时的工时制制度。"现根据《国务院关于职工工作时间的规定》(1995 年 3 月 25 日国务院第 174 号令)第 3 条的规定,职工每周工作时间修改为四十小时。

(2)休息休假。《劳动法》第四十条规定了:元旦、春节、国际劳动节和国庆节为法定节日。《国务院关于修改〈全国年节及纪念日放假办法〉的决定》(第513号国务院令)增加了:清明节、端午节和中秋节。

(3)劳动安全卫生管理。用人单位必须建立、健全劳动安全卫生制度、严格执行国家劳动安全卫生规程和标准,对劳动者进行劳动安全卫生教育,防止劳动过程中的事故,减少职业危害。

(4)劳动安全卫生工作"三同时"。劳动安全卫生设施必须符合国家规定的标准。新建、改建、扩建工程的劳动安全卫生设施必须与主体工程同时设计、同时施工、同时投入生产和使用。

(5)劳动保护。用人单位必须为劳动者提供符合国家规定的劳动安全卫生条件和必要的劳动防护用品,对从事有职业危害作业的劳动者应当定期进行健康检查。

(6)特种作业人员。从事特种作业的劳动者必须经过专门培训并取得特种作业资格。

(7)国家对女职工和未成年工的劳动保护政策。其中《劳动法》第五十八条规定,"国家对女职工和未成年共实行特殊劳动保护。未成年工是指年满十六周岁未满十八周岁的劳动者。"

第五十九条规定,"禁止安排女职工从事矿山井下、国家规定的第四级体力劳动强度的劳动和其他禁忌从事的劳动。"

第六十条规定,"不得安排女职工在经期从事高处、低温、冷水作业和国家规定的第三级体力劳动。"

第六十一条规定,"不得安排女职工在怀孕期间从事国家规定的第三级体力劳动强度的劳动和孕期禁忌从事的劳动。对怀孕七个月以上的女职工,不得安排其延长工作时间和夜班劳动。"

第六十四条规定,"不得安排未成年工从事矿山、有毒有害、国家规定的第四体力劳动强度的劳动和其他禁忌从事的劳动。"

第六十五条规定,"用人单位应当对未成年工定期进行健康检查。"

四、职工劳动安全卫生的权利、义务和职责

根据《中华人民共和国安全生产法》有关规定,职工在劳动安全卫生方面的权利和义务主要包括以下几个方面：

（一）职工劳动安全卫生的权利

（1）企业与职工订立的劳动合同，应当载明有关保障职工劳动安全、防止职业危害的事项，以及依法为职工办理工伤社会保险的事项。

企业不得以任何形式与职工订立协议，免除或者减轻其对职工因生产安全事故伤亡依法应承担的责任。

（2）企业的职工有权了解其作业场所和工作岗位存在的危险因素、防范措施及事故应急措施，有权对本单位的安全生产工作提出建议。

（3）职工有权对本单位安全生产工作中存在的问题提出批评、检举、控告；有权拒绝违章指挥和强令冒险作业。

企业不得因职工对本单位安全生产工作提出批评、检举、控告或者拒绝违章指挥、强令冒险作业而降低其工资、福利等待遇或者解除与其订立的劳动合同。

（4）职工发现直接危及人身安全的紧急情况时，有权停止作业或者在采取可能的应急措施后撤离作业场所。

企业不得因职工在前款紧急情况下停止作业或者采取紧急撤离措施而降低其工资、福利等待遇或者解除与其订立的劳动合同。

（5）因生产安全事故受到损害的职工，除依法享有工伤社会保险外，依照有关民事法律尚有获得赔偿的权利的，有权向本单位提出赔偿要求。

（二）职工劳动安全卫生的义务

（1）职工在作业过程中，应当严格遵守本单位的安全生产规章制度和操作规程，服从管理，正确佩戴和使用劳动防护用品。

（2）职工应当接受安全生产教育和培训，掌握本职工作所需的安全生产知识，提高安全生产技能，增强事故预防和应急处理能力。

（3）职工发现事故隐患或者其他不安全因素，应当立即向现场安全生产管理人员或者本单位负责人报告。

（三）职工的安全生产职责

（1）自觉遵守安全生产规章制度和劳动纪律，不违章作业，并要随时制止他

人违章作业;

(2)遵守有关设备的维修保养制度中职工应做到的条款,为设备安全与正常运转尽到责任;

(3)爱护和正确使用机器设备、工具,经常关心自己周围的安全生产情况,向有关领导或部门提出合理化建议或意见;

(4)努力学习和掌握安全知识和技能,熟练掌握本工种操作程序和安全操作规程,积极参加各种安全生产宣传、教育、评比、竞赛、管理活动,牢固树立安全第一思想和自我保护意识,遵章守纪,做到"四不伤害",即:不伤害自己、不伤害他人、不被他人伤害,保护他人不受伤害,对个人安全生产负责。

五、劳动过程中的不安全因素

为保障劳动者在安全和健康的条件下从事劳动,企业应通过各种技术的和组织的措施,消除劳动过程中的不安全因素,把不安全因素降到最低限度。因此,我们必须首先了解劳动过程中的不安全因素有哪些。劳动过程中的不安全因素可分为客观因素和主观因素。

(一)客观因素

包括作业环境、劳动工具和劳动对象3方面的不安全因素。

(1)作业环境的不安全因素,如:高空、高温、低温、粉尘、噪声、电离辐射、光弧、有限空间,以及作业环境中存在的致害动物、植物等不安全因素。

(2)劳动工具方面的不安全因素,如:高速运转的工具、起重机(桥式起重机、流动式起重机、塔式起重机),电梯(包括:人梯、货梯、食梯),高压机具(包括:锅炉含压力、常压,压力容器含空压机、CNG、LPG气罐加气站、车载罐及土暖器),厂内机动车等形成的不安全因素。

(3)劳动对象方面的不安全因素,如:有毒、腐蚀性、易燃、易爆物质成的不安全因素。

(二)主观因素

包括管理因素和个人因素。

1. 管理因素

管理因素是指在组织和管理方面而形成的不安全因素,尤其是管理者的违章指挥;或者人员调动频繁,不熟练工人过多,组织不当;特种作业人员无证上岗;或者指令不明,分工不清,配合失调;或者缺勤过多,定员不足,盲目加班加点造成超负荷劳动等。

2. 个人因素

个人因素是指由于个人方面的原因造成的不安全因素。如职工对设备、工艺不熟悉,操作不熟练,心理情绪不稳定,精力不集中,辨识功能异常,超负荷作业,尤其是违章作业、违反劳动纪律,不按安全操作规程和工艺流程作业等不安全因素。

在个人因素中,违章作业是造成事故发生的最主要原因。凡在劳动生产过程中违反国家颁发的各种法规性文件和企业、事业单位及其上级管理机关制定的反映安全生产客观规律的各种规章制度,(包括工艺技术、生产操作、劳动保护、安全规律等方面的规程、规则、章程、条例、办法和制度等以及有关安全生产的通知、决定等)均属违章作业。其主要内容概括如下:

(1)不按照规定正确穿戴和使用各类劳动保护用品和在生产过程中穿拖鞋、凉鞋、高跟鞋、裙子、喇叭裤、围巾以及长发辫、袒胸露背等。

(2)工作不负责任,擅自离岗、串岗、饮酒、干私活及在工作时间内从事与本职工作无关的活动。

(3)发现设备或安全防护装置缺损,不向领导反映,继续操作、自作主张、擅自将安全防护装置拆除并弃之不用者。

(4)忽视安全、忽视警告,冒险进入危险区域、场所和攀、坐不安全位置。

(5)不按照操作规程、工艺要求操作设备,擅自用手代替工具操作、用手清除切屑,不用夹具固定、用手拿工件进行机加工等。

(6)擅自动用未经检查、验收、移交或查封的设备和车辆,以及未经领导批准任意动用非本人操作的设备和车辆。

(7)不按操作规定,擅自在机器运转时加油、修理、检查、调整、落料、焊接、清扫和排除故障等工作。

(8) 不按照规定及时清理作业现场,清除的废料、垃圾不向规定地点倾倒,工件和附件任意摆放,堵塞通道。

(9) 使用已失去额定负荷能力或符合安全要求的各种起重设备、设施和工具(如:绳、链、钩、环以及各种吊具等)。

(10) 不执行"危险作业申请单"所规定的安全防范措施,对领导的违章指挥盲目服从不加抵制。

(11) 对易燃、易爆、剧毒物品,不按规定进行储运、收发和处理。

(12) 特种作业工种无证单独操作、机动车辆无证驾驶;特种设备和要害部门,不认真登记和交接班,擅自离岗或睡觉。

(13) 在公交车辆检修过程中不按规定打掩、挂牌,无气压或低气压移动车辆等。

(14) 在场院内驾驶公交车超速行驶、不按标线行驶、倒车无人看护等。

(15) 经验承包中不讲安全,以拼设备、拼体力来抢时间、赶速度、冒险蛮干,或不按照工艺要求操作设备,使设备超负荷运行。

(16) 违反其他法律、法规明文规定的行为。

职工在劳动过程中违章作业,不仅可能会导致生产混乱,对生产造成损失,而且给人身安全也将带来危害。所以,只有每个劳动者都能严守规章制度,严守劳动纪律,杜绝违章,做到"四不伤害",才能杜绝"三违"行为,最大限度地减少和消除各类伤亡事故的发生,从而克服安全生产工作中的薄弱环节,切实解决企业安全生产工作中存在的各类问题,使"安全第一,预防为主"的方针真正落到实处。

六、职业危害因素与职业病

(一)职业危害因素

在生产劳动过程中对劳动者的健康产生危害的因素,称为职业危害因素。职业危害因素按其来源和性质可分为3大类。

1. 与生产过程有关的职业危害因素

(1) 化学因素:包括生产性毒物(如铅、汞、苯等)、生产性粉尘(砂尘、石棉尘、金属粉尘等)。

(2)物理因素:包括高温、低温、辐射、噪声、振动。

(3)生物因素:包括炭疽杆菌、霉菌、布氏杆菌、病毒、真菌等。

2. 与劳动过程有关的职业危害因素

(1)劳动制度与劳动组织不合理造成对劳动者健康的损害,如:安排的作业与劳动者的健康或生理状态不相适应。

(2)长时间处于某种不良体位或使用不合理的工具等。

3. 与作业环境有关的职业危害因素

(1)不良气象条件、厂房狭小、车间布置不合理。

(2)场所的卫生技术条件不良或生产工艺设备缺陷,如通风、照明不良等。

(3)缺乏防尘、防毒、防暑降温等设备或设备不完善。

(4)其他安全防护或个体防护用品不足或有缺陷。

职业危害因素只有在一定的条件下才会对人体造成危害,主要是取决于有害因素的强度(剂量);人体接触有害因素的机会和程度;个体因素和环境因素等。

(二)职业病

劳动者在生产过程中由于接触职业性有害因素(即生产性有害因素)而引起的疾病,称为职业病。由国家主管部门公布的职业病目录所列的职业病称为法定职业病,法定职业病依据《工伤保险条例》享受有关待遇。目前我国列入职业病目录的共有10大类,132种。分别为:职业性尘肺病及其他呼吸系统疾病19种、职业性皮肤病9种、职业性眼病3种、职业性耳鼻喉口腔疾病4种、职业性化学中毒60种、物理因素所致职业病7种、职业性放射性疾病11种、职业性传染病5种、职业性肿瘤11种、其他职业病3种。

职业病诊断应当由省级以上人民政府卫生行政部门批准的医疗卫生机构承担。劳动者可以在本人居住地或企业所在地依法承担职业病诊断的医疗机构进行职业病诊断。

(三)发放劳动防护用品的意义

向职工发放劳动防护用品,加强个体防护是控制职业危害和预防职业病发生的一个必不可少的辅助性措施。劳动防护用品是根据生产工作的实际需要发给个人的,每个职工在生产工作中都应按照有关规定佩戴好相应岗位的防护用品,并正确使用,使其确实起到防护作用,保证自身的安全和健康。

七、三级安全教育

劳动过程中的各种不安全因素都有可能导致事故或职业病的发生,造成人员伤亡或企业财产损失。因此,为避免事故的发生,我们就必须做好职业安全卫生的预防工作。预防工作的首要任务就是要从职工的安全教育抓起,通过对职工实施三级安全教育,增强广大职工的安全意识,提高职工安全技术水平和防范事故能力。实践证明,三级安全教育是企业实现安全文明生产的一种行之有效的教育方式,并且已形成一种制度,企业必须实施,职工必须参加,并经考试合格后,方准上岗。

三级安全教育是对全厂职工实行安全生产教育的方式,它包括:厂级教育、车间(车队)教育和班组教育。厂级教育,是对新入厂工人在分配到车间(车队)或工作岗位之前,由厂的劳动安全部门进行初步的安全教育;车间(车队)教育,是新工人从厂部分配到车间(车队)后,再由车间(车队)进行安全教育;班组教育,是新工人进入工作岗位以前的安全教育。

(一)厂级教育的内容

劳动安全卫生法律、法规,通用劳动卫生和安全文化的基本知识、一般的安全技术知识,本企业劳动安全卫生规章制度及安全生产状况、企业内不安全点的介绍,劳动纪律和有关事故案例等项内容。

一般的安全技术知识是指企业所有职工都必须具备的基本安全生产技术知识。主要包括:企业内的危险设备和区域及其安全防护的基本知识和注意事项;有关电器设备(动力及照明)的基本安全知识,起重机械和厂内运输有关的安全知识;生产中使用的有毒有害原材料或可能散发有毒物质的安全防护基本知识;企业中一般安全制度和规则,个人防护用品的正确使用以及伤亡事故报告办法等。

（二）车间（车队）教育的内容

本车间（车队）劳动安全卫生状况和规章制度；本车间应该重视的安全问题，主要危险危害及安全事项，预防工伤事故和职业病的主要措施，相应专业安全生产技术知识，典型事故案例及事故应急处理措施等项内容。

专业安全生产技术知识，包括安全生产技术知识、工业卫生技术知识以及根据这些技术知识和经验制定的各种安全生产操作规程等。内容涉及锅炉、受压容器、起重机械、电气、焊接、防爆、防尘、防毒、噪声控制等。

（三）班组教育的内容

遵章守纪，新工人从事岗位操作必要的安全知识和安全技能，岗位安全操作规程；本工段、本班组、本岗位的安全生产状况、工作性质、职责范围；岗位间工作衔接配合的安全卫生事项；典型事故案例；各种机具设备及安全防护设备的性能、作用，个人防护用品（用具）的性能及正确使用方法等项内容。

安全生产技能是指人们安全完成作业的技巧和能力。它包括作业技能、熟练掌握作业安全装置实施的技能以及在应急情况下进行妥善处理的技能。

八、安全用电

工厂里用电设备很多，每个工人接触电气设备的机会也多。但作为新工人必须掌握如下用电安全基本知识

（1）车间内的电气设备，不要随意乱动。自己使用的设备、工具，如果电气部分出了故障，不得私自修理，也不能带故障运行，应立即请电工检修。

（2）自己经常接触和使用的配电箱、配电盘、闸刀开关、按钮开关、插座、插销以及导线等，必须保持完好、安全，不得有破损或将带电部分裸露出来。

（3）在操作闸刀开关、磁力开关时，必须将安全盖盖好，防止万一短路时发生电弧或熔丝熔断伤人。

（4）使用的电气设备，其外壳按有关安全规程，必须进行防护性接地或接零。对于接地或接零的设施要经常进行检查，一定要保证连接牢固，接地或接零的导线不得有任何断开的地方，否则接地或接零就不起任何作用了。

（5）如需要移动某些非固定安装的电气设备（如电风扇、照明灯、电焊机

等),必须先切断电源,同时导线要收拾好,不得在地面上拖来拖去,以免磨损。如果导线被物体轧住时,不要硬拉,防止将导线拉断。

(6)在使用手电钻、电砂轮等手用电动工具时,由于这些工具操作人员需要直接用手把握,同时又是到处移动,极不安全,很容易造成触电事故。为此必须注意如下事项:

①必须安装漏电保安器,同时工具的金属外壳应进行防护性接地或接零。

②对于使用单相电源的手持电动工具,其导线、插销、插座必须符合单相三眼的要求;对于使用三相电源的手持电动工具,其导线、插销、插座必须符合三相四眼的要求(其中有一项用于防护接零);工作时严禁将导线直接插入插座内使用。

③在通常情况下使用第Ⅰ类手持电动工具的操作人员,工作中必须穿绝缘鞋。

④注意不得将工件等重物压在导线上,防止轧断导线发生触电。

(7)工作台上,机床上使用的局部照明灯,其电压不得超过36V。

(8)使用的行灯要有良好的绝缘手柄和金属护罩。灯泡的金属灯口不得外露,引线要采用有护套的双芯软线,并装有"T"形插头,防止插入高电压的插座上;行灯的电压在一般场所,不得超过36V,在特别危险的场所(如锅炉、金属容器内、潮湿的地沟等处),其电压不得超过12V。

(9)在一般的情况下,禁止使用临时线。如必须使用时,必须经过单位安技部门批准。同时临时线应按有关安全规定装好,不得随便乱拉乱拽,并按规定时间拆除。

(10)在进行容易产生静电火灾、爆炸事故的操作时(如擦拭金属板材等)必须有良好的接地装置,以便及时导除聚集的静电。

(11)在雷雨天,不要走近高压电杆、铁塔、避雷针的接地导线周围20m之内,以免有雷击时发生雷电流入地下产生跨步电压触电。

(12)在遇到高压电线断落到地面时,导线断落点周围10m以内,禁止人员入内,以防跨步电压触电。如果此时已有人在10m以内,为了防止跨步电压触电,不要跨步奔走,应用单足或并足跳离危险区。

(13)发生电气火灾时,应立即切断电源,用黄砂、二氧化碳等灭火器材灭火。切不可用水或泡沫灭火器灭火,因为它们有导电的危险。救火时应注意自己身体的任何部分及灭火器具不得与电线、电气设备接触,以防发生触电。

(14)在打扫卫生、擦拭设备时,严禁用水冲洗电气设施,或用湿抹布去擦拭电气设施,以防发生短路和触电事故。

九、安全标识

(一)安全标志

安全标志是由安全色、几何图形和图形符号所构成,用以表达特定的安全信息。此外,还有补充标志,它是安全标志的文字说明,必须与安全标志同时使用。安全标志的作用,主要在于引起人们对不安全因素的注意,预防事故发生。但不能消除任何危险,不能代替安全操作规程和防护措施。安全标志分为禁止标志、警告标志、指令标志和提示标志4类。

1. 禁止标志

禁止标志的含义是不准或制止人们的某种行动。其几何图形是带斜杠的圆环,图形背景为白色,圆环和斜杠为红色,图形符号为黑色。禁止标志有禁止烟火、禁止吸烟、禁止用水灭火、禁止通行、禁放易燃物、禁带火种、禁止启动、修理时禁止转动、运转时禁止加油、禁止跨越、禁止乘车、禁止攀登、禁止饮用、禁止架梯、禁止入内、禁止停留16个。

2. 警告标志

警告标志的含义是使人们注意可能发生的危险。其几何图形是三角形,图形背景为黄色,三角形边框及图形符号均为黑色。警告标志有:注意安全、当心火灾、当心爆炸、当心腐蚀、当心有毒、当心触电、当心机械伤人、当心伤手、当心吊物、当心扎脚、当心落物、当心坠落、当心车辆、当心弧光、当心冒顶、当心瓦斯、当心塌方、当心坑洞、当心电离辐射、当心裂变物质、当心激光、当心微波、当心滑跌23个。

3. 指令标志

指令标志的含义是告诉人们必须遵守的意思。其几何图形是圆形,背景为蓝色,图形符号为白色。指令标志有:必须戴防护眼镜、必须戴防毒面具、必须戴安全帽、必须戴护耳器、必须戴防护手套、必须穿防护靴、必须系安全带、必须穿防护服8个。

4. 提示标志

提示标志的含义是向人们提示目标的方向。其几何图形是长方形,按长短边的比例不同,分一般提示标志和消防设备提示标志两类。一般提示标志的背景为绿色,图形符号及文字为白色。一般提示标志有太平门、安全通道。消防提示标志的背景为红色,图形符号及文字为白色。消防提示标志有:消防警铃、火警电话、地下消火栓、地上消火栓、消防水带、灭火器、消防水泵接合器7个。

(二)安全线

安全线是工矿企业中用以划分安全区域与危险区域的分界线。如厂房内安全通道的标示线等。国标规定安全线用白色,宽度不得小于60mm。

十、伤亡事故

(一)伤亡事故的概念和分类

1. 伤亡事故的概念

伤亡事故是指企业职工在生产劳动过程中发生的人身伤亡和急性中毒事故。

2. 伤亡事故的分类

(1)按事故类别分,包括:物体打击、车辆伤害、机械伤害、起重伤害、触电、淹溺、灼烫、火灾、高处坠落、坍塌、冒顶片帮、透水、放炮、火药爆炸、瓦斯爆炸、锅炉爆炸、容器爆炸、其他爆炸、中毒和窒息、其他伤害。

(2)按伤害程度分,包括:轻伤、重伤和死亡。轻伤是指造成职工肢体伤残或某些器官功能性或器质性轻度损伤,表现为劳动能力轻度或暂时丧失的伤害。损失工作日低于105日。重伤是指造成职工肢体残缺或视觉、听觉等器官受到严重损伤,一般能引起人体长期存在功能障碍或劳动能力有重大损失的伤害。损失工作日等于和超过105日。

(3)按事故严重程度分,包括:轻伤事故,是指一次事故中只发生轻伤的事故。重伤事故,是指一次事故中只发生重伤(包括伴有轻伤)、无死亡的事故。死亡事故,是指事故中发生人员的死亡。死亡事故又分为:一般事故,是指一次事故中死亡1~2人的事故;较大事故,是指一次事故中死亡3~9人的事故;重大事故,是指一次事故中死亡10~29人的事故;特别重大事故是指一次事故中死亡30人(含30人)以上的事故。

(二)公交集团公司伤亡事故的报告和处理原则

1. 伤亡事故的报告

发生伤亡事故时,事故现场有关人员(受伤者或周围同志)应立即报告本单位负责人。事故单位负责人接到报告后,第一时间向所在部门(分公司)相关专业管理部门报告,并在事故处理过程中及时续报。

发生重伤、死亡、较大社会影响的事故时,事故现场有关人员可直接向所在部门(分公司)主管领导报告。

所在部门(分公司)相关专业管理部门接到报告后,按照事故等级报告公交集团公司有关部门。其中较大以上级别事故:事故信息经本部门和分公司主要领导审核后,立即双渠道报告集团公司安保部(应急管理中心)、集团公司相关专业管理部门和属地公安、安监等部门。

集团公司安保部(应急管理中心)和相关专业管理部门接到事故报告后,根据《公交集团公司重特大安全生产事故和突发事件应急救援方案》按较大事故、重特大事故分级报告、处置。

2. 伤亡事故处理的原则

伤亡事故要按照"四不放过"的原则进行处理。即事故原因未查清不放过;事故责任者和职工未受到教育不放过;防范措施未制定和落实不放过;有关责任人未按照追究制度追究不放过。

(三)工伤申报

(1)工伤申报时限。根据工伤保险条例规定,企业依据《工伤保险条例》的认定条件进行工伤申报的时限为一个月。当企业没有给予申报时,职工本人或亲属可以直接向本单位注册地的人力资源和社会保障局工伤管理部门申报。职工个人申报的时限为一年,时限计算开始时间为工伤发生之日。

(2)工伤职工申报工伤应准备的资料:劳动合同的(复印件)、工伤认定申请书(原件)、初次诊断证明(原件)、本人身份证(复印件)伤者一寸彩照(6张)、证人的证明材料(2人)等。如交通事故、治安事件引发的工伤应有公安部门的有关材料。见义勇为受到的伤害应有民政部门的证明材料等。

(四)北京公交系统1991~2015年企业职工因工伤亡事故状况

自1991年至2015年公交系统共计发生各类死亡事故26起。分别为车辆伤害事故19起、高空坠落事故2起、触电事故2起、机械伤害1起、火灾事故1起、坍塌事故1起。在各类事故中,车辆伤害事故占事故总起数的73.07%,尤其是2002年以后发生的11起死亡事故全部都是车辆伤害事故。由以上分析得出,防止发生车辆伤害事故是公交企业抓好劳动安全卫生工作的重点之一。

1. 车辆伤害事故

车辆伤害事故是指本企业机动车辆在场院内发动、行驶过程中的挤、压、撞车或倾覆等事故造成的人员伤亡。

2. 防止发生车辆伤害事故的五个重点环节

通过对历年发生的车辆伤害事故原因的分析,公交集团公司总结出了防止发生车辆伤害事故的5个重点环节,即:

(1)倒车必须有人看护。倒车前要做到"查挡位、三面看",并有监护人在车外的安全区域内照顾。

(2)严禁无气压(或低气压)移车。在场院内发动车辆前,必须检查"车下是否有人或障碍物";起步行驶前必须检查车辆气压是否符合标准;遇有异常禁止发动和驾驶车辆。

(3)严禁非驾驶员发动和驾驶车辆。

(4)车下修车,转向盘上要挂警示牌。从事车下作业时,操作人员必须在转向盘处悬挂"车下有人,严禁开动"警示牌;谁挂牌谁摘牌,其他人员严禁挪动。停站车应拉驻车制动。在地面、地沟修车未使用举升器的情况下,前后轮必须打掩。

(5)大门口、场院内应设限速(5km/h)、导向、警告和禁行标志,车辆进出场院门和车间速度不大于5km/h,在场院内行车速度不大于20km/h,在规定的区域、规定的时间试制动,速度不大于 30km/h,且有看护人员。

上述防止车辆伤害事故的 5 个重点环节,必须教育全体驾驶员严格遵守,同时教育有关人员防止发生车辆伤害事故。

十一、工作时间

(一)工作时间

工作时间是指法律规定劳动者在一定时间(工作日、工作周)应该劳动的小时数。包括劳动者实际工作时间、在生产或工作前从事必要的准备和结束时间、连续性有害健康工作的间歇时间以及女职工哺乳时间等。

(二)标准工时制度

标准工时制度是指每日工作 8 小时,每周工作 40 小时的工作制度。

(三)非标准工时制度

非标准工时制度是指因企业工作性质或生产特点限制,不能实行每日工作 8 小时、每周工作 40 小时的标准工时制度,而实行非标准工时制度。非标准工时制度包括:综合计算工时工作制和不定时工作制。

实行综合计算工时工作制,应分别以周、月、季、年为周期综合计算工作时间,但其平均日工作时间和平均周工作时间应与法定标准工作时间相同,即平均每日工作不超过 8 小时,平均每周工作不超过 40 小时。

不定时工作制是指因企业生产特点、工作特殊需要或职责范围的关系,无法按标准工作时间安排工作或因工作时间不固定,需要机动作业的职工所采用的弹性工时制度。对于实行不定时工作制的职工,企业应当根据标准工时制度合理确定职工的劳动定额或其他考核标准,保障职工休息权力。

(四)目前公共电汽车实行的工时制度

根据国家的有关规定,企业实行综合计算工时工作制和不定时工作制,应向企业营业执照注册地的区、县人力资源和社会保障局申报并同意。公交集团公司所属各客运分公司的驾驶员、乘务员以及为完成运营任务而服务的其他岗位人员(包括:调度员、票务员、加油工、抢修工、站工、看车打车员、炊事员、锅炉工、水质化验员、电话员、配电室人员、架线工等）均实行综合计算工时工作制。出租汽车驾驶员、旅游车驾驶员、旅游导游员等以经济承包形式确定工作内容的职工和科级以上各级管理人员均实行不定时工作制。

十二、职业着装

公交集团公司统一职业装款式、颜色、面料，职业装按季节穿着。

（一）职业装组成

公交集团公司职业装由以下组成：

（1）春秋装：外衣（配硬肩章）、长袖衬衣（配软肩章）、马甲、领带。

（2）夏装：半袖衬衣（配软肩章）、长裤。

（3）冬装：防寒服。

（4）服装附属品：工号牌、星号牌、臂章、软（硬）肩章。

（二）职业装发放

职业装属于特殊劳动保护用品，是企业文化的重要组成部分，其换发实行交旧换新制度，不交旧者不发新。因服装丢失不能交旧者，应书面向车队主管领导提出申请，写明原因，由车队主管领导签字同意，报人力资源部审核备案，并按规定缴纳补偿费后方可发放新装。

（三）职业装使用

按规定着职业装的员工，在工作时间内，必须按本办法规范着装，严禁将服装脱下搭垫在座椅靠背上，严禁在非工作时间穿着职业装，各级稽查部门和基层车队安服队长负责检查、考核员工着装情况。

（四）职业装管理

职业装不得外借，不得私自改变其原有特征和标识，应做到经常洗涤，保持干净平整，不得有破损和污渍。因保管不当造成服装严重污损，影响穿着的当事人应如实申报，单位应视污损性质和具体情况按规定缴纳补偿费后换发，穿着周期重新计算。

各单位应为员工提供更衣条件，配备更衣柜，保障员工上下班更换职业装。

职业装不能作为免费乘坐公共交通工具的标志,员工乘坐公共交通工具时应按规定使用员工卡。

第三节 交通安全

一、职工应了解的交通安全知识

(一)行人安全

行人在道路上行走,一定要遵守交通法规。

(1)行人要走人行道,没有人行道的地方要靠路边行走。

(2)过马路要走人行横道,先看后走;有交通信号控制的人行横道,须遵守信号规定;注意车辆,不要追逐、猛跑。

(3)不得横跨翻越道路之间的路栏,要走过街天桥或地下通道;没有人行横道、过街通道的,不准在车辆临近时突然猛穿。

(4)不得在道路上扒车、追车、强行拦车或抛物击车。不得穿越、倚坐人行道、车行道护栏。

(5)学前儿童在街道上行走,须有成年人带领。

(6)在交叉路口通过无信号灯控制的人行横道时,须让按放行信号直行或者左转弯的车辆先行。

(7)通过铁路道口,如果遇有道口栏杆关闭须等候放行,通过无人看管的道口,一定要左右瞭望,确认安全后,方可通过。

(二)骑车安全

骑车人遵守交通规则是保证交通安全的重要一环,要求骑车人要做到

(1)不准双手离把、攀扶其他车辆或手中持物骑车。

(2)不准牵引车辆或被其他车辆牵引。

(3)不准扶身并行、互相追逐或曲折竞驶。

(4)骑车人不准带人,带学龄前儿童时须遵守有关规定。

第四章　城市公共交通企业安全生产

(5)拐弯时要伸手示意,不准突然猛拐。

(6)超车时不得妨碍被超车的行驶。

(7)禁止在人行道、人行过街通道或横过人行横道时骑行。

(8)车辆须停放在存车处或指定地点,不准妨碍交通安全畅通。

(9)不准在道路上学骑自行车。

(10)不准在车行道上滞留。

(11)遇停止信号不准通过路口,不准沿路口绕行。

(12)不准进入非机动车禁驶区。

(13)左转弯沿路口中心右侧大转弯时,注意避让直行或左转弯的机动车。

二、驾驶员必须掌握的交通安全知识

驾驶员严格遵守交通法规是城市交通安全的重要保证。

(一)普通道路安全

(1)行车前要检查车辆各部位的技术状况,重点检查汽车的转向盘、制动、喇叭、灯光等主要安全装置,有故障不能出车。

(2)按规定车道行驶。

(3)严禁超速和疲劳驾驶。

(4)不准驶入实施交通管制的车道,不准在人行横道或禁止停车区停车。

(5)不准穿插排队等候的车辆,不准进入非机动车道行驶,不准在公交车道行驶。

(6)汽车行驶或加油时,不准吸烟,不准使用手持电话及寻呼机。

(7)严禁酒后驾车。

(8)严格按规定使用安全带,要配有效灭火器具,要按规定使用汽车喇叭和灯光。

(二)高速公路安全

(1)严格按照路段要求的车速行驶。

(2)严格按照规定车距行驶。

(3)严格按照规定车道行驶。

（4）严格按照规定将车停在指定停车区。

（5）机动车在高速公路上行驶，不得有下列行为：

①倒车、逆行、穿越中央分隔带掉头或者在车道内停车；

②在匝道、加速车道或者减速车道上超车；

③骑、轧车行道分界线或者在路肩上行驶；

④非紧急情况时在应急车道行驶或者停车；

⑤试车或者学习驾驶机动车。

（6）机动车在高速公路上发生故障时，警告标志应当设置在故障车来车方向 150m 以外，车上人员应当迅速转移到右侧路肩上或者应急车道内，并且迅速报警。

（三）铁路道口安全

车辆和行人通过铁路道口，必须听从道口管理人员的指挥。

（1）凡遇到道口栏杆（栏门）关闭、音响器发出报警、道口信号显示红灯，或道口管理人员示意停止行进时，车辆和行人必须依次靠右停在停车线以外，没有停车线的，停在距最外的钢轨 5m 以外。铁路道口的信号灯，两个红灯交替闪烁或红灯亮时，表示火车接近道口，禁止车辆、行人通行。当红灯熄灭白灯亮时，表示道口开通，准许车辆、行人通行。

（2）车辆在铁路道口停车等待通过时，要拉紧驻车制动，以防车辆溜滑。

（3）通过无人看守的道口时，需停车和止步观望，确认安全后，方可通行。

（4）通过道口遇有障碍物或前车有故障时，要在确保车辆能够顺利行驶的情况下通过，不可冒险通过。

（5）通过道口时，车辆必须与前车保持安全距离，不准换挡，平稳加油，缓速通过，且时速不得超过 20km，不准抢行，严禁车辆空挡或熄火滑行。

三、驾驶员的思想情绪与行车安全

驾驶员的思想情绪主要指对安全驾驶的认识以及喜、怒、哀、乐等情感。这中间起着关键作用的是人的觉悟和修养。通常情况下，只要思想认识正确、驾驶作风正派，一般不会发生责任行车事故；而大多数责任事故的肇事者，在思想上或驾驶作风上都存在着这样或那样的问题。每一个驾驶员都有安全行车的愿望并知道应该怎样去做,然而一些驾驶员在特定的环境和场合,下意识地突发了种种异常思想情绪而又不能自控,驱使其违章驾驶,酿成事故的发生。分析、防止和克服这些异常思想情绪对行车安全的干扰,杜绝违章驾驶,是行车安全的重要保证。驾驶员的不良思想情绪主要表现有:思想麻痹、赌气斗殴、超速强行、情绪波动、违纪操作等。

（一）思想麻痹

思想麻痹是造成事故的重要原因之一,主要表现:注意力不集中,对必要的安全教育和措施,视为老生常谈,久而久之便导致麻痹心理的形成。产生思想麻痹的原因有以下几种:

(1) 道路宽阔平坦,视野开阔,或夜间行车,车稀人少,路面清静,没有较复杂的交通环境。

(2) 由路(车)堵复杂路段转入平坦畅通的道路。

(3) 由城镇道路转入郊区道路。

(4) 在宽阔的无情况的道路上会车、让车、超车等。

(5) 下班车接近目的地。

(6) 在停车场内调头、试车、倒车或在有人看管的场地车辆进出站。

行车中,驾驶员要特别注意防止麻痹思想的露头,应始终如一地集中精力来观察和处理每一个危险情况,确保万无一失。

（二）赌气斗殴

在行车中,碰到不顺心或违背自己意愿的事情,而产生赌气情绪,把车辆当成发泄怨气或向对方施行报复的工具。赌气斗殴,虽与驾驶员的性格特征有关,但究其根本原因还是思想修养方面的问题,其思想根源就在于对赌气斗殴所造成的严重后果认识不足,没有真正确立安全第一思想。

（三）超速强行

表现心情急躁、急于到达目的地,难以控制自己的行驶速度。

（四）情绪波动

驾驶员的情绪波动大多是由思想问题引起的。人都有喜、怒、哀、乐的情绪，这是人的共性，是人对事物情感的一种体验形式。它带有较大的冲动性，并有明显的外在表现。积极的情感可以焕发出惊人的力量去克服困难；而消极的情感则大大妨碍正常工作的顺利进行。驾驶员情绪的波动，直接影响行车安全。因此，平时应学会调整、控制并注意保持稳定的思想情绪，防止在下列场合思想情绪受到干扰：

（1）工作顺利成绩显著受到称赞，或遇到挫折、出现失误、受到批评；家中喜事盈门或屡遭不幸；热恋或失恋，应特别防止精神亢奋或沮丧。

（2）服用兴奋、抑止性药物或遇人的生理周期变化时，注意防止亢奋或抑郁情绪的发生。

为此，驾驶员不能被生活中的喜、怒、哀、乐的情绪所支配要努力控制自己的情感，保持清醒的头脑，努力摆脱不利于行车安全的思想情绪。

四、饮酒与行车安全

因饮酒而造成交通事故的案例很多，在我国尽管早有"严禁酒后开车"的明确规定，但仍有些驾驶员不以为然，不能正确认识酒精的不良影响，以至此类事故时有发生，屡禁不止。

（一）饮酒对人体的危害

酒是一种饮用最广泛的刺激性饮料，其主要成分是乙醇，醇类化合物的一种。大量的酒精进入人体后，被胃壁、肠壁迅速吸收，浸入人体组织，溶入血液，会出现急性酒精中毒，造成一系列暂时性的身体和精神方面的损伤。当脑及其他组织内的酒精浓度增高时，首先，抑制大脑的功能，表现为兴奋亢进；当中毒进一步发展时，皮质下、中枢神经和小脑受到损害，活动逐渐迟钝；延至脊髓，使判断能力发生障碍，进而手脚迟缓，脉搏加快，最后导致呼吸中枢抑止而死亡。

（二）饮酒驾车、醉酒驾车的标准

饮酒驾车：车辆驾驶人员血液中的酒精含量大于或者等于20mg/100mL，小于80mg/100mL的驾驶行为。

醉酒驾车：车辆驾驶人员血液中的酒精含量大于或者等于80mg/100mL的驾驶行为。

(三)饮酒对驾驶行为的影响

由于饮酒对人体的损害会使驾驶员在行车过程中,产生一系列生理和心理功能障碍,包括:感觉机能迟钝,注意力被严重干扰,记忆力减退,思考判断能力低下,人的情感失控,性格发生暂时性的变化,从而导致驾驶行为的恶化。此时,会出现向静止的物体,安全装置、电杆、树木、护栏撞击,向停驶车辆冲撞,乃至发生逆行与车辆撞击、翻车等行车事故。

五、疲劳与行车安全

(一)疲劳产生的原因

驾驶员在复杂混合交通环境中操作,在大噪声、高气温、循环往复、单调重复的作用下,长时间连续用脑接收信息,判断和处理各种交通情况,脑部因供氧不足时,感觉器官及神经系统由于高度紧张集中便产生疲劳。

(二)疲劳的类型

(1)疲劳从其产生的原因可分为精神疲劳和身体疲劳;

(2)疲劳按其发展程度又可分为一般性疲劳、蓄积性疲劳和慢性疲劳。

(三)疲劳与行车安全

驾驶员的疲劳主要是神经系统和感觉器官的疲劳。当驾驶员在行车中已经产生疲劳状态,意识水平下降,感觉迟钝,再继续工作,中枢神经由于保护性反应,就会本能地发生遮断感觉刺激的机能。这时驾驶员的注意力倍受疲劳的困扰而下降,注意范围缩小,体力下降,操作失控极易出现观察、判断和动作上的失误。甚至在行车中打瞌睡,发生事故的危险性就大大地增加了。

由此可见,驾驶员对疲劳是不可掉以轻心的,必须予以足够的重视。解除和防止疲劳最有效的方法是积极的休息和充足的睡眠。睡眠时人不受外界刺激,中枢神经处于放松状态,并进行疲劳物质的排除和补充新能量。因此,对于驾驶员来说,保证充足的睡眠是安全行车的最重要的条件。

(四)驾驶疲劳的预防与对策

(1)保证驾驶员有充足的睡眠时间是预防驾驶员疲劳产生的最主要措施之

一。睡眠时人不受外界刺激,中枢神经处于放松状态,并进行疲劳物质的排除和补充新的能量。因此,对驾驶员来说,保证有充足睡眠时间是安全行车的最重要的条件之一。

(2)驾驶员应具备对疲劳的自我调节和自我控制能力。驾驶疲劳是一种渐进的循环过程,驾驶员在稍微疲劳时,是可以感觉到的。但在实际的工作中,感觉疲劳停车休息既不可能,也不现实。驾驶疲劳特别是心理疲劳,在一定程度上可以通过驾驶员自身的心理调节和控制来加以克服。"马达一响,集中思想;车轮一动,想着群众"的优秀驾驶员,当出现疲劳或引起疲劳诱惑的因素时,就能通过自身的调节和控制予以消除;但是,心理调节和控制能力是有一定限度的,即超越自身的心理承受能力,那就会造成心理失控,而导致事故的发生。因此,交通专业管理部门和专业管理人员,应加强对驾驶员的安全教育,提高驾驶员的安全意识,增强安全观念,摆正安全与效益的关系,使驾驶员了解进行自我调节、自我控制能力与限度并加以合理的、正确的应用。

(3)驾驶时间不宜过长。长时间、长距离、连续驾驶车辆,对于驾驶疲劳的产生、操作效能的保持以及正确迅速地掌握道路情况的能力,起着决定性的作用。据有关资料统计:道路交通事故的发生率在有效工时(8小时)工作以后,会有明显的增加;特别是超过10小时工作的驾驶员,疲劳程度和交通事故的危险程度也会大大地增加。因此,驾驶员连续行车的时间不宜过长。执行旅游包车、长途客运任务的单位,应根据任务急缓、距离长短、道路条件等,尽可能的配备副驾驶员,使驾驶员在其轮换驾驶车辆的过程中,肌体得到良好的休息和体力得到补充,使其恢复正常的生理规律。

六、环境与行车安全

公共交通全天候不间断的运营服务特点,要求驾驶员既能在风和日丽的良好环境下,更能在恶劣气候中安全行车。

(一)雨天与行车安全

1.雨天对行车安全的影响

雨天对驾驶员行车的影响主要有3个:一是由于地面湿滑,增大了制动距离,要求驾驶员比平时提早采取制动措施;二是驾驶员视线受到雨水、雾气干扰;三是道路上其他交通参与者行为异常给安全行车带来极大的干扰。

当汽车制动时,制动器使车轮产生一种制止汽车运动的力,称为"制动力"。车轮产生的总制动力,只能小于或等于车轮与道路之间的附着力,故驾驶员在操纵加速踏板时,一定要保持适当的制动强度,使它任何时候都不致超过附着力。这是因为附着力是维持车轮在路面上正常滚动,抵抗车轮在道路上滑动的能力。如果制动力大于附着力,驱动轮便会发生滑转。又因为附着力与地面对驱动车轮的径向反作用力及车轮与地面间的附着系数成正比,而附着系数又与路面气候条件有很大的关系。例如,干沥青路的附着系数为0.6,有水沥青路的附着系数减小为0.4,即减少1/3。因此,制动距离将起很大变化,即制动距离增大。当汽车以30km/h行驶时,干沥青路面的制动距离是5.90m,而有水的沥青路上制动距离为8.85m。此外,因为雨大路面附着力减小,很容易使制动力超过附着力,引起车辆侧滑。

下雨对驾驶员的视力有严重的影响。由于天色阴暗,能见度降低,光线透过率大大减小,虽然风挡玻璃上装有刮水器,但仍然充满雨雾,后视镜失灵,前方地面反光,使交通环境恶化,给安全行车造成困难。

下雨时,道路上其他交通参与者的行为因降雨而发生异常,例如刚下雨时,许多行人因事先没带雨具,在横穿马路时往往是低头猛跑而不顾及周围的情况,骑车人也往往低头骑车而不太注意来往车辆,或雨帽遮挡骑车人视线。这就增加了事故的隐患,要求驾驶员增强预防事故发生的意识。

2.雨天行车操作方法

(1)久旱初雨,雨水和路面上所积聚的油污、泥土及渣油相混合,形成危险的"润滑剂",使道路溜滑异常。行车时必须谨慎,操作机件的动作应轻缓(包括转向盘、离合踏板、制动和加速踏板),严格控制行车速度,做好防滑操作的思想准备。

(2)蒙蒙细雨,雨丝虽细却下个不停,刮水器刮不干净风挡玻璃上的雨水,因而造成驾驶员视线模糊。行人和骑车人因雨具的遮挡,听觉和视觉都受到限制,对交通情况不易掌握,当车辆临近时,还可能突然转弯或横穿马路,并且容易滑倒。因此,必须采用防滑操作,控制车速,密切观察行人、骑车人的动态,并与车辆、行人等保持较宽的前距和横距。

(3)久雨不晴,路面积水较多。如果车速快或轮胎胎面花纹磨损过多,轮胎便容易产生"水滑",使车辆的方向失去控制。因此驾驶员在此情况下必须控制车速。

(4)阵雨、暴雨前,乌云笼罩,狂风大作。骑车人、行人往往会因为天气骤变而埋头急奔,寻找避雨场所。遇到这种情况驾驶员必须谨慎慢行,注意观察动态,随时警惕突然情况发生。交通状况过于混乱时,可暂时靠边停车,待情况好转再继续行驶。遇有积水路段过水后要轻踩制动,水深超过轮胎半径,不得冒险通过。

如大雨倾盆而下,可降低车速并开启小光灯、防雾灯,以示来车和行人。

(二)雾天与行车安全

对驾驶员来说,雾天是最恶劣的交通环境。国外称雾是道路凶狠的"刽子手",这是因为在雾天最容易发生交通事故,而且最容易发生恶性交通事故。

1. 雾天对行车的影响

(1)雾天能见度极低,使驾驶员看不清楚运行前方和周围的交通情况。

(2)由于道路上雾气与积聚的油渍、泥土的混合而使制动距离增加,给安全行车造成困难。

2. 雾天安全行车操作方法

(1)勤鸣笛,开雾灯。要充分利用各种车灯以提高驾驶员自己与周围其他交通参与者的能见度。驾驶员在雾天行车时应当将风挡玻璃、各种车灯擦拭干净,并开启防雾灯、近光灯及尾灯以示目标;要适当利用汽车喇叭与其他交通参与者交换信息,多鸣喇叭,以警告车辆和行人;如听到来车的喇叭声,应短鸣喇叭应答,以免相互刮撞。

(2)拉开距离,减速行。雾天因视距短,路面湿滑使制动效能大为降低,制动距离增加。驾驶员要降低车速,使制动距离小于驾驶员的可见距离;要增大跟车距离,以防止由于下雾时能见度降低而引起追尾的交通事故。雾天行驶在交叉路口或弯道上时,极易发生事故,所以在到达路口和弯道之前,应放慢车速,采取平稳制动,以防止侧滑。

(3)能见度低,及时停。雾天行驶能见度在30m以内,时速不得超过15km;能见度在5m以内,应当停车。市郊公路上的迷雾往往一阵浓一阵淡,车辆在浓雾中盲目行驶易出事故,所以浓雾地段,不可贸然驶入,须降速或停车,待弄清情况后,再行通过。

(三)风天与行车安全

风天飞沙迷漫、视距减小。有些行人或骑车人为躲避风沙会突然横穿马路或埋头骑车、行走;有些骑车人受风沙影响,致使车辆失控、驶入道路中央或摔倒,使驾驶员措手不及,对安全行车威胁较大。为此,驾驶员在风天行驶的措施应该是与自行车或行人放宽横向距离,减速慢行,遇到人、车不盲目行驶,视线不清及时停车。

(四)雪天与行车安全

我国的东北、西北、华北等地区,一年中有相当长的时间处于寒冷季节,降雪量大且频繁,常出现路面积雪或结冰。这样的气候条件给安全行车带来很大的困难。

1. 降雪和积雪结冰道路对行车的影响

(1)驾驶员视线受阻,能见度大大降低。大雪纷飞时,雪花源源不断落在风挡玻璃上,加之车外寒冷,车内温度相对较高,驾驶员和乘客呼出的哈气在风挡上凝成一层薄薄的霜,因而可视距离大大缩短。

(2)制动距离加长,在积雪结冰的道路上,附着系数十分小。积雪道路附着系数只有0.2,结冰道路只有0.1。因此,在这种道路上汽车的制动距离要比非积雪结冰道路上的制动距离大得多。例如,当汽车以速度30km/h的行驶时,在沥青路上的制动距离是5.9m,在冰路上的制动距离为35.42m。速度为30km/h的汽车每秒钟行驶距离为8.33m,如驾驶员发现前方有危险情况,当汽车在沥青路上行驶时,在1秒内可以把车停住;而当汽车在结冰的沥青路上行驶时,则需要4秒左右才能把汽车停住。

(3)车辆易产生滑溜。在积雪或结冰道路上行车时对驾驶员威胁最大的是滑溜,滑溜有以下4种

①后轮滑溜:后轮被制动,车辆发生滑动,这是最常见的车辆滑溜现象。

②前轮滑溜:前轮被制动,由于车辆失去方向控制而发生滑溜现象。

③动力滑溜:由于加速过猛所引起,在积雪结冰或泥泞道路上驾驶员加大油门快速行驶时常发生这类滑溜现象。

④横向滑溜:在转弯时如车速过快最容易引起车辆横向滑溜、甩尾,甚至倾覆。

(4)道路上其他交通参与者交通行为的改变。积雪、结冰,使行人改变了以往行走的方式,因为路滑,一般心情比较紧张,因此行人在积雪结冰的道路上行走时,常常怕脚下打滑,而将注意力集中于脚下的路面,身体重心放得较低,前倾而且小步慢行。自行车等慢行车由于车与路面接触面积小,在积雪、结冰的路面上容易发生横滑,因而骑车行驶速度较慢,在遇到情况时,特别容易滑倒。

2. 冰雪天气的行车措施

在大雪中行车,驾驶员视线不清,盲区较大,能见度低,因此应及时清除风挡玻璃上的积雪,以开阔视野,使视线尽量少受影响;在行驶中还应适时开启近光灯和小光灯,以便向其他车辆或行人示意。

(1)当道路被大雪覆盖难于辨认时,要根据地形、路边树木、交通标志或电线杆等来判断行驶的路面和路线,并适当控制车速,握稳转向盘沿路中心或路中积雪较浅的地方缓慢行驶。

(2)在积雪较深处,由于阻力很大难于起步,可先铲除车前1m以内的积雪,然后缓缓行进;如积雪深度超过车身最低处或保险杠时,应停驶。

(3)在结冰道路上起步时,应缓抬离合器,油门逐渐加大,以防止车轮滑动或横滑;如起步困难,可在驱动轮下铺垫砂土、炉渣等,以提高附着力。在行驶中,要严格控制车速,速度不准超过20km/h,行驶速度要均匀平稳,不可突然加速或减速;行驶中严禁空挡滑行,尽量少用制动,如遇情况,要利用发动机的牵阻作用或断续制动,不能使用紧急制动,以防车辆横滑。

(4)寒冬季节,人们因穿戴厚重,致使视听和动作不灵敏,反应迟缓。在结冰道路上,行人和自行车容易滑倒,因此必须放宽前距和横距,以防意外;结冰道路会车时,应提前降低速度,选择宽平地点,加大横向间距,缓行交会,避免停车交会；在结冰的道路上行驶还应加大与前车的距离，并严禁超车。

（5）在冰道上转弯时，要提前减速，转弯半径要大，不使转向盘急转急回。如发现车辆侧滑，转动转向盘不能按转向角度转弯时，不要急躁慌乱，只需放松制动踏板，使车轮保持滚动，并将方向盘朝车尾侧滑方向转动少许，即可使车辆稳定下来。

（6）在结冰道路上车辆进站时，要利用发动机的牵阻作用降速，也可用减挡的方法来降速，但要慎用制动。停站时，车辆不要过于靠边，因路边斜度较大，若过于靠边，容易产生侧滑，造成碰撞乘客、站台设施等事故。

（7）车辆通过结冰坡路时，应视坡度大小，选择适当的中低挡行驶，尽量避免中途换挡或停车。下坡时，挂入低速挡，严格控制车速。

七、行车事故与行车安全

（一）交通事故概念

《中华人民共和国道路交通安全法》中明确界定："交通事故"，是指车辆在道路上因过错或者意外造成的人身伤亡或者财产损失的事件。

（二）企业内部行车事故定义

北京公交集团内部的几种行车事故定义如下：

（1）运营事故：驾驶员驾驶运营车辆在执行运营任务过程中发生的道路交通事故。

（2）客伤事故：乘客在乘坐公共电汽车途中因颠簸、制动、转弯、开关门、车辆设施等原因遭受人身伤亡或财产损失的事故。

（3）非运营事故：非运营车辆或运营车辆在执行非运营任务过程中发生的道路交通事故。

（4）场站事故：发生在内部停车场及首末站区域内或其他不受道路交通法规约束地域的行车事故。

（三）道路交通事故的基本特征

由于人们对道路交通事故有了新的认识和总结，对道路交通事故自身的特性也有了新的看法，一般认为道路交通事故有以下4个方面的特征。

1. 道路交通事故的突发性

对任何人来说，道路交通事故的发生，往往都是突发的，毫无预见和思想准备。因而一旦发生道路交通事故，必将给当事人的家属和本人带来突如其来的灾难性打击，对社会安定危害性极大。

2. 道路交通事故的广泛性

根据一般规律，每发生一起道路交通事故并因此而造成的人身伤亡和财产损失，常常直接或间接地涉及每一个受害者的家属。根据北京市公安局交通管理局近几年的统计和调查，北京市每年都有近四分之一的家庭直接或间接地受到道路交通事故的影响和侵害。

3. 道路交通事故的社会性

道路交通事故的受害者从不受阶级、社会制度、职业、性别的限制，交通事故发生的概率，在每一个人的身上都是一样的，任何人都随时成为交通事故的肇事对象。

4. 道路交通事故的频发性

道路交通事故的发生常常不受时间、地域的限制，并可以多次重复性的发生，而且事故的发生频率又与人的法规观念认识程度有直接的关系，由于控制和减少道路交通事故是一件难度相当大、相当复杂的工作，因此，道路交通事故就更具有它的频发特性。

（四）事故的分类

对事故进行分类的目的，是在于对交通事故进行有针对性的分析研究，以找出事故发生的有关规律，制定事故预防对策。分析的角度不同，划分的标准也不同。根据目前事故处理工作的实践，大体上有以下4种分类方法。

1. 按新规定的"事故后果分类"

根据现行的交通事故统计标准，按照交通事故造成的后果，可将分为轻微事故、一般事故、大事故、重大事故、特大事故。

（1）轻微事故：凡一次造成轻伤1至2人，或财产损失不足3万元的事故。

（2）一般事故：凡一次造成重伤1人，或轻伤3至5人，或财产损失3万元以上不足15万元的事故。

（3）大事故：凡一次造成重伤2人，或轻伤6人以上，或财产损失15万元以上不足30万元的事故。

（4）重大事故：凡一次造成死亡1至2人，或重伤3人以上10人以下，或财产损失30万元以上不足50万元的事故。

（5）特大事故：凡一次造成死亡3人以上，或重伤11人以上，或死亡1人同时重伤8人以上，或死亡2人同时重伤5人以上，或财产损失50万元以上的事故。

2. 按事故的责任分类

根据现行《北京市实施＜中华人民共和国道路交通安全法＞办法》第68条规定，交通事故当事人的责任分为：全部责任、主要责任、同等责任、次要责任、无责任：

（1）一方当事人有过错，其他当事人无过错的，有过错的为全部责任，无过错的为无责任。

（2）两方以上的当事人均有过错的，作用以及过错大的为主要责任，作用以及过错相当的为同等责任，作用以及过错小的为次要责任。

（3）无法确定各方当事人有过错或者属于交通意外事故的，各方均为无责任。

（4）当事人逃逸，造成现场变动、证据灭失，公安机关交通管理部门无法查证交通事故事实的，逃逸的当事人为全部责任；当事人故意破坏、伪造现场、毁灭证据的，为全部责任。

（5）一方当事人故意造成交通事故的，其他方为无责任。

3. 按事故的主要原因分类

造成事故的原因是多方面的，一起交通事故往往有几个原因，但是在这些原因中，必有一个原因是起主导作用的，是统计事故原因的项目。按事故主要原因对事故进行分类，是现行统计工作编制报表的规定。因为一起事故与一个原因是对应的，不能出现原因数目多于事故次数。

事故原因一般可以分为车速快、麻痹、违章、措施不当、犯困、机件失灵、其他等。

4. 其他分类方法

为了满足交通事故统计分析的需要，以便探索事故发生的规律，采取相应对策，进行预防，还有其他一些分类的方法，如按当事人的性别、驾龄、单位来分类；按事故发生的时间、地域进行分类；按事故的对象分类等。

（五）发生交通事故后的紧急措施

发生行车事故后，当事人必须立即停车、保护现场，抢救伤者和财产（必须移动应当标明位置），记取旁证人姓名、单位，并迅速向公安交通管理机关和本单位领导报告事故情况，听候处理。

（1）由于大多数的交通事故都与车辆有关，如果发生交通事故的车辆不立即停车就谈不到保护现场、抢救伤者和财产以及报案等工作，因此，发生交通事故的车辆必须立即停车紧急报案。"立即停车"是指车辆驾驶员在已知或者怀疑发生了交通事故后（有时虽车辆与受害者无直接接触，但也可能对造成的损害有因果关系）应该立即采取制动措施，把车停下来，并尽可能地保持车辆在事故中的原始、延续状态。若车辆已驶出现场或者停车位置妨碍交通、影响安全（如：高速公路上发生事故）需将车辆移开的，应靠路右边停车并按有关规定，拉紧驻车制动，切断电源，开启危险信号灯，夜间还须开示宽灯、尾灯。驾驶员下车后应首先查看现场，确认事故是否已经发生，被害人和有关车辆的伤损状况，待确认后应在车后设置警告标志。不得明知发生了交通事故仍开车驶离现场。

（2）保护现场是公安机关勘查现场、认定事故责任的前期工作。实践证明，现场保护得好，能确保公安机关勘查现场、收集证据、认定交通事故责任的质量和效率，更好地保护当事人的合法权益；而不按要求保护现场或者当事人逃逸，不但是违法行为，而且往往造成了现场的破坏，难以或者无法取证，难以或者无法按照事故的本来面目认定交通事故责任。因此，当事人必须保护现场。移动死者、伤者、车辆、财物时，应标记其原始位置。

（3）交通事故发生时，往往造成人身伤害后果，轻者皮破血流，重者筋伤骨折，甚至死亡。实践证明，交通事故造成的死亡有80%以上是在事故发生的瞬间伤害后的一二个小时内，因此，及时正确的院前急救，能挽救许多伤员的生命、预防并发症和残疾。当事人确认被害者的伤情后,需视情采取止血、包扎、固定、搬动和心肺复苏等紧急救护措施,并设法送就近医院抢救治疗。

(4)当事人在事故发生的当时或采取上述各项措施后,还应将事故发生的时间、地点、肇事车辆及伤亡情况,用电话或委托过往车辆、行人报告附近公安机关或执勤交通警察,并向本单位领导报告事故情况,同时记取旁证人姓名、单位,在警察到来之前不允许随便离开。所谓"迅速"是指事故发生后的当时或者采取必要措施后,马上报告;若报告前先去其他地方或者办其他事,均为不迅速。不容许拖延迟报,更不允许隐匿不报或自行和解损害赔偿而不报告。

八、相关交通安全法规、管理规定

交通法规扣分标准(摘录)

——摘自《机动车驾驶证申领和使用规定》(公安部令第139号)

常见的扣分行为:

(1)闯红灯,记6分。

(2)酒驾,扣12分。根据驾驶车辆和是否出事故等情况,做出5年内不得再申领驾照、10年内不得再申领驾照、终身不得申领驾照处罚。

(3)行驶途中拨打手机,记2分。

(4)超速驾驶,根据超速车辆、行驶道路、超速50%、超速20%等具体情况,分别记12分、6分、3分(详见下面具体扣分规定)。

1.机动车驾驶人有下列违法行为之一,一次记12分

(1)饮酒后驾驶机动车的。

(2)造成交通事故后逃逸,尚不构成犯罪的。

2.机动车驾驶人有下列违法行为之一,一次记6分

(1)机动车驾驶证被暂扣期间驾驶机动车的。

(2)驾驶机动车违反道路交通信号灯通行的。

(3)驾驶中型以上载客在高速公路、城市快速路上行驶超过规定时速未达20%的。

(4)驾驶中型以上载客城市快速路以外的道路上行驶或者驾驶其他机动车行驶超过规定时速20%以上未达到50%的。

(5)低能见度气象条件下,驾驶机动车在高速公路上不按规定行驶的。

(6)驾驶机动车不按照规定避让校车的。

3.机动车驾驶人有下列违法行为之一,一次记3分

(1)驾驶中型以上载客城市快速路以外的道路上行驶或者驾驶其他机动车行驶超过规定时速未达20%的。

(2)驾驶机动车行经人行横道,不按规定减速、停车、避让行人的。

(3)驾驶机动车违反禁令标志、禁止标线指示的。

(4)驾驶机动车不按规定超车、让行的,或者逆向行驶的。

(5)在道路上车辆发生故障、事故停车后,不按规定使用灯光和设置警告标志的。

4.机动车驾驶人有下列违法行为之一,一次记2分

(1)驾驶机动车行经交叉路口不按规定行车或者停车的。

(2)驾驶机动车有拨打、接听手持电话等妨碍安全驾驶的行为的。

(3)驾驶机动车遇前方机动车停车排队或者缓慢行驶时,借道超车或者占用对面车道、穿插等候车辆的。

5.机动车驾驶人有下列违法行为之一,一次记1分

(1)驾驶机动车不按规定使用灯光的。

(2)驾驶机动车不按规定会车的。

(3)上道路行驶的机动车未放置检验合格标志、保险标志,未随车携带行驶证、机动车驾驶证的。

驾驶员进出站:七必须、七不准

——摘自《北京市公共交通总公司关于公共电汽车驾驶员进出站安全操作的有关规定》(公交安发(88)126号)

(1)进站前:必须提前减速,时速不准超过15km。

(2)车进站:必须注意避让非机动车,不准强行截头进站。

（3）串车进站：必须依前后顺序靠边停车，不准横向挤占道路。

（4）遇有乘客拥、扒、拦车，必须立即停车，不准用车冲挤乘客进站或强行通过。

（5）必须严格执行停稳开门，看好关门，关好门走车的制度。不准车辆未停稳或起动后开动车门总开关和分开关。

（6）出站前，必须看好三面后视镜，不准盲目行驶。

（7）出站时，必须注意左侧机动车和非机动车，不准强行挤进机动车道。

驾驶员管理条例（摘录）

——摘自《北京公共交通控股（集团）有限公司驾驶员管理条例》（公交人发〔2011〕19号）

第十条 申请驾驶员岗位资格证书的人员应具备以下条件：

一、热爱公交事业，重视企业声誉，职业道德高尚，遵纪守法，思想进步、作风正派、爱岗敬业、忠于职守。

二、牢固树立"安全第一"的思想，时刻把乘客的生命财产安全放在第一位，严格遵守道路交通管理的法律法规，严格执行驾驶规程。自我管理、自我约束、自我控制力强，保证行车安全。

三、遵守国家法律法规，无赌博、酗酒、吸食和注射毒品、长期服用依赖性精神药品等不良嗜好。

第十一条 驾驶员有下列情形之一的，车队提出处理意见，相关专业部门审核批准后，人力资源部应当随时注销岗位资格：

一、出现妨碍安全驾驶身体疾病等不适合驾驶公交车辆的。

二、依据《员工岗位规范考核管理规定》一次扣12分的。

三、经谈话或思想教育后不服从工作调动的。

四、不服从检查、打骂检查人员的。

五、被公安机关临时吊扣、吊销驾驶证的。

六、符合解除劳动合同情形的。

第十二条 驾驶员岗位资格证书的年度审验：

一、驾驶员岗位资格证实行年审制度,结合年度绩效考核结果进行审验。

二、有下列情况之一的,年审时不予通过:

1. 无故不参加企业组织的体检或体检不合格的。

2. 依据《员工岗位规范考核管理规定》年度内累计扣 12 分的。

3. 年度绩效考核不合格的。

4. 外转违章半年内两次或一年内三次的。

5. 年度内发生三件(含)以上一般属实投诉的。

6. 年度内事假连续 1 个月或累计事假 3 个月的。

三、年审不予通过的人员,应转入本单位劳务市场,实施下岗培训管理。各单位劳务市场应结合本单位实际,制定培训计划,按规定组织开展培训教育工作,经驾驶员管理委员会组织鉴定合格后再次年审补验。对下岗培训期间两次培训不合格的人员,由人力资源部门按规定办理解除劳动合同或转岗手续。

第十三条　严格遵守《中华人民共和国道路交通安全法》及其他相关的法律、法规。遵守企业安全管理和安全行车的各项规章制度、安全行车措施。

第十四条　参加并接受安全教育培训,接受企业及有关部门的安全监督与检查,提高遵法守纪意识、安全意识和驾驶操作技能。

第十五条　驾驶车辆遵守交通公德和职业道德,文明驾驶。严禁酒后、疲劳驾驶,保证行车安全。

第十六条　执行高速公路、山区客运任务驾驶员依照集团公司《高速公路客运驾驶员安全管理规定》等规定执行。

第十七条　严格遵守企业车辆技术管理和车辆使用的各项规章、制度。

第十八条　参加并接受车辆新技术及技术教育培训,接受企业及有关部门的技术安全监督与检查,提高节能环保意识。

第十九条　熟练掌握车辆技术操作要求,严格执行车辆技术操作规程和驾驶员使用车辆 60 个怎么办、车辆中途故障坏车的 7 项应急处理办法。认真落实出车前、行驶中、收车后的车辆"例检"工作和整车爱车工作,确保车辆设施齐全完好有效、车辆技术状况符合安全运行标准,保持发动机机舱、电瓶箱等清洁,发现问题及时报修解决。

第二十一条 协助车队做好车辆安全的定期检查及车辆年检工作。

第二十二条 服从调度指挥,严格遵守运营纪律,完成生产任务。

第二十三条 热情为乘客服务,着装规范、仪表端庄、语言文明、礼貌待客,遵守各项服务规定。

第二十四条 熟练使用 IC 卡数据采集设备,独立完成数据采集任务。

第三十二条 年度绩效考核结果作为各专业部门制订下一年工作计划、培训计划和对驾驶员奖励、惩戒、资格审验的重要依据。

第三十四条 驾驶员享受每年企业员工免费体检。

第三十五条 驾驶员有下列表现之一的,应当依据《员工奖惩规定》予以一次性奖励:

1. 忠于职守,积极工作,在完成运营生产任务、重大政治活动、重大社会活动工作任务,提高服务质量,为企业赢得良好声誉,成绩显著的;

2. 在安全行车、安全生产方面严格执行法律法规和企业规章,表现突出的;

3. 在生产工作中节约国家和企业能源、资财,减少污染排放,成绩显著的;

4. 防止或避免重大交通事故,使国家和企业利益免受损失或减少损失,表现突出的;

5. 在突发事件中忠于职守、舍己救人,保护国家、企业和群众财产,表现突出的;

6. 其他特殊情形应予以奖励的。

第三十六条 建立对安全行车累计男驾驶员达到 100 万、80 万、50 万安全自然公里,女驾驶员达到 80 万、65 万、40 万安全自然公里的,给予荣誉和一次性物质奖励制度。

集团公司对安全行驶累计男驾驶员达到 100 万、女驾驶员达到 80 万安全自然公里的,授予荣誉并给予一次性物质奖励,在全系统表彰。

各客运单位对安全行驶累计男驾驶员达到 80 万、50 万安全自然公里,女驾驶员达到 65 万、40 万安全自然公里的,给予通报表彰和一次性物质奖励。

奖励标准按《公共电汽车岗位和效益工资制实施办法》执行。

运营车辆路口安全通行暂行规定(摘录)

——摘自《北京公共交通控股(集团)有限公司运营车辆路口安全通行暂行规定》(公交安发〔2012〕55号)

第六条 车辆通过交叉路口时,驾驶员应提高安全防范意识,执行减速慢行、仔细观察、文明礼让、危险必停、确保安全通行,即"慢、观、让、停、行"的措施。

1. 进入路口前,须距路口停止线50米左右减速慢行。进入导向车道后不准变更车道。严禁抢黄灯、闯红灯强行通过。

2. 通过路口时,须控制车速,依次行驶,匀速通过,不得超车。

3. 与其他交通参与者保持必要的纵向、横向安全距离。

4. 向左转弯遇道路设有两条及以上左转车道时,应靠最右侧车道通过路口,注意观察并文明礼让通过路口的非机动车及行人。

5. 向右转弯遇同车道前车等候放行信号时,不得侵入非机动车道;向右转弯须注意避让非机动车及行人。遇人行横道有行人通过时,须停车避让,在确保安全的原则下通过。

6. 在交通法律法规允许的路口掉头时,应停车瞭望,避让正常行驶的其他车辆和行人,在确保安全的原则下方可掉头。

7. 遇车辆等候绿灯放行时,按照交通信号灯指示通过,严禁抢灯头行驶。

第七条 通过存有驾驶视线盲区的桥区、畸形等特殊路口时,须停车瞭望,在确保安全的原则下通行。

第八条 通过非禁止鸣笛的郊区村庄、集镇路口,应提前鸣笛,防止非机动车、行人突然猛拐,严禁抢行和高速通过路口。

第九条 早晚非常时间或通过交通流量小的有信号灯控制路口时,应执行"一慢、二看、三通过"措施,防止与违法通过路口的其他车辆、行人发生事故。

第十条 遇雾、雨、雪、沙尘、冰雹,能见度在50米以内的特殊天气时,时速不超过20公里。进入路口前更应当提前降低行驶速度、注意观察,严禁紧急制动和空挡滑行等操作行为。

第十一条 车辆路口转弯时,乘务员应提示其他车辆、人员注意公交车辆,协助驾驶员照顾安全。

第十二条 运营车辆应保持车况良好。车辆前大灯、转向灯应保证齐全有效。有条件的可在运营车内安装摄像、转向灯语音提示等装置。

第四节 治 安 管 理

一、公交集团公司治安管理

(一)驾乘人员治安保卫管理

(1)驾乘人员是工作时间内所驾驶运营车辆安全防范的第一责任人,自觉维护车厢内的治安秩序,保护乘客的人身、财产安全。

(2)认真落实"三检"制度。即驾乘人员在发车前、行驶中、收车后应对车辆进行安全检查,及时发现可疑遗留物品并按有关规定进行处置。

(3)依照相关法律规定,认真开展安检工作,坚持"逢包注意、可疑必问、违禁拒载、视情报警"(简称"十六字方针")的检查原则,发现乘客携带违禁品、易燃易爆危险品乘车要予以劝阻,劝阻无效报告公安部门处理。

(4)驾乘人员要能够熟练掌握"十八个怎么办"(详见本节三)基本处置原则,灵活运用,妥善处置运营中遇到的各类治安问题和突发事件,并立即逐级汇报,确保信息畅通。

(5)如遇故障等特殊情况致使车辆处于停驶状态或遇其他情况乘务员必须守护车辆。

(二)守护人员治安保卫管理

1. 守护人员任务

(1)岗上对所承担的警卫目标进行安全检查。对停放的机动车进行安全检查。

(2)熟知重点要害部门环境和人员情况,进行不间断巡逻。对警戒区域内的设施、器材进行安全检查。检查停场车辆是否断开电源、气源,是否遗留火种或可疑物品,是否有漏气、漏油现象。

(3)禁止无关人员在停车场内滞留。

(4)禁止未经保卫部门允许的机动车辆在停车场过夜停放。

(5)对于发现的不安全问题,立即采取措施加以解决,及时向值班人员报告,不得延误或隐瞒不报。

(6)认真填写当班工作记录,检查中发现的问题及时上报,并翔实记录。

(7)严格履行交接班手续,做好交接班记录,如接班人员未按时到岗,要及时通知值班室,不得擅自离岗,不得空岗。

2. 守护人员管理

(1)教育看车护场守护人员遵守法律、法规和企业规章制度,严格执行岗位治安防火管理规定。

(2)教育看车护场守护人员熟练掌握治安消防技能和方法,上岗必须做到"三会"。一会使用报警、急救电话:治安报警110、火警119、交通事故报警电话122、急救电话120;二会使用灭火器材,能扑救初起火灾;三会检查发现治安消防问题及安全隐患,能正确处理岗上治安消防情况和问题。

(3)守护人员应持证上岗。应按规定对守护人员进行培训,使之了解掌握处置突发事件的方法,掌握消火栓和消防器材位置,会使用消防器材,会检查消防器材,会扑救初起火灾,会报警。

(4)为守护人员配备电筒、雨具、警棍、检查记录本等上岗执勤所必需的用品。

(三)乘务管理员治安保卫管理

(1)上岗前,乘务管理员须着统一配发的制式服装,并携带"公交集团公驾乘务管理员工作记录本"、制式装备等,按规定时间到达工作岗位。

(2)到岗后,对运营车辆灭火器材、自动灭火装置等进行检查,发现问题要及时告知本车驾驶员,向车队值班人员报修。要对车厢内进行巡视,注意发现有无可疑物品。

(3)车辆运营中,乘务管理员应在车厢内(含双层车)保持站立,不间断地进行巡视,注意观察上车乘客及车厢内动态,确保运营安全。

(4)协助驾驶员(乘务员)做好乘客疏导工作,维护车厢内乘车秩序,做好服务宣传。

(5)车辆进站时,乘务管理员应当站在上车门处,对上车人员进行观察,注意发现可疑人和携带的可疑物。双配乘务管理员线路,其中1人要在车厢后部巡视。

(6)有乘客上车时,要向乘客宣传1次禁止携带危险物品乘车的规定,宣传用语为:"乘客您好,请不要携带易燃易爆等危险品乘车"。

(7)遇有突发事件,要严格执行公交集团公司规定的相关要求,发现可疑情况立即报警,并立即报车队,与驾乘人员配合,妥善处置。处置过程中,要注意留存证明人电话、记清出警派出所、出警民警警号、警车号等信息。

(8)乘务管理员的检查方法主要包括:一看、二闻、三问、四查。检查原则是"十六字方针"。

(9)每一个单程运营任务完成后(包括在结束当日运营任务后),乘务管理员要对车厢内进行仔细检查,注意发现有无可疑物、标语等。完成当日工作后,填写《公交集团乘务管理员工作记录本》,经当班驾乘人员签字确认。使用单位应定期对记录本填写情况进行检查。

(四)停车场的安全管理

(1)停车数量不得超过核定标准。车头应朝向出口方向,留出车辆紧急疏散的安全距离和消防通道。

(2)完成运营任务后,驾乘人员负责断开车辆电源、气源,检查车上是否遗留火种或可疑物品,保证做到驻车制动、关闭车窗、锁闭车门,无漏油、漏气现象。

(3)停放车辆与加油(气)站应按照相关规定保持安全间距。运营车、化学危险品运输车辆、公务车等应分区域停放,且各区域应保持防火安全距离。

(4)停车场站内停车区和立交桥下停车场禁止动用明火作业,禁止存放易燃易爆危险物品。

(5)停车场站应设立警卫门岗,制定门卫管理制度,对进出车辆和人员进行检查，确保公交场站安全。

（6）停车场站夜间需配有驾驶员（A1 或 A3 驾驶证）值班，应制定灭火和应急疏散预案，并每年组织演练不少于 2 次。

（7）禁止流动加油车在停车场站内加油。禁止车辆在停车场站内抽油、倒油。

（8）运营车上、停车场站内禁止吸烟。

（9）停车场站夜间禁止停放其他车辆。确有需要停车的，经场站产权或管理单位主管领导批准，并履行相关手续后方可停放。

（10）停车场站禁止社会车辆及外部人员随意穿行。

（11）运营车辆（含电车）必须安装启动开关钥匙，启动开关钥匙不应通用。启动开关钥匙管理实行"谁使用谁负责"、"谁保管谁负责"的原则。

（12）各有关单位、运营车队要制定启动开关钥匙使用保管制度，规范管理。启动开关钥匙管理制度应从维护正常的运营生产出发，简便易行、安全可靠，有应急措施，遇有突发事件，能够做到迅速疏散车辆，确保安全。

（13）车队调度室应设立启动开关钥匙存放设施，指定专人负责日常管理，对钥匙领用进行记录，并留存备查。启动开关钥匙必须由当班驾驶员本人领取、交回并签字。

（14）运营中驾驶员负责保管启动开关钥匙，离开车时应拔下钥匙，下班后应立即将钥匙交回调度室。遇有钥匙损坏、失效等，应立即报修。车辆进厂保养和修理时，运、保双方应做好钥匙交接记录。

（15）运营时间内待发车辆，驾驶员需临时离开车辆时，应拔下启动开关钥匙，关闭门窗。

（16）运营时间内待发车辆必须安排专人看护，看护人员应佩戴红袖标等明显标志。

（17）停放车辆应断开电源总开关、燃气总开关。电车应断开机组开关、低压开关、电源总开关和电瓶组开关。

（18）驾乘人员在发车前和收车后（含每个单程）应对车辆进行安全检查，及时发现可疑物品。

(19)遇有运营生产规模发生变化时,应考虑所涉及停车场站的面积和容量,按照本规定合理配置停放车辆数,对停车密集场站的运营车辆进行调整和疏散。

(五)停车场站治安防范管理

(1)封闭型停车场站出入口应设减速垄、挡车器或道闸等设施。停车场站护栏、围墙、大门设施完好有效,车辆停齐后应锁闭大门。

(2)凡设有看车护场人员的停车场站应安装公交电子巡查系统。永久性封闭停车场站应安装视频监控系统。新建永久性停车场站技防设施建设应符合北京市《公共交通安全防范技术要求》,并具有图像上传至公交集团公司的功能。建成后使用单位应向公交集团公司保卫部备案。

(3)停车场站均应安装报警电话。城乡接合部等偏僻地区的停车场站应安装报警装置,有条件的应与"110"联网。

(4)停车场站安全标志、标识、标线及提示警语应规范、齐全,符合国家或地方标准。

(5)停车场站要保持照明良好,无死角。

(6)路边停车应设置反光锥桶、警戒线。所停车辆应采取锁转向盘、锁车门等防范措施,以防止车辆被私自挪动或盗开。

(7)车辆停驶后,应锁闭门锁、油箱锁、电瓶舱锁,断开电源总开关、燃气总开关。

(8)停放车辆50部以上的场站,应设置2条用于车辆安全疏散的消防通道,出口宽度不小于6m。

(9)禁止埋压、圈占地下消火栓或堵塞消防安全通道。

(10)停车场站停放车辆数均以单机车为标准车,通道车乘以系数1.4。

(11)封闭型停车场站每班看车护场人员应按以下标准配备:停车数量在30辆(含)以下的应设2人;30辆以上50辆(含)以下的应设3人;50辆以上,每增加20辆应增设1人。

(12)半封闭型停车场站每班看车护场人员应按以下标准配备:停车数量在20辆(含)以下的应设2人;20辆以上40辆(含)以下的应设3人;40辆以上,

每增加10辆应增设1人。

(13)路边开放型停车场站每班看车护场人员应按以下标准配备:停车数量在15辆(含)以下的应设2人;15辆以上,每增加10辆应增设1人。

对于周边治安环境复杂、照明条件差、无消防水源、防范难度大的停车场站,应在以上配备标准的基础上,适当增加守护力量。

(六)对私人机动车辆的安全管理

(1)公交首末站、中心站、枢纽站、保修中心、保养厂区内不允许停放私人车辆。如具备条件,在不影响运营车辆停放的运营间隙时间内可暂停私人车辆的场站,应用明显标线划定暂停范围,限定停放时间。

(2)产权单位及管理单位负责车辆的停放管理。

(3)公交场站内严禁停放外部车辆,各产权单位及管理单位不得将公交场站用于社会停车,收取费用。

(4)公交首末站、中心站、枢纽站、保修中心、保养厂要严格车辆进出场站的管理,本单位及准许停放的车辆凭出入证进入场站。外部车辆进入场站的要进行登记,记录其来访事由、进出时间等必要信息,无关社会车辆一律不得进入公交场站。

(5)限定停放数量。要据实划定停车位,有多少车位,停多少车,不得在划定范围外停车。职工用于上下班使用的私人车辆,需停放在场站内的,由其所在单位提出书面申请,如场地条件允许,经场站产权单位或管理单位同意,办理相关手续后方可停放。未经允许,不得在公交场站内停放私人车辆。

(6)允许停放私车的公交场地要在远离运营车辆停放地点,划定停车区域与车位,设定合理的停车间距,规范停车秩序。

(7)严格夜间停车管理。凡没有夜间运营生产任务的单位,原则上夜间不能停放私人车辆。确有需要的要经场站产权单位或管理单位的主管领导批准并履行相关手续后方可停放。

(8)在公交场站内停放私人车辆的职工要服从场站管理单位的管理,与管理单位签订《停车安全管理协议书》,认真遵守集团公司保卫部门有关停车场的安全管理规定。

(9)私人机动车需进场停放的,由车辆使用人向场站管理单位提出申请,办理相关手续后停放在规定停放的责任区内,严禁过夜停放。

(10)禁止将车辆停放在慢行道或行车道内;前后车之间要保持安全距离;禁止堵塞消防通道。

(11)车辆进出场站都应遵守场站门卫管理制度,接受警卫人员的管理和检查。进入停车场的车辆,应服从管理人员和警卫人员的管理。

(七)对非机动车辆的安全管理

(1)各公交场站应建立内部职工非机动车存车处,存车处按照统一技术防范标准,有顶棚、四面有围栏(墙)、有门、有锁、照明状况良好,有管理负责人,并在车棚明显处挂牌标明责任单位。有条件封闭管理的,尽量封闭管理。

(2)存车数量较少(10辆以下)、不具备设立存车处条件的场站,应指定位置集中存放,不得乱停乱放。

(3)建立自行车安全管理制度,落实治安保卫责任制。

(4)存车处仅为内部职工非机动车提供安全存放场所。非本单位职工的非机动车禁止存放。

(5)凡存放非机动车职工应执公安机关核发的非机动车所有权证件到车队安保员处履行存放登记手续,并做到不买卖,不使用被盗非机动车或来路不明的非机动车。非机动车存放应该做到锁具齐全有效,随停随锁,没有锁具或锁具不完好的非机动车禁止存放。

(6)非机动车存车处实行单位负责、自主管理的原则。非机动车存(取)前执有人需到当班调度员处领取存车处门锁钥匙,按规定存(取)非机动车后将存车处大门锁好,并迅速将钥匙交给当班调度员。场站存车处钥匙保管责任人由该站当班调度员负责,并做好存(取)登记及调度员签字交接班手续。有条件的场站应设立专兼职自行车管理人员。

(7)非机动车存(取)人严禁偷盗、挪用、拆卸、涂污、毁坏他人非机动车。单位内部职工均有自觉遵守非机动车管理制度,及提供案件线索的义务。发现非机动车被盗案件,职工有责任向车队、公安机关迅速报告、报警。

(8)综合场站由牵头单位负责管理,各成员单位职工要全力协作配合,自觉遵守规范。

(9)有条件的存车处应安装视频监视,可为打击盗窃自行车案件提供证据。

（八）加油、加气站、油库的安全管理

(1)加油站区域禁止吸烟。

(2)加油站区域禁止堆放易燃品。

(3)禁止用塑料桶盛装油料。

(4)严禁工作人员穿带钉子的鞋和易产生静电的服装上岗。

(5)不得在加油区域动火施工。必要动火时,必须依照有关规定,办理动火手续,按照明火管理规定执行。

(6)站内的电气设备和线路要定期检查,必须保证完好。

(7)闲杂人员不得随意穿行加油站、加气站及油库。

(8)安全标牌设置必须醒目,并有专人负责巡回检查。

(9)消防器材不得随意挪动,必须定期检查、更换或补充灭火药剂。

(10)各种机动车辆需按先后顺序加油,不得抢道加油。

(11)各种加油车辆,一律熄火后才可加油,加油时不得起动发动机,严禁加油枪碰撞车辆排烟口。

(12)各种加油车辆必须慢速驶进、驶出加油区。

(13)油料油槽车卸油时,必须连接好静电接地报警器。

(14)卸油过程中,卸油人员必须坚守卸油现场。

(15)用汽车自备油泵卸油时,油泵转速必须在规定的范围内。

(16)严禁用汽油擦洗衣服和器具。

(17)严禁使用化纤拖把和抹布。

(18)严禁随意挪动消防器材。

(19)严禁在强雷电时进行加油和卸油作业。

(20)禁止使用手机接打电话。

(21)禁止非加油工、加气工加油加气。

(22)治安消防安全制度上墙,灭火和应急预案齐全,收款室有"非本部门人员严禁入内"标志,有通信报警工具。

(23)工作人员必须持证上岗,熟知安全规章制度和应急预案,掌握自备消防水源的操作程序方法,会使用消防器材,会检查消防器材,会扑救初起火灾,会报警。

(24)工作人员负责责任区域内安全管理,保证无违章用火、用电、脱岗、睡觉、饮酒等违纪问题的发生。

(25)对外营业的加油站、加气站应贯彻执行北京市公安局《加油、气站治安管理规定》。收款室应安装防盗门、隔离护栏和与"110"联网的报警装置。大额现金随时存入保险柜,过夜现金不超过核定数额。

(九)职工食堂的安全管理

(1)食堂负责人为本部门治安防火安全责任人,非食堂工作人员不得入内。

(2)增强防火意识,提高防火灭火技能,做到人人会使用灭火器材、会报警、会扑救初起火灾。

(3)使用炊事器械、炊事刀具、液化气、燃气、蒸汽、电器,应严格执行有关安全操作规程,防止火灾与漏电事故。

(4)每天下班前要锁好门窗,关闭炊事设备电源、气源,并检查是否留有火种。

(5)食堂库房、操作间禁止存放个人钱财及贵重物品,营业款必须当天送银行,食堂不得存放过夜款,防止丢失被盗。

(6)配备的消防器材,要放在取用方便的固定地点,并经常检查、维修、保养,保持清洁,灵敏有效。

(7)液化气钢瓶与炊具应分室存放,经常检查钢瓶和输气管道是否漏气;点火时,要将引火放到灶头上后再打开液化气灶开关,以防止爆燃;用火后关闭灶具开关和液化气钢瓶开关;液化气钢瓶不得倒置,不准用火烤或用热水浇。

(8)工作人员需熟悉报警电话和报警方法,有情况要双渠道汇报,立即报警。

(9)遵守各项安保制度,消防制度和岗位工作制度,并严格执行责任到人。

二、保护治安(刑事)案件、火灾事故现场

(一)事故现场的概念

事故现场是事故发生的地点,是反映事故真相的关键所在,也是事故责任

者和破坏者留有痕迹和物证的场所。现场遗留的痕迹和物品能为查明事故的起因提供重要的线索和证据,对于判断调查范围、调查方向,查清事故原因和确保抢救工作的顺利进行都是至关重要的,所以当事故发生后,首先应该采取有效措施,保护现场不受破坏。

(二)保护事故现场的要求

《中华人民共和国刑事诉讼法》第72条规定:"任何单位和个人,都有义务保护犯罪现场,并且立即通知公安机关派员勘验。"保护现场就是事故(案件)发生以后,及时采取有效措施,使事故(犯罪)现场保持发现时的原始状态。现场保护的任务和做法有以下几方面:

1. 布置警戒,维护秩序

事故发生后,首先应维护事故现场的秩序,保护圈要划得大一些,以免危及警戒人员和群众的生命安全;除紧急救险人员外,禁止其他人员进入保护圈范围,尽一切可能使现场保持原态;在抢救伤员和物资的同时,要设法排除附近的交通障碍,使车辆和行人得以通过,抢救工作得以顺利开展。

2. 抢救伤员、物资,排除险情

事故发生后,要迅速抢救伤员和财物,排除险情,尽量减少损失;如发现未及脱逃的犯罪分子或有重大嫌疑的人要扭送公安机关;现场灭火后,特别是在清理火底时,要注意发现和保护起火点,尽可能保持燃烧后的原始状态;撤销现场保护,清扫现场,必须得到有关部门的批准。

3. 注意现场动态,及时搜集群众反映

要注意发现有无犯罪分子和可疑人员逃离或进入现场;严防犯罪分子或歹徒"趁火打劫"进行破坏活动;还要积极开展访问工作,了解事故的有关情况,并及时向领导如实反映。

4. 做好组织宣传群众工作

组织群众共同抢救和维护秩序,要善于及时地组织一些身强力壮的人员,做一些力所能及的工作。比如抢救伤员、疏散物资和维护现场秩序等。同时要及时向围观群众宣传,要他们离开现场周围,防止发生意外和影响抢救工作的进行。

三、运营中遇到治安问题的十八个怎么办

（一）发动机起火怎么办

（1）立即靠边停车熄火开门（断电情况下使用应急开门截气阀），迅速疏散乘客，抢救人员。

（2）关闭电源、燃油、燃气总开关。

（3）取出灭火器材，做好灭火准备，前置式发动机应从发动机底部和发动机罩缝隙处进行扑救；后置式发动机应打开后机舱罩，对准起火点进行扑救。

（4）就近寻求帮助，同时拨打"119"电话报警，向单位领导报告。

（二）车用自动灭火装置启动怎么办

（1）立即靠边停车熄火开门，迅速疏散乘客。

（2）取下灭火器材，做好灭火准备，打开机舱罩查看。

（3）向乘客做好说明和疏导工作，协助乘客换乘。

（4）向单位领导报告。

提示用语：请不要惊慌，这是车用自动灭火装置启动的响声，没有危险，请不要拥挤，顺序下车。

（三）发现或闻到易燃易爆物品泄漏怎么办

（1）立即靠边停车熄火开门，迅速疏散乘客。

（2）关闭电源、燃油、燃气总开关，劝阻周边群众不要吸烟。

（3）采取应急措施控制泄漏，取出灭火器作好扑救准备。

（4）拨打"110"、"119"电话报警，向单位领导报告。

（5）保护现场，控制住当事人，协助公安民警开展工作。

（四）乘客辱骂或殴打驾乘人员怎么办

（1）坚持打不还手、骂不还口，得理让人、以理服人。

（2）遇乘客骂人，可以正面进行教育。

（3）如乘客打人，可将打人乘客带到车队解决，或报警听从民警指挥处置。

（4）留下2名以上目击证人及联系方法。

（五）车内乘客打架怎么办

（1）正面教育、劝阻。

（2）劝阻无效时拨打"110"电话报警，听从民警指挥处置，不要随意开门。

（3）如打人者强行逃逸，应注意观察其体貌特征及逃跑方向，配合公安机关调查。

（4）及时向单位领导报告。

（六）乘客财物被盗怎么办

（1）向当事人了解被盗财物情况，协助报警。

（2）不得开门，听从民警指挥处置。

（3）及时向单位领导报告。

提示用语：各位乘客，有乘客财物被盗，已经报警，民警马上就来，暂时不能开门，请大家协助配合。

（七）车内有人撒传单，展示横幅等非法活动怎么办

（1）立即停车，拨打"110"电话报警或向附近执勤民警报告。

（2）注意发现涉嫌人员，协助公安民警处置。

（3）及时向单位领导报告。

提示用语：各位乘客，车上有人撒传单（打横幅），已经报警，请大家协助我们工作。

（八）发现车厢有非法标语怎么办

（1）立即报告领导。

（2）保护现场，可采取遮盖等方式保留证据。

（3）拨打"110"电话报警或附近执勤民警报警，听从民警指挥处置。

（九）发现集体乘车上访怎么办

（1）严格按站停车，禁止出线行驶。

（2）立即拨打"110"报警或附近执勤民警报警，听从民警指挥处置。

（3）迅速向单位领导报告。

（十）移动电视被非法插播怎么办

（1）立即靠边停车熄火，关闭电源。

（2）拔掉移动电视熔断器，关闭移动电视电源。

（3）拨打"110"电话报警，向单位领导报告，听从民警指挥处置。

（4）保护现场，留下2名以上目击证人及联系方法。

（十一）乘客突发重病或死亡怎么办

（1）靠边停车，拨打"120"或"999"电话求助，并拨打"110"电话报警，同时向单位领导报告，对乘客做好解释工作。

（2）听从急救中心医护人员的指挥，不得移动死者身体，保护现场。

（3）留下2名以上目击证人及联系方法。

（4）协助公安民警、医护人员处置。

（十二）车内发生抢劫怎么办

（1）设法拨打"110"电话报警或向附近执勤民警报警，听从民警指挥处置。

（2）注意观察作案人员的体貌特征、衣着、凶器及逃跑方向，配合公安机关调查。

（3）救助受伤乘客。

（4）留下2名以上目击证人及联系方法。

（5）及时向单位领导报告。

（十三）有人劫持车辆怎么办

（1）保持冷静，坚守岗位，控制住驾驶机构。

（2）想方设法稳定劫持人的情绪，与其周旋，相机处置。

（3）不要把车辆停放在重点要害部位。

（4）寻机疏散乘客，设法报警、报告。

（5）救助伤员，协助公安民警开展工作。

（十四）有人抢劫车辆怎么办

（1）保持冷静，坚守岗位，控制住驾驶机构。

（2）想方设法尽力阻止，保护乘客和自身的安全。

(3)设法及时报警、报告。

(4)在危急情况下,应果断采取熄火、扔掉车钥匙、拽断发动机控制线路等紧急措施切断电源,使车辆不能行驶。防止作案人员利用公交车辆制造恶性事端。

(十五)车内发现可疑爆炸物品怎么办

(1)立即靠边停车熄火,以"车辆发生故障"为由迅速疏散乘客。

(2)如乘客拒绝下车,应告知"车上发现可疑危险品"并组织疏散,同时尽可能留下乘客的联系方式。

(3)禁止触动可疑爆炸物品,关闭电源、燃油、燃气总开关。

(4)迅速拨打"110"电话报警,向单位领导报告。

(5)协助乘客换乘,防止群众围观。

(十六)有人扬言爆炸怎么办

(1)立即平稳靠边停车熄火。

(2)保持冷静,与其周旋,尽可能稳定其情绪。

(3)想办法报警、报告,寻机疏散乘客。

(4)协助公安民警开展工作。

(十七)车内发生爆炸怎么办

(1)立即靠边停车熄火开门,迅速疏散乘客,抢救人员。

(2)迅速拨打"110"电话报警,向单位领导报告。

(3)扑救爆炸引起的火灾。

(4)保护现场,留下2名以上目击证人,协助公安民警开展工作。

(十八)有人在车上纵火怎么办

1. 如未起火

(1)立即靠边停车熄火开门,迅速疏散乘客。

(2)想方设法稳定作案人的情绪,与其周旋,阻止其纵火。

(3)取出灭火器,作好扑救准备。

(4)拨打"110"电话报警,向单位领导报告。

(5)协助公安民警开展工作。

2. 如起火

(1)立即靠边停车熄火开门,迅速疏散乘客,抢救人员。

(2)关闭电源、燃油、燃气总开关,扑救火灾。

(3)拨打"110"电话报警,向单位领导报告。

(4)保护现场,留下目击证人,协助公安民警开展工作。

四、车辆进出场站自动识别系统

为进一步确保公交场站的安全,合理配备守护力量,科学提升守护质量,全面规范车辆进出公交场站,集团公司在在2015年研发了车辆进出自动识别管理系统,进一步提升了公交场站的管理水平,确保公交场站的车辆安全。

自动识别系统安装完成后,只有当班的驾驶员发车前,将员工卡在车载电子标签(OBU)进行刷卡,同时场站调度人员给出发车信息后,场站的自动识别系统接到这两组数据后进行分析,确认无误后道闸杆开启,车辆方可出场。

五、一键报警

为进一步加强突发事件的应急处置能力,更加及时快速应对突发事件,及时准确了解事态的进展情况。根据公交运营的现实情况,公交集团公司在2015年,在公交场站和运营车辆开发建设一键紧急报警系统,可以实现在第一时间掌握场站和运营车辆的实时状况,通过视频画面迅速了解远端发生的突发事件,并快速做出应急反应,同时可以通过车内语音对讲功能与当班驾驶员进行语音对话,发出指令,有效对突发事件进行掌控和应急处置,减少人员伤亡和财产损失,并留下相关视频证据。

当紧急情况发生时,公交车驾驶员、场站调度员及守护人员应第一时间按下车载和场站报警按钮(车辆安装在仪表盘左侧位置,场站安装在警卫岗亭和车队调度室),公交集团公司应急指挥中心、相对应分公司应急指挥中心具有图像信号接收和处置的权限,一般性事件由使用单位进行处置、重特大事件由公交集团公司统一指挥处置。

当报警按钮启动后,各级应急指挥中心大屏上会双屏显示报警现场信息,在主屏上显示电子地图和车辆所处在的地理位置,车辆图标显示红色惊叹号,在红色惊叹号上方出现文本框,显示该车辆及驾乘人员信息,包括车辆所属分公司、车队、线路、车号;当班驾乘人员姓名、工龄;车辆GPS电话号码。

第五节 消防管理

一、《中华人民共和国消防法》简介

《中华人民共和国消防法》(以下简称《消防法》)经中华人民共和国第九届全国人民代表大会常务委员会第二次会议于1998年4月29日通过,2008年10月28日第十一届全国人民代表大会常务委员会第五次会议修订,并于2009年5月1日起施行。消防法共分7章74条,其立法宗旨是:"为了预防火灾和减少火灾危害,加强应急救援工作,保护公民人身、财产安全,维护公共安全。"以法律的形式明确了消防工作在领导、组织、监督、宣传、保障等方面的职责和义务,使社会各方面在同火灾的斗争中形成了一个有机的、坚强的整体。

消防工作贯彻"预防为主、防消结合"的工作方针。这一方针科学、准确地表达了"防"与"消"的辩证关系,反映了人们同火灾做斗争的客观规律,要把同火灾做斗争的两个基本手段即预防火灾和扑救火灾结合起来。在消防工作中,要把火灾预防放在首位,积极贯彻落实各项防火措施,力求防止火灾的发生。

《消防法》第5条规定:"任何单位和个人都有维护消防安全、保护消防设施、预防火灾、报告火警的义务。任何单位和成年人都有参加有组织灭火工作的义务。"这是每个公民应尽的义务。消防法关系到千家万户,连着你我他。因此,只有认真学习正确掌握消防法,才能贯彻好、执行好消防法,也才能使之真正对全社会和每一个公民起到保护神的作用。

第16条规定:机关、团体、企业、事业等单位应当履行下列消防安全职责:

(1)落实消防安全责任制,制定本单位的消防安全制度、消防安全操作规

程,制定灭火和应急疏散预案。

（2）按照国家标准、行业标准配置消防设施、器材,设置消防安全标志,并定期组织检验、维修,确保完好有效。

（3）对建筑消防设施每年至少进行一次全面检测,确保完好有效,检测记录应当完整准确,存档备查。

（4）保障疏散通道、安全出口、消防车通道畅通,保证防火防烟分区、防火间距符合消防技术标准。

（5）组织防火检查,及时消除火灾隐患。

（6）组织进行有针对性的消防演练。

（7）法律、法规规定的其他消防安全职责。

单位的主要负责人是本单位的消防安全责任人。

第17条规定:消防安全重点单位除应当履行本法第16条规定的职责外,还应当履行下列消防安全职责：

（1）确定消防安全管理人,组织实施本单位的消防安全管理工作。

（2）建立消防档案,确定消防安全重点部位,设置防火标志,实行严格管理。

（3）实行每日防火巡查,并建立巡查记录。

（4）对职工进行岗前消防安全培训,定期组织消防安全培训和消防演练。

第23条规定:"禁止非法携带易燃易爆危险品进入公共场所或者乘坐公共交通工具。"

第28条规定:"任何单位、个人不得损坏、挪用或者擅自拆除、停用消防设施、器材,不得埋压、圈占、遮挡消火栓或者占用防火间距,不得占用、堵塞、封闭疏散通道、安全出口、消防车通道。人员密集场所的门窗不得设置影响逃生和灭火救援的障碍物。"

第41条规定:"机关、团体、企业、事业等单位以及村民委员会、居民委员会根据需要,建立志愿消防队等多种形式的消防组织,开展群众性自防自救工作。"

第44条规定:"任何人发现火灾都应当立即报警。任何单位、个人都应当无偿为报警提供便利,不得阻拦报警。严禁谎报火警。人员密集场所发生火灾,该场所的现场工作人员应当立即组织、引导在场人员疏散。"

二、《机关、团体、企业、事业单位消防安全管理规定》简介

《机关、团体、企业、事业单位消防安全管理规定》(以下简称《规定》),于2001年11月14日由公安部第61号发布,自2002年5月1日起施行。依据《消防法》第14条、第16条有关规定,对机关、团体、企业、事业单位的消防安全责任和消防安全管理要求进行了细化。

《规定》共10章48条,以《消防法》为依据,立足我国社会主义市场经济建立和发展的实际,在总结各单位传统消防安全管理经验以及以往火灾教训的基础上,从消防安全责任、消防安全管理、防火检查、火灾隐患整改、消防安全宣传教育和培训、灭火应急疏散预案和演练、消防档案等方面作了较为明确和详细的规定,对《消防法》的有关规定予以具体体现。为机关、团体、企业、事业单位全面规范和加强消防安全管理工作提供了具体的法律依据。对进一步推动单位落实自身的消防安全责任制,推进消防工作法制化、社会化进程,对于预防和减少火灾事故具有重要意义。

三、火灾等级划分

(1)特别重大火灾是指造成30人以上死亡,或者100人以上重伤,或者1亿元以上直接财产损失的火灾。

(2)重大火灾是指造成10人以上30人以下死亡,或者50人以上100人以下重伤,或者5000万元以上1亿元以下直接财产损失的火灾。

(3)较大火灾是指造成3人以上10人以下死亡,或者10人以上50人以下重伤,或者1000万元以上5000万元以下直接财产损失的火灾。

(4)一般火灾是指造成3人以下死亡,或者10人以下重伤,或者1000万元以下直接财产损失的火灾。

四、火灾与灭火的基本方法

(一)火灾的概念

火灾,是指在时间或空间上失去控制的燃烧所造成的灾害。火灾一旦发

生,如果不能立即将其扑灭,必然会按着初起、发展、猛烈、下降、熄灭5个阶段的过程燃烧,直至将大量宝贵的物资财富化为灰烬,造成严重的人员伤亡和火灾损失。

(二)燃烧的必要条件

在日常生活、生产中经常见到发热、发光的燃烧现象。实质上,燃烧是可燃物质与氧或氧化剂进行反应,同时发热、发光的现象。人们在长期的实践中发现,要发生燃烧必须同时具备如下3个基本条件:

(1)要有可燃物质,如木材、纸张、汽油、煤等。这些物质中的碳、氢、硫等元素在高温下能与氧发生化合反应,形成燃烧。可燃物质是进行燃烧的物质基础,移走可燃物质,燃烧就会停止。

(2)要有助燃物质,如空气(氧气)、氯气以及氯酸钾、高锰酸钾等。可燃物质完全燃烧,必须要有充足的空气。空气中氧气占21%(体积百分数)。如燃烧1kg木材就需要4~5m^3空气。当空气不足时,燃烧会逐渐减弱,甚至熄灭。

(3)要有火源,如明火、电火花等。要使可燃物质燃烧,需要足够的温度和热量。各种物质燃烧所需要的温度不同。例如,在室温20℃下,用火柴点汽油和煤油时,汽油会立刻燃烧起来,而煤油却不燃。

以上3个条件必须同时具备,并且互相结合、互相作用,燃烧才能发生。缺少其中任何一个条件,就不能发生燃烧。有时在一定范围内,虽然具备了上述3个条件,但由于它们没有相互结合、相互作用,燃烧也不会发生。

(三)着火源的种类

为了预防火灾和爆炸,重要的是对危险物质和着火源进行严格管理。在生产中,引起火灾爆炸的着火源有以下8种:

(1)明火。如火炉、火柴、烟筒或烟道喷出火星、气焊和电焊、汽车和拖拉机的排气管喷火等。

(2)高热物及高温表面。如加热装置、高温物料的输送管、冶炼厂或铸造厂里熔化的金属、烟筒和烟道等。

(3)电火花。如高电压的火花放电、短路和开闭电闸时的弧光放电、接点上的微弱火花等。

(4)静电火花。如液体流动引起的带电、喷出气体的带电、人体的带电等。

(5)摩擦与撞击。如机器上轴承转动的摩擦;金属零件和铁钉落入设备内,铁器和机件撞击;磨床和砂轮摩擦;铁器工具相撞;铁器与混凝土相碰等。

(6)自行发热。如油纸、油布、煤的堆积,活泼金属钠接触水等。

(7)绝热压缩。如硝化甘油液滴中含有气泡时,被落锤冲击受到绝热压缩,瞬时升温,可使硝化甘油液滴加热至着火点而爆炸。

(8)化学反应热及光线和射线等。

(四)防止火灾发生的基本措施

一切防火措施都是为了防止产生燃烧的条件,防止燃烧条件互相结合、互相作用。根据物质燃烧的原理,防火的基本措施是:

(1)控制可燃物。可燃物是燃烧过程的物质基础,所以对可燃物质的使用要谨慎小心。在选材时,尽量用难燃或不燃的材料代替可燃材料,如用水泥代替木材建筑房屋,用防火漆浸涂可燃物以提高耐火性能;对于具有火灾、爆炸危险性的厂房,采用抽风或通风方法以降低可燃气体、蒸气和粉尘在空气中的浓度;凡是能发生相互作用的物品,要分开存放等。

(2)隔绝空气。使用易燃易爆物的生产过程应在密封的设备内进行;对有异常危险的生产,可充装惰性气体保护;隔绝空气储存某些化学危险品,如金属钠存于煤油中,磷存于水中,二硫化碳用水封闭存放等。

(3)清除火源。如采取隔离火源、控制温度、接地、避雷、安装防爆灯、遮挡阳光等措施,防止可燃物遇明火或温度升高而起火。

(4)阻止火势、爆炸波的蔓延。为阻止火势、爆炸波的蔓延,就要防止新的燃烧条件形成,从而防止火灾扩大,减少火灾损失,具体措施有:在可燃气体管路上安装阻火器、安全水封;机车、轮船、汽车、推土机的排烟和排气系统戴防火帽;在压力容器设备上安装防爆膜、安全阀;在建筑物之间留防火间距、筑防火墙。

(五)灭火的基本方法

人们长期与火灾做斗争,积累了丰富的灭火经验,总结出4种灭火的基本方法。

(1)冷却法。降低燃烧物的温度,使温度低于燃点以下,从而燃烧过程中止。如用水和二氧化碳直接喷射燃烧物。

(2)窒息法。减少燃烧区域的氧气量,阻止空气注入燃烧区域或用不燃烧物质冲淡空气,使火焰熄灭。如用不燃或难燃的石棉被、湿麻袋、湿棉被等捂盖燃烧物;用沙土埋没燃烧物;往着火空间内灌入惰性气体、蒸汽;往燃烧物上喷射干粉、二氧化碳、1211等;封闭已着火的建筑物、设备的孔洞。

(3)隔离法。使燃烧物和未燃烧物隔离,限制燃烧范围。如将火源附近的可燃、易燃、易爆和助燃物搬走;关闭可燃气体、液体管路的阀门,减少和阻止可燃物进入燃烧内;堵截流散的燃烧液体;拆除与火源毗连的易燃建筑和设备。

(4)抑制法。使灭火剂参与到燃烧反应过程中去,中断燃烧的连锁反应。如往燃烧物上喷射干粉等灭火剂,即为此种方法。

五、危险物品

(一)危险物品按燃烧性分类

凡有火灾或爆炸危险的物品统称为危险物品。可分为以下7类:

(1)爆炸物品。凡是受到高热、摩擦、冲击等外力作用或受其他因素激发,能在很短时间内发生剧烈反应,放出大量气体和热量,同时伴有巨大声响而爆炸的物质,即为爆炸物品。如雷管、炸药、鞭炮药等。

(2)易燃和可燃液体。这类物质极易挥发和燃烧。如汽油、煤油、溶剂油等。

(3)易燃和助燃气体。这类物质受热、受冲击或遇火花能燃烧或发生爆炸,或有助燃能力,能扩大火灾。如氢、氯、煤气、乙炔等。

(4)自燃物品。不需要外界火源的作用,由于本身受空气氧化而放出热量,或受外界影响而积热不散,达到自燃点而引起自行燃烧的物质。如黄磷、油布、油纸等。

(5)遇水着火物品。这类物质能与水发生剧烈反应,放出可燃气体和热量,可引起燃烧和爆炸。如钠、钾、氢化钠、碳化钙、镁铝粉等。

(6)易燃固体。这类物质燃点较低,遇明火、受热、撞击或与氧化剂接触能引起急剧燃烧。如红磷、硫磺、闪光粉、生松香等。

（7）氧化剂。这类物质本身不燃烧，但有很强的氧化能力，与可燃物质接触引起燃烧或爆炸。如高锰酸钾、过氯酸钾、过氧化钠等。

（二）易燃、可燃液体分类

根据闪点，将能燃烧的液体分为两类4级：

第一级：闪点在28℃以下，如汽油、酒精等。

第二级：闪点在28～45℃之间，如丁醇、煤油等。

第三级：闪点在46～120℃之间，如苯酚、柴油等。

第四级：闪点在121℃以上，如润滑油、桐油等。

第一、二级的液体称为易燃液体属于一类；第三、四级的液体称为可燃液体属于二类。

（三）易燃和助燃气体的特性

按火灾危险性，可把气体分为3类：易燃气体、助燃气体和不燃气体。可燃气体如氢、一氧化碳、天然气等；助燃气体如氧、氧化亚氮等；不燃气体如二氧化碳、氮气等。为了防火防爆，应注意易燃和助燃气体的如下特性：

（1）化学活泼性。易燃和助燃气体的化学性质活泼，在普通状态下可与很多物质起反应或发生燃烧爆炸。化学活泼性越强，氧化能力越强的气体，其火灾危险性越大。如乙炔、乙烯与氯气混合遇日光能爆炸；液态氧与有机物接触能发生爆炸；压缩氧与油脂接触能发生自燃。

（2）可燃性。易燃气体遇火能燃烧，与空气混合达一定浓度，会发生爆炸。爆炸下限低、爆炸浓度范围宽的气体，其火灾、爆炸危险性更大。

（3）扩散性。比空气轻的易燃气体逸散在空气中，可以很快扩散，并顺风飘移，造成火焰迅速蔓延。比空气重的易燃气体泄漏出来，往往流于地表、沟渠和厂房死角中，长时间聚集不散，一旦遇着火源就可能发生燃烧爆炸。

（4）压缩性。易燃和助燃气体受压减小体积，甚至被压缩变成液态。盛装这种气体的容器内，总保持较大的压力。遇热气体很快膨胀，如液化石油气的低分子化合物、丁烯等受热膨胀率比水要大10～16倍。如果容器充装过满，即使温升不大，也能膨胀产生很大压力，造成容器变形或破裂。

(5)腐蚀性。有的气体对设备材料有腐蚀作用,如不注意会损坏设备,严重的可导致火灾、爆炸事故。如氯气、硫化氢都有腐蚀性。所以,对受压容器要定期检查。

(6)毒害性。有些气体如硫化氢、氯气、氟气有毒性。在扑救这类火灾时,要注意防毒。

六、机动车辆火灾与防火

(一)机动车辆常见火灾原因

1. 行驶途中的火灾

(1)直接向化油器内灌注汽油。汽车油路发生故障后,用杯、壶等容器直接向化油器内灌注,因汽油与空气比例失调或提前点火,化油器发生回火"放炮"现象,喷出火焰引起汽油着火,或在灌注汽油时汽油漏出遇到发动机高温物体或电火花而起火,这是常见的起火原因。

(2)燃料管路损坏燃料漏出遇高温或电火花起火。

(3)电路、电器元件破损老化、短路起火。

(4)车辆行驶中零件脱落与地面摩擦,引起可燃物起火。

(5)车辆维修时手套、棉丝等可燃物遗忘在排气管路上,遇高温起火。

(6)公路上晾晒的谷物,缠绕在传动轴上,摩擦发热引起着火。

(7)乘客违章吸烟、乱扔烟蒂、火柴梗引起着火。

(8)乘客违法携带化学危险品乘车引起火灾。

(9)车辆行驶进入有可燃气体、可燃液体扩散的地区而引起的燃烧、爆炸等。

2. 车辆停放时的火灾

(1)车辆停放时的火灾,大多是在停放之前留下的火种。如:在仪表盘前放置气体打火机、发胶等化学气体或液体,车内留有烟头等。

(2)停车后未切断电源,电路短路、大闸连电等。

(3)油路漏油、漏气(天然气)、电瓶漏液未被发现留下的火灾隐患。

(4)纵火行为。

（5）违章烘烤油箱，道路交通事故撞破油箱未做及时处置。

（6）违反规定在车辆停放时倒油、抽油不当、盗窃油料造成火灾等。

（二）机动车辆防火的基本要求

（1）车辆行驶前，按照操作规程进行车辆例检和安全检查，确认机件、油路、电路是否完好，消防器材是否有效。杜绝带病车上路。

（2）车辆行驶中听到异响，闻到异味，要停车察看，不得盲目行驶。

（3）禁止在车上吸烟。

（4）禁止携带危险物品乘车。

（5）车辆行驶中，要服从交通民警的指挥，自觉遵守道路交通法，防止发生交通事故后引发的火灾。

（6）车辆停放时要检查车辆内部有无可疑物和火种，关好门窗、切断电源，锁好门窗。

（7）车辆在运营过程中临时停放，关闭电源开关，有人看护。

（8）执行旅游和到外埠运营的车辆，停放时，要停放在正规的停车场，保证安全。

（9）长时间（一个月以上）停放不用的车辆应拆除电瓶线、抽空油箱内燃油。

（三）运营车辆灭火器配备标准

按照公交集团公司《运营生产车辆消防安全管理规定》，应按照以下规定配备灭火器材：

（1）公共电汽车、长途车、旅游车、包车、班车等大型客车车厢内应配备2具规格为5kg（含）以上磷酸铵盐干粉灭火器，灭火器应放置在驾驶员取用方便的固定位置。

（2）出租车、公务车应配备1具规格为2kg（含）以上磷酸铵盐干粉灭火器。

（3）危化运输车和抢修救援车等特种车辆应配备2具规格为5kg（含）以上磷酸铵盐干粉灭火器。

（4）保养车辆进出厂时应携带灭火器材。

（5）灭火器材（含车用自动灭火器）应纳入每日发车的安全例检，并按规定进行维修，保持完好有效。

（四）车用自动灭火器

（1）公共汽车、长途车、旅游车、包车、班车等大型客车及危化运输车和抢修救援车均应在发动机舱安装车用自动灭火装置。

（2）装有自动灭火装置车辆的驾驶员，应按规定在发车前对自动灭火装置进行例行检查，如发现自动灭火装置和热敏线有松动、脱落、破损等问题，应及时向车队主管人员报修，并由客运单位通知售后服务单位修复或更换。

（3）自动灭火装置启动后，应立即熄火停车开门，迅速疏散乘客，取下灭火器材，做好灭火准备后打开后机舱门查看。自动灭火装置启动时发出的响声较大，运营中遇有自动灭火装置启动时，驾售人员要主动向乘客做好说明和疏导工作，防止因惊慌混乱引发其他事故。

（4）安装自动灭火装置的车辆，仍要按照原标准配备手动灭火器材，不得擅自撤销。

（五）车用自动灭火器的检查标准

（1）在发动机机舱内安装3具以上自动灭火器。

（2）每具自动灭火器固定在机舱顶部，不松动，不晃动。

（3）自动灭火器表面无破裂，干粉不外泄。

（4）热敏线的连接要牢固，不脱落，不下垂。

（5）自动灭火器有效期为4年，超过4年要进行更换。

七、维修机动车辆火灾与防火

（一）维修过程中的火灾原因

（1）维修车辆时，电源未切断，使用金属刷等清洗时，打出火花或是电线短路引起火灾。

（2）金属物体接触蓄电池桩头，产生的电弧火花。

（3）在蓄电池充电完毕后，用金属工具在两个桩头间进行测试，判断充电是否充足，由于蓄电池内发生化学反应，有氢气逸出，造成燃烧或爆炸。

（4）违章使用汽油清洗机件造成的火灾。

（5）维修天然气、无轨电车、电动车违规操作引起的火灾。

（6）修补油箱违规操作引起的火灾。

（二）车辆维修中防火的基本要求

（1）禁止使用汽油等易燃液体清洗车辆机件。

（2）检修车辆前,应当把蓄电池的电源接头拆下、固定好,如需照明,应使用低压行灯并加装防护罩。

（3）要用钢丝刷擦洗车辆,防止发生火花。

（4）修理油箱时,应把油箱拆下,将存油倒掉,经过彻底清洗后才可动火。

（5）维修后对车辆进行检查,防止留下隐患。尤其是在排气管、发动机等产生高温处不得留下手套、棉丝等可燃物。

（6）车辆修理车间,应当符合行业标准,按照规定符合防火等级和防火间距。

（7）维修无轨电车、电动车、天然气运营车辆的修理车间,还应当符合防火管理的相关要求。

八、电器火灾与扑救

（一）电器失火的主要原因

（1）电器短路。短路是最常见的电气火灾原因。由于线路绝缘层损坏,导线短路产生强烈的火花,引起可燃物起火。

（2）超负荷。由于同时开启的电器用电量超过导线安全值,导线升温引起火灾。

（3）漏电。漏电会产生火花,引燃周围的可燃物,引起火灾。

（4）线路接触不良,发生升温或打火,引起火灾。

（5）使用电热器具时都有较高的温度,如果电热器具直接接触可燃物,接触时间过长,就会引起火灾。

电器防火首先要选择安全、合格的产品,并正确地使用和操作。一旦发生电器火灾或人身触电事故要立即实施紧急救援:关闭电源开关,切断电源;细土、沙土、干粉灭火器进行灭火;千万不要用水扑救电器火灾,以免发生触电事故。因为水中一般含有导电的杂质,喷在带电设备上,再渗入设备上的灰尘杂质,则更易导电。

（二）切断电源应注意的事项

当发现电气设备或线路起火后，首先要设法尽快切断电源。切断电源要注意以下几点：

（1）火灾发生后，由于受潮或烟熏，开关设备绝缘能力降低，因此，拉闸时最好使用绝缘工具操作。

（2）高压应先操作断路器而不应先操作隔离开关切断电源；低压应先操作磁力启动器，而不应先操作刀闸开关切断电源，以免引起弧光短路。

（3）切断电源的地点要选择适当，防止切断电源后影响灭火工作。

（4）剪断电线时，不同相电位应在不同部位剪断，以免造成短路；剪断空中电线时，剪断位置应选择在电源方向的支持物附近，以防止电线切断后落下来造成接地短路和触电事故。

（三）带电灭火应注意事项

为了争取灭火时间，防止火灾扩大，在来不及断电，或因需要或其他原因，不能断电，则需要带电灭火。带电灭火应注意以下几点：

（1）应按灭火剂的种类选择适当的灭火机。二氧化碳、干粉灭火机的灭火剂都是不导电的，可用于带电灭火。泡沫灭火机的灭火剂（水溶液）有一定的导电性，而且对电气设备的绝缘有影响，不宜用于带电灭火。

（2）人体与带电体之间要保持必要的安全距离。用水灭火时，水枪喷嘴至带电体的距离：电压110kV及以下者不应小于3m，220kV及以上者不应小于5m。用二氧化碳等不导电的灭火机时，机体、喷嘴至带电体的最小距离：10kV者不应小于0.4m，36kV者不应小于0.6m。

（3）对架空线路等空中设备进行灭火时，人体位置与带电体之间的仰角不应超过45°，以防导线断落危及灭火人员的安全。

（4）如遇带电导线跌落地面，要划出一定的警戒区，防止跨步电压伤人。

九、生产、生活防火安全

（一）清洁燃料车辆

清洁燃料车辆，是指发动机使用天然气（CNG）或液化石油气（LPG）作为动力燃料的机动车辆。公交集团运营车辆使用的清洁燃料有:压缩天然气、液化天然气、液化石油气,还有少量氢燃料。

压缩天然气(CNG)是由多种碳酸化合物组成的可燃气体,其主要成分为甲烷。天然气在常温下是气体,当冷却到-162℃时变为液体。天然气的密度低于空气,当天然气发生泄漏时会迅速向空中扩散。天然气车辆的储气瓶工作压力为20MPa。及时发现泄漏是预防火灾发生的关键。

液化石油气(LPG)是石油炼制过程中的副产品,主要成分是丙烷、丁烷,它的燃烧热值比煤气高出5倍。液化石油气在常温下是气体,经加压后为液体。液化石油气(液体)若释放到空气中,将迅速膨胀为250倍的气体,并与空气混合成可燃混合气,易发生爆燃。液化石油气的密度比空气的密度大,发生泄漏时不易逸散,并沉积在地表低洼处,遇明火将发生爆炸。液化石油气的火灾、爆炸危险远远大于煤气,因此,必须严防燃料泄漏。

一旦发生燃料泄漏,要立即疏散乘客,关闭气瓶阀门,严禁烟火,将车辆推离现场,保护现场,及时向有关部门报告。

(二)液化石油气灶、天然气灶使用安全

(1)液化石油气钢瓶与炉灶要有实体墙隔开,2个以上液化石油气钢瓶要有专室存放。严禁液化石油气炉灶与其他炉灶在同一房间内使用。

(2)液化石油气气瓶间的门或墙体下部应设有通风口。

(3)液化石油气钢瓶要直立放置,不得卧放;钢瓶与灶具要保持一定距离,灶具与钢瓶要用专门软管连接,两端要扎牢。

(4)液化石油气的减压阀不可乱动。

(5)液化石油气钢瓶内的气严禁倒灌入其他液化石油气空瓶。

(6)液化石油气钢瓶不得接触明火和高温,当出气量减少时,严禁对钢瓶用明火烘烤或浇洒热水。

(7)钢瓶内用剩的残液应交罐装站统一处理,严禁将残液乱倒。因为残液仍有燃烧、爆炸危险。

(8)使用灶具时要有人看管,防止火被风吹熄,或被锅内汤水溢出将火浇灭而气继续外泄。

(9) 发现承压阀盖松动、丝扣上反、手轮关闭上升等现象,应及时向液化石油气供应单位报修,不得私自处理。

(10) 如发现有气体泄漏,可用肥皂水涂抹检查泄漏点,不可用明火试漏。

(11) 如闻到有气体异味,应打开门窗通风,电气设备保持原来状态,禁止使用明火,同时寻找泄漏点。自己无法修理时,应立即报有关部门修理。

(12) 禁止在立交桥下使用液化石油气。

(三) 吸烟安全

香烟点燃后有较高的温度,约为288℃,抽烟时中心温度600~800℃,因吸烟不慎引起火灾次数要占到全部火灾次数的14%以上。吸烟需注意以下安全事项:

(1) 在设置"禁止烟火"标志的区域,严禁吸烟。

(2) 不要躺在床上吸烟。

(3) 点着的香烟如暂不吸时,应放在烟灰缸里,不得随处乱放。

(4) 火柴、烟头不得乱扔,应放在烟灰缸内。

(四) 进入"严禁烟火"重地安全

生活工作中,我们常常看到"严禁烟火"的标志,实际它是向我们提示你已进入危险地区。这些标志通常出现在以下部位:

(1) 火灾危险性大的部位,如加油站、加气站、停车场、枢纽站等部位。

(2) 重要的场所,如发电站、变电站、通信设备机房、历史文献储藏室等。

(3) 物资集中、发生火灾损失大的地方,如物资仓库、原材料库、存放先进技术设备的实验室等。

(4) 人员集中、发生火灾伤亡大的场所,如礼堂、商场、托儿所、医院病房、图书馆、展览馆等。

在这些防火重点部位,我们必须做到:

①不在这些场所吸烟和随意使用明火。

②不将无关的易燃易爆物品带入防火重点部位。

③严格遵守各种安全标志、消防标志的要求,遵守各项防火安全制度,服从消防保卫人员的管理。

④劝阻违章人员、制止违章行为,维护防火重点部位的消防安全。

十、火灾的分类与灭火器的使用

(一)火灾的分类

一般按照燃烧物质种类,把火灾分为5类。

一类:普通固体可燃物质,如木材、纸张等(燃烧后为炭)的火灾。水是这类火灾的最好灭火剂。

二类:易燃液体和液化固体,如各种油类、有机溶剂、石油制品、油漆等的火灾。最好使用二氧化碳、干粉灭火器。

三类:气体,如煤气、天然气、液化石油气等的火灾。一般使用干粉、二氧化碳灭火器。

四类:可燃金属,如钾、钠等的火灾。应使用专用的轻金属灭火器。

五类:电气设备的带电燃烧。可使用干粉、二氧化碳灭火器。

(二)二氧化碳灭火器的使用

二氧化碳灭火器使用时先拔掉保险销,一手将喷嘴对准火焰根部,另一手握紧压把开关进行喷射。

二氧化碳是电的不良导体,适用于扑救带电(600V以下)设备的火灾;二氧化碳无腐蚀性,可以用于扑救重要文件档案、贵重仪器设备的火灾;扑救油类火灾也有较好的效果。但二氧化碳不适用于扑救某些工厂产品(如金属钾、钠等)的火灾,因为这类活泼金属能夺取二氧化碳中的氧起化学反应而继续燃烧。

二氧化碳灭火器不怕冻,但怕高温,不要把它放在火源和热源附近。存放的温度不得超过42℃,否则内部压力增大使安全膜破裂,灭火器失效。使用时,一般宜站在上风方向喷射,能延长喷射距离;二氧化碳喷筒温度很低,不要用手触摸金属导管,也不要把喷嘴对准人,以防冻伤。二氧化碳是窒息性气体,对人体有害,在通风不良的地方使用,用完后人即退出。

(三)干粉灭火器的使用

干粉灭火器是一种高效灭火器,灭火器筒内粉末的主要成分是碳酸氢钠等盐类物质,并加入适量的润滑剂和防潮剂。筒内充有氮气,灭火器上有压力表,如压力表指针在红区时,表明气量不足,需要充气。干粉灭火器有手提式和推车式两种。

使用手提式干粉灭火器时,先把干粉灭火器拿到距火区 3~5m 处,拔去保险销,一手紧握喷嘴对准火焰根部,另一手握紧压把开关进行喷射。对准火焰使干粉气流由近及远反复横扫,直到火完全熄灭。如遇多处零星火灾时,扑灭一处,松开压把开关,再跑到另一处,继续灭火。

推车式干粉灭火器操作由二人完成。首先将水带理顺,一人操作喷枪接近火源后,另一人拔去保险销,手握压把开关并负责移动干粉灭火车,对准火焰使干粉气流由近及远反复横扫,直到火完全熄灭。

干粉灭火无毒性,也无腐蚀作用,可以用于扑灭燃烧液体,贵重仪器、油类、可燃气体的火灾,灭火效果较好;干粉是不导电的,这种灭火器可用于扑灭带电设备的火灾。

干粉灭火器应保持干燥、密封,以防干粉受潮结块;避免日光暴晒,以防止筒内气体因受热膨胀,发生漏气、自喷现象。

(四)灭火器的检查方法

对灭火器检查,按以下步骤进行:

(1)保险销、铅封完整无缺。

(2)压力表完好,压力显示指针在红线以上。

(3)导喷胶管未出现老化、断裂、脱落情况。

(4)查看灭火器筒身合格证,维修时间是否在 1 年以内。

(5)灭火器位置取用方便,通风干燥,防日晒雨淋。

(6)灭火器放置牢固,固定支架完好。

在检查中发现不符合以上条件的,应报知车队或保卫部门进行维修更换,保持灭火器完好有效。

(五)消防器材的管理和保养

(1)消防器材应有专人负责,并逐级确定管理责任人,做好管理和保养工作。

(2)消防器材要专物专用,不能用于与消防无关的方面。

(3)要定期检查维修消防器材。检查存放地点是否适当,机件是否损坏或出现故障。消防器材使用后,要立即更换、补充。

(4)消防器材应放置在明显的位置,必要时要设立标志牌,便于取用。消防器材的附近不能堆放杂物,保持道路畅通。

十一、发生火灾的处置办法

(一)火灾发生初起阶段的紧急处置办法

一旦发生火灾,一方面要组织人员采用正确的灭火方法和选用适当的灭火工具积极扑救;在密闭的房间内起火,未准备好充足的灭火器材时,不要打开门窗,防止空气流通,火势扩大。另一方面立即打电话报警。

(二)报警

119是火警电话。报警时,要讲清着火的单位名称,详细地址,着火部位,着火物资,火情大小以及报警人的姓名及电话号码。报警后应派人到主要路口迎候消防车。

(三)火灾逃生

火灾有初起、发展、猛烈、下降和熄灭5个阶段,建筑物起火后的5~7分钟内是灭火的最好时机,超过这个时机,就要设法逃离火灾现场。

(1)防烟熏。大部分火灾死难者是因缺氧窒息或中毒死亡。当被烟火包围时,要用湿毛巾捂住口鼻,低头弯腰逃离现场,离地面越低越好。

(2)果断、迅速逃离火场。一般人屏住呼吸10~15秒钟可以跑25m左右,如果楼梯着火,用湿棉被等披在身上,从火中低头弯腰冲出去。

(3)寻找逃生之路。如果楼梯已被大火封住,可以跑到楼顶通过另一单元的楼梯出来;或者从阳台抱住排水管下滑逃生;还可以用绳和撕开的被单连接起来,将一头固定,顺绳逃到无火的楼层或地面。

(4)等待他救。如果逃生之路已被切断,应退回室内,关闭通往燃烧房间的门窗,并向门窗上泼水,延缓火势发展,同时打开未受烟火威胁的窗户,发出求救信号。

【思考题】

1. 什么是宪法?
2. 不懂法有什么危害?
3. 什么是犯罪?
4. 什么是正当防卫?
5. 违反治安管理的行为有哪些?
6. 醉酒人违反治安管理是否给予处罚?
7. 刑法对破坏交通工具罪是如何处罚的?
8. 劳动过程中的不安全因素有哪些?
9. 什么是违章作业?
10. 什么是职业危害因素?
11. 什么是职业病,什么是法定职业病,法定职业病分为哪10类?
12. 三级安全教育是指什么?
13. 发生工伤事故后应如何报告?
14. 了解安全用电基本知识。
15. 什么是安全线?
16. 什么是安全标志,如何分类?
17. 什么是工作时间?
18. 什么是综合计算工时工作制?
19. 汽车驾驶员应具备哪些能力?
20. 汽车驾驶员产生思想麻痹的原因有哪些?
21. 驾驶员应如何控制情绪波动?
22. 饮酒对人体有哪些危害,饮酒对行车安全有哪些影响?
23. 驾驶疲劳的预防与对策有哪些?
24. 什么是交通事故?
25. 公交集团公司对行车事故是怎样定义的?

26. 道路交通事故的基本特征是什么?
27. 机动车辆防火有哪些要求?
28. 维修机动车辆有哪些要求?
29. 吸烟需注意哪些安全事项?
30. 如何使用干粉灭火器?
31. 一旦发生火灾怎么办?
32. 火灾逃生的要点有哪些?
33. 为什么要保护事故现场?
34. 公交系统门卫治安防火基本管理制度有哪些内容?
35. 发现车厢贴有非法标语的处置办法?
36. 车厢内发生爆炸的处置办法有哪些?
37. 行驶中乘客重要财物被盗有哪些处置办法?
38. 行驶中遇车内有人打架有哪些处置办法?
39. 行驶中发生歹徒劫持车辆应如何处置?
40. 对灭火器的检查有哪些步骤?

第五章

劳动用工与薪酬

第一节 劳动合同

一、劳动合同的概念

劳动合同是指劳动者与用人单位确立劳动关系,明确双方权利和义务的协议。建立劳动关系应当订立劳动合同。

二、劳动合同的内容、期限

（一）劳动合同的内容

劳动合同应当具备以下条款：
(1)用人单位的名称、住所和法定代表人或者主要负责人。
(2)劳动者的姓名、住址和居民身份证或者其他有效身份证件号码。
(3)劳动合同期限。
(4)工作内容和工作地点。
(5)工作时间和休息休假。
(6)劳动报酬。
(7)社会保险。
(8)劳动保护、劳动条件和职业危害防护。
(9)法律、法规规定应当纳入劳动合同的其他事项。

劳动合同除规定的必备条款外,用人单位与劳动者可以约定试用期、培训、保守秘密、补充保险和福利待遇等其他事项。

(二)劳动合同的期限

(1)固定期限劳动合同:是指用人单位与劳动者约定合同终止时间的劳动合同。

(2)无固定期限劳动合同:是指用人单位与劳动者约定无确定终止时间的劳动合同。

用人单位与劳动者协商一致,可以订立无固定期限劳动合同。有下列情形之一,劳动者提出或者同意续订、订立劳动合同的,除劳动者提出订立固定期限劳动合同外,应当订立无固定期限劳动合同:

①获得市级以上劳动模范、先进工作者称号的。

②复员、转业退伍军人初次分配工作的。

③员工在该单位连续工作满10年的。

④劳动合同法规定的其他情形。

(3)以完成一定工作任务为期限的劳动合同:是指用人单位与劳动者约定以某项工作的完成为合同期限的劳动合同。

用人单位与劳动者协商一致,可以订立以完成一定工作任务为期限的劳动合同。

(三)劳动合同的试用期

劳动合同期限3个月以上不满1年的,试用期不得超过1个月;劳动合同期限1年以上不满3年的,试用期不得超过2个月;3年以上固定期限和无固定期限的劳动合同,试用期不得超过6个月。

同一用人单位与同一劳动者只能约定一次试用期。

以完成一定工作任务为期限的劳动合同或者劳动合同期限不满3个月的,不得约定试用期。

试用期包含在劳动合同期限内。劳动合同仅约定试用期的,试用期不成立,该期限为劳动合同期限。

三、公交集团公司劳动合同的订立、变更、终止、续订和解除

(一)劳动合同的订立

建立劳动关系,应当订立书面劳动合同。已建立劳动关系,未同时订立书

面劳动合同的,应当自用工之日起1个月内订立书面劳动合同。用人单位与劳动者在用工前订立劳动合同的,劳动关系自用工之日起建立。劳动合同应当以书面形式订立。劳动合同一式两份,双方当事人各执一份。

(1)公交集团公司设立的分支机构,依法取得营业执照或者登记证书的,可以作为用人单位与劳动者订立劳动合同;未依法取得营业执照或者登记证书的,受公交集团公司委托与劳动者订立劳动合同。

(2)二级单位的党委书记、经理与公交集团公司法定代表人或委托代理人订立劳动合同。同时还应与公交集团公司另行签订《经营目标责任书》,根据岗位职责完成集团公司下达的经营指标等相关任务。

(3)凡按规定经用人单位批准长期脱离生产(工作)岗位(外借、全脱产学习、出国、请长假、离岗休养以及享受病休医疗待遇等)的员工,在订立劳动合同时,还须订立专项协议书。

企业自用工之日起满1年不与劳动者订立书面劳动合同的,视为企业与劳动者已订立无固定期限劳动合同。

订立劳动合同,不得扣押员工的居民身份证和其他证件,不得要求员工提供担保或者以其他名义向其收取财物。

订立劳动合同时,应当如实告知员工工作内容、工作条件、工作地点、职业危害、安全生产状况、劳动报酬,以及员工要求了解的其他情况。企业有权了解员工与劳动合同直接相关的基本情况,员工应当如实说明。

(二)劳动合同的变更

(1)企业与劳动者协商一致,可以变更劳动合同约定的内容。变更劳动合同,应当采用书面形式。

(2)企业变更名称、法定代表人、主要负责人等事项,不影响劳动合同的履行。

(3)因运营生产需要线路划转、系统内部调整,原劳动合同继续有效,劳动合同由继承权利义务的用人单位继续履行。用人单位变更名称的只变更原《劳动合同》法人名称,劳动合同期限等条款不变。

(4)员工岗位(工种)、职务变动,应当及时变更劳动合同。员工不能完成工作岗位定额或不能完成经营指标的,用人单位有权调整员工工作岗位、职务,员工待遇按照调整后岗位、职务执行。

(5)订立劳动合同所依据的法律、法规、规章发生重大变化的,应当依法变更劳动合同相关内容。

(6)订立劳动合同所依据的客观情况发生变化,致使原劳动合同无法履行,当事人一方要求变更相关内容的,应当将变更要求以书面形式送交另一方,另一方应当在15日内答复,逾期不答复的,视为不同意变更劳动合同。

(三)劳动合同的终止

1. 有下列情形之一的,劳动合同终止

(1)劳动合同期满的。

(2)员工开始依法享受基本养老保险待遇或达到法定退休条件的。

(3)员工死亡,或者被人民法院宣告死亡或者宣告失踪的。

(4)用人单位被依法宣告破产的。

(5)用人单位(含下属独立法人企业)被吊销营业执照、责令关闭、撤销或者单位决定提前解散的。

(6)法律、行政法规规定的其他情形。

劳动合同终止,用人单位应依法办理终止手续并通知员工。

2. 顺延劳动合同

顺延劳动合同是指劳动合同期限届满,但员工医疗期或女员工孕期、产期、哺乳期未满,劳动合同应当顺延至医疗期、女员工孕期、产期、哺乳期满。

(四)劳动合同的续订

续订劳动合同不得约定试用期。

(1)双方协商一致可以续订劳动合同。

(2)对有下列情况之一者,应当与其续订劳动合同:

①被评为劳动模范、先进生产工作者的员工及为企业做出过特殊贡献者。

②在合同期内因工负伤或患职业病被确认致残等级为5~6级的员工,其劳动合同期限届满,本人要求续订劳动合同的。

③连续订立两次固定期限劳动合同,且劳动者能胜任原岗位工作的。

(3)凡劳动同到期的员工,在企业规定的考核期内(合同期限不满 3 年的按合同期限考核,合同期限 3 年以上的考核期为 3 年)有下列情况之一者,原则上企业不再与其续订劳动合同:

①根据企业劳动岗位定编、定员标准,实施优化劳动组合后的富余人员。

②按企业要求在规定时间内未取得技能等级证书及经培训仍不符合达标上岗条件的人员。

③因病或非因工负伤及其他原因在合同期限内,不能坚持正常生产、工作的人员。

④合同期内因违纪受到行政处分、拘留或经常发生旷工、迟到、早退等违反劳动纪律行为的人员。

⑤合同期内有贪污行为或违反票务、财务制度行为的人员。

⑥合同期内经常完不成生产任务的人员。

⑦合同期内因个人原因及违反企业运营生产等各项管理规定发生责任事故及给企业生产、经营、声誉造成损害、影响的人员。

⑧合同期限内不能胜任本职工作和不服从企业调剂、安排或转岗的人员。

⑨在劳动力市场待工人员。

⑩其他不适宜续订劳动合同的人员。

(五)劳动合同的解除

1. 员工解除劳动合同

(1)员工要求解除劳动合同的,须提前 30 日以书面形式通知其所在车队(车间)、部室等部门领导及人力资源部门,按照双方约定,办理工作交接。在办结各项手续后,由用人单位办理相关工作。

因员工原因致无法办理员工档案和社会保险关系转移手续的,由员工承担责任;因此造成用人单位损失,加大用人单位工作量的,员工应承担赔偿责任。

(2)随时解除劳动合同

有下列情形之一的,员工可以随时通知用人单位解除劳动合同:

①用人单位未按照劳动合同约定提供劳动保护或者劳动条件的。

②用人单位未及时足额支付劳动报酬的。

③用人单位未依法为劳动者缴纳社会保险费的。

④用人单位的规章制度违反法律、法规的规定,损害劳动者权益的。

⑤用人单位以欺诈、胁迫的手段或者乘人之危,使员工在违背真实意思的情况下订立或者变更劳动合同的。

⑥用人单位在劳动合同中免除自己的法定责任、排除员工权利的。

⑦用人单位违反法律、行政法规强制性规定的。

⑧用人单位以暴力、威胁或者非法限制人身自由的手段强迫员工劳动的。

⑨用人单位违章指挥、强令冒险作业危及员工人身安全的。

⑩法律、行政法规规定员工可以解除劳动合同的其他情形。

2. 企业解除劳动合同

1) 员工非过失性解除

有下列情形之一的,用人单位提前 30 日以书面形式通知员工本人或者额外支付员工 1 个月工资后,可以解除劳动合同:

(1) 员工患病或者非因工负伤,在规定的医疗期满后不能从事原工作,也不能从事由单位另行安排的工作。

(2) 员工不能胜任工作,经过培训或者调整工作岗位,仍不能胜任工作。

员工有下列情形之一的属于不能胜任工作:

①员工因各种原因不能从事本岗位工作的。

②新招人员、转岗人员经培训不能按要求完成同岗位人员工作任务的。

③按岗位规范考核员工在 12 个月内累计 2 次扣罚达到 12 分或在合同期内(合同期超过 5 年的按 5 年考核)累计 3 次扣罚 12 分的。

④绩效考核连续 3 年被评为不合格的。

⑤员工下岗经培训两次达不到上岗要求的。

(3) 劳动合同订立时所依据的客观情况发生重大变化,致使劳动合同无法履行,经用人单位与员工协商,未能就变更劳动合同内容达成协议的。

2) 员工过失性解除

(1) 员工有下列情形之一的,依照劳动合同法规定的条件、程序,用人单位可以与劳动者解除固定期限劳动合同、无固定期限劳动合同或者以完成一定工作任务为期限的劳动合同。

①在试用期间被证明不符合录用条件的。

②经培训不符合上岗条件的。

③违反企业劳动纪律的。

④其他不符合招聘条件的。

用人单位在试用期解除劳动合同的，应当向员工书面说明理由。

(2)严重违反用人单位的规章制度。

①员工严重违反请假、考勤制度：

a. 经常迟到、早退，12个月内累计达12次的；

b. 连续旷工3天，12个月内累计旷工5天的；

c. 经批准实行"综合计算工时工作制度"的人员，接到公休日停休通知后不到工作岗位的。

②员工严重违反运营(生产)纪律：

a. 派车不走、派活不干影响运营或生产工作的；

b. 私自甩站或因甩站、漏站造成重大事故或恶劣影响的；

c. 擅自挪用运营和单位车辆者以及利用单位设备做私活的；

d. 未经批准，擅自停线、改线或摆班，影响运营或生产工作。

③员工严重违反行车纪律：

a. 非驾驶员驾驶车辆的；

b. 驾驶员酒后驾驶车辆的；

c. 行车斗气发生交通事故，给企业造成社会影响的；

d. 发生恶性事故的。

④员工严重违反服务纪律：

a. 发生构成恶性服务纠纷标准的责任者；

b. 谩骂、殴打乘客(顾客)造成影响的。

⑤员工严重违章作业、违反劳动等企业纪律：

a. 严重违反安全操作规程、严重违章指挥造成事故或重大隐患的；

b. 班内赌博、酗酒、打架斗殴的；

c. 无理取闹影响正常运营、生产(工作)秩序的;

d. 盗窃公物、侵吞公款或破坏车辆、设备、设施的;

e. 12 个月内累计违反票务制度 2 次(不含)以上及合同期内累计违反票务制度 3 次(不含)以上的;

f. 下岗培训合格两次不服从分配的;

g. 处分期间犯有其他严重错误的。

(3)严重失职,营私舞弊,给单位造成重大损害。

①给运营(生产)造成重大损害:

a. 因个人原因影响运营(生产)2 小时以上(含)的责任者;

b. 擅自改变运营(生产)计划,调度、指挥措施不当,12 个月内出现 2 次以上(含)调度事故以及造成生产混乱的责任者。

②给安全行车工作造成重大损害:

a. 发生重大行车事故的责任者[双方责任(含)以上];

b. 发生行车大事故甲方责任的。

③因服务态度受到新闻单位批评或乘客投诉造成恶劣影响的责任者。

④因违章指挥、违章作业、违反劳动纪律给用人单位造成重大损害:

a. 发生工伤事故,造成他人死亡或因工致残(完全丧失劳动能力)的直接责任者;

b. 造成锅炉、压力容器爆炸事故的直接责任者;

c. 造成重大火灾事故、重大治安案件的直接责任者;

d. 发生煤气中毒、食物中毒事故造成严重后果的直接责任者;

e. 造成他人溺水死亡事故的直接责任者;

f. 造成重大车辆、机械、电气事故的直接责任者。

⑤员工严重失职、营私舞弊给用人单位造成直接经济损失达 1 万元以上或者造成恶劣影响的责任者。领导干部在用人单位经营管理活动中,严重失职、营私舞弊给用人单位造成直接经济损失在 10 万元以上。

(4)严重违反计划生育政策。

(5)员工以欺诈、隐瞒、胁迫的手段使用人单位在违背真实意思的情况下订立或者变更劳动合同,致使劳动合同无效。

①因身体健康、精神病、传染病及其他影响工作的疾病,不能保证正常工作的。

②招聘时向用人单位提供虚假的离职证明、教育学历、个人简历、婚姻与生育状况或体检证明等个人材料的。

③违反计划生育政策的。

④有吸毒、斗殴等各种劣迹的。

⑤其他以欺诈、隐瞒订立劳动合同的情形。

(6)员工未获用人单位同意同时与其他用人单位建立劳动关系,对完成本单位的工作任务造成严重影响,或者经单位要求改正,员工拒不改正。

(7)被依法追究刑事责任。

(8)员工有其他违反法律、法规应当解除劳动合同的情形。

四、经济补偿金

(1)有下列情形之一的,企业应当向员工支付经济补偿。

①员工非过失性解除劳动合同的。

②除单位维持劳动合同约定条件续订劳动合同,员工不同意续订的情形外,按规定终止固定期限劳动合同的。

③用人单位被依法宣告破产的。

④用人单位(含下属独立法人企业)被吊销营业执照、责令关闭、撤销或者单位决定提前解散的。

⑤法律、行政法规规定的其他情形。

公交系统工作年限不满1年的按1年的标准发给经济补偿金。

(2)经济补偿按员工在本单位工作的年限每满1年支付1个月工资的标准向员工支付。6个月以上不满1年的,按1年计算;不满6个月的,向员工支付半个月工资的经济补偿。

员工月工资高于本单位所在地区上年度员工月平均工资3倍的,向其支付经济补偿的标准按员工月平均工资3倍的数额支付,向其支付经济补偿的年限最高不超过 12 年。

月工资是指员工在劳动合同解除或者终止前 12 个月的平均工资。

(3)企业终止劳动合同经济补偿年限自 2008 年 1 月 1 日起计算;劳动合同法施行前按照当时有关规定,用人单位应当向劳动者支付经济补偿的,按照当时有关规定执行。

五、经济赔偿金

(1)用人单位自用工之日起超过 1 个月不满 1 年未与劳动者订立书面劳动合同的,应当向劳动者每月支付 2 倍的工资。

用人单位违反规定不与劳动者订立无固定期限劳动合同的,自应当订立无固定期限劳动合同之日起向劳动者每月支付 2 倍的工资。

(2)用人单位违反规定解除或者终止劳动合同,劳动者不要求继续履行劳动合同或者劳动合同已经不能继续履行的,用人单位应当向劳动者支付 2 倍赔偿金。

(3)用人单位为劳动者提供专项培训费用,对其进行专业技术培训的,可以与该劳动者订立协议,约定服务期。

劳动者违反服务期约定的,应当按照约定向用人单位支付违约金。违约金的数额不得超过用人单位提供的培训费用。用人单位要求劳动者支付的违约金不得超过服务期尚未履行部分所应分摊的培训费用。

(4)用人单位与劳动者可以在劳动合同中约定保守用人单位的商业秘密和与知识产权相关的保密事项。

对负有保密义务的劳动者,用人单位可以在劳动合同或者保密协议中与劳动者约定竞业限制条款,并约定在解除或者终止劳动合同后,在竞业限制期限内按月给予劳动者经济补偿。劳动者违反竞业限制约定的,应当按照约定向用人单位支付违约金。

六、医疗期

医疗期是指企业员工患病或者非因工负伤停止工作治病休息不得解除劳

动合同的时限。医疗期应从病休第一天开始在规定的周期内累加计算病休期间公休、假日、法定节假日包括在内。具体规定如下：

(1)实际工作年限10年以下的,在公交系统工作年限5年以下的为3个月;5年以上的为6个月。

(2)实际工作年限10年以上的,在公交系统工作年限5年以下的为6个月;5年以上10年以下为9个月;10年以上15年以下为12个月;15年以上20年以下的为18个月;20年以上的为24个月。

(3)医疗期3个月的按6个月内累计病休时间计算;6个月的按12个月内累计病休时间计算;9个月的按15个月内累计病休时间计算;12个月的按18个月内累计病休时间计算;18个月的按24个月内累计病休时间计算;24个月的按30个月内累计病休时间计算。

(4)员工因病或非因工负伤,经劳动鉴定委员会鉴定为1~4级伤残的应当退出劳动岗位,办理退休、退职手续,享受退休、退职待遇;被鉴定为5~10级伤残的,医疗期内不得解除劳动合同。

第二节　劳动纪律及奖惩

一、劳动纪律的概念及主要内容

劳动纪律是指人们在共同劳动过程中必须遵守的规则和秩序,它要求每个劳动者按照规定的时间、程序和方法,完成自己应承当的生产和工作任务。劳动纪律的主要内容有:一是组织方面的纪律,是指员工应该服从指挥,根据下达的计划和调度的指令,按时、按质、按量完成应承担的生产和工作任务;二是生产技术方面的纪律,是指员工在生产和工作中,遵守企业的生产技术规章制度,如岗位责任制、技术操作规程、安全生产规程等,不得违章指挥、违章作业;三是工作时间方面的纪律,是指员工应当遵守工作时间制度和考勤制度。

二、公交集团公司员工请假考勤制度

(一)员工请病假有关规定

(1)员工请病假(急诊除外)必须按规定提前办理请假手续。早班应在前一天晚6点之前,晚班应在接班前2小时之前请假。过发车点请假,2小时内按迟到处理,超过2小时按旷工处理。

(2)请假看病后,医疗保险定点医院的病假证明要在次日之内及时交给所在单位劳动管理人员,逾期无效。病假到期仍不能上班,应在假期满之前及时办理续病假手续,逾期未办理的,按旷工处理。

(3)员工患病就诊,须到医疗保险定点医院治疗,非定点医院的假条一律无效,急诊证明只限一次不能连续急诊治病,急诊假条有效期最多不超过2天,逾期无效。

(4)员工在工作时间患病,应及时向劳动管理人员或主管负责人请假,经批准后方可就医,就医后有病假证明按病假计算,无病假证明按事假处理。

(5)预备人员派车后,出示病假证明或请假看病者一律不予批准,派车不走按摆班处理。

(二)员工请事假有关规定

(1)请事假的人员必须提前写出书面申请,申明请假事由、时间,由基层单位(车队、车间)的主管负责人核实情况,行政领导签批意见。

(2)由请假人持基层单位(车队、车间)行政领导签批意见的请假申请,到分公司人力资源部办理请假手续。

(3)审批事假的权限3天以内(含3天)的事假由基层单位(车队、车间)的行政领导签批;4天至7天(含7天)的事假由分公司人力资源部科长签批;7天(不含7天)以上的事假由人事经理签批。任何人不能越权审批。

(4)凡请假必须严格履行请假手续,未办理手续擅自歇假的,按旷工处理。

(5)连续事假1个月上班后,须经复工培训后方可重新上岗。

(三)员工请带薪年休假有关规定

(1)享受带薪年休假的人员范围是:公交集团公司所属企业的在岗生产工

人和管理人员。累计工作已满 1 年不满 10 年的,年休假 5 天;已满 10 年不满 20 年的,年休假 10 天;已满 20 年的,年休假 15 天。国家法定休假日、休息日不计入年休假的假期。

(2)安排带薪年休假的原则是:根据生产工作的具体情况;考虑员工本人意愿;企业均衡安排,每年适当轮换,保证公平公正。

(3)安排带薪年休假的基本要求是:

①年休假在 1 个年度内集中安排,特殊情况可以分段安排,但不跨年度安排。

②凡生产具有淡旺季特点的,一般安排员工在生产淡季休年休假。

③在法定节日和重大政治活动期间,原则上不安排员工休年休假。

④有毒有害作业岗位人员健康疗养不冲抵员工个人的带薪年休假。

⑤劳模休养冲抵员工个人的带薪年休假。

⑥本着自愿原则,员工年内未休假天数可折抵病事假天数。

(4)有下列情形之一的,不享受当年年休假:

①员工享受寒暑假且休假天数多于年休假天数的。

②员工累计工作不满 10 年且病假累计 2 个月以上的。

③员工累计工作满 10 年不满 20 年且病假累计 3 个月以上的。

④员工累计工作满 20 年以上且病假累计 4 个月以上的。

⑤员工下岗一个月或累计待岗 30 天以上的。

⑥不在岗人员(主要包括离岗休养、进入劳动力市场、长期病假和工伤休假人员)。

(5)员工休假期间享受与正常工作期间相同的工资收入(即标准岗位工资、标准绩效工资、全额高技能岗位聘用工资、全额劳模津贴)。确因工作需要不能安排员工休年休假的,要征得员工本人同意,并按照该员工应休未休年休假天数的日岗位工资的 300% 支付报酬。

下列情况不支付 300% 报酬:

①企业安排员工休年休假而员工放弃的。

②按不定时工时制支付工资的。

(6)年休假申请审批程序是:车队(车间)生产工人和基层管理人员申请审批程序;每年一月底前,由车队(车间)公布生产工人和基层管理人员休假计划,征求意见;达成一致意见后由生产工人和基层管理人员填写《员工带薪年休假申请表》,写明休假时间;休假前10日,休假人员填写《员工带薪年休假审批表》,写明休假地点、联系方式、假后上班时间,由车队(车间)正职审批,车队(车间)劳动管理人员按计划执行。

(四)员工请其他假的有关规定

(1)员工探亲应提交书面申请书、被探望人的户籍证明和在当地居住证明等材料,经基层单位(车队、车间)行政领导签批后到分公司人力资源部办理探亲手续,探亲假到期必须按时归队,除遇不可抗拒的情况,逾期不归的均按旷工处理。

(2)婚假、丧假、孕产假、计划生育假、献血假、工伤假、疗养假等均按有关规定执行。

三、员工奖惩

(一)员工奖惩

员工奖惩是指企业奖励制度和惩罚制度的总称。

员工奖励是指以激励为手段,通过满足和不断提高员工的物质需要和精神需要,调动其积极性,最大限度地挖掘员工潜在能力的管理方法,包括精神奖励和物质奖励。

企业对员工的奖励分为:表扬、记功、记大功、授予荣誉称号。其中:记功及以上奖励由二级单位和集团公司授予;奖励可以采取通报表彰、发给一次性奖金或给予晋升服务星级等多种形式,由颁奖单位决定。

员工惩罚是指惩治过错,警戒未来。惩戒是一种控制人的行为的一种手段,通过此手段,制止和预防企业员工中各类过错和越轨行为的发生。

(二)奖惩工作的原则

奖惩工作的原则是:重在教育帮助,慎用处分;奖励为主,惩处为辅;精神鼓励与物质奖励相结合;奖惩制度管理与劳动合同管理相结合。

(三)公交集团公司员工奖惩有关规定

《北京公共交通控股(集团)有限公司员工奖惩规定(试行)》规定如下:

1. 奖励

员工有下列表现之一的,应当给予奖励:

(1)忠于职守,积极工作,为企业赢得良好声誉,成绩显著的。

(2)在完成运营、保修生产任务或工作任务,提高服务质量、产品质量和工作质量等方面,成绩显著的。

(3)在安全行车、安全生产方面严格执行法律法规和企业规章,表现突出的。

(4)工作中有发明、创造,技术改进、技术革新或者合理化建议被采纳,取得社会效益和经济效益,成绩显著的。

(5)在生产工作中节约国家和企业能源、资财,减少污染排放,成绩显著的。

(6)在重大社会活动或执行重大任务中,为企业赢得荣誉,表现突出的。

(7)防止或消除事故,使国家和企业利益免受损失或减少损失,表现突出的。

(8)维护正常生产工作秩序和社会秩序,同违法违纪行为做斗争,使国家和企业利益免受损失或减少损失,表现突出的。

(9)在突发事件中忠于职守、认真履职,表现突出的。

(10)在突发事件中奋不顾身、舍己救人,保护国家、企业和群众财产,表现突出的。

2. 处分

员工出现下列情况,应当根据性质、情节、后果予以处分:

(1)严重违纪或严重失职,给企业造成重大损害,应解除劳动合同但由于各种原因并经职代会讨论通过未解除劳动合同的。

(2)工人有下列情形之一的:

①违反企业运营、保修生产及服务、票务、劳动、财务等纪律或规定的。

②不服从工作分配,不服从调动指挥,影响企业生产工作秩序的。

③工作失职,违反交通法规、企业内部操作规程和安全管理规定,造成事故或重大隐患的。

④工作不负责任,发生生产或产品质量问题,损坏车辆、设备、工具,浪费原材料及能源,造成经济损失的。

⑤不认真履行职责和岗位要求,屡次受到投诉、产生纠纷,给企业造成不良影响的。

⑥违反计划生育政策的。

⑦在突发事件中放弃职责、擅离岗位,造成后果或不良影响的。

⑧违反《中华人民共和国治安管理处罚法》被行政拘留,但未受到刑事处理的。

⑨犯有其他严重错误的。

3. 对员工的处分分级

处分分为:警告、记过、记大过、降职、撤职。按管理权限由二级单位和公交集团公司决定。

其中:警告处分期为当月,记过处分期为6个月,记大过处分期为12个月,降职处分期为18个月,撤职处分期为24个月。处分期内不得提职加薪。

员工受处分期内有重大贡献或突出表现可以缩短处分期,但实际处分期不得短于规定处分期的二分之一,由做出处分决定的单位决定并进行公示。

对员工进行行政处分时应予以相应的经济处罚。经济处罚标准由企业工资制度有关文件规定。

4. 实施处分按以下程序办理

(1) 申请提议:按管理权限由单位提出建议(包括处分对象、事实依据和处分等级),填写《申请处分审批表》。

(2) 核实材料:按管理分工由主管部门对拟处分员工的错误事实和处分等级进行审核,同时听取所在单位工会的意见;必要时可以停班、停职。

(3) 宣告施行:按管理权限经行政办公会议批准后,采取文告或会议形式在一定范围内公布。

处分应书面通知本人,并记入企业管理档案。个人处分档案管理办法由集团公司另行规定。

5. 受处分员工

对处分不服,应在收到处分通知后 10 个工作日内向做出处分决定的单位直至公交集团公司提出书面申诉。各级有关部门对申诉应认真复议核实,在收到申诉材料后的 20 个工作日内给予书面答复。

四、公交集团公司员工卡及其使用规定

员工卡是集企业管理、运营生产和员工福利等多项功能的专用证件。由公交集团公司统一发放,各级人力资源部门负责管理。员工要保证每天携卡上班,不要将卡弯折、划刻、折损、剪割、涂改或靠近高温及磁源等。

(一)员工卡发放范围

公交集团公司所属各单位的在职员工、离退休(职)人员。其他劳务输入人员、实行单独租赁承包的非原本企业的从业人员和技校实习生可按有关规定给予相应的乘车补助,购办一卡通 IC 卡,不发放员工卡。

(二)员工卡乘车使用范围

凭员工卡可乘坐公交集团公司所属运营线路的公共电汽车(记次不限次);乘坐市内地铁运营线路时限次使用(不包括机场线)。

(三)员工卡乘车规定

(1)员工乘车时应遵守公共秩序,并与乘客一样排队候车、顺序上车。

(2)员工卡使用时必须在车载机具(含手持机具)上进行刷卡和接受乘务人员查验。无卡乘车,照章购票;持过期或失效卡乘车无效。对驾乘人员收回读卡机不能识别的员工卡时应主动配合(交卡时所乘车次免票),同时向所属单位人力资源部报告,确属非人为损坏的,公交集团公司在 10 日内负责免费更换。

(3)员工卡严禁转借他人使用。一经发现,按照公交集团公司《员工岗位规范考核管理规定》等有关规定处理,并视情况给予其相应的行政纪律处分。

(4)冒用员工卡乘车的人员由驾乘人员、乘务稽查员交车队或票务管理部

门，没收其冒用的员工卡，并参照有关规定对其处罚性收缴票款 200 元。

（5）员工乘车不主动刷卡或不接受乘务人员的查验而发生服务纠纷的，除按票务管理有关规定处理外，同时要给予相应的行政纪律处分；符合解除劳动合同条件的要给予解除劳动合同处理。

（四）员工卡在运营生产中使用有关规定

1. 工作卡

（1）驾乘人员的员工卡是行车运营生产时的个人身份证件，也是生产数据记录、采集的重要依据。

（2）驾乘人员每班首次行车前，必须持本人员工卡按规定的操作程序对读卡机刷卡，然后开始线路运营。运送人次、票款收入等信息将按卡号记为个人业绩。

（3）员工卡作为生产设备只限本人在运营生产时间内、在规定的运营车辆上使用；不得在本人运营生产时间外使用，也不得在属于他人运营的车辆上使用。超越范围使用的，属于违反票务纪律，车队要根据情节轻重给予相应的教育或处分，对故意违规占有他人生产信息的按侵占他人票款处理。

（4）运营驾驶员、乘务员调出车队或工作岗位发生变化时，应及时改写信息并通知分公司票务管理中心（IC 卡结算中心），该中心负责数据库的变更，使数据库随时与人员变动保持一致。

2. 电子路单

（1）在智能运营指挥调度系统中，员工卡是驾乘人员签到、签点、班次查询等日常运营生产的必备证件，全体驾乘人员在进行日常运营生产时必须按照相关操作手册的规定流程使用员工卡。

（2）所有驾驶员在每运营班次进出场站时，必须使用本人员工卡按照相关操作程序对读卡机刷卡，计算机记录每班次进出场站的时间、运营里程等基本运营数据信息，实现计算机签点的电子路单功能。

（3）员工卡丢失或损坏，应立即向车队主管部门报告，补做新员工卡，并启用临时工作卡替代，车队有关人员应及时在临时工作卡内输入该驾驶员的基本信息，严禁出现因员工卡丢失而造成的无人摆车。补做员工卡发放给驾驶员的同时应回收临时工作卡,并及时清除临时工作卡中的人员基本信息,确保"一人一卡",严禁出现同一驾驶员同时持有员工卡和临时工作卡的情况。

(4)员工卡在日常运营生产中严禁借用他人或使用他人员工卡刷卡签点,对于借用员工卡扰乱基本运营数据统计而造成严重后果的,一经查实将按照运营事故严肃处理有关责任人。

(5)员工卡在电子路单中具体使用办法详见公交集团公司运营调度指挥系统车队操作手册。

(五)员工卡的发放、补卡和注销

(1)新招录人员在发放首月工资后,由所在单位人力资源管理系统直接生成制卡信息,上传公交集团公司,经审核后制卡发放。

(2)各运营分公司要对,集团公司制好的员工卡(新增、补卡)进行二次发行,并将二次发行的数据通知分公司结算中心,以保证员工卡在运营生产中正常使用。

(3)员工领取员工卡后,应予妥善保管,防止损坏、遗失。发生遗失、损坏或POS机不能读取的,应及时向所在单位报告,并填写《补办员工卡申请表》,经所在单位负责人审核、签字后,上报本单位人力资源管理部门,进行补办登记备案。补办员工卡自填写《申请表》上报之日起,满1个月后方可办理。

(4)驾乘人员丢失和损坏员工卡,车队应及时通知分公司票务管理中心(IC卡结算中心)删除后台数据库信息;并在补做新卡前申请借用备用卡;员工备用卡无乘车功能只在运营生产中使用,车队要建立《员工备用卡登记表》台账,严格记录每张卡的持卡人及变动情况。

(5)新办、补发员工卡收取手续费标准

①新办员工卡缴纳工本费每人15元(离退休人员免收)。

②员工卡损坏换新需缴纳损失费15元。

③员工1个年度内第一次丢失员工卡,补办新卡应缴纳损失费300元,补办员工卡同时收取工本费。1个年度内多次丢失员工卡,自第二次补办新卡起缴纳损失费500元,补办员工卡同时收取工本费15元。

(6)员工调离本系统,必须将员工卡交回本单位人力资源部予以注销。对调离时无法交回员工卡的人员，由其所在单位人力资源部负责，向其收缴丢失卡损失费 300 元。

第三节 绩 效 管 理

一、绩效管理的内涵

（一）绩效管理的概念

绩效管理是在企业与员工个人达成共识的基础上，明确各自的工作目标，采取行之有效的管理方法，不但保障按期按质按量地达到和实现目标，而且争取提升目标的可能性，从而更加注重员工绩效与企业绩效有机结合的活动过程。

（二）工人绩效管理的范围

工人绩效管理的人员范围包括生产工人，工人管理岗位人员和机关工人。

（三）绩效管理的作用

（1）员工个人绩效与公司绩效充分结合，为公司实现战略发展目标提供有效的人力资源保障。

（2）不断挖掘员工的潜力，促进员工的职业成长和发展，以实现人力资源的持续增值。

（3）企业为员工的薪酬、奖惩、岗位调整、培训等提供基础性信息和依据。

（4）增进企业内部上、下级之间的沟通和了解，建立并保持健康有益的上、下级工作关系。

（四）绩效管理实施原则

（1）自上而下、逐级考核的原则。逐级管理、逐级考核、逐级负责，由直接上级做出对下属的工作评定。

（2）公平、公正、公开的原则。绩效管理要坚持实事求是，工作评定要客观。

(3)注重沟通、强调交流的原则。绩效管理实施中要以过程管理与目标管理为手段,以绩效发展为导向,绩效管理的全过程始终贯穿沟通和交流。

(4)坚持企业文化与企业经营目标、管理理念相结合的原则。帮助员工树立企业文化理念,促进员工职业生涯的发展。

(5)绩效考核结果体现差别原则。月度考核结果作为月绩效工资的发放依据,并作为年度绩效奖励的发放依据。

二、绩效管理与人力资源管理的其他管理之间的关系

绩效管理作为企业人力资源管理的重要组成部分,与人力资源管理的其他管理之间存在着极为密切的关系,这种关系主要体现在绩效指标的制定以及绩效结果的应用上。

(一)工作分析是绩效指标设定的基础

绩效指标体系包括关键绩效指标、岗位职责指标(岗位说明书)和岗位胜任特征指标(职位要求)等。工作说明书是企业部门和员工在工作中的行动指南与行动规范,员工绩效是员工工作的结果或过程以及过程中表现出来的能力和态度的差异,所以绩效指标(尤其是岗位职责指标和岗位胜任特征指标)都是根据工作说明书总结出来的。从这个意义上说,工作分析是绩效管理的基础。

(二)绩效管理为员工培训提供了依据

员工培训需求的来源大致有两种:工作分析和绩效管理。工作分析提供了员工胜任工作的标准能力水平,而绩效考评的结果反映了员工现有水平和标准水平的差距,为培训提供了依据。

(三)绩效管理为人员配置提供了依据

在企业中,工作岗位所需要的专业知识和技能水平都是不同的,而员工又都各自具有优势和劣势。企业用人就要扬长避短,对于工作岗位的客观要求,可以通过工作岗位分析来衡量和确定。通过绩效管理活动,可以掌握员工各种相关的工作信息,如劳动态度、岗位适合度、工作成就、知识和技能的运用程度等。绩效考评的结果在一定程度上反映了员工对岗位胜任程度,若不能胜任,

则需要进行人员调整,甚至辞退数次考评不合格的员工;若员工表现出色,则应该考虑晋升。

(四)绩效管理是绩效工资发放的依据

企业应该尽可能使绩效考评与薪酬发放之间有比较直接的关系,即按照考评结果决定绩效工资发放的水平,从而充分调动员工的积极性。在实际工作中,可以从以下两个方面进行考评来确定奖金数额:

(1)在日常工作中,定期进行考核评价,以确定奖金的数额。

(2)按照年度期进行考核评定,年度绩效考核还要根据《绩效目标责任书》的工作目标和全年各月绩效考核情况、劳动出勤情况等进行年度综合考核评价,以确定年终奖金的数额。

三、《绩效目标责任书》的内容

(1)基本情况。

(2)指标任务。

(3)考核办法。

(4)奖优方法。

(5)其他规定。

四、绩效管理的实施步骤

绩效管理贯穿企业日常管理的全过程。主要由确定目标、培训辅导、绩效考核、反馈提高4个环节组成1个循环周期。

(一)确定目标

确定目标是绩效管理的核心环节,是绩效管理过程的起点。绩效目标的制定一般以1年为1个周期,每年年初,根据企业下达的总体目标,自上而下层层分解。结合各单位、各岗位工种的实际情况确定每个员工的绩效目标。员工绩效目标数量一般以7项为宜,由员工的直接管理者与员工签订《绩效目标责任书》,按月考核,年度进行总体业绩评价。

(二)培训辅导

培训辅导是绩效管理的中间环节,此环节重点在于沟通。对绩效目标完成好的员工,要通过沟通肯定成绩,鼓舞士气;对绩效目标完成有差距的员工,要通过及时沟通,找出员工行为与绩效目标偏离的原因,制定有效措施保证目标的实现。培训辅导的方法可采取职工会、专业会、培训、座谈等集体沟通形式和个别谈话、家访等个别沟通形式。沟通重在效果,要认真分析绩效数据,必要时进行实事求是的调整,以帮助和支持员工实现绩效目标。

(三)绩效考核

绩效考核是绩效管理的关键环节,是绩效管理的最有效手段。绩效考核分为月度考核和年度考核,月度绩效考核依据本岗位月度生产指标(任务)完成情况和《公共电汽车员工岗位规范考核管理规定》,绩效考核奖励分配采取月考核兑现、年度累计兑现的方法进行。年度绩效考核的结果分为优秀、良好、合格、基本合格和不合格5个等次,绩效评价结果作为员工岗位聘用、技能晋升、评比先进的重要依据。年度绩效评价结果不合格的原则上应下岗培训。

(四)反馈提高

反馈提高是绩效管理的重要环节,目的在于提高绩效管理效果。管理者要在充分准备的基础上,选择适合的形式,与员工进行一次绩效管理周期的全面沟通,针对员工全年工作结果和工作行为情况,肯定成绩、指出不足、明确努力方向,制定具体改进措施。

五、考核结果及其运用

(一)公开结果

考核结果要向员工本人公开,并留存于员工档案。

(二)绩效奖励

集团公司以考核结果为依据,设立了月度绩效工资和一线驾乘人员星级绩效工资,同时完善年度绩效工资管理,根据各单位全年的经济效益情况,依据个人月度绩效考核的累积结果,制定了年度绩效奖励发放办法。设立绩效奖励,有利于加强正面激励;有利于推行绩效管理完善绩效考核;有利于促进员工全面发展;有利于增加员工收入;有利于分配机制的完善。

(三)评先创优

考核结果作为年终评选先进员工以及其他奖励的依据。考核结果为优秀的员工方能在年终评比中荣获先进职工等称号。

(四)职业发展

考评结果作为员工培训发展的依据,同时也是员工岗位轮换及其他人事调动(晋、降级等)的重要依据。

工人绩效管理的重点在基层。车队、车间要在认真分析基础上,把经营目标分解到每个员工,形成环环相扣的目标责任制,分工到位、责任到人,有效落实车队、车间的生产经营目标。要及时发现和解决绩效管理当中的问题,加强管理者与员工的沟通,为员工实现绩效目标创造各方面条件。要抓好考核兑现工作,鼓励先进,鞭策后进。要加强思想政治工作,形成全员重视绩效管理的良好氛围。

第四节 薪酬管理

薪酬管理,是在组织发展战略指导下,对员工薪酬支付原则、薪酬策略、薪酬水平、薪酬结构、薪酬构成进行确定、分配和调整的动态管理过程。薪酬管理要为实现薪酬管理目标服务,薪酬管理目标是基于人力资源战略设立的,而人力资源战略服从于企业发展战略。

对薪酬一词的理解,不同的国家不尽相同,甚至在同一国家的不同阶段含义也是不尽相同。在我国学术界,普遍采用薪酬这一术语,也不过是近几年的事情。

从广义角度看,薪酬是指员工作为劳动关系中的一方,从用人单位——企业所得到的各种回报,包括物质的和精神的、货币的和非货币的。从一般意义上看,薪酬是指劳动者付出自己的体力和脑力劳动之后,从企业一方所获得的货币收入,以及各种具体的服务和福利之和。薪酬主要包括四种形式:基本工资、绩效工资、短期和长期的激励工资、员工福利保险和服务。

(一)工资的含义

1. 工资的概念

工资是指劳动者通过参加劳动而定期领取的一定数额的货币或其他形式的劳动报酬的总称,是薪酬的重要组成部分。从某种意义上说,工资就是劳动力的市场价格。工资是劳动者劳动报酬的重要的表现形式,也是按劳分配原则的具体表现形式。

2. 工资的职能

工资的职能是指工资在客观上应当发挥的功能。它主要表现在以下3个方面:

(1) 保障职能

工资具有保障每一个劳动者的生活需要,保障劳动力的再生产和社会再生产正常运行的职能。它是使劳动者在付出一定数量的劳动之后,至少应得到最低限额的报酬,以满足劳动者包括劳动者所供养的人口最低的最基本的生活需要。我们现在实行的最低工资保障制度,就是工资的保障职能的体现,当然,工资的保障职能是建立在按劳分配的原则基础上的,不劳动者不得食在这里依然是原则,最低工资保障制度是在劳动者提供了劳动的基础上实行的,劳动是支付工资的前提条件。

(2) 激励职能

工资具有调动劳动者生产和工作的积极性,提高工作质量和劳动效率的职能。它使劳动者的所得与他的劳动贡献紧密地联系到一起,多劳多得、少劳少得、不劳不得,从而激励劳动者努力学习钻研技术和业务知识,不断提高自己的劳动技能和劳动能力,最终提高自己的劳动效率、工作质量,达到提高自己的报酬水平。

(3) 杠杆职能

工资具有调节劳动力流向的杠杆职能,通过工资这个经济杠杆的调节,可以吸引劳动力合理的流动,使生产要素能得到合理的配置,起到优化劳动力资源的导向作用,这种引导比用行政手段强制分配劳动力的办法好得多。

除了上述三方面的主要职能之外,工资还有其他的职能和作用,它可以传达一定的信息,从工资上你可以间接地看到上级对你的满意程度及你在企业中的相对位置等。

3. 企业工资制度

工资制度是指有关工资支付的原则形式、办法及相关规定的总称,它包括采取的工资形式、工资支付办法、工资的晋升制度、业绩考核制度、奖金发放办法及津贴制度等。

企业现行的岗位效益工资制度,主要由岗位工资、绩效工资和津贴。岗位工资是工人的基本工资,也是工人的工资标准,由岗位技能工资和工龄工资组成。

岗位技能工资是根据企业人工成本状况、劳动力市场价位和各生产岗位的劳动差异、岗位对技能等级的要求及企业的经营效益状况而确定的劳动报酬,是支付给在岗工人提供正常工作的劳动报酬。其目的和职能是拉开不同岗位之间、相同岗位不同技术等级之间的收入差距,突出重点和关键岗位,鼓励工人钻研技术,熟悉业务;工龄工资反映了在岗工人工作经验的积累与熟练程度,也代表了对本企业的贡献程度,是对工人在本企业长期工作的激励。

绩效工资由月度绩效工资和星级绩效等绩效工资组成。绩效工资是根据工人所在岗位分类结合企业的整体效益状况,对工人完成生产任务进行的奖励。星级绩效工资是对一线驾乘人员优质高效完成生产任务的特殊奖励。

津贴是根据行业生产特点,为补偿在岗工人特殊或额外的劳动消耗和因其他特殊原因支付的津贴。其目的是针对比较艰苦的劳动条件,突出向生产一线主要工种岗位差异性的分配导向。津贴包括上车津贴和其他津贴。

(二)公交集团公司岗位工资管理

1. 岗位技能工资

岗位技能工资是从生产的客观实际出发,用劳动条件、繁重程度、责任轻重、技能高低4个劳动基本要素评价企业内部的每个岗位,制定出相应的岗位工资标准。运营驾驶员、乘务员和其他各工种均实行岗位技能等级工资制,以技能确定等级的办法,岗位工资实行"分档制",例如:运营驾驶员岗位工资标准分为 5 档,第一档为无技能人员、第二档为初级技能人员、第三档为中级技能人员、第四档为高级技能人员、第五档为企业特级;乘务员岗位工资标准分为 5 档,第一档为无技能人员、第二档为初级技能人员、第三档为中级技能人员、第四档为高级技能人员、第五档为企业特级。

(1)公交集团公司各工人岗位均实行岗位技能等级工资制。

(2)新上岗人员岗位工资的确定:新上岗的各类人员,持有同所在岗位相应的国家劳动行政主管部门颁发的技术等级证书,且专业工作年限符合规定,经实际操作考试合格,独立顶岗后,按本办法规定确定其岗位工资。

首次安置的复员军人在确定岗位工资时军龄可以视同专业工作年限。

(3)实习期间工资的确定:各类人员(调度员除外)在独立顶岗前享受实习工资。实习工资按所在岗位的最低岗位工资标准的 80%确定。

(4)备班期间工资的确定:因生产需要进行备班的人员,执行企业日最低工资标准。

(5)企业下岗人员生活费的标准:北京市下岗人员生活保障标准(北京市最低工资的 70%)+80 元。

2.工龄工资标准

工龄工资 = 本企业工龄年限 × 标准金额。

3.岗位变动时岗位技能工资的管理

(1)工人岗位变动,实行岗变岗薪变,易岗易薪。自岗位变动的次月起按变动后的岗位和本人技能等级确定新的岗位工资。

(2)根据工作需要,由企业批准改变工种的,其技能等级可根据改变工种前的技能等级予以确认;其中,其他工种改变为驾驶员工种的,技能等级按低一档予以确认。鼓励改变工种工人积极考取新岗位技能等级证书,如 3 年后仍不能取得已享受工资的技能等级证书,其已享受的技能工资应降低一档。

(3)解聘的管理人员调到工人岗位后,其从事管理工作的年限可计算为现岗位工种的专业工作年限,视同其持有相应技能等级证书,按现工种的技能等级确定方法进行确定。鼓励其积极考取技能等级证书,如其 3 年后仍不能取得已享受工资的技能等级证书,其已享受的技能工资应降低一档。

（4）劳务输入人员转入本企业后,其在本企业累计的各项业绩予以承认。

4. 岗位技能工资考核管理

（1）岗位技能工资的考核发放按《公共电汽车员工岗位规范考核管理规定》,凡发生违反此规定而扣分的情况,每分扣发100元。

（2）各类人员在出满勤的情况下,当月实得工资(含津贴)不得低于企业的最低工资标准。扣除企业年金后,不得低于北京市最低工资标准。

企业月最低工资标准 = 北京市月最低工资标准 + 150 元

企业日最低工资标准 =（北京市月最低工资标准 + 150 元）÷ 21.75 天

5. 岗位技能工资的确定与晋升

（1）运营驾驶员独立顶岗后,无技能等级证书的,按第一档（无等级）岗位技能工资标准确定其岗位技能工资;持有初级以上技能等级证书的,按第二档（初级）岗位技能工资标准确定其岗位技能工资;独立顶岗后里程满18万公里或独立顶岗满7年,且持有中级以上技能等级证书的,按第三档（中级）岗位技能工资标准确定其岗位技能工资;享受中级岗位技能工资后里程满20万公里或中级满8年、独立顶岗后里程满38万公里或独立顶岗满15年,且持有高级技能等级证书的按第四档（高级）岗位技能工资标准确定其岗位技能工资;独立顶岗后里程满45万公里或高级满5年,持有技师技能等级证书且被所在单位聘为驾驶员技师的每月增发聘用工资;持有首席驾驶员证书且被聘为首席驾驶员但不具备驾驶员技师资质的每月增发聘用工资。

特级是对达到本岗位高级以上、未能考取技师或本工种未设技师、但业绩积累达到一定水平的运营驾驶员、乘务员的认可,是企业自定、内部有效的技能等级。独立顶岗后里程满50万公里,且持有高级技能等级证书的驾驶员可奖励其按第五档（企业特级）标准确定其岗位技能工资。

（2）乘务员独立顶岗后,无技能等级证书的,按第一档（无等级）岗位技能工资标准确定其岗位技能工资;持有初级以上技能等级证书的,按第二档（初级）岗位技能工资标准确定其岗位技能工资;享受初级岗位技能工资后里程满18万公里或初级满7年、独立顶岗后里程满21万公里或独立顶岗满8年且持有中级技能等级证书的按第三档(中级)岗位工资技能标准确定其岗位技能工资;享受中级岗位技能工资后里程满20万公里或中级满8年、独立顶岗后里程满38万公里或独立顶岗满15年,且持有高级技能等级证书的按第四档(高级)岗位技能工资标准确定其岗位技能工资。持有首席乘务员证书且被聘为首席乘务员的每月增发聘用工资。

里程满45万公里且持有高级等级技能证书的乘务员可奖励其按第五档(企业特级)标准确定其岗位工资。

(3)调度员实行1年实习期。实习期间按第二档岗位技能工资标准确定其岗位技能工资;实习期满且持有中级技能等级证书的,按第三档(中级)岗位技能工资标准确定其岗位技能工资;享受中级岗位技能工资7年后,持有高级等级证书的,按第四档(高级)岗位技能工资标准确定其岗位技能工资;享受高级岗位技能工资5年后,持有技师技能等级证书且被所在单位聘为调度员技师的每月增发聘用工资。持有主管调度员证书且被聘为主管调度员的每月增发聘用工资。

(4)技术工人独立顶岗后,没有技能等级证书的按第一档(无等级)岗位技能工资标准确定其岗位技能工资,持有初级或以上技能等级证书的按第二档(初级)岗位技能工资标准确定其岗位技能工资;享受初级岗位技能工资6年后,持有中级以上技能等级证书的,按第三档(中级)岗位技能工资标准确定其岗位技能工资;享受中级岗位技能工资满7年或享受初级岗位技能工资满13年,持有高级以上技能等级证书的,按第四档(高级)岗位技能工资标准确定其岗位技能工资;享受高级岗位技能工资满5年后,取得技师技能等级证书且被所在单位聘用为技师的,每月增发聘用工资;取得高级技师技能等级证书并被所在单位聘为高级技师的,每月增发聘用工资。取得高级技师等级证书且被所在单位聘为首席技师的,每月增发聘用工资。

(5)车队(车间)安全员、机务员、安保员取得技师技能等级证书且被所在单位聘为技师的,每月增发聘用工资。车队(车间)安全员、机务员、安保员、行管员持有高技能人才培训合格证书且被聘用的,每月增发聘用工资。

(6)没有技能等级的工人岗位,独立顶岗后按第一档岗位技能工资标准确定其岗位技能工资;顶岗五年(或本企业工龄满五年)并考核合格后,按第二档岗位技能工资标准确定其岗位技能工资;享受第二档岗位技能工资5年(或本企业工龄满10年)并考核合格后,按第三档岗位技能工资标准确定其岗位技能工资。

(7)荣获全国劳动模范称号及荣获国家各部委和市级劳动模范称号的员工,在荣获称号的次月起享受本工种、本工资类别最高档次(高级)的岗位技能工资。

(8)鼓励工人钻研技术,提高技能。支持工人考取本岗位高技能等级,成为高技能人才。

(9)工人岗位技能工资的晋升时间为每年三月份。

(三)津贴管理规定

(1)出乘津贴和工作津贴:为鼓励员工努力完成工作任务,运营一线驾驶员、乘务员设置出乘津贴,车队调度员设置调度作业津贴,保修工设置保修作业津贴,保修辅助工、炊事员设置工作津贴。

(2)车组优质服务津贴:荣获中华全国总工会、全国妇联、团中央、国家部委和市总工会、市妇联、团市委及集团公司先进车组称号的车组人员,可享受优质服务津贴。按月考核后随工资发放。

(3)针对宽时段、大范围堵车造成驾乘人员劳动付出增大的实际情况,设置补偿性的堵车津贴。BRT线路、高速路和公交专用道超过线路里程比例50%的。驾驶员、乘务员按日支付。

(4)工人劳动模范生产岗位津贴:对荣获劳动模范称号的人员分档按月发给劳动模范生产岗位津贴。荣获全国劳动模范称号的人员,每月发给生产岗位津贴;荣获国家部委及市级劳动模范称号的人员,每月发给生产岗位津贴。

(5)驾驶员特延津贴:对男55岁、女45岁以上符合申请特殊工种提前退休条件依然在一线运营驾驶员岗位上工作的驾驶员,设置驾驶员特殊工种延迟退休奖励津贴,按出乘日支付,满年享受满年奖励。

(6)高温津贴:根据北京市有关规定结合本企业工作实际情况将享受标准分为两类:

①在非空调车辆作业的驾乘人员、站台服务人员、警卫人员等露天作业的人员(夜班工作除外)。

②车队车辆抢修人员、车队工人管理岗位人员、稽查人员、加油(气)人员、在没有空调的调度室工作的调度员、保修车间各工人岗位作业人员(室内作业场所有空调的除外)、炊事员等室内作业人员。

高温津贴每年六、七、八月份考核后发放。按出勤工日计发。

(四)绩效工资管理

(1)星级绩效工资是为进一步提高企业整体服务水平,激发员工的工作热情,调动员工的工作积极性,形成积极向上的激励氛围,更好实现"规范标准、安全便捷、细致周到、文明礼貌"的企业服务准则,树立良好的社会形象,特制定《公共电汽车星级员工评定管理办法》。星级员工共设定5个星级,即:一星级员工、二星级员工、三星级员工、四星级员工和五星级员工。星级员工评定实行"分层管理,分级考核"。一星级、二星级、三星级驾驶员、乘务员的考评工作,主要由各车队负责审核评定。四星、五星级驾驶员、乘务员的考评工作,由车队初评后,上报分公司星级评定管理委员会审核认定,原则上四星驾驶员、乘务员不超过评星员工的10%,五星驾驶员、乘务员不超过评星员工的3%。

①星级员工评定范围:星级员工评定的范围为运营一线驾驶员、乘务员(BRT站务员)。

②星级员工评定原则:坚持鼓励先进、争优多得的原则;明确工作标准、科学管理、服务规范的原则;量化工作目标、便于考核、便于操作的原则;客观公正、公平公开、结果反馈的原则。

③星级员工评定方法:采取"直升直降"的考核方法。考评指标为业绩考核和应知应会理论考试,考核评定时,以上两项条件需同时达到标准。

第一,初次纳入星级时,以上一季度指标完成情况、工作业绩为标准。考核、考试合格后,对照标准纳入相对应的星级。

第二,每季度进行星级评定,按照标准经考核、考试合格后直接纳入相对应的星级。

④考核评定周期为"月考核,季评定"。

第一,"月考核"指员工未完成当月生产指标任务的,按照《公共电汽车员工岗位规范考核管理规定》及相关管理制度进行考核,星级不做调整。

第二,"季评定"指员工上一季度累计工作业绩的完成情况,作为下一季度的星级评定依据。

第三,凡发生"12分"考核情况者,当月直接降至"0星"。重新顶岗连续3个月考核合格后,可以参加下一季度的星级评定。

⑤评定标准如表5-1所示。

星级员工评定标准　　　　　　　　　　　　　　　表5-1

星级标准	一星	二星	三星	四星	五星	备注
公里任务完成(%)	95	97	100	100	100	
劳动出勤情况（缺勤天数）	3	1	0	0	0	
12分考核综合扣分情况(分)	2	1	0	0	0	
应知应会理论考试成绩	合格	合格	合格	良好	优秀	
其他	无	无	无	受到车队(含)以上通报表扬表彰的或集团级新闻媒体表扬的	受到分公司(含)3次以上通报表扬彰或市级新闻媒体表扬的	

⑥星级员工应知应会理论考试要求:

第一,考试内容为专业知识和通用知识,专业知识是包括各项日常的工作流程、规范标准、管理规定、制度要求等内容;通用知识包括些企业文化、企业改革发展精神、人力资源政策、工会知识等相关内容。

第二,考试形式采取线上考试和书面笔试两种形式。

第三,星级员工应知应会理论考试每季度参加一次。

⑦星级员工待遇

第一,按《公共电汽车工人岗位绩效工资制实施办法》有关规定,享受星级工资奖励。

第二,工作期间按规范佩带星级员工标识,享受星级员工荣誉待遇。

(2)月绩效工资的考核:月度绩效工资按照公交集团公司《公共电汽车工人

绩效管理规定》进行考核,考核结果随工资发放。为鼓励一线驾乘人员积极走车,完成月个人里程任务98%以上(非对标线路应达到月个人里程任务85%以上),绩效考核兑现后,驾驶员再奖励300元,乘务员再奖励100元。

(3)年度绩效工资根据企业的经济效益情况,依据个人绩效考核结果发放。年度绩效工资具体发放数额和办法由公交集团公司根据当年具体情况确定,各单位结合实际微调。

(4)竞赛奖励。鼓励各单位针对寒暑期工作环境相对艰苦的实际情况开展劳动竞赛,激励生产一线工人出满勤,积极参加生产。劳动竞赛的组织要符合公交集团公司《劳动生产竞赛管理规定》的要求,方案需报公交集团公司审批备案。

(5)各种提成管理规定:

①运营一线的节油、节气、节电提成按《公交集团公司运营车辆节能考核奖罚办法》执行。享受节油、节气、节电提成的仅限于驾乘人员。

②其他各种提成需报公交集团公司审批,经批准后方可执行。

③各种提成全部纳入工资总额进行管理。

(6)运营驾驶员安全里程奖励:

①对安全行驶里程累计男驾驶员达到100万公里、女驾驶员达到80万公里的给予一次性奖励3万元。

②对安全行驶里程累计男驾驶员达到80万公里、女驾驶员达到65万公里的给予一次性奖励1万元。

③对安全行驶里程累计男驾驶员达到50万公里、女驾驶员达到40万公里的给予一次性奖励5000元。

④对安全行驶里程累计驾驶员达到10万公里的给予一次性奖励1500元。

上述各档奖励累计计算,不重复奖励;安全里程奖励结合年度绩效考核进行。

(五)工资计发的有关规定

(1)工资发放原则上按日薪或小时工资计发。

(2)工资发放时间为每月15日。

(3)加班工资计发基数：

运营驾驶员、乘务员在完成当月定额标准公里后，发生的加班按平日加班计发工资。法定节日加班按节日加班计发工资，计算公式：

$$平加工资 = 加班工资计发基数 \times 加班天数 \times 200\%$$

$$节加工资 = 加班工资计发基数 \times 加班天数 \times 300\%$$

$$延时工资 = \frac{加班工资计发基数}{8 \times 加班小时数 \times 150\%}$$

加班日完成生产计划90%以上的，全额支付加班工资；完成日生产计划不足90%的，按实际完成比例支付加班工资。

(4)休假期间工资支付办法：

①工伤假：按《北京市实施〈工伤保险条例〉办法》执行。

②生育假：按《北京市企业职工生育保险规定》执行。

③计划生育假、按规定享受的产前检查假和哺乳期休假、献血假、年休假、有毒有害作业的工种休假、婚假、丧假，按本人岗位效益工资的100%支付工资。

④探亲假按本工种最低岗位工资标准支付工资。

⑤病假工资日计发基数为：(企业最低工资标准 + 100元) ÷ 21.75天。对有特殊困难者和老工人，企业可在上述标准外酌情增加补助，具体标准各单位自行制定。病假实发工资在扣除应缴纳的各项社会保险费用后，不得低于北京市月最低工资标准的80% + 100元。扣除企业年金后，不得低于北京市最低工资标准的80%。

⑥事假期间企业不支付工资。

第五节 社 会 保 险

社会保险是通过国家立法的形式，以劳动者为保障对象，以劳动者的年老、疾病、伤残、失业、死亡等特殊事件为保障内容，以政府强制实施为特点的一种保障制度，是国家举办和发展的一项社会事业。社会保险是社会保障制度的一种，是社会保障的核心部分，社会保险政策是国家社会政策的重要组成部分。

实施社会保险必须以国家立法为依据,依法执行社会保险;社会保险以建立保险基金为物质基础,目的在于保障当劳动者遭受劳动风险,即在劳动者暂时或永久丧失劳动能力以及失业丧失生活收入来源时,从社会得到基本生活的物质帮助和补偿。资金的主要来源是用人单位和劳动者个人缴费以及政府给予的资助。依法参加社会保险并按规定缴费是劳动者的基本义务;享受社会保险是劳动者的基本权利。

社会保险的险种有 5 个:基本养老保险、医疗保险、失业保险、工伤保险和职工生育保险。

一、基本养老保险

养老保险是国家和社会根据法律和法规,当劳动者达到国家规定的法定退休年龄或因病致残完全丧失劳动能力退出生产或工作岗位时,从国家和社会获得物质帮助和补偿,保障其基本生活而建立的一种社会保险制度。

(一)缴费

(1)企业按照本企业全部职工缴费工资基数之和的19%缴纳基本养老保险费用。

(2)城镇职工以本人上一年度月平均工资为缴费工资基数,按照8%的比例缴纳基本养老保险费,全额计入个人账户。缴费工资基数低于本市上一年度职工月平均工资60%的,以本市上一年度职工月平均工资的60%作为缴费工资基数;超过本市上一年度职工月平均工资300%的部分,不缴纳基本养老保险费,也不作为计发基本养老金的基数。职工缴纳的基本养老保险费,由所在企业从其本人工资中代扣代缴。

(二)待遇

(1)职工达到国家规定的退休条件并办理相关手续的,并按照规定缴纳基本养老保险费累计满15年的,由劳动保障行政部门审核后的次月起,按照北京市人民政府2006年183号令计发基本养老金。

(2)被保险人死亡后,按照国家规定享受丧葬补助费和供养直系亲属救济费。

二、基本医疗保险

基本医疗保险是国家依据法律规定,由政府制定、用人单位和员工共同参加的一种社会保险,是按照用人单位和员工的承受能力来确定参保人员基本医疗保障水平,强制性地征缴医疗保险费(税)。当参保人(被保险人)因患病、受伤等接受医疗服务时,为其提供基本的医疗服务,并由保险人(特定的组织或机构)提供经济补偿的一种社会保险制度。

医疗保险是以基本医疗保险为基础,以大额医疗互助、公务员医疗补助、企业补充医疗保险、特困人员医疗救助和商业保险为补充组成的。

(一)缴费

1. 基本医疗保险缴费

(1)企业:按照全部职工缴费工资基数之和的9%缴纳基本医疗保险费。

(2)职工:按照本人上年度月平均工资的2%缴纳基本医疗保险费;职工本人上年度月平均工资低于上年度本市职工月平均工资60%的,以上年度本市职工月平均工资的60%为基数缴纳基本医疗保险费;本人上年度月平均工资高于本市职工上年度月平均工资300%的部分,不缴纳基本医疗保险费;无法确定职工本人上年度月平均工资的,以上年度本市职工月平均工资为基数缴纳基本医疗保险费。

2. 大额医疗费用互助资金缴费

(1)企业按照本企业全部职工缴费基数之和的1%缴纳;

(2)职工按每人每月3元缴纳。

(二)待遇

1. 建立医疗保险个人账户

个人账户包括职工本人缴费的基本医疗保险费和按规定划入个人账户的用人单位缴纳的基本医疗保险费;个人账户存储额利息。

2. 参保人如何就医

(1)参保人选择定点医院(每人可以选择4个定点医院和一个社区医疗服务站)及药店。

（2）门诊：参保人持"社保卡"到定点医院看病，就医后可以在就诊医院取药也可以到定点药店取药。

（3）住院：参保人到定点医院就诊需住院的，由医院出具住院证明，在本人缴纳起付标准金额和预缴个人负担的费用后，持"社保卡"住院。

一个自然年度内，住院起伏标准第一次为1300元，第二次为650元。住院统筹基金最高支付限额10万元，住院大额互助资金最高支付限额20万元，由社会保险经办机构结算。社会保险经办机构和参保人的按比例负担，出院时，个人预付的自负费用，剩余部分退还本人。

3. 大额互助

①门诊：一个年度内，职工1800元、退休人员1300元以上至2万元，属大额互助保险范围。

②住院：

参保人员住院费用达到10万~20万元，社会保险大额负担85%。

4. 特困人员医疗救助

为减轻城市低保居民医疗负担，国家启动特困人员医疗救助，享受医疗费用按规定的比例减收的待遇。特别困难的，经向街道办事处申请，区县民政部门批准后，可适当增加救助比例。

家庭月人均收入高于本市城市低保标准，低于本市最低工资标准，且参加了本市医疗保险的，个人负担的医疗费超过家庭年收入一半确实影响其基本生活的，所在单位应通过补充医疗保险和其他途径给予救助。

三、失业保险

（一）缴费

（1）企业按照本企业上年度职工月平均工资总额的0.8%缴纳失业保险费。

（2）职工按照本人上年度月平均工资的0.2%缴纳失业保险费；职工上年度本人月平均工资高于上年度本市职工月平均工资300%的部分，不作为缴纳失业保险费的基数。

(二) 待遇

1. 失业保险金领取的期限

（1）累计缴费时间满 1 年不满 2 年的领取 3 个月的失业保险金。

（2）累计缴费时间满 2 年不满 3 年的,领取 6 个月的失业保险金。

（3）累计缴费时间满 3 年不满 4 年的,领取 9 个月的失业保险金。

（4）累计缴费时间满 4 年不满 5 年的,领取 12 个月的失业保险金。

（5）累计缴费时间满 5 年的,领取 13 个月的失业保险金。

（6）累计缴费时间满 5 年以上的,每满 1 年增发一个月失业保险金,但最长不得超过 24 个月。

2. 失业保险金领取的标准

（1）累计缴费时间不满 5 年的,发放标准为最低工资的 70%。

（2）累计缴费时间满 5 年不满 10 年的,发放标准为最低工资的 75%。

（3）累计缴费时间满 10 年不满 15 年的发放标准为最低工资的 80%。

（4）累计缴费时间满 15 年不满 20 年的发放标准为最低工资的 85%。

（5）累计缴费时间满 20 年以上的,发放标准为最低工资的 90%。

（6）从领取失业保险金的第 13 个月起,发放标准一律按最低工资的 70% 执行。

四、工伤保险

(一) 缴费

1. 企业工伤保险缴费比例按北京市公布的行业差别费率缴纳工伤保险费,公交企业按照本企业职工工资总额的 0.3% 缴纳工伤保险费。

2. 职工不缴费。

(二) 工伤认定范围

1. 职工有下列情形之一的,应当认定为工伤

（1）在工作时间和工作场所内,因工作原因受到事故伤害的。

（2）工作时间前后在工作场所内,从事与工作有关的预备性或者收尾性工

作受到事故伤害的。

(3)在工作时间和工作场所内,因履行工作职责受到暴力等意外伤害的。

(4)患职业病的。

(5)因工外出期间,由于工作原因受到伤害或者发生事故下落不明的。

(6)在上下班途中,受到非本人主要责任的交通事故或者城市轨道交通、客运轮渡、火车事故伤害的。

(7)法律、行政法规规定应当认定为工伤的其他情形。

2. 职工有下列情形之一的,视同工伤

(1)在工作时间和工作岗位,突发疾病死亡或者在48小时之内经抢救无效死亡的。

(2)在抢险救灾等维护国家利益、公共利益活动中受到伤害的。

(3)职工原在军队服役,因战、因公负伤致残,已取得革命伤残军人证,到用人单位后旧伤复发的。

3. 不得认定为工伤或者视同工伤的规定

职工符合上述规定,但是有下列情形之一的,不得认定为工伤或者视同工伤。

(1)故意犯罪的。

(2)醉酒或者吸毒的。

(3)自残或者自杀的。

(三)劳动鉴定和工伤评残

职工发生工伤,经治疗伤情相对稳定后存在残疾、影响劳动能力的,应当进行劳动能力鉴定。

(1)劳动能力鉴定是指劳动功能障碍程度和生活自理障碍程度的等级鉴定。

劳动功能障碍分为10个伤残等级,最重的为一级,最轻的为十级。

生活自理障碍分为3个等级:生活完全不能自理、生活大部分不能自理和生活部分不能自理。

劳动能力鉴定标准由国务院社会保险行政部门会同国务院卫生行政部门

等部门制定。

(2)劳动能力鉴定由用人单位、工伤职工或者其近亲属向市级劳动能力鉴定委员会提出申请,并提供工伤认定决定和职工工伤医疗的有关资料。

(四)待遇

(1)职工因工作遭受事故伤害或者患职业病进行治疗,享受工伤医疗待遇。职工治疗工伤应当在签订服务协议的医疗机构就医,情况紧急时可以先到就近的医疗机构急救。

(2)住院治疗工伤的伙食补助费,以及经医疗机构出具证明,报经办机构同意,工伤职工到统筹地区以外就医所需的交通、食宿费用从工伤保险基金支付;工伤职工治疗非工伤引发的疾病,不享受工伤医疗待遇,按照基本医疗保险办法处理。工伤职工到签订服务协议的医疗机构进行工伤康复的费用,符合规定的,从工伤保险基金支付。

(3)保险行政部门做出认定为工伤的决定后发生行政复议、行政诉讼的,行政复议和行政诉讼期间不停止支付工伤职工治疗工伤的医疗费用。

(4)职工因日常生活或者就业需要,经劳动能力鉴定委员会确认,可以安装假肢、矫形器、假眼、假牙和配置轮椅等辅助器具,所需费用按照国家规定的标准从工伤保险基金支付。

(5)因工作遭受事故伤害或者患职业病需要暂停工作接受工伤医疗的,在停工留薪期内,原工资福利待遇不变,由所在单位按月支付。

(6)留薪期一般不超过12个月。伤情严重或者情况特殊,经设区的市级劳动能力鉴定委员会确认,可以适当延长,但延长不得超过12个月。工伤职工评定伤残等级后,停发原待遇,按照有关规定享受伤残待遇。工伤职工在停工留薪期满后仍需治疗的,继续享受工伤医疗待遇。

生活不能自理的工伤职工在停工留薪期需要护理的,由所在单位负责。

(7)职工已经评定伤残等级并经劳动能力鉴定委员会确认需要生活护理的,从工伤保险基金按月支付生活护理费。

(8)护理费按照生活完全不能自理、生活大部分不能自理或者生活部分不能自理3个不同等级支付,其标准分别为统筹地区上年度职工月平均工资的

50%、40%或者30%。

(9) 因工致残被鉴定为一级至四级伤残的,保留劳动关系,退出工作岗位,按国家有关规定享受工伤待遇。

①从工伤保险基金按伤残等级支付一次性伤残补助金。

②从工伤保险基金按月支付伤残津贴。

(10) 因工致残被鉴定为五级、六级伤残的,按国家有关规定享受工伤待遇。

①从工伤保险基金按伤残等级支付一次性伤残补助金。

②保留与用人单位的劳动关系,由用人单位安排适当工作。难以安排工作的,由用人单位按月发给伤残津贴。

经工伤职工本人提出,该职工可以与用人单位解除或者终止劳动关系,由工伤保险基金支付一次性工伤医疗补助金,由用人单位支付一次性伤残就业补助金。一次性工伤医疗补助金和一次性伤残就业补助金的具体标准由北京市人民政府规定。

(11) 因工致残被鉴定为七级至十级伤残的,享受以下待遇:

①从工伤保险基金按伤残等级支付一次性伤残补助金。

②劳动、聘用合同期满终止,或者职工本人提出解除劳动、聘用合同的,由工伤保险基金支付一次性工伤医疗补助金,由用人单位支付一次性伤残就业补助金。一次性工伤医疗补助金和一次性伤残就业补助金的具体标准由北京市人民政府规定。

(12) 职工工伤复发,确认需要治疗的,享受相关工伤待遇。

(13) 因工死亡,其近亲属按照国家规定从工伤保险基金领取丧葬补助金、供养亲属抚恤金和一次性工亡补助金。

(14) 工外出期间发生事故或者在抢险救灾中下落不明的,从事故发生当月起3个月内照发工资,从第4个月起停发工资,由工伤保险基金向其供养亲属按月支付供养亲属抚恤金。生活有困难的,可以预支一次性工亡补助金的50%。职工被人民法院宣告死亡的,按照职工因工死亡的规定处理。

(15) 职工有下列情形之一的,停止享受工伤保险待遇:

①丧失享受待遇条件的。

②拒不接受劳动能力鉴定的。
③拒绝治疗的。

五、生育保险

(一)适用范围

生育保险是指对企业职工生育期间得到必要的经济补偿和医疗保障的一个险种。适用于本市行政企业具有本市常住户口并享受生育保险待遇的职工。

非本市常住户口的外埠员工,按照国家有关规定获取本市常住户口后参加生育保险,享受生育保险待遇。

(二)缴纳生育保险费

职工个人不缴纳生育保险费。生育保险费由企业按月缴纳。按照其缴费总基数的0.8%缴纳生育保险费。缴费总基数为本企业符合条件的职工缴费基数之和。

职工缴费基数按照本人上一年月平均工资计算;低于上一年本市职工月平均工资60%的,按照上一年本市职工月平均工资的60%计算;高于上一年本市职工月平均工资3倍以上的,按照上一年本市职工月平均工资的3倍计算;本人上一年月平均工资无法确定的,按照上一年本市职工月平均工生育保险待遇。

(三)保险范围

生育保险基金支付范围包括:生育津贴;生育医疗费用;计划生育手术医疗费用;国家和本市规定的其他费用。

1. 生育津贴

按照女职工本人生育当月的缴费基数除以30再乘以产假天数计算。生育津贴为女职工产假期间的工资,生育津贴低于本人工资标准的,差额部分由企业补足。

2. 生育医疗费用

包括女职工因怀孕、生育发生的医疗检查费、接生费、手术费、住院费和药品费。

3.计划生育手术医疗费用

包括职工因计划生育实施放置(取出)宫内节育器、流产术、引产术、绝育及复通手术所发生的医疗费用。

生育、计划生育手术医疗费用符合本市基本医疗保险药品目录、诊疗项目和医疗服务设施项目规定的,由生育保险基金支付。

(四)就医的规定

1.到定点医疗机构就医

职工生育、实施计划生育手术应当按照本市基本医疗保险就医的规定到具有助产、计划生育手术资质的基本医疗保险定点医疗机构就医。职工就医应当出示《北京市医疗保险手册》;需住院治疗的,在办理住院手续时应当同时出示《北京市生育服务证》,并由定点医疗机构留存复印件。

2.以下情况不予支付生育保险基金

(1)不符合国家或者本市计划生育规定的。

(2)不符合本市基本医疗保险就医规定的。

(3)不符合本市基本医疗保险药品目录、诊疗项目和医疗服务设施项目规定的。

(4)在国外或者在中国香港、澳门特别行政区以及中国台湾地区发生的医疗费用。

(5)因医疗事故发生的医疗费用。

(6)治疗生育合并症的费用。

(7)按照国家或者本市规定应当由个人负担的费用。

3.办理手续

(1)申领生育津贴以及报销产前检查、计划生育手术门诊医疗费用,由企业负责到其参加生育保险的社会保险经办机构办理手续。

(2)办理手续时,企业应当提交职工的《北京市医疗保险手册》、《北京市生育服务证》以及定点医疗机构出具的婴儿出生、死亡或者流产证明、计划生育手术证明和收费凭证等。

(3)生育、计划生育手术住院医疗费用,由定点医疗机构向企业参加生育保险的社会保险经办机构办理结算手续。

(4)社会保险经办机构在收到企业申领生育津贴以及报销产前检查、计划生育手术门诊医疗费用,或者定点医疗机构结算生育、计划生育手术住院医疗费用的申请后,对于符合条件的,应当在 20 日内审核结算完毕;对于不符合条件的,应当在 20 日内书面告知申请人。

六、公交集团公司企业补充保险

(一)企业年金

企业年金是指企业和职工按国家政策规定,在依法参加基本养老保险的基础上,按照自愿、量力原则,自主建立的企业补充养老保险制度,它对于保障和提高本企业职工退休后的生活水平,建立多层次养老保障体系,吸引和留住人才,增强企业的竞争力和凝聚力,保障企业健康持续发展具有较强的促进作用。

凡与公司签订正式劳动合同,并认真履行劳动合同中所规定的全部义务;试用期、见习期满且成功转正,按规定参加基本养老保险并履行缴费义务;且自愿提出书面申请的员工都可以参加企业年金。

企业年金基金由企业缴费、员工个人缴费、企业年金基金投资运营收益三部分组成。

1. 缴费

本方案的缴费由企业和参加人个人共同缴纳。企业和参加人缴费适用的税收政策按照国家有关规定执行。

(1)企业缴费:按照本企业上年度工资总额的 8.33% 进行缴纳,企业缴费分为基础性缴费(5%)和补偿性缴费(3%)组成;其中基础缴费与个人缴费按 1:1 的比例相匹配。

(2)个人缴费:职工以本人上一年度月平均工资为缴费基数,按照 5% 的比例在税后工资中代为扣缴。超过本市上一年度职工月平均工资 500% 的部分,不缴纳企业年金,也不作为计发企业年金的基数。

2. 待遇

公交集团企业年金采用一次性或分期支付方式,满足领取条件时本人或受益人可以领取企业年金待遇。

(1)达到国家法定退休年龄并办理了退休手续。

(2)因病(残)丧失工作能力办理病退或提前退休。

(3)出国(境)定居。

(4)在职期间去世。

3. 企业缴费归属

(1)企业缴费及相应的投资收益是按照职工在本企业的工作年限逐步进行归属的,比例为:工作不满3年的,归属比例为0;工作满3年的,归属比例为20%;工作满4年的,归属比例为40%;工作满5年的,归属比例为60%;工作满6年的,归属比例为80%;工作满7年的,归属比例为90%;工作满8年的,归属比例为100%。

(2)参加人退休、任何时候死亡或永久丧失工作能力,其个人账户中企业缴费所形成的权益的归属比例为100%。

(3)违法违纪、触犯刑律、严重违反劳动纪律或企业依法制定的规章制度而被解除劳动合同的,其个人账户中企业缴费部分形成的权益全部收回至企业账户。

职工变动工作单位并且参加了新单位的企业年金计划时,年金个人账户已积累并归属的资金可以随同转移。职工升学、参军、失业期间或新就业单位没有实行年金制度的,职工的个人账户则保留在原管理机构处管理,待具备条件时予以转移。到退休时或其他可领取条件下仍不具备转移条件的,由管理机构支付企业年金待遇。个人账户保留后,职工个人需自行承担各项管理费用。

(4)企业年金的税收

企业年金企业所得税、个人所得税等有关税费按国家有关法律法规规定执行。

(二)企业补充医疗保险

企业补充医疗保险,是指企业依据国家政策规定自愿建立的企业补充医疗保险制度,是企业员工福利制度的组成部分。

1. 参加的人员范围

与企业签订劳动合同并参加基本医疗保险的公共电汽车核心企业的在职员工及按规定由企业办理了退休手续的退休人员;员工供养的直系亲属,包括供养老人和子女(中等教育及以下学生、儿童)。

2. 费用提取

企业补充医疗保险费用按本企业上年度职工工资总额的2%提取。

3. 保险责任

(1)对于在职员工和退休人员,企业补充医疗保险基金的具体支付范围为:符合《北京市基本医疗保险规定》支付范围内个人自付一、自付二、患特种病发生的自费项目金额。具体支付比例如下:

①参加市总工会"在职职工住院医疗互助保障计划"和"在职职工医疗互助保障计划"的在职员工,住院医疗费用扣除规定报销额度后,剩余自付一部分由企业补充医疗保险基金支付至100%,自付二部分按100%的比例支付;门诊医疗费用扣除规定报销额度后,剩余自付一部分由企业补充医疗保险基金支付至80%,自付二部分按80%的比例支付。

②未参加市总工会"在职职工住院医疗互助保障计划"和"在职职工医疗互助保障计划"的在职员工,在一个年度内门诊、住院医疗费用累计超过北京市基本医疗保险统筹基金起付标准以上的自付一、自付二部分,企业补充医疗保险基金支付60%。

③退休人员一个年度内门诊、住院医疗费用累计超过北京市基本医疗保险统筹基金起付标准以上的,根据《关于建立全市退休人员补充医疗保险的通知》的规定,扣除退休人员补充医疗保险支付金额后,自付一部分支付至70%,自付二部分支付70%。

④新中国成立前参加革命工作享受100%退休费的老工人、退职人员、享受本市城镇居民家庭最低生活保障标准的在职员工和退休人员、由企业负责管理的精神病患者,企业补充医疗保险基金对累计超过北京市基本医疗保险统筹基金起付标准以上的自付一、自付二部分支付至90%。

⑤对于《北京市基本医疗保险规定》不设起付标准(单病种)或降低起付标准(部分中医医疗机构)的就医报销,企业补充医疗保险基金支付时按照《北京市基本医疗保险规定》执行。

⑥企业补充医疗保险基金在一个年度内累计支付的最高限额为2万元。

⑦依据《北京市基本医疗保险规定》发生恶性肿瘤放射治疗和化学治疗、肾透析、肾移植后服抗排异药的,医疗费用中自付金额部分在扣除起付标准后按100%比例报销;医疗费用中自费项目凭社保定点医疗机构出具的原始单据按40%比例报销,一个年度内报销限额为5万元。

⑧工伤职业病人员伤病复发时,凭定点医疗机构出具的原始单据,自费金额按50%比例报销。一个年度内报销限额为10万元。

⑨累计支付超过上述各项报销最高限额的,由本人或家属提出书面申请、经所在单位主管部门审核并提出意见,报集团公司审批后,对超过部分可以适当提高报销金额或享受一次性医疗补助。

(2)对于员工供养直系亲属,企业补充医疗保险基金的具体支付范围为:符合《北京市城镇居民基本医疗保险办法》支付范围内个人自付一(含起付标准)部分、自付二部分金额。其中,双职工的供养老人只能由一名供养员工报销费用,学生、儿童可由父母双方分别报销费用。具体支付比例如下:

①参加"北京市城镇居民基本医疗保险"和"北京市新型农村合作医疗保险"的员工供养直系亲属,在基本医疗保险实时结算后,企业补充医疗保险基金支付起付标准内的50%;支付自付一(扣除起付标准)部分、自付二部分的15%。

②在一个年度内,企业补充医疗保险基金累计支付供养老人医疗费用的最高限额为2000元;学生、儿童医疗费用的最高限额为父母双方各2000元。

③未参加"北京市城镇居民基本医疗保险"和"北京市新型农村合作医疗保险"的员工供养直系亲属在医保指定医院发生的医疗费用,经审核的药费、手术费、输血费按50%的比例报销,在一个年度内累计支付的最高限额为1600元。

(3)单亲员工的直系供养子女,企业补充医疗保险基金在上述规定的基础上报销最高限额再提高1000元。

(4)女员工采取长效避孕措施后待取环时所发生的费用,在生育保险给予部分报销后,所需的相关费用经确认后在企业补充医疗保险中给予报销。

(5)为了进一步完善在职员工的健康体检工作,建立在职员工年度健康体检制度,体检费用由企业补充医疗保险基金支付。

(6)企业利用补充医疗保险基金的增值收益为在职员工集体参保意外伤害保险,增加在职员工遇到意外伤害时的保障力度。

4. 报销管理和支付方式

(1)对于由企业补充医疗保险基金支付的医疗费用,由个人在就医时先行垫付。

(2)对于符合基本医疗保险规定、但未实时结算的医疗费用,用人单位按规定先向所属地的医保部门进行申报,随后由企业补充医疗保险基金进行报销。

(3)退休人员转社区后,未实时结算的医疗费用,依据社区医保部门开具的费用清单,办理企业补充医疗保险支付手续。

(4)为学生、儿童报销医疗费用时,先在父母一方所在单位进行报销,报销后要开具分割单,然后持医疗费用分割单及原始医疗费的复印件到另一方所在单位进行报销。

由企业补充医疗保险基金报销的医疗费用,直接划入参加人员指定的银行账户中。

【思考题】

1. 什么是劳动合同?
2. 劳动合同的内容是什么?
3. 劳动合同的期限是怎样确定的?
4. 劳动合同的试用期是怎样确定的?
5. 什么情形下可以变更劳动合同?
6. 什么情形下可以续订劳动合同,什么情况下企业不再续订劳动合同,什么情形下必须续订劳动合同?

7. 职工过失性解除劳动合同有哪几种情形?
8. 职工非过失性解除劳动合同有哪几种情形?
9. 职工严重违规、违纪解除劳动合同是怎样规定的?
10. 职工调动工作应办理哪些手续?
11. 什么是劳动纪律,包括哪些内容?
12. 职工请假考勤制度是怎样规定?
13. 职工的行政处分有哪几种?
14. 职工在什么情形下经教育不改,企业可以予以除名。
15. 职工按什么比例缴纳基本养老保险费?
16. 职工按什么比例缴纳基本医疗保险费和大额互助费?
17. 职工按什么比例缴纳失业保险费?
18. 职工患病在门诊如何就医,其医疗费用的支付是怎样规定的?
19. 职工患病住院如何办理手续,在不同等级的医院住院,负担比例是怎样规定的?
20. 职工工伤认定范围是怎样规定的?
21. 参加企业年金的范围是如何规定的?
22. 企业补充医疗保险支付有哪些规定?
23. 什么是社会保险?
24. 失业保险金的领取是如何规定的?
25. 职工患病门诊、住院起付标准各是多少?
26. 伤残等级分几级,是如何划分的?
27. 生育保险基金支付范围是什么?
28. 绩效管理的概念?
29.《绩效目标责任书》的内容包括什么?
30. 绩效管理的实施步骤有哪些?

第六章

企业民主管理与劳动争议调解

第一节 工会组织

一、工会组织

《中华人民共和国工会法》(以下简称《工会法》)第二条规定:"工会是职工自愿结合的工人阶级的群众组织。"《中国工会章程》(以下简称《工会章程》)做了进一步的明确:"中国工会是中国共产党领导的职工自愿结合的工人阶级群众组织,是党联系职工群众的桥梁和纽带,是国家政权的重要社会支柱,是会员和职工利益的代表。"这说明,中国工会具有广泛的群众性,鲜明的阶级性和高度的政治性,明确了工会组织的性质。

二、工会地位

我国工会的地位主要体现政治、经济、法律三个方面:

(1)政治地位:党通过工会把党的路线、方针、政策传达到工人群众中去,同时,群众的意见、建议和要求通过工会反馈上来,作为党的决策依据。工会作为工人阶级最广泛的组织形式,是国家政权的重要社会支柱。

(2)经济地位:工会是会员和职工利益的代表者、维护者,它通过代表职工与企业进行平等协商和签订集体合同,达到协调劳动关系、维护职工劳动权益和民主权利的目的,实现互利共赢。

(3)法律地位:以宪法为根本活动准则,按照《中华人民共和国工会法》、《中华人民共和国劳动法》、《中华人民共和国劳动合同法》等法律法规和《工会章程》,依法行使工会代表权、维护权、参与权、平等协商权、监督权等。

三、工会合法权益和作用

2016年1月1日起施行新修订的《北京市实施〈中华人民共和国工会法〉办法》第三条明确了"维护职工合法权益是工会的基本职责。"工会的合法权益体现有三个方面：

（1）工会开展活动的权利。工会组织起来的目的之一，就是开展各种工会活动，逐步扩大工会组织的影响力，以职工需求为导向，不断丰富职工业余文化生活，吸引更多职工参与工会组织。

（2）工会的合法财产不受侵犯。工会的财产、经费和国家拨给工会使用的不动产，任何组织和个人不得侵占、挪用和任意调拨。

（3）工会工作者的合法权益不受侵犯。工会工作者是工会工作得以开展的基本力量，离开了工会工作者，工会活动无从谈起，所以国家依法维护工会工作者的合法权益。

四、工会的社会职能

按照《工会法》赋予工会的社会职能，都与职工的利益息息相关，可归纳为四项：维护职能、建设职能、参与职能、教育职能。

（一）工会的维护职能

工会的维护职能，是工会诞生之日起所具有的职能。主要是指工会要维护职工群众的合法利益和民主权利，这是工会最基本、最主要的职能。工会是劳动者的代表，是集体劳权的代表，维护是代表权的实质内容。

维护职工合法权益是工会的基本职责。工会通过各种利益协调机制、诉求表达机制、矛盾调处机制、权益保障机制，维护职工劳动经济权益、民主政治权利、精神文化需求和社会权益。从参加工会的目的来讲，入会就是想通过工会来维护自己的合法权益。工会履行维护职能，是职工的必然要求，也是党和政府密切联系群众的需要。职工群众的具体利益是多层次和多方面的，它包括职工的经济利益、民主权利、劳动权利、文化教育权利等。其中劳动权利是工会维护的基础，工会代表和维护劳动者的利益，其中最大量和最现实的是劳动者在劳动领域中的利益。工会在履行这项职能时，坚持"两个维护"相统一的原则，不能忽视或背离全国人民的总体利益，一定要在维护全国人民总体利益的同时，更好地表达和维护职工群众的具体利益。这是社会主义国家工会的基本职责。

(二)工会的建设职能

工会通过组织职工参加劳动竞赛、技能比武、科技创新、合理化建议、节能减排等活动，组织动员职工群众积极参加经济建设，努力完成生产任务和工作任务，评选和表彰先进，为推动企业进步发展做贡献。建设职能是履行其他职能的基础。

工会履行建设职能，不能代替经济机关和企业行政组织来管理经济活动。主要着眼于调动、保护、发挥好职工群众的积极性，以自己特有的手段和方式，推动生产力的发展。工会要依法保障职工在企业中的主人翁地位和民主权利，并使他们的劳动成果真正同经济利益和政治荣誉紧密地结合起来。

工会履行建设职能就是围绕企业运营生产，开展劳动竞赛、创先争优、"工人先锋号"创建、节能减排活动，以及群众性的合理化建议、技术创新等多种形式的竞赛活动，调动职工的积极性，凝聚职工智慧，完成企业的运营生产任务，推动企业生产的发展。企业发展了，职工的根本利益才能得到切实的保证。

(三)工会的参与职能

工会的参与职能就是工会要发挥职工群众参政议政的民主渠道作用，代表和组织职工参与国家的管理，参与社会事务管理，参与企、事业单位的民主管理。参与职能是履行其他职能的途径。

工会参与职能分为宏观参与和微观参与，宏观参与是工会代表和组织职工参与国家和社会事务管理，通过参与人大立法、政协提案等多种途径，在参与立法、制定政策等源头领域充分表达和反映职工意愿与要求，推动涉及职工切身利益的法律法规、政策的制定与实施。微观参与是工会代表和组合职工参与企业的民主管理，通过职工代表大会制度、厂务公开、职工董事和职工监事制度等形式，参与企业涉及职工切身利益重大事项的审议和决定，落实职工的知情权、参与权、表达权和监督权。

(四)工会的教育职能

工会的教育职能是指工会帮助职工不断提高思想政治觉悟,提高文化素质,工会要成为职工群众在实践中学习共产主义的"大学校"。教育职能是履行其他职能的基础和保证。

工会通过主题教育等多种形式的教育活动,利用俱乐部、协会、职工书屋、职工之家等文化阵地,开展职工喜闻乐见、丰富多彩的业余职工文化活动,陶冶职工情操;通过开展技术技能培训,培养更多掌握新知识、新技能的知识型职工,建设学习型、知识型、创新型的职工队伍。工会教育的特点在于通过开展丰富多彩的群众性文化活动,吸引职工广泛参加,寓教于活动之中。

工会的各项职能是密切联系的有机整体。适应不断发展变化的新形势,工会理论不断创新,工会履行维护这一主要职能,同履行建设、参与、教育等其他各种社会职能是统一的。维护职能是履行其他职能的前提。工会只有维护职工的正当权益,才能具有吸引力和号召力,凝聚职工,稳定队伍,这是企业发展的前提和保证。履行建设职能是维护职工的根本利益,履行参与职能是维护职工的民主政治权利,履行教育职能也是维护职工的生存权和发展权。通过教育,全面提高职工素质是工会实现"双维护"的保证。从根本上讲,工会开展的各项工作都体现了工会职能的整体性,也体现了工会的基本职责是维护。

五、工会的组织体系和组织结构

(一)公交集团公司系统的工会组织

工会组织结构是指工会各级组织的构成、工会组织内部组织机构的设置和工会组织领导关系确立的总称。

公交集团公司系统的工会组织包括公交集团公司工会、二级单位工会、车队(车间、站)分会和工会小组。其中,集团公司、八方达公司、北巴传媒公司、北汽集团公司工会4家单位是基层以上工会。

(二)工会组织机构设置

(1)会员大会或会员代表大会。会员大会或会员代表大会是工会的最高权力机构。

（2）工会委员会。工会委员会是由会员大会或会员代表大会选举产生，主持日常工会工作。

（3）工会经费审查委员会。各级工会经费收支情况应当由同级工会经费审查委员会审查，并且定期向会员大会或会员代表大会报告，接受监督。

（4）工会女职工委员会。女职工委员会在同级工会委员会领导下开展工作。"企业、事业单位、机关和其他社会组织等工会中有女会员10名以上的应建立女职工委员会，不足10名的可以设女职工委员。"公交集团公司工会、各二级单位工会均按规定成立了女职工委员会。

（5）工会专门工作委员会。根据需要设立的负责工会专项工作的组织机构，承担专项日常工作，开展专项业务活动，处理有关建议、提案，完成交办的其他事项。

六、工会会员的权利和义务

工会会员是指在企业、事业、机关中从事体力或脑力劳动，以工资收入为其主要生活来源，自愿申请加入工会组织的职工。

（一）入会的条件、手续

1. 入会的条件

凡以工资收入为主要生活来源或与用人单位建立劳动关系的职工，承认《工会章程》，均可自愿申请加入工会，取得工会会员会籍。工会会员的会籍，以基层工会委员会批准之时算起。

2. 入会的手续

由要求入会的职工口头或书面提出入会申请，在工会会员信息平台进行实名制会员信息采集，或者利用身份证读卡器自动录入会员信息，并办理京卡·互助服务卡，享有会员权利，履行会员义务。

3. 工会会员转移组织关系手续

工会会员劳动关系变化后，直接到基层工会办理转出手续，由工会开具工会会员组织关系介绍信并通过工会会员信息平台进行会员会籍变更。工会会员以介绍信到新的接收单位办理转移组织关系手续。

4. 会费的交纳

《工会章程》规定，工会会员按月缴纳会费。具体标准按照公交工发〔2002〕40号文件执行。下岗、待岗会员，领取基本生活费期间可暂不交纳会费，待上岗领取工资后，按标准交纳会费。

5. 京卡·互助服务卡

"京卡·互助服务卡"是北京市总工会整合资源、服务职工的惠民举措，是工会组织和会员的连心卡、爱心卡与信誉卡。工会会员可持"京卡·互助服务卡"享受到市总工会免费提供的非工伤意外伤害及家庭财产损失保障计划、法律咨询、法律援助、职业介绍、帮困救助、婚介服务、职业培训。会员还可以通过市总工会12351网站在特约服务商处享受到文体健身、公园游览、图书电影、体检就医、购书购物等多项优惠服务。此卡是北京银行与北京市总工会联合发行的银联标准借记卡，可做定期和活期存折，免收年费。

（二）工会会员的权利

《工会章程》第一章第三条规定，会员享有以下权利：

（1）选举权、被选举权和表决权。这是会员最基本、最重要的权利。工会各级组织都由同级会员大会或会员代表大会选举产生，工会会员也应当认真履行自己的这项权利。

（2）对工会工作进行监督，提出意见和建议，要求撤换或者罢免不称职的工会工作人员。监督权是对选举权的补充与保障。会员对自己选出的工会委员会、会员代表大会代表、工会干部有权进行批评，有权要求撤换或罢免不称职工会工作人员，对工会工作进行监督。

（3）对国家和社会生活问题及本单位工作提出批评与建议，要求工会组织向有关方面如实反映。工会会员既是工会的主人，也是国家的主人，对于国家和社会事务有权参加管理，发表意见。而工会是职工的代表者，又是党和国家联系职工的桥梁和纽带，因此，工会组织有义务如实地反映会员的意见和要求，会员有权要求工会组织将其对国家和社会问题及本单位工会提出的批评与建议，如实向有关方面反映，并敦促解决。

（4）在合法权益受侵犯时，要求工会给予保护。职工、会员在合法权益受侵害时，有权要求工会组织提供咨询服务，进行调解协商，提供法律援助。工会在维护职工合法权益时，应正确处理总体利益与具体利益的关系，要严格依法进行，维护但不袒护。

（5）工会提供的文化、教育、体育、疗休养事业、生活救助、法律服务、就业服务等优惠待遇；享受工会给予的各种奖励。工会举办的文艺、教育、体育等活动，其目的是为会员服务，广大会员有权享受不同于非会员的优惠待遇。工会组织开展职工喜闻乐见的文化体育活动。

（6）在工会会议和工会媒体上，参加关于工会工作和职工关心问题的讨论。会员有讨论和决定有关工会一切重大问题的权利，在工会小组会、会员大会、会员代表大会上，有直接或通过代表间接提出意见和建议的权利，也可以利用工会的报刊，参加工会工作和职工关心问题的讨论、协商，最终达成共识。

（三）工会会员的义务

工会会员的权利义务是相辅相成的，会员不能只享受权利而不承担义务，也不应当只承担义务而没有权利。会员既要正确地行使权利又要自觉地履行义务，这样工会组织才能统一，行动才能一致。根据《工会章程》第一章第四条规定，工会会员应当履行下列义务：

（1）学习政治、经济、文化、法律、科学、技术和工会基本知识。工人阶级作为先进生产力的代表，必须不断地学习，以适应现代化发展的需要，成为名副其实的先进生产力的代表。学习经济、文化、法律、科学、技术知识，是在市场经济条件下，提高职工竞争力的必要准备。作为会员要学习工会基本知识，明晰自己的权利和义务，积极参加工会活动。

（2）积极参加民主管理，努力完成生产和工作任务。无论是作为国家主人翁，还是企业利益的共享者，会员职工都应增强责任感，关心企业的经营发展，积极参与企业的民主管理，努力工作，保质保量高效地完成自己的生产和工作任务。这既是一个劳动者最基本的职责，也是工会会员的基本义务。

（3）遵守宪法和法律，践行社会主义核心价值观，维护社会公德和职业道德，遵守劳动纪律。每个会员都应当认真学习和掌握法律知识，依法行动。同时,会员要维护社会公德和职业道德,从我做起,转变社会风气,树立良好的道德风尚。现代化生产要求职工有严明的纪律,保障职工的自身利益也要求遵守劳动纪律,这样生产才能有序、高效地进行,才能使职工的安全健康有所保障,防止事故发生。

(4)正确处理国家、集体、个人三者利益关系,向危害国家、社会利益的行为做斗争。在我国,全国人民的总体利益同职工的具体利益,在根本上是一致的。工会要在实际工作中教育引导职工正确处理国家、集体、个人三者利益关系,这在社会主义市场经济条件下尤为重要。会员要关心国家和集体的利益,个人利益服务国家和集体的利益,对于危害国家和集体的行为要进行坚决的斗争,维护国家、社会的安定,维护国家和集体的利益,这在一定意义上也就是维护了自己的利益。同时,会员也应依法维护自身的合法权益。

(5)维护中国工人阶级和工会组织的团结统一,发扬阶级友爱,搞好互助互济。作为会员,有义务维护工人阶级队伍的团结和工会组织的统一,自觉接受党的领导,坚持正确的政治方向。有义务发扬阶级友爱精神,互助互济,相互关心,相互帮助。

(6)遵守工会章程,执行工会决议,参加工会活动,按月交纳会费。这样才能保证工会组织统一意志、统一行动,才能从组织上、物质上保障工会活动有效地开展。

第二节 职工参与企业民主管理劳动争议调解

企业民主管理,是职工依照法律规定,以主人的身份,通过职工代表大会或其他形式对经营管理者和经济生活、政治生活、社会生活、文化生活以及其他事物实行民主选举、民主决策、民主参与、民主监督的管理制度。

实行民主管理最根本的目的就是调动和发挥广大职工群众的积极性、智慧和创造力,与经营管理者共同推动企业改革、促进企业发展、保持企业稳定。

职工民主管理作为一种民主形式,是社会主义民主的组成部分,是职工依照法律和有关规定,通过一定的组织形式,参加企事业管理,行使民主权利的活动。它同时又是一种管理形式,从本质上体现着劳动群众在公有制基础上管理经济活动的权利,是经济民主的一种重要方式。

职工民主管理包含三个含义:一是职工民主管理的主体是全体职工群众;二是职工民主管理是要依照法律管理;三是职工民主管理的特点是参与管理。

当前集团公司系统职工参与民主管理的形式主要有:各二级单位及所属单位(分公司、厂、车队、车间、站)实行职工代表大会制度、厂务公开制度及开展日常多渠道的民主管理活动。集团公司本级实行职工代表大会制度、工会主席联席会制度、职工代表检查工作制度。

一、职工代表大会

（一）职工代表大会的性质

《中华人民共和国企业法》(以下简称《企业法》)明确规定:"职工代表大会是企业实行民主管理的基本形式,是职工行使民主管理权力的机构"。

企业建立以职工代表大会(以下简称职代会)为基本形式的民主管理制度,是职工群众依法对企业实行民主管理权力的体现。

职代会接受同级党组织的领导和上级工会组织的指导,贯彻执行党和国家的方针、政策,正确处理国家、企业和职工三者利益关系,在法律规定的范围内行使职权。

（二）职代会的任务

1. 审议企业重大决策

审议企业重大决策。讨论审查和通过有关企业生产经营和管理方面带有全局性的重大问题,讨论决定涉及职工切身利益的重大事项。

2. 监督行政领导

监督行政领导。检查督促企业和各级行政领导的工作,主要监督行政领导是否正确贯彻执行党和国家的方针政策,是否正确处理国家、企业、职工三者利益关系,是否正确行使职权,是否认真实施职代会审议通过和决定的事项,是否廉洁奉公,遵纪守法。

3. 维护职工的合法权益

职工的合法权益。职工的合法权益是指国家法律规定应当行使的权利和享有的利益。职代会维护职工合法权益，是有组织地保护职工的合法权益免受侵犯的法律行为。它包括维护职工在劳动、学习、工资、奖金、福利以及社会保障等方面的权利和权益，还包括维护职工的精神利益和文化利益，这是一种更高的需要。它指的是职工作为国家、企业主人应有的地位和尊严，维护国家和集体利益的高尚品德，为建设事业无私奉献的志向和创造精神。

(三) 职代会的职权

(1) 听取行政工作报告，审议企业经营方针、中长期发展规划、年度计划、财务工作等重要事项的报告；审议企业改制方案，大宗物资采购方案及企业重大改革措施；审议职工教育培训计划、奖励方案和经费使用情况；审议企业经营方面的重大问题，制定重要规章制度情况的报告；听取集团公司厂务公开民主管理情况的报告，提出意见和建议。

(2) 审议通过企业改制中的职工安置方案、职工奖惩办法及企业其他涉及职工切身利益的重要规章制度；审议工资调整方案、安全生产措施等涉及职工切身利益的重大事项。在审议方案的基础上，通过投票表决，形成决议。

(3) 监督企业贯彻劳动法律、法规和职工各项社会保障基金缴纳情况、领导人员廉洁自律情况、业务招待费使用等领导班子建设和党风廉政建设的情况。每年组织职工代表听取公司领导班子成员报告履行职责和廉洁自律的情况，并由职工代表进行民主评议。

(4) 讨论通过集体合同草案，听取企业履行集体合同情况的报告。

(5) 依法选举、监督和罢免职工董事、职工监事。

(6) 法律法规赋予职代会的其他权利。

(四) 职代会的组织制度

(1) 职代会职工代表，人数至少不得少于 30 人；职工 100 人以下的企业应建立职工大会制度。

(2) 集团公司、二级单位职代会至少每年召开一次会议，基层分会每半年召开一次。每次会议应在会议召开前 7 天通知全体职工代表，每次会议必须有 2/3

以上的职工代表出席。

（3）职代会主席团。主席团成员应在职工代表中产生，由生产一线工人、基层管理人员、专业技术人员和各级领导组成。其中，工人、技术人员、管理人员不少于50%。

主席团主持召开大会，组织大会期间的各项活动。

（4）职代会根据需要，可以设立若干临时或经常性的专门小组（或专门委员会）。专门小组的主要任务是：审议提交职代会的有关议案；在职代会闭会期间，研究处理属于本级职责范围内的问题；督促、检查大会决议和提案落实情况；完成职代会交办的其他事项。专门小组人选，一般在职工代表中提名，也可以聘请具有一定业务专长的非职工代表担任。

（5）职代会依法在其职权范围内做出的决议或通过和决定的事项，非经职代会同意不得修改。

（五）职代会的工作机构

《企业法》规定："职工代表大会的工作机构是企业的工会委员会，负责职工代表大会的日常工作。"

二、职工代表

职工代表实行常任制。职工代表必须由职工民主选举产生。一般3~5年改选一次，可连选连任。

（一）职工代表的条件

按照法律规定，依法享有政治权利并与企业签订劳动合同建立劳动关系的职工，均可当选为职工代表。

（二）职工代表的权利

（1）在职代会上有选举权、被选举权、建议权、表决权和提案权。

（2）有权参加职代会及其工作机构组织的各项活动。

（3）对企业执行职代会决议和提案落实情况进行检查监督，对企业领导人员进行评议。

（4）职工代表因参加职代会的各项活动而占用生产或工作时间，享受正常出勤待遇。

（5）职工代表依法行使职权时，任何组织和个人不得压制、阻挠和打击报复。

（三）职工代表的义务

（1）遵守法律法规、企业规章制度，提高自身素质，积极参与企业民主管理。

（2）依法履行职工代表职责，听取职工对企业生产经营方面的意见和建议，以及涉及职工切身利益问题的意见和要求，并真实客观地向企业反映。

（3）积极参加企业职代会组织的各项活动，执行职代会决议，完成职代会交办的各项工作。

（4）向选举单位报告参加职代会活动和履职的情况，接受职工的评议和监督。

（5）保守企业秘密，做好本职工作，发挥骨干带动作用。

三、厂务公开制度

厂务公开制度，是企业民主管理的实现形式和途径。职代会是厂务公开的基本形式，推行厂务公开制度，是更好地坚持职代会制度、落实职代会职权、发挥职代会作用的客观需要。

根据北京市委、市政府的有关要求，集团公司在各二级单位及所属厂、车队（间、站）实行厂务公开。

（一）各二级单位厂务公开的主要内容

（1）企业改革发展的重大决策问题。主要包括企业改组、改制、调整、搬迁方案，重大技术改造方案，企业中长期发展规划，投资和生产经营重大决策方案，企业裁员、职工分流安置方案等重大事项。

（2）企业生产经营管理方面的重大问题。主要包括年度生产经营目标及完成情况，综合考核指标完成情况，大额资金使用情况，企业大宗物资采购，工程项目招投标，产品销售和盈亏情况，承包租赁合同执行情况，重要规章制度的制定等。

(3)涉及职工切身利益方面的问题。主要包括企业执行劳动法律法规的情况，集体合同、劳动合同的签订和履行情况，职工提薪晋级、工资奖金分配、奖罚与福利，专业技术职称评聘，评优选先的条件、数量和结果，安全生产和劳动保护措施，职工培训计划等。

(4)企业领导班子和党风廉政建设方面的重大问题。主要包括领导班子及成员民主评议考核结果，领导班子成员决策失误、工作失职的责任追究情况，企业中层领导人员、重要岗位人员的选聘和任用情况，干部廉洁自律规定执行情况，企业业务招待费使用情况，领导人员工资(年薪)情况。

(二)车队(间、站)队务公开的主要内容

(1)车队(间、站)指标完成及奖励、扣罚情况。主要包括运营公里、票款收入、包车收入、保修材料费、事故费、燃料指标、工资总额、安全合格率、服务合格率、行政费(电话费、水费、电费)等生产任务指标完成情况。

(2)职工每月生产任务完成及奖励扣罚情况。

(3)涉及职工利益的重要事项，指标考核、劳动纪律等方面规章制度。

(4)车队(间、站)领导干部工作失职责任追究情况。

(5)车队(间、站)管理人员考核细则及当月考核、奖罚、兑现的全部工资收入情况。

(6)车队(间、站)领导干部综合评议(指组织考察、专业考核与职工代表测评)结果。

(7)车队(间、站)任用管理人员的任前公示，评优选先的条件、数量、结果，职工合理化建议的反馈。

(8)应该向职工公开的其他情况以及职工关注的热点问题。

(三)厂务公开的形式

(1)职代会是厂务公开的基本形式。

(2)厂务公开栏和电子触摸屏查询系统是厂务公开的主要形式。

(3)职工代表团长联席会；职工民主议事会；企业生产经营情况通报会；党政工联席会议、中层干部会议、部分职代会；企业报、黑板报；意见箱、举报箱、接待日、职工代表监督制度、信访制度、民主评议干部等是厂务公开的补充形式。

四、劳动争议调解概述

(一)劳动争议的概念

劳动争议一般是指用人单位与劳动者之间因实现劳动权利、履行劳动义务而发生的纠纷。它包括以下内容:

(1)劳动争议的主体,一方是劳动者,一方是用人单位。

(2)劳动争议的范围是在《劳动法》的适用范围之内,即在中华人民共和国境内发生的劳动争议。

(3)劳动争议的内容是因劳动权利和劳动义务引起的,即因用人单位解除与劳动者的劳动合同或劳动者解除与用人单位的劳动合同、自动离职发生的争议;或者因执行国家有关工资、保险、福利、培训、劳动保护的规定发生的争议;或者履行劳动合同发生的争议以及其他法律、法规规定的争议。

(二)劳动争议的种类

根据我国《劳动法》的规定,我国劳动争议按照处理程序的不同可分为:

1. 个人争议

个人争议是劳动者个人与用人单位发生的争议,适用于协商、调解、仲裁和诉讼程序。

2. 集体争议

集体争议是劳动者三人以上以共同理由与用人单位发生的争议,适用于个人争议的处理程序,但是与之所不同的是不必当事人全部参加,而是选代表参加,一般情况下,以三人为最好。

(三)劳动争议调解的概念和作用

劳动争议调解是调解方式在劳动争议处理过程中的具体运用,是处理劳动争议的第一道程序。这种调解是指劳动争议双方当事人在本单位劳动争议调解委员会的主持下,通过学习劳动法律法规、说服教育、规劝疏导、分清是非、明确责任、民主协商地解决争议的一种活动。作好劳动争议调解工作,具有重要的作用:

(1)依法维护劳动争议当事人的合法权益。能有效地维护当事人的合法权益,调动企业和职工的生产积极性,从而促进企业发展。

(2)通过调解,把大量的劳动争议解决在基层或消灭在萌芽状态,利于促进社会的安定团结。

(3)通过劳动争议调解解决争议,有利于促进劳动关系协调,为企业生产发展创造良好的外部环境。

(4)通过劳动争议调解,可以帮助企业和职工提高劳动法律意识,促进企业依法管理劳动,提高职工依法维护自己劳动权益的能力。

(四)工会在劳动争议调解中的地位

《劳动法》第七条规定:"劳动者有权依法参加和组织工会。工会代表和维护劳动者的合法权益,依法独立自主地开展活动。"工会在劳动争议调解中的地位,是指工会在劳动争议调解中所处的位置及享有的相应权利,其地位表现为:

1. 参与劳动争议协商

劳动争议协商是指劳动争议双方当事人,就协调劳动关系、解决劳动争议进行商谈的行为。发生劳动争议,工会可以接受职工及用人单位的请求,参与协商,促进争议解决。工会发现劳动争议,应当主动参与协商,及时化解矛盾。

2. 主持和参与劳动争议调解

用人单位的工会代表担任劳动争议调解委员会主任、主持劳动争议调解委员会的工作和争议调解工作;工会代表担任劳动争议调解委员会委员,依法调解本单位劳动争议。

工会在参加劳动争议调解中,可以行使以下权利:

(1)调查权。工会可以派出代表对所属工会组织所在的企业、事业单位、机关,就侵犯职工合法权益的问题进行调查,有关单位应当予以协助。

(2)要求处理权。企业、事业单位侵犯职工合法权益的,工会有权要求企业、事业单位行政方面或者有关部门认真处理。

(3)会同有关方面处理集体劳动争议的权利。集体劳动争议有时会导致停工、怠工事件,工会应当会同企业行政或有关方面协商,解决职工提出的可以解决的要求,尽快恢复正常的生活秩序。

(4)调解权。根据《工会法》、《劳动法》的规定,工会参加劳动争议调解工作,工会代表与职工代表、用人单位代表共同组成劳动争议调解委员会,工会代表担任劳动争议调解委员会主任;劳动争议调解委员会设在用人单位的工会,调解本单位内部的劳动争议。

(5)宣传、教育权。在劳动争议调解中,工会有权对用人单位和劳动者宣传有关劳动法律法规及政策,教育劳动者依法维护自己的合法权益。对因劳动者违反劳动纪律引起的劳动争议,工会在调解中有权帮助劳动者提高劳动法律意识,接受用人单位的正确管理。

五、劳动争议调解的原则

劳动争议调解原则是劳动争议调解主体在调解劳动争议案件的全部过程起指导作用的重要原理和准则,它集中体现了我国劳动争议调解的本质和特点。劳动争议调解委员会在调解时应当遵守的原则:

(一)自愿原则

自愿原则是指调解委员会在受理争议、调解争议、达成协议、履行协议的整个过程中,必须尊重双方当事人的意愿,采用民主说服教育方式,不得压服、强迫。其含义是:自愿申请调解、调解过程民主、自愿达成协议、自愿履行协议。

(二)合法原则

合法原则是指劳动争议调解委员会在调解劳动争议案件时,必须遵守国家的宪法、法律、行政法规、地方法规、规章以及国家的政策,并以此作为调解时的依据。合法原则具体要求:

(1)主体合法:即要求劳动争议调解的主体资格必须合乎法律规定。主体是企业劳动争议调解委员会,调解人员组成,以及具体劳动争议案件调解人员的资格都必须合法。

(2)程序合法:即要求劳动争议调解的程序必须合乎规定。法律要求的程序不能缺少,各项程序的先后顺序不能颠倒,在调解过程中,不能有违反法律规定的行为。

(3)调解协议合法:即调解协议的内容不得有违反法律,损害他人或社会公共利益或国家利益的情形,也不得有违反国家政策,严重违反社会道德的内容。

(三)公正原则

公正原则是指劳动争议调解委员会在调解劳动争议案件时,其立场和态度要做到公正无私,不偏不倚。调解委员会调解争议时,是否公正,直接影响到争议处理结果的好坏,也直接关系到调解委员会和调解人员的形象和威信。公正是调解劳动争议时的基本要求。公正原则在劳动争议调解时主要有以下要求:

(1)调解劳动争议时,不能偏向企业行政。

(2)调解劳动争议时,不能无条件地倒向职工当事人。

(3)调解成员应当公正无私。

劳动争议调解委员会是由具体的办事人员组成,如果调解成员不能做到公正无私,调解也就不会有好的效果。为了保证调解委员会的公正无私,调解委员会成员有下列情形之一者,当事人有权以口头或书面形式申请,要求其回避:

(1)是劳动争议当事人或者当事人近亲属的。

(2)与劳动争议有利害关系的。

(3)与劳动争议当事人有其他关系,可能影响公正调解的。

调解委员会对回避申请应及时做出决定,并以口头或书面形式通知当事人,调解委员的回避由调解委员会主任决定;调解委员会主任的回避,由调解委员会集体研究决定。

(四)及时原则

在劳动争议调解活动中强调及时原则,既是现代社会效率原则在劳动争议处理程序中的体现,也是尊重当事人申请仲裁和诉讼权利的必然要求。及时原则主要表现在下列几个方面:

(1)争议发生后,要及时发现,力求在车队、车间等基层就地就近及时解决,不把矛盾往上交。

(2)企业劳动争议调解的程序应当简便易行,不讲究形式,一切活动方式以有利于企业生产和有效解决争议为原则。

(3)企业调解活动要在法定时效内进行和结束,不得影响当事人行使申诉权利。

六、劳动争议调解组织

（一）劳动争议调解组织

劳动争议调解组织是指在劳动争议处理过程中，作为第三方，以说服教育、规劝疏导方式，主持劳动争议双方当事人通过民主协商解决劳动争议的机构。这主要是指设在用人单位工会的劳动争议调解委员会。

劳动争议调解委员会的设立和组成：

1. 劳动争议调解委员会的设立

《劳动法》第八十条规定："在用人单位内，可以设立劳动争议调解委员会。"1993年11月5日劳动部发布的《企业劳动争议调解委员会组织及工作原则》第四条规定："设有分厂（或者分公司、分店）的企业，可以在总厂（总公司、总店）和分厂（分公司、分店）分别设立调解委员会。"

2. 劳动争议调解委员会的组成

劳动争议调解委员会由职工代表、企业代表组成。

代表的产生办法：职工代表由职代会或者职工大会推举产生；企业代表由用人单位的法定代表人如企业的厂长（经理）指定；劳动争议调解委员会的主任由用人单位工会成员或双方推举的人员中产生，一般由企业工会主席担任。

劳动争议调解委员会组成人员的具体人数由职代会提出并由用人单位的法定代表人（如厂长、经理）协商确定，企业代表的人数不得超过调解委员会成员总数的1/3。

（二）劳动争议调解委员会的地位和职责

1. 劳动争议调解委员会的地位

劳动争议调解委员会依法调解劳动争议，具有相对独立的地位。

调解委员会接受地方劳动争议处理机构和地方工会的指导，不隶属于企业的任何一个组织。它是一个由两方代表组织的独立工作机构。调解委员会在调解工作中，始终独立于企业行政与劳动者之外。无论是调解调查，还是调解建议，不得带有任何的偏见和偏袒。

2. 劳动争议调解委员会的职责

（1）调解本单位发生的劳动争议。包括：因用人单位解除职工的劳动合同或职工解除与用人单位的劳动合同、自动离职发生的争议；因履行劳动合同发生的争议；因执行国家有关工资、保险、福利、培训、劳动保护的规定发生的争议；法律、行政法规规定其他劳动争议等。

（2）在调解劳动争议中，应履行以下职责：按法定的原则和程序调解劳动争议；保证劳动争议双方当事人实现调解中的权利，教育当事人履行调解中的义务。

根据劳动法律法规的规定，劳动争议当事人在调解过程中享有以下权利：申请调解的权利；同意或拒绝调解的权利；有权接受和拒绝接受调解意见；有权不经调解直接申请仲裁，对此劳动争议调解委员会不得干预；调解委员会不接受调解申请的，当事人有权要求调解委员会做出说明，调解委员会应当说明理由。

劳动争议当事人在调解过程中必须承担的义务有：如实陈述劳动争议的情况，不得捏造事实，伪造证据；依法维护自己的权益，不是无理纠缠；已经调解达成的协议应当自觉执行；严格遵守调解纪律，尊重对方当事人的权利，维护调解秩序，不得激化矛盾，保证调解活动正常进行。

劳动争议调解委员会对当事人在调解中不依法行使权利、履行义务的行为，应进行批评教育。劳动争议当事人违反调解纪律，在调解中故意伤害调解委员会的，按照《中华人民共和国治安管理处罚条例》的有关规定处理；情节严重构成犯罪的，由司法机关依法追究刑事责任。

（3）检查督促双方当事人履行调解协议。劳动争议经调解虽然没有强制执行的法律效力，但是具有法定的约束力。检查督促当事人履行调解协议是劳动争议调解委员会的重要职责，认真履行这项职责对于保证劳动争议调解的严肃性和通过调解切实维护当事人的合法权益有重要作用。

（4）对职工进行劳动法律、法规的宣传教育，做好劳动争议的预防工作。劳动争议调解委员会应认真贯彻："预防为主、防调结合"的方针，通过宣传劳动法律法规，帮助企业提高劳动法律意识，依法管理劳动，教育职工学会依法维护自己的劳动权益。此外，还应通过工会参与民主管理等多种渠道，开展劳动争议预防工作,努力把争议解决在基层,消灭在萌芽状态。

七、劳动争议调解程序

劳动争议调解程序是指用人单位与劳动者发生争议时,当事人一方或双方由法定的企业劳动争议调解委员会或者区域性组织,按照劳动法律、法规的规定进行调解活动,分清是非和责任,以劳动法律、法规和企业规章以及劳动合同为依据提出调解意见,促使当事人双方达成调解协议,并自觉履行调解协议等一系列调解活动的总和。劳动争议调解程序是我国劳动争议处理的第一道程序。

(一)申请调解

1.申请调解的概念和条件

申请调解是劳动争议当事人因自己的劳动权利受到侵犯或者发生争议,向劳动争议调解委员会提出调解请求的行为。申请调解是当事人的一项权利,任何组织和个人都不得加以干涉、限制或者剥夺。根据《企业劳动争议调解委员会组织及工作规则》的规定,申请调解必须同时具备下列条件:

(1)申请人是与该劳动争议有直接利害关系的劳动者或用人单位。申请人必须是取得当事人资格的劳动者和用人单位,而且还要求申请人是与该劳动争议有直接利害关系,即必须是申请人自己的劳动权益受到侵犯或发生争议,才有权向劳动争议调解委员会提出申请,否则无权申请。

(2)有明确的被申请人。申请调解中要求申请人明确指明被申请人的姓名或者名称及基本情况。

(3)有具体的调解请求和事实、理由。申请人申请应提出具体的调解请求。具体的调解请求,是指申请人请求劳动争议调解委员会通过调解保护自己哪些劳动权益,通过劳动争议调解委员会向被申请人提出何种权利上的请求。此外,申请人还应提出请求调解所依据的事实和理由。法律事实如:劳动关系发生变化的时间、地点,劳动合同规定的权利和义务,发生争议的原因、经过、结果等。证据事实是指用来证明劳动关系、劳动争议发生的材料,如:劳动合同书、用人单位的除名决定等。理由就是法律根据和劳动争议的事实,如:法律规定、政策规定、劳动合同书等。

（4）属于劳动争议调解委员会受理劳动争议的范围。

（5）在法律规定的期限内提出。根据《劳动争议调解委员会组织及工作规则》第十四条的规定："当事人申请调解，应当自知道或应当知道其权利被侵害之日起30日内，以口头或书面形式向调解委员会提出……"这一规定说明，当事人向劳动争议调解委员会提出申请调解，须在知道或应当知道其权利被侵害之日起30日内提出，超过这一期限，劳动争议调解委员会就不再受理。

（6）申请人须填写《劳动争议调解申请书》。申请人向劳动争议调解委员会提出申请，无论是以书面形式提出，还是以口头形式提出，申请人都应当用钢笔或毛笔填写《劳动争议调解申请书》。

以上六个条件必须同时具备，缺一不可。具备这六个条件，申请人的申请才有可能引起劳动争议调解程序的发生。

劳动争议调解仲裁法第二十七条规定，劳动争议申请仲裁的时效期间为一年。仲裁时效期间从当事人知道或者应当知道其权利被侵害之日起计算。

前款规定的仲裁时效，因当事人一方向对方当事人主张权利，或者向有关部门请求权利救济，或者对方当事人同意履行义务而中断。从中断时起，仲裁时效期间重新计算。

因不可抗力或者有其他正当理由，当事人不能在本条第一款规定的仲裁时效期间申请仲裁的，仲裁时效中止。从中止时效的原因消除之日起，仲裁时效期间继续计算。

劳动关系存续期间因拖欠劳动报酬发生争议的，劳动者申请仲裁不受本条第一款规定的仲裁时效期间的限制；但是，劳动关系终止的，应当自劳动关系终止之日起一年内提出。

劳动争议调解仲裁法第十四条规定，经调解达成协议的，应当制作调解协议书。调解协议书由双方当事人签名或者盖章，经调解员签名并加盖调解组织印章后生效，对双方当事人具有约束力，当事人应当履行。

自劳动争议调解组织收到调解申请之日起十五日内未达成调解协议的，当事人可以依法申请仲裁。

2.（申请的方式和）申请的内容

（《企业劳动争议调解委员会组织及工作规则》规定，当事人申请调解："以口头或书面形式向调解委员会提出，并填写《劳动争议调解申请书》"。）当事人申请调解无论是采取哪种形式，都需要填写《劳动争议调解申请书》。劳动争议调解申请书是申请人指出被申请人，表述调解请求和事实根据的一种文书。申请书应记明以下事项：

（1）申请人和被申请人的基本情况。要分别写明申请人和被申请人的基本情况：申请人的姓名、工作岗位和部门、工种或职务；被申请人的姓名、工作岗位和部门、工种或职务。若申请人或被申请人是用人单位，则应写明用人单位的名称、法定代表人的姓名和职务、用人单位的地址。若有委托代理人应列明委托代理人的情况。

（2）案由。即请求解决的是哪方面的劳动争议，是因履行劳动合同而发生的争议，还是因工资而发生的争议等。

（3）调解要求。即申请人通过调解要求维护自己哪些权利，要求被申请人履行哪些义务。

（4）事实与理由。即申请人提出调解请求所依据的事实与理由。这部分是调解申请书的重要内容。要求写明当事人之间劳动关系、劳动争议发生和提起调解申请的根据及理由。在陈述事实与理由时，应注意提供证据，请劳动争议调解委员会调查。

此外，申请书还应写明受理申请的调解委员会是本企业劳动争议调解委员会，还是区域性劳动争议调解指导委员会，写明申请的时间，最后由申请人签名或盖章。

（二）争议受理

争议受理是指劳动争议调解委员会在接到调解申请后，经过审查，对符合条件的申请予以接受的行为。

根据《企业劳动争议调解委员会组织及工作规则》的规定，劳动争议调解委员会应在收到调解申请后4日内对申请进行审查，做出受理或不受理申请的决定。

经过认真审查,凡是符合规定条件的应当受理,对不受理的应当向申请人说明理由。劳动争议调解委员会决定是否受理时,主要审查以下几个方面:

(1)申请人是否符合申请调解必须具备的条件。

(2)被申请人是否明确,即在提出的请求中是否指明了权利侵害人。申请调解的事由是否属于劳动争议,即发生争议的事由是否与劳动问题有关,即是否属于解除劳动关系、工资、保险、福利、培训、劳动保护、劳动合同等有关劳动权利和劳动义务方面的争议。

(3)调解的请求和事实根据是否明确。申请人在申请中必须提出明确的调解请求,即要求调解委员会通过其调解工作使申请对方同意完成何种义务。

劳动争议调解委员会对当事人的申请进行审查,对符合受理条件的,应当在4日内做出受理申请的决定,办理受理手续,并口头或书面通知申请人或被申请人。经劳动争议调解委员会审查,不符合受理条件的,应当在4日内做出不受理申请的决定,并向申请人说明理由,告知其应向何部门申诉。

(三)劳动争议调解

1.调解的方式

劳动争议调解的方式是指劳动争议调解通过何种形式进行。根据《企业劳动争议调解委员会组织及工作规则》的规定,调解通过调解会议的形式进行,由调解委员会主持召开,有争议双方当事人参加调解会议,有关单位和个人可以参加调解会议协助调解。对于简单的劳动争议,可以由劳动争议调解委员会指定1~2名调解委员进行调解。

2.调解程序

《企业劳动争议处理条例》和《企业劳动争议调解委员会组织及工作规则》都对调解的程序作了原则性的规定,调解主要是通过调解会议的形式进行,其主要步骤为:

(1)劳动争议调解委员会主持会议,宣布调解会议的纪律;告知双方当事人遵守调解纪律的重要性;宣布申请人请求调解的争议事项;宣布调解委员的组成人员。询问当事人是否要求劳动争议调解委员会委员回避;告知当事人在调解中的权利和义务。

(2)申请人陈述申请事项和理由、调解的请求,被申请人进行答辩。

(3)主持人向双方当事人宣讲有关法律、法规和政策,出示有关证据,说明调解委员会对劳动争议的调查结果。

在召开调解会议时,也可以要求有关单位和个人协助调解。有关单位可以是当事人所在单位,也可以是与当事人有关的其他单位。有关个人可以是当事人亲属、朋友等人。

(4)提出调解建议,征求双方当事人的意见。调解委员会在查明事实、分清是非的基础上,依照有关法律、法规和企业规章,依据当事人双方签订的劳动合同,公正地提出调解建议,供双方当事人在协商时参考。

(5)当事人协商。在参考调解委员会的调解建议的基础上,双方当事人进行充分协商。由于当事人双方是自愿申请调解的,有愿意通过调解来解决劳动争议的良好愿望,因此,调解委员会应当积极主动地、及时地为当事人创造充分协商的条件。

(6)双方当事人接受调解委员会的调解建议,可在建议的基础上达成调解协议。

(7)制作调解协议书,作为履行的根据。调解委员会要认真审查调解协议书的内容,凡符合法律规定的,应予批准,并制作调解协议书,结束调解程序。如果协议内容不符合法律规定,应告知当事人重新协商,从而形成符合法律规定的协议。

3.调解的终结

经劳动争议调解委员会调解,调解的终结有以下情况:

(1)劳动争议双方当事人经调解委员会的调解达成协议,调解终结。

(2)因调解不成,而终结调解程序。劳动争议调解委员会调解不成,主要有以下几种情况:

第一,当事人双方对争议的事实、适用的法律、调解建议分歧较大,无法达成协议,可以终结调解程序。

第二,调解期限已满,调解不成的,终结调解程序。

第三,由于申请人撤回调解申请,当事人自行和解、拒绝调解而终结调解程序。

由于调解实行的是自愿原则,所以在调解过程中,申请人撤回调解申请,选择其他解决劳动争议的办法,或者在调解过程中当事人有权不愿意调解、拒绝调解或当事人自行达成和解协议,都可导致调解程序的终结。在调解过程中,当事人无论以何种原因提出撤回,拒绝调解的请求,调解委员会都应当尊重当事人的权利,终结调解程序。

第三节 劳模先进管理

新中国诞生以来,集团公司有380人被评为全国、北京市和国家部委劳动模范,(其中,全国劳模15人)目前在职劳模94人;24人被授予全国五一奖章;139人被授予首都劳动奖章;29个集体(含五一奖状)被评为模范集体;49个集体被授予首都劳动奖状;83条线路(车间)被评为市级"工人先锋"号(其中,全国级19个);209个车(班)组被评为市级"工人先锋号"车(班)组(其中全国级3个);135个车(班)组被评为市级"三八红旗"号车(班)组;22个车(班)组被评为全国巾帼文明示范岗位;32个集体被评为女职工先进集体。

一、荣誉称号的设立、评选和命名

(一)劳动模范和模范集体

(1)全国劳动模范:由党中央或国务院授予,每五年评选一次。

(2)北京市劳动模范:由北京市政府授予,每五年评选一次。

(3)国家部委劳动模范:由国家部委授予,不确定年限,但一般也是五年评选一次。

(4)模范集体:国家级和北京市级与劳模评选工作同时进行。

(二)劳动奖章

(1)全国五一劳动奖章:由全国总工会授予。每年评选一次。遇劳模评选年暂停一次。

(2)首都劳动奖章:由北京市总工会授予。每年评选一次。遇劳模评选年暂停一次。

(3)公交劳动奖章:由集团公司授予,每两年评选一次,一般与集团公司年度评选先进同步进行。

(三)劳动奖状(只授予企业级单位)

(1)全国五一劳动奖状:由全国总工会授予。每年评选一次。遇劳模评选年暂停一次。

(2)首都劳动奖状:由北京市总工会授予。每年评选一次。遇劳模评选年暂停一次。

(四)荣誉集体

(1)工人先锋号荣誉集体(全国和北京市级):由全国总工会和北京市总工会授予,每年评选一次。

(2)巾帼文明示范岗、三八红旗号等荣誉集体(全国和北京市级):由全国、北京市妇联和全国总工会不定期授予。

二、荣誉称号获得者享受待遇

(一)劳动模范

(1)全国劳动模范:由评选机构给予一次性奖励。集团公司设置岗位津贴(不含高、中级管理人员)800元/月。2005年(不含)以前获此荣誉称号的人员,按国家规定正式退休后享受每人每月200元的荣誉津贴,从办理正式退休手续的次月起开始发放。2005年及以后受表彰的劳动模范,退休后不再计发荣誉津贴(京工发〔2005〕18号文件)。

(2)北京市和国家部委劳动模范:由评选机构给予一次性奖励。集团公司设置岗位津贴(不含高、中级管理人员)500元/月。2005年(不含)以前获此荣誉称号的人员,按国家规定正式退休后享受每人每月150元的荣誉津贴,从办理正式退休手续的次月起开始发放。2005年及以后受表彰的劳动模范,退休后不再计发荣誉津贴(京工发〔2005〕18号文件)规定。

（二）劳动奖章

（1）全国五一劳动奖章：按照《中华全国总工会关于"五一劳动奖章"获得者待遇问题的复函》（工函字〔1996〕53号）规定，享受省部级劳动模范待遇。

（2）首都劳动奖章：享受北京市总工会组织的一次性奖励或其他活动。

（3）公交劳动奖章：公交系统个人最高荣誉，见《公交集团公司关于建立"公交劳动奖章"获得者评选机制的通知》（公交办发〔2010〕424号），每两年评选一次。

（三）荣誉集体

（1）线路（车间）：根据《北京公共交通控股（集团）有限公司市级以上荣誉线路（车间）管理规定》（公交办发〔2011〕374号）规定，全国级荣誉线路（车间）按人均100元给予一次性奖励；市级荣誉线路（车间）按人均50元给予一次性奖励。

（2）车（班）组：根据《北京公共交通控股（集团）有限公司市级以上荣誉车（班）组管理规定》（公交办发〔2011〕375号）规定，被命名的荣誉车（班）组由分公司（公司）给予一次性奖励，全国级车组人均500元，市级车组人均300元；荣誉班组人均100元。从次月起享受优质服务岗位津贴，全国级车组每人每月80元；市级车组每人每月60元；荣誉班组每人每月30元。（集团公司根据情况调整）

（3）中国海员建设工会全国委员会授予的"工人先锋号"荣誉集体，享受市级荣誉集体待遇。

三、职工创新工作室

（一）职工创新工作室的构成

职工创新工作室是以在技术技能、科学研究、经营管理等方面有专长，有一定理论水平、工作经验和创新能力的知名劳模、高技能人才、技术技能领军人物为负责人，围绕本地区、本系统、本单位生产经营活动、技能人才培养和工作中的重点、难点问题开展技术创新、管理创新的专家团队。

（二）职工创新工作室的主要任务

职工创新工作室的主要任务是：推广普及先进的创新理念、技术和方法，带动行业或专业技术技能素质水平的提高，解决本地区、本行业、本单位的技术瓶颈，围绕降低成本、节能减排、技术改造、技术革新、安全生产等主题，组织开展技术攻关、技能培训、管理创新、科学研究、学习交流等活动，结合首都产业振兴规划深入企业一线和社区乡镇，推广先进适用技术，加快科技成果转化，采取多种方式提供服务，为解决关系经济发展和人民生活等方面的问题起到积极的推动作用，最大限度地影响和带动广大职工提升技术技能水平，培养企业发展所需的科技、生产、经营、管理人才队伍。

（三）职工创新工作室的基本条件

(1) 以一名在技术、业务方面有专长，有一定的理论水平、工作经验和创新能力的知名劳模、技术技能领军人物为负责人，组成专家团队开展工作。

(2) 有用于开展创新活动的基本活动场所和设备设施。

(3) 具有完整的管理和工作制度、规划目标。

(4) 有一定的工作经费，以保障创新活动的正常开展。

(5) 每年按照工作计划至少完成 1~2 项创新成果，带动职工参与创新活动，培养技术技能人才，产生较好的经济效益和社会影响。

每个职工创新工作室的人数应在 30 人左右，主要应为同专业的技术技能人才，基础条件较好的可适当增加人数，但不宜超过 150 人。

（四）职工创新工作室的组织管理

(1) 职工创新工作室须每年初向上级组织提交工作计划，并于年底完成工作总结。

(2) 各级工会组织负责职工创新工作室的申报和创建工作，对工作室的申报设立、设备配备、人员安排、资金落实、技术推广、技术协作等工作负责协调，创造条件，提供便利。

(3) 所在单位应当尽力为职工创新工作室创造条件，提供一定的活动经费和必要的办公场所。

四、职业技能竞赛

集团公司每年组织职工参加北京市职业技能大赛。逢双数年度组织开展汽车(无轨电车)驾驶员(大客车)和汽车客运服务员比赛;逢单数年度组织开展汽车维修工(大客车)和汽车客运调度员比赛。各分公司组织开展初赛;集团公司组织开展复赛,受大赛组委会授权组织开展决赛。

职业技能竞赛的专业和技术等级的设置(国家职业资格等级):

(1)汽车驾驶员:初级(五级)、中级(四级)、高级(三级)、技师(二级)。

(2)汽车维修类:初级、中级、高级、技师、高级技师(一级)。

(3)客运调度员:中级、高级、技师、高级技师)。

(4)汽车客运服务员:初级、中级、高级。

第四节　职工劳动保护、困难帮扶

一、困难职工帮扶

职工因生活困难可以获得企业行政和工会的帮扶。企业行政的困难补助,由各单位工会负责实施(具体标准是各单位经职代会审议通过自行制定的)。

工会系统困难帮扶的工作有:(凡涉及帮扶标准的,由集团工会根据北京市社会职工平均工资、职工工资增长幅度、物价上涨指数进行调整)

(一)两节送温暖活动

元旦、春节期间,对所有在职困难职工进行慰问。

(二)"三八"节助单亲活动

女职工委员会组织困难单亲女职工进行慰问活动。

(三)"五一"关爱劳模活动

对劳动模范组织慰问帮扶活动。

第六章 企业民主管理与劳动争议调解

（四）金秋助学活动

帮助困难职工子女就学，提供帮扶助学金。

（五）"两确保一降低"

（1）确保每一名职工家庭都生活在城乡低保线以上。

对纳入集团公司工会"困难职工帮扶体系"的低于"低保"标准的困难职工，每人每季度给予1500元的补助；高于"低保"标准，低于"低收入家庭"标准，每人每季度给予900元的补助。

（2）确保每一名公交职工子女不失学，即金秋助学活动。

"两确保"补助程序：

由困难职工本人提出申请，如实填写申请表，由所在单位工会进行三查一访（三查，查家庭人口、查家庭收入、查致困原因；一访，入户走访）调查核实情况，将审核通过的救助对象名单在本单位进行公示（工作日5天），确定无误后纳入集团公司工会"困难职工帮扶体系"。

"一降低"的补助程序：

每年3月份，工会根据上年度职工住院结算台账，依据以上标准进行补助。

（六）降低在职职工因病住院医疗费用个人负担部分的补助标准

职工本人患病住院治疗的（以出院结算单为准）个人负担，自费金额在享受职工互助保障和企业报销后余额部分（不含起付线），按照不同标准分别给予补助，每人年度最高救助金额2万元（表6-1）。

医疗费用补助标准 表6-1

序号	自费金额	补助金额（元）	序号	自费金额	补助金额（元）
1	5千至1万	1000	7	6万以上至7万	9000
2	1万以上至2万	2000	8	7万以上至8万	11000
3	2万以上至3万	3000	9	8万以上至9万	13000
4	3万以上至4万	4000	10	9万以上至10万	15000
5	4万以上至5万	5000	11	10万以上	20000
6	5万以上至6万	7000			

（七）公交职工温暖专项基金帮扶

"公交职工温暖基金"在北京市总工会"北京市温暖基金"的基本账户下设立。经本人向所属二级单位提出申请并经集团公司工会批准后，主要用于以下几项情况的一次性现金帮扶。

（1）因突发事件或意外灾害，依法享受有关部门经济补偿后，本人或家庭仍有较大损失和特殊困难的。

（2）对积极响应国家征兵号召，光荣参军入伍的职工。

（3）在职职工死亡的。

（4）其他特殊至困情况。

二、职工劳动保护主要内容

（1）企业依照国家和政府的有关规定，建立健全劳动安全卫生管理组织机构和生产责任制，制定劳动安全卫生技术操作规程。

（2）企业劳动作业环境、安全卫生设施应符合国家规定的标准。

（3）企业按工作和岗位生产特点为职工提供符合国家规定标准的劳动防护用品，对从事有毒作业的职工，每年定期进行专项体检，安排疗养和发放尘毒津贴，对患有职业病的职工，应及时调整工作。

（4）企业和工会密切配合，加强职工的安全教育，对特种作业人员必须进行专门培训，取得特种作业资格，做到持证上岗。

（5）依法加强女职工的"四期"保护。

（6）企业支持工会建立"工会劳动保护监督检查委员会"，依法参与企业安全生产管理，独立开展活动。

三、在职职工互助保障（以下互助保障活动上缴费用、申报及赔付标准均以当年执行的市总及集团公司工会相关文件规定为准。）

自2006年参加市总工会职工互助保障活动以来，职工参加的比例从90.1%提高到了99.99%。仅2015年就有6427名职工，享受了人均1700余元的《在职职工住院和津贴医疗互助保障》赔付，缓解了患病住院职工的经济负担和精神压力,受到了广大职工的普遍欢迎。

目前,集团公司工会组织职工参加的职工互助保障活动有以下几项:

(1)《在职职工住院医疗和津贴互助保障活动》。凡参加北京市基本医疗保险并与企业签订劳动合同一年以上(含一年)的在职职工(含农民工)均可参保,可享受年度内首次住院,"自付一"费用扣减1300元"起付标准"后,按60%给付(报销)、同年二次(含)以上住院减650元,按50%给付(报销);住院一天给予40元的住院津贴补助等。以上两项互助保险年缴费116元/人,为鼓励职工参加互助保障活动,各单位工会对参加的职工给予资助,每名参保职工资助53元,个人交纳63元。

(2)《在职女职工特殊疾病互助保障活动》。凡身体健康,能够正常参加本企业工作的在职女职工均可参保,活动保障期为两年,单次投保最多两份,可享受在本活动生效90日(不含)后,首次确诊患有8类女职工特殊疾病(原发性子宫颈癌等)中的一种或者多种时,可享受一次性女工特病互助金10000元(每份)(本期女职工特殊疾病保障待遇终止)等保障活动。两份保险费用每份40元,本人自费一份,各单位工会资助一份。

(3)《在职职工医疗互助保障计划》。凡参加北京市基本医疗保险,并持有京卡的在职职工均可参保,可享受首次住院扣除1300元起付线后20%、二次住院扣除650元起付线后20%的互助金等保障活动。本项保障活动由市总和集团公司两级工会为职工缴纳保费,职工个人不交费。

(4)《非工伤意外伤害及家财损失综合互助保障计划》。凡在职职工,并且为工会会员均可享受因本人发生非工伤意外导致残疾时按照不同伤残程度最高可以领到伤残互助金5000元等保障活动。此保障项目是由市总工会拨款,职工个人不交费。

(5)《在职职工重大疾病互助保障活动》。凡身体健康,能够正常参加所在单位工作的在职职工均可参保,可享受在本活动生效90日(不含)后,首次确诊患有急性心肌梗塞等25类重大疾病中的一种或多种时,领取一次性重大疾病互助金10000元(每份),本期重大疾病保障待遇终止等保障活动。本项保障由职工自费承担,每人40元(份)/年。

【思考题】

1. 工会的社会职能是什么?
2. 职工代表大会的性质是什么?
3. 职工代表大会的任务是什么?
4. 职工代表有哪些权利和义务?
5. 劳动争议调解的概念是什么?
6. 工会在参加劳动争议调解中,可以行使的权利有哪些?
7. 劳动争议调解的原则是什么?
8. 集团公司每年组织开展的技能竞赛工种是什么?
9. 集团公司工会困难职工帮扶机制是什么?
10. "两确保,一降低"的主要内容是什么?
11. 集团公司工会互助保障活动有哪些?

第七章

职业生涯管理

职业生涯管理是员工发展的一个重要环节,是战略人力资源管理工作的重要组成部分。近年来,随着我国人力资源管理的迅速发展和变化,职业生涯管理也越来越受到企业和员工的重视。在本节,我们将介绍职业生涯管理的概念与特征、员工职业生涯规划与管理以及组织职业生涯规划与管理。

第一节 职业生涯管理概述

一、职业生涯管理的含义

职业生涯管理是指在一个组织内,组织为其成员实现现代职业目标,确定职业发展道路,充分挖掘员工的潜能,使员工贡献最大化,从而促进组织目标实现的活动过程。从狭义的角度来看,职业生涯是贯穿个体一生的系列活动,包括有薪的和无薪的,其上限从 0 岁开始。更具体地说,它是企业将员工的个人发展与企业发展的目标相结合,在对决定员工职业生涯发展的主客观因素进行全面测定分析的基础上,通过职业生涯的设计、规划、执行、评估和反馈,使每位员工的职业生涯目标与企业发展的战略目标相一致,从而促进企业与员工共同进步和发展的一种管理机制。

在现代企业中,个人最终要对自己的职业发展计划负责,这就需要每个人都清楚地了解自己所掌握的知识、技能、能力、兴趣、价值观等。而且,还必须对职业选择有较深了解,以便制定目标、完善职业计划。管理者则必须鼓励员工对自己的职业生涯负责,在进行个人工作反馈时提供帮助,并提供员工感兴趣的有关组织工作、职业发展机会等信息；企业则必须提供自身的发展目标、政策、计划，以及帮助员工做好自我评价、培训、发展等。当个人目标与组织目标有机结合起来时，职业生涯管理就会起到重大意义。因此，企业职业生涯规划和职业生涯发展是职业生涯管理的基础。

职业生涯管理的基本流程，如图7-1所示。

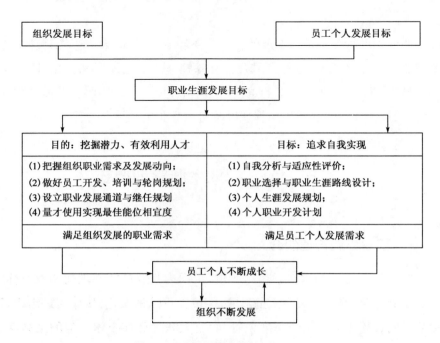

图7-1　职业生涯管理基本流程

在职业生涯管理中，员工需要通过不断的学习来提高自己。这种学习与企业进行的员工培训与开发既有区别，也有联系。区别在于：员工的学习提高，通常是从自己的职业生涯发展角度考虑的，即是为了实现自己的职业目标，针对自己的不足进行专门的学习，力争尽快达到自己的职业目标；相对而言，组织的培训和开发则往往比较现实，即希望通过培训，要么提高员工的生产绩效，要么使其适应组织变革的需要。

两者的联系是：培训和开发通常能够促进员工的职业生涯发展，增加员工的部分利益。尽管有些员工可能不喜欢他们现有的岗位，但是对员工的培训和开发通常都能提高员工的竞争力和适应性,不仅有利于员工的发展,还可满足组织和员工双方的愿望。

现在,企业为了应对知识经济的挑战,都在想方设法去开发隐性知识,使隐性知识尽快显性化,以便为组织创造利润。为此,多数组织都增加了培训与开发费用,以期培养出更多有发展潜力、有协作习惯、富有创造力的员工,通过这些员工的努力,不断地推出新产品、新观念、新服务,维持组织持久的竞争力。

二、职业生涯管理的内容与类型

(一)职业生涯管理的内容

1. 职业路径

职业路径是指组织为内部员工设计的自我认知、成长和晋升的管理方案。职业路径在帮助员工了解自我的同时使组织掌握员工职业需要,以便排除障碍,帮助员工满足需要。另外,职业路径通过帮助员工胜任工作,确立组织内晋升的不同条件和程序对员工职业发展施加影响,使员工的职业目标和计划有利于满足组织的需要。职业路径设计,指明了组织内员工可能的发展方向及发展机会,组织内每一个员工可能沿着本组织的发展路径变换工作岗位。良好的职业路径设计,一方面有利于组织吸收并留住最优秀的员工,另一方面能激发员工的工作兴趣,挖掘员工的工作潜能。因此,职业路径的设计对组织来讲十分重要。下面主要介绍4种职业路径设计方式,传统的职业路径、行为职业路线、横向技术路径及双重职业路径。

(1)传统职业路径。传统职业路径是一种基于过去组织内员工的实际发展道路而制定出的一种发展模式。

(2)行为职业路径。行为职业路径是一种建立在对各个工作岗位上的行为需求分析基础上的职业发展路径设计。

(3)横向职业路径。横向职业路径主要是指,组织采取的横向调动,来使工作具有多样性,使员工焕发新的活力、迎接新的挑战的一种路径。虽然没有加薪或晋升,但员工可以增加自己对组织的价值,也使他们自己获得了新生。

(4)双重职业路径。双重职业路径主要是用来解决某一领域中具有专业技能,既不期望在自己的业务领域内长期从事专业工作,又不希望随着职业的发展而离开自己的专业领域。

2. 职业选择

(1)实际性向。具有这种性向的人会被吸引去从事那些包含着体力活动并且需要一定的技巧、力量和协调才能承当的职业。如:森林工人、耕作工人及农场主等。

(2)调研性向。具有这种性向的人会被吸引去从事那些包含着较多认识活动(思考、组织、理解等)的职业,而不是那些主要以感知活动(感觉、反应或人际沟通以及情感等)为主要内容的职业。如:生物学家、化学家以及大学教授等。

(3)社会性向。具有这种性向的人会被吸引去从事那些包含大量人际交往内容的职业,而不是那些包含着大量智力活动或体力活动的职业。如:诊所的心理医生、外交工作者及社会工作者等。

(4)常规性向。具有这种性向的人会被吸引去从事那些包含大量结构性的且规律较为固定的活动的职业,在这些职业中,雇员个人的需要往往要服从于组织的需要。如:会计以及银行职员等。

(5)企业性向。具有这种性向的人会被吸引去从事那些包含大量以影响他人为目的语言活动的职业。如:管理人员、律师及公共关系管理者等。

(6)艺术性向。具有这种性向的人会被吸引去从事那些包含大量的自我表现、艺术创造、情感表达以及个性化活动的职业。如:艺术家、广告制作者及音乐家等。

3. 职业锚

职业锚的理论是美国麻省理工学院斯隆管理学院教授埃德加.H.施恩提出来的。职业锚指当一个人不得不做出选择的时候,他无论如何都不会放弃职业中那种至关重要的东西,即人们选择和发展自己的职业时所围绕的中心。用施恩自己的想法是,为了解释那些当我们在更多的生活经验的基础上发展了更深入的自我洞察时,我们的生命中成长得更加稳定的部分。施恩前期的研究发现了5种职业锚,后来又补充了3种,共有8种职业锚:

(1)功能型职业锚。特定工作对个人应具有挑战性,可通过该项工作体现个人的能力和技巧。

(2)管理型职业锚。渴望承担更大的责任,希望充满挑战性、变化丰富的工作、有领导他人的机会。

(3)创造性职业锚。喜欢需要创造性的工作,不喜欢墨守成规。在自己的企业中,会不断地开发新产品和服务,否则会失去工作的兴趣。

(4)自主与独立型职业锚。喜好有明确时限、有能发挥个人专长的工作,偏好作项目类的工作,厌恶监工式的管理;能接受组织交给的目标,但目标一旦设定,希望按自我方式工作。

(5)安全型职业锚。喜好稳定、可测的工作性质,对工作内容的兴趣胜过工作本身的性质。

(6)服务型职业锚。喜欢从事符合自己价值观的工作,可以影响所服务的组织或社会政策。在缺少他人支持的情况下,会向更大自由度的职业上转,如咨询师。

(7)纯挑战型职业锚。工作领域、组织类型、薪酬系统、晋升方式和认同形式都必须服从于在工作中是否能够不断提供挑战自我的机会,缺少这样的机会会使个人感到厌烦和无趣。

(8)生活型职业锚。需要灵活的工作时间安排,如弹性工作制,需要更多的休息日、哺乳假、在家办公等。

在个人的工作周期和组织的管理过程中,职业锚都发挥着重要的作用。职业锚是个人经过搜索确定的长期职业定位,清楚地反映着个人的职业追求和抱负,同时组织也可以根据员工的职业锚判断员工在职业选择和发展上的偏好。

(二)职业生涯管理的分类

一般来说,职业生涯管理包括以下两个方面:一是员工的职业生涯规划与管理。因为员工是自己的主人,所以自我管理也就是职业生涯成功的关键。二是组织协助员工进行职业生涯规划与开发,并为员工提供必要的教育、训练、轮岗等发展机会,促进员工职业生涯目标的实现。

(三)员工职业生涯规划与管理

职业生涯规划又叫职业生涯设计,是指个人或组织根据对个人的主观因素和客观环境的分析,确立个人职业生涯发展目标,设计职业发展路径,形成分阶段、渐进实施的具体行动方案过程。可以定义为这样一个过程:先觉知、有意愿、量己力、衡外情、订目标、找策略、重实践、善反省、再调整、重出发的生涯规划循环历程。即:

(1)意识到自己需要制定职业目标。

(2)进行自我探索,重点探索自己的职业兴趣、能力、性格和价值观。

(3)进行职业探索,收集并排列备选职业。

(4)综合分析与权衡,结合时代特点,根据自己的职业倾向,确定最佳的职业奋斗目标。

(5)按计划实施行动。

(6)做评估调整,为实现目标做行之有效的安排。

就员工个人来说,需要尽可能多地了解组织的目标、经营理念以及组织所能提供的发展、训练、升迁机会与晋升渠道;同时全面了解自己的性格、兴趣、能力、工作动机、价值观、态度和优缺点。

职业生涯管理强调组织要给予员工适当的训练、协助和机会,使员工能够配合组织发展目标和经营理念,制定切实可行的个人生涯发展目标,并努力促进其实现。因此,员工职业生涯管理也就包括对员工个人状况和组织状况的深入了解。只有在深入了解的基础上,才能有针对性地确定其职业生涯规划目标以及实现这一目标所需要的各种管理方法与手段。

(四)组织协助员工进行职业生涯规划与开发

就组织方面而言,则应该详细了解自身过去的发展及未来的目标,预测外在政治、经济、社会、文化等环境可能发生的变化及可能产生的影响,为自身规划出一个长远的、具有前瞻性的发展方向。同时还应尽可能地深入了解员工们的个性差异及绩效表现、发展目标等。组织应该主动向员工提供各种信息,强化彼此之间的反馈、沟通、信赖与支持,帮助员工了解个人在组织中的发展方向,以提高员工的工作积极性和凝聚力。

除了重视组织的发展外,现代管理的重点更应考虑员工个人的发展需求。因此,每个组织都应该尽可能地把这两个目标融合在一起,作为组织自身追求发展的指南,并作为组织确定经营理念与制定工作策略时的依据。

三、职业生涯管理的特征

根据前面对职业生涯管理的介绍,可以看出职业生涯管理具有以下 4 个方面的特征。

1. 职业管理必须满足个人和组织的双重需要

职业管理与组织内部一般的奖惩制度不同,职业管理着眼于帮助员工实现职业计划,即力求满足职工的职业发展需要。因此,要实行有效的职业管理,必须了解员工在实现职业目标过程中会在哪些方面碰到问题,如何解决这些问题,员工的漫长职业生涯是否可以分为有明显特征的若干阶段,每个阶段的典型矛盾和困难是什么,如何加以解决和克服。组织在掌握这些知识之后,才可能制订相应的政策和措施帮助员工找到内部增值的需要。一方面全体员工的职业技能的提高带动组织整体人力资源水平的提升;另一方面在职业管理中心的有意引导,可使同组织目标方向一致的员工个人脱颖而出,为组织培养高层经营管理或技术人员提供了人才储备。提高人员整体竞争和储备人才是组织的需要,对职业管理的精力、财力投入和政策注入,也可以看成是组织为达到上述目的而进行的较长期的投资。因而,组织需要是职业管理的动力源泉,无法满足组织需要,将导致职业管理活动的失败,最终职业管理失去了动力源。

2. 职业生涯信息在职业生涯管理中具有重要作用

组织必须具备完善的信息管理系统,这是因为只有做好信息管理工作,才能有地进行职业生涯管理。在职业生涯管理中,员工个人需要了解和掌握有关组织各方的信息,如组织的发展战略、经营理念、人力资源的供求情况、职位的空缺与晋升情况等;组织也需要全面掌握员工的情况,如员工个人的性格、兴趣、特长、潜能、情绪以及价值观等。此外,由于职业生涯信息总是处在一个不断变化的过程中,组织发展在变、经营重点在变、人力需求在变、员工的能力在变、员工的目标也在变,这就要求必须对职业生涯信息进行不断的维护和更新,只有这样才能保证信息的时效性。

3. 职业生涯管理是一种动态管理

职业生涯管理贯穿员工职业生涯发展和组织发展的全过程。在员工职业生涯和组织发展的不同阶段,每一个组织成员的发展特征、发展任务以及应注意的问题是不同的。由于每一阶段都有各自的特点、目标和发展重点,因此对每一个发展阶段的管理也都应有所不同。而随着决定职业生涯的主客观条件的变化,组织成员的职业生涯规划和发展也会发生相应的变化,因此职业生涯管理的侧重点也应有所不同,以适应情况的变化。

4. 职业管理形式多样、涉及面广

凡是组织对员工职业活动的帮助,均可列入职业管理之中。其中既包括针对员工个人的,如各类培训、咨询、讲座以及为员工自发的扩充技能,提高学历的学习给予便利等;同时也包括对组织的诸多人事政策和措施,如规范职业评议制度,建立和执行有效的内部升迁制度等。职业管理自招聘新员工进入组织开始,直至员工流向其他组织或退休而离开组织的全过程中一直存在。职业管理同时涉及职业活动的各个方面。因此,建立一套系统的、有效的职业管理是有相当难度的。

四、职业生涯管理的原则

组织和员工在职业生涯管理中应当遵循以下原则:

(1)清晰性原则。考虑目标和措施是否明确、清晰,实现目标的步骤是否直截了当。

(2)挑战性原则。目标或措施是否具有挑战性,还是仅保持其原来状况而已。

(3)变动性原则。目标或措施是否具有弹性或缓冲性,是否能够依循环境的变化而作调整。

(4)一致性原则。主要目标与分目标是否一致,目标与措施是否一致,个人目标与组织发展目标是否一致。

（5）激励性原则。目标是否符合自己的性格、兴趣和特长，是否能够对自己产生内在激励作用。

（6）合作性原则。个人的目标与他人的目标是否具有合作性与协调性。

（7）全盘原则。管理职业生涯时必须考虑到生涯发展的整个历程，做全程和全盘的考虑。

（8）具体原则。生涯规划各阶段的路线划分与安排，必须具体可行。

（9）实际原则。实现生涯目标的途径很多，在做规划时必须要考虑到自己的特质、社会环境、组织环境以及其他相关的因素，选择确实可行的途径。

（10）可评量原则。职业生涯设计应该有明确的时间限制或标准，以便评量、检查，使自己随时掌握执行情况，并为规划的修正提供参考依据。

（11）全面评价原则。要由组织、员工个人、上级管理者、家庭成员以及社会有关方面对职业生涯进行全面的评价。

五、职业生涯管理的作用

对绝大多数人来说，其职业生涯都会跨越其人生中精力最充沛、知识经验日臻丰富和完善的几十年，职业已经成为其生活的重要组成部分。可以说，职业早已不再仅仅是个人谋生的手段，它还为个人创造了迎接挑战、实现自我价值的大好机会和广阔空间。如今组织已经越来越深刻地认识到，人是最重要的资源。

（一）从员工的角度来看

职业生涯管理可以增强员工对职业环境的把握能力和对职业困境的控制能力；帮助员工协调好职业生活与家庭生活的关系，更好地实现人生目标；同时，组织为员工制定的职业发展计划则可以使员工充分把握机会，发挥能力，以使员工的自我价值不断提升和超越。

（二）从组织的角度来看

职业生涯管理能够提高组织的竞争力和应变能力，减少因员工流动而带来的损失。组织关心员工职业发展，会使员工感觉到自己是组织整体计划中的一部分，从而改善员工的工作态度，激发他们的士气，提高劳动生产率，使组织变得更加有效率。良好的职业生涯管理对组织主要有以下3个方面的作用。

(1)可以帮助组织了解组织内部员工的现状、需求、能力及目标，调和他们同存在于企业现实和未来的职业机会与挑战间的矛盾。

(2)通过协调统一人力资源管理中的人员选择、工作安排和能力开发等活动，更加合理与有效地利用人力资源。

(3)可以为员工提供平等的就业机会，改善组织的企业文化，促进企业可持续发展。

总而言之，注重企业的可持续发展，在考虑组织利益的同时，兼顾员工个人的发展，是现代企业的管理趋势。实际上，也只有使员工的职业生涯发展目标与组织的发展目标保持一致，将员工的职业生涯发展与组织的发展紧密结合起来，才能真正发挥出职业生涯管理的作用，既能使员工终身受益，也能让组织茁壮成长，实现两者的共同目标。

第二节　员工职业生涯规划与管理

员工的职业生涯包括生涯规划与生涯管理两个部分。

一、员工职业生涯规划的概念

员工职业生涯规划是指员工根据自身的主观因素和客观环境的分析，确立自己的职业生涯发展目标，选择实现这一目标的职业，以及制定相应的工作、培训和教育计划，并按照一定的时间安排，采取必要的行动，实施职业生涯目标的过程。

一个良好的职业生涯规划应当具备以下4个特征：

(1)可行性。员工职业生涯规划要有事实依据，而不仅仅只是一种美好的幻想或不着边际的梦想，否则就会延误生涯良机。

(2)适时性。之所以进行员工职业生涯规划是为了预测未来的行动,确定将来的目标,因此各项主要活动都应有时间和顺序上的妥善安排,以作为检查行动的依据。

(3)适应性。规划未来的职业生涯目标往往牵涉到多种可变因素,因此规划应当有弹性,以增加其适应性。

(4)持续性。人生中的每个发展阶段应该能够持续连贯衔接。

二、员工职业规划的理论

典型的职业生涯理论为舒伯(Super)的生涯发展理论,他把人的职业生涯发展分为成长、探索、建立、维持与衰退5个主要阶段。

(1)成长阶段(出生~14岁):该阶段孩童开始发展自我概念,开始以各种不同的方式来表达自己的需要,且经过对现实世界不断地尝试,修饰他自己的角色。

这个阶段发展的任务是:发展自我形象,发展对工作世界的正确态度,并了解工作的意义。这个阶段共包括3个时期:一是幻想期(4~10岁),它以"需要"为主要考虑因素,在这个时期幻想中的角色扮演很重要;二是兴趣期(11~12岁),它以"喜好"为主要考虑因素,喜好是个体抱负与活动的主要决定因素;三是能力期(13~14岁):它以"能力"为主要考虑因素,能力逐渐具有重要作用。

(2)探索阶段(15~24岁):该阶段的青少年,通过学校的活动、社团休闲活动、打零工等机会,对自我能力及角色、职业作了一番探索,因此,选择职业时有较大弹性。

这个阶段发展的任务是:使职业偏好逐渐具体化、特定化并实现职业偏好。这阶段共包括3个时期:一是试探期(15~17岁),考虑需要、兴趣、能力及机会,作暂时的决定,并在幻想、讨论、课业及工作中加以尝试;二是过渡期(18~21岁),进入就业市场或专业训练,更重视现实,并力图实现自我观念,将一般性的选择转为特定的选择;三是试验并稍作承诺期(22~24岁),生涯初步确定并试验其成为长期职业生活的可能性,若不适合则可能再经历上述各时期以确定方向。

(3) 建立阶段 (25~44 岁)：由于经过上一阶段的尝试，不合适者会谋求变迁或作其他探索，因此该阶段较能确定在整个事业生涯中属于自己的"位子"，并在 31~40 岁，开始考虑如何保住这个"位子"，并固定下来。这个阶段发展的任务是统整、稳固并求上进。

这个阶段细分又可包括两个时期：一是试验——承诺稳定期 (25~30 岁)，个体寻求安定，也可能因生活或工作上若干变动而尚未感到满意；二是建立期 (31~44 岁)，个体致力于工作上的稳固，大部分人处于最具创意时期，由于资深往往业绩优良。

(4) 维持阶段 (45~65 岁)：个体仍希望继续维持属于他的工作"位子"，同时会面对新的人员的挑战。这一阶段发展的任务是维持既有成就与地位。

(5) 衰退阶段 (65 岁以上)：由于生理及心理机能日渐衰退，个体不得不面对现实从积极参与到隐退。这一阶段往往注重发展新的角色，寻求不同方式以替代和满足需求。

三、员工职业生涯规划的过程

如何根据自己的实际情况，确定职业生涯目标并逐步实现目标，确立自己的职业地位和竞争力，是我们制定职业生涯规划时需要解决的问题。员工职业生涯规划一般包括自我定位、机会评估、目标设定、路线设定、反馈与修正 5 个方面的内容。

(一) 自我定位

自我定位是指全面、深入和客观地分析和了解自己。

有效的职业生涯规划应当从自我认识开始，然后才能谈到建立可实现的目标，并确定怎样达到这些目标。所谓自我定位也就是对自己进行全面的分析，通过自我分析来认识自己、了解自己，以便准确地为自己定位。自我定位的重点在于测评出管理能力、人际交往能力、知识水平、职业导向因素、价值观念和相对独立性等。

性格是职业选择的前提,兴趣是工作的动力;分析自己的特长则主要是了解自己的能力与潜力,分析需求则主要是分析自己的职业价值观。由此看来,自我定位也就成了职业生涯规划的基础,它直接关系到个人的职业成功与否。

由于在很多情况下都很难获得对能力、价值观、兴趣、性格等进行完整和科学的检测,因此我们可以选择一些有经验的方法来获得对职业自我的初步认识。自我定位的方法有很多,其中比较常用的主要有三种,即橱窗分析法、自我测试法和计算机测试法。通过采用不同的方法测试,可以帮助我们全面地了解自己、认识自己,并以此为基础规划和设计自己。

1. 橱窗分析法

橱窗分析法(Johari Window Analysis,又称乔哈里资讯窗)是自我定位的重要方法之一。心理学家常常把对个人的了解比作一个橱窗——为了便于理解,我们可以把橱窗放在一个直角坐标系中来进行分析。坐标的横轴正向表示别人知道,负向表示别人不知道;纵轴正向表示自己知道,负向表示自己不知道。这样我们就可将坐标橱窗表示成图 7-2 的形式。

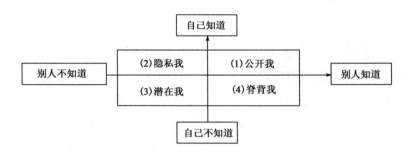

图 7-2　橱窗坐标图

橱窗(1)是自己知道、别人也知道的部分,称为"公开我",属于个人展现在外、无所隐藏的部分;橱窗(2)是自己知道、别人不知道的部分,称为"隐私我",属于个人内在的私有秘密部分;橱窗(3)是自己不知道、别人也不知道的部分,称为"潜在我",属于有待开发的部分;橱窗(4)是自己不知道、别人知道的部分,称为"脊背我",犹如一个人的背部,自己看不到,别人却看得很清楚。在进行自我定位时,重点要了解橱窗(3)"潜在我"和橱窗(4)"脊背我"这两个部分。"潜在我"是影响一个人未来发展的重要因素,因为每个人自身都蕴藏着巨大的潜能。认识与了解"潜在我"是自我分析与定位的重要内容之一。"脊背我"是准确地对自己进行评价的一个重要方面。如果你能够诚恳地、真心实意地对待他人的意见和看法,你就不难了解"脊背我"。当然,这需要一个人具备开阔的胸怀、正确的态度和有则改之、无则加勉的精神,否则就很难听到别人对自己的真实评价。

2. 自我测试法

自我测试法是通过回答有关问题来认识自己、了解自己,这是一种比较简捷、经济的自我分析法。其测试题目大都是由心理学家经过精心研究设定的,只要如实回答,就能在相当程度上了解自己的有关情况。在自测回答问题时,切忌寻找标准答案,而应该是自己怎么想、怎么认识就怎么回答,这样得到的测试结果才有实际意义。

自我测试的内容和量表有很多,具体涉及方方面面,如性格测试、气质测试、情绪测试、智力测试、技能测试、记忆力测试、创造力测试、观察力测试、应变能力测试、想象力测试、管理能力测试、人际关系测试、行动能力测试等。

3. 计算机测试法

计算机测试法是一种现代测试手段。这种测试与自我测试法相比,其科学性、准确性比较高,是一种了解自己、认识自己的有效方法。目前,用于测试的软件多种多样,许多网站也都开设有网上测试(如 www.ayao.net 和 www.jw.nankai.edu.cn 等网站)。国外目前最常使用的4种计算机辅助指导系统为"发现"、"职业辅导信息系统"、"职业信息系统"和"互动式指导及信息系统"。如今,应用计算机技术作为获得职业信息的方法已经应用得越来越普遍了。

通过自我分析与自我定位认识自身的条件和整体综合素质,可以对自己进行比较准确的综合评估,以便根据自身的特点设计自己的职业发展方向和目标。表7-1为自我定位练习举例。

自 我 定 位 练 习　　　　　　　　　　表 7-1

步骤及内容	具 体 做 法	目　　标
第1步:我现在处于什么位置	思考一下你的过去、现在和未来。画一张时间表,列出重大事件	了解目前职业现状
第2步:我是谁	利用3~5张卡片,在每张卡片上写下"我是谁"的答案	考察自己担当的不同角色
第3步:我喜欢去哪里,我喜欢做什么	思考你目前和未来的生活。写一份自传来回答3个问题:你觉得已经获得了哪些成就,你未来想要得到什么,你希望人们对你有什么样的印象	这有利于未来的目标设置
第4步:未来理想的一年	考虑下一年的计划。如果你有无限的资源,你会做什么,理想的环境应是什么样的,理想的环境是否与第3步相吻合	明确所需要的资源
第5步:一份理想的工作	思考一下通过利用资源来获得一份理想的工作。考虑你的角色、资源、所需的培训或教育	明确所需要的资源
第6步:通过自我总结来规划职业发展	(1)是什么让你每天感到心情愉悦。 (2)你擅长做什么,人们对你有什么样的印象。 (3)为了达到目标,你还需要什么。 (4)在向目标进军的过程中你会遇上什么样的阻碍。 (5)你目前该做什么才能迈向你的目标。 (6)你的长期职业生涯目标是什么	总结目前的状况

(二)机会评估

机会评估是指评估潜在的自我职业发展机会。

所谓职业生涯机会评估,主要是分析内外环境因素对自己职业生涯发展的影响。每个人都生活在一定的环境中,其成长与发展都与环境息息相关。因此,在制定个人的职业生涯规划时,也要分析环境的特点以及发展变化、自己与环境的关系、自己在特定环境中的地位、环境对自己提出的要求以及环境对自己有利与不利的条件等。只有对这些环境因素都有一个充分的了解,才能在复杂的环境中做到避害趋利,才能使自己的职业生涯规划得以发展与实现。

1. 对自己所处的社会环境进行分析

社会环境对每个人的职业生涯乃至发展都有重大的影响。它不但能够影响到我们的职业,还能影响到我们生活的方方面面。通过对社会大环境进行分析,了解所在国家或地区的经济、法制建设发展方向,可以帮助我们寻求各种发展机会。

(1) 经济发展水平。在经济发展水平高的地区,由于企业相对比较集中,优秀企业较多,个人职业选择的机会也就比较多,因而比较有利于个人职业的发展;反之,在经济落后的地区,个人职业选择的机会相对较少,由此个人的职业生涯发展也会受到很大的限制。

(2) 社会文化环境。社会文化是影响人们行为和欲望的基本因素。它主要包括教育水平、教育条件和社会文化设施等。在良好的社会文化环境中,个人能力往往能够得到良好的教育和熏陶,从而也就为其职业发展打下了良好的基础。

(3) 价值观念。个人生活在社会环境中,必然会受到社会价值观念的影响。在现实生活中,大多数人的价值取向在很大程度上为社会主体价值取向所左右。一个人的思想发展、成熟的过程,其实就是认可、接受社会主体价值观念的过程。而社会价值理念也正是通过影响个人价值观来影响个人的职业选择。

(4) 政治制度和氛围。政治和经济是相互影响的。政治不仅能够影响到国家的经济体制,而且还影响着企业的组织体制,从而直接影响到个人的职业发展。另外,政治制度和氛围还会潜移默化地影响个人的追求,从而对个人的职业生涯产生影响。

2. 对职业所处的行业环境进行分析

职业生涯是在特定的行业、具体的企业中进行的。组织的行业环境将会直接影响到组织的发展状况,进而也就影响到个人职业生涯的发展。行业分析既包括对目前所在行业的环境分析,也包括对将来想从事的目标行业的环境分析。

（1）行业发展状况。首先应当了解自己现在从事的是什么行业，这个行业在本国的发展趋势如何，它是一个逐渐萎缩的行业（如资源消耗大、造成环境污染的小型采矿业、小型造纸厂），还是一个朝阳行业（如旅游业、保险业、管理咨询行业）等问题。

（2）国际国内重大事件对该行业的影响。行业的发展很容易受到国内国际重大事件的影响，进而就会影响到该行业能否提供较多的职业机会，如2008年奥运会的举办就为北京的建筑业、旅游业和服务业等提供了较大的发展和较多的就业机会。

（3）目前的行业优势和问题。在这方面应特别关注的是行业目前存在的问题是可以改进或避免的，还是无法消除的；行业是否具有优势和竞争力，这种优势会持续多久等方面。

（4）行业发展前景预测。对行业发展前景的预测可以从两个方面来进行分析：一方面是行业自身的生命力，是否有技术和资金支持等；另一方面也要考虑和研究国家对相关行业的政策。政府往往会根据经济与社会发展状况对一些行业发布法规、政策，如对一些行业实施鼓励、扶持，对另一些行业则要限制发展。

3. 对职业所处的组织环境进行分析

毫无疑问，组织环境会对员工的职业发展产生重要影响。通过对组织的内部环境进行分析，可以帮助了解企业在本行业和新的发展领域中的地位和发展前景，以及组织产品在市场上的发展前景。

（1）组织文化。组织文化决定了一个组织如何看待其员工，因此员工的职业生涯是为组织文化所左右的。一个主张员工参与管理的组织显然要比一个独裁的组织能为员工提供更多的机会；而一个渴望发展、追求挑战的员工自然也很难在论资排辈的组织中得到重用。当然，从另一方面来看，个人的价值观与组织文化有冲突，难以适应组织文化，这也决定了他在组织中难以得到发展。因此，组织文化也是在制定个人职业生涯规划时应当加以考虑的一个重要因素。

（2）组织制度。员工的职业发展要靠组织管理制度来保障，包括合理的培训制度、晋升制度、绩效评估制度、奖惩制度、薪酬制度等。组织的价值观、组织的经营哲学也只有渗透到制度中，才能使制度得到切实的贯彻执行。凡是没有制度或者制度裁定不合理、不到位的组织，其员工的职业发展就难以实现。

（3）领导人的素质和价值观。组织的文化和管理风格与其领导人的素质和价值观之间往往有着直接的关系，实际上组织的经营哲学往往就是企业家的价值观；组织主要领导人的抱负及能力是组织发展的重要因素。

（4）组织实力。组织在本行业具有很强的竞争力，还是处于一个很快就会被吞并的地位？发展的前景是什么？在激烈的市场竞争中，不一定是最大、最强的组织就能生存，即不是强者生存而是适者生存。只有适应这个环境、适应发展趋势的组织才能生存。

对组织的评估也有一个渐进的过程。在选择一个组织时，我们要尽可能地利用可以获得的信息，了解组织的基本情况。通过对组织进行分析得出结论，判断自己对组织发展战略、组织文化和管理制度的认同程度，了解组织结构发展的变化趋势以及与自己有关的未来职务的发展预计。但是在进入组织后，随着对组织内部的进一步了解，还应当对组织做出重新评估，以进一步明确自己的发展目标或做出重新择业的决策。

（三）目标设定

目标设定是指在自我定位和机会评估的基础上设立明确的职业目标。

目标就是任何你努力想要使之得以实现的事情。在人的一生中，总会有意无意地设立各种各样的目标。其中有些目标是长期目标，如拓展你的生活空间。职业生涯目标就可以归为此类。有些目标则是短期目标和中期目标；短期目标一般需要数天到一个月的时间，中期目标一般需要一个月到一年左右的时间。短期目标和中期目标代表着长期目标的不同阶段。另外还有一种目标则是微型目标。微型目标就是你在某一天或某一天的一段时间里所要完成的目标，如完成个人计划上记录着你要做的事情。千万不要小看了微型目标，它与其他集中目标同样重要，因为正是它构成了你在实现目标的过程中所迈出的每一步，正所谓"千里之行，始于足下"。

职业发展必须有明确的方向与目标,目标的选择是职业发展的关键,坚定的目标可以成为追求成功的驱动力。一个人事业的成败在很大程度上取决于其有无适当的目标,凡是成功的人士都有明确的奋斗目标,那些没有奋斗目标的人则都没有获得成功。因此,一个未来的成功者必须是一个目标意识很强的人。

1. 职业发展目标设定的原则

设定职业发展目标,需要遵循如下 8 个指导原则。

(1) 可行性原则。就员工自己的能力和特点而言,实现这个目标是现实的、可能的。

(2) 可信原则。可信就是自己真的相信能够完成这个目标,对自己的能力非常有信心,相信自己能够在设定的时间期限之内完成。

(3) 可控制性原则。自己具有对一些可能会最终影响到自己实现目标的因素的控制能力。

(4) 可界定原则。目标必须是以普通人都能理解的口头语言或书面语言表达。对代表一个长期目标的用词必须仔细推敲,这样才有可能将它进一步分解为一系列的短期目标。

(5) 明确性原则。员工个人只陈述某个特定的目标,并且在一段时间之内只集中于该目标。

(6) 自愿性原则。自己制定的目标应该是自己真正想去做的事情,而不是别人强加的。

(7) 友好原则。个人的目标对自己和他人均无伤害性或破坏性。

(8) 可量化原则。目标应当尽量以一种能够用数字加以量化的方式来表达,而尽量不要采用宽泛的、一般的、模糊的或抽象的形式。以一种可衡量的方式开始设定的目标,可以在向目标迈进的过程中计算、控制或调整自己的进程。

2. 职业发展目标的抉择

目标定位是一个不容回避的问题。具体到每个员工的人生要确立一个什么样的事业目标,需要根据主客观条件和可能加以设计。高尔基说过:"一个人确定的目标越高,他的才能发展得就越快,对社会就越有益,我坚信这是一个真理。这个真理是根据我的全部生活经验,即根据我观察、阅读、比较和深思熟虑过的一切而确定的。"这个带有普遍意义的经验要求人们依据自己的目标,尽可能最大限度地发挥自己的心智才能。目标选择既要追求得高一些,更要注重实现的可能性。应该说,目标定位也不可能完全相同,但其确定目标的方法都是相同的。下面简单介绍其几个基本要点。

(1) 符合社会与组织需求。有需要才有市场,才有位置。

(2) 适合自身的特点。不同的员工往往有着不同的特点。这种特点就是自身的性格、兴趣、特长、价值观等。而这些特点往往也就是你的优势,因此若能将目标建立在个人优势的基础上,就能左右逢源,处于主动有利的地位。

(3) 高低恰到好处。生涯目标是高一些好,还是低一些好?总的来看还是高一点好,因为一个人追求的目标越高,其才能就发展得越快,对社会也就越有益。

(4) 幅度不宜过宽。最好选择窄一点的领域,并把全部身心力量投进去,这样更容易获得成功。

(5) 注意长期目标与短期目标相结合。

(6) 目标要明确具体。同一时期的目标不要太多,目标越简明、越具体,就越容易实现,越能促进个人的发展。

(7) 要注意职业目标与家庭目标以及个人生活与健康目标的协调与结合。要想在事业上取得成功,家庭与健康是基础和保证。

(四) 路线设定

路线设定是指通过各种积极的具体行动与措施去争取职业目标的实现。

一旦我们确定职业和职业发展目标之后,就面临着职业生涯路线的选择。所谓职业生涯路线,就是指当一个人选定职业后从什么方向上实现自己的职业目标:是向专业技术方向发展,还是向行政管理方向发展。可以说职业生涯路线是整个人生规划的展开。

由于发展路线不同,对其要求也就不相同。而且在现实生活中,即便是同一职位也有不同的岗位。因此,在职业生涯规划中必须做出抉择,以便使学习、工作以及各种行为沿着你的生涯路线和预定的方向前进。实际上,职业生涯路线选择也是职业发展能够成功的重要步骤之一。

杜映梅(2006年)认为,在选择职业生涯路线时,首先要对职业生涯各要素进行系统分析。具体来说,可以从以下4个方面来对其进行考虑。

(1)我想往哪条路线发展?在这个方面主要应当考虑自己的价值观、理想、成就动机等主观因素,以便确定自己的目标取向。

(2)我适合往哪条路线发展?在这个方面主要应当考虑自己的性格、特长、经历、学历、家庭等一些客观条件对职业路线选择的影响,以确定自己的能力取向。

(3)我可以往哪条路线发展?在这个方面主要考虑自身所处的社会环境、政治与经济环境、组织环境等,来确定自己的机会取向。

(4)哪条路线可以取得发展?一旦选定自己希望和适合的发展道路后,还应当进一步综合分析各方面的因素,判断自己的这条职业目标的实现路线是否可以取得发展。

职业生涯路线选择的重点是通过对自身因素和环境因素进行系统分析,权衡利弊,做出路线选择,挑出能够实现自身目标的最佳路线。

(五)反馈与修正

反馈与修正是指在实现职业生涯目标的过程中,根据实际情况自觉地总结经验和教训,修正对自我的认知和对最终职业目标的界定。

由于自身及外部环境条件的变化,职业生涯规划也要随着时间的推移而变化。它既是个人对自己不断认识的过程,也是个人对社会不断认识的过程,它是使职业生涯规划更加有效的一个手段。在制定职业生涯规划时,由于对自身及外界环境都不是十分了解,最初确定的职业生涯目标往往比较模糊或抽象,有时甚至是错误的。经过一段时间的工作以后,有意识地回顾自己在工作中的言行得失,可以检验自己的职业定位与职业方向是否合适。在实施职业生涯规划的过程中自觉地总结经验和教训,评估职业生涯规划,可以修正个人对自我的认知,并可通过反馈与修正,纠正最终职业目标与分阶段职业目标的偏差,保证职业生涯规划行之有效。同时,通过评估与修正还将极大地增强个人实现职业目标的信心。

四、员工职业生涯管理

员工职业生涯管理要求员工在激烈竞争的职场环境中主动经营自己的职业生涯，懂得利用机会，勇于接受挑战，并能根据环境的变化和要求适时地调整自己在职业生涯不同时期的职业发展目标。

（一）员工职业生涯的早期管理

所谓职业生涯早期，即由学校进入组织，在组织内逐步"组织化"，并为组织所接纳的过程。这一阶段一般发生在20～30岁，是一个人从学校走向社会，由学生变成员工，由单身生活变成家庭生活的过程，对这一系列角色和身份的变化必然要经历一个适应过程。在这一阶段，个人的组织化以及个人与组织的相互接纳是个人和组织共同面临的、重要的职业生涯管理任务。

在这个阶段，组织一般都会为员工制定出切合实际的个人职业发展规划，对个人的职业生涯进行管理。为了更好地实现个人职业生涯目标，个人应该按照组织的发展目标和发展方向，配合组织进行个人职业生涯规划和管理。职业生涯早期的管理主要包括以下7个方面。

1. 提供自己的真实资料

新员工应当及时向组织提供关于自己的真实资料，使组织能够全面真实地了解自己。如关于个人的资历证书、曾参加过的相关培训证明以及有关证明自己的特长和能力的材料等。通过这些客观真实的材料，上司可以及时地了解自己的个人特点，在进行工作分配时就可以充分发挥个人特长，从而既有利于个人职业道路的发展，也有利于组织资源的充分利用和组织目标的实现。

2. 主动从上司和同事那里获得有关自我优势及不足的信息反馈

职业生涯早期是个人和组织相互适应和接纳的一个过程，新员工常常因为缺乏相应的工作经验和技能而不能在工作中立即胜任。这就需要新员工主动地从上司和同事那里了解关于自我的信息，充分利用自身的优势，及时改正不足，提高自己的职业潜能。

3. 争取获得晋升机会

晋升是一种垂直运动，它反映了新员工和组织有着密切的关系，以及自己在组织中的地位和作用有所提高。新员工在组织中争取各种晋升机会可以更好地锻炼自己,提高自己的管理能力,并有助于更好地实现个人职业目标。

4. 与管理人员沟通发展的趋向

在职业生涯早期,新员工应当加强与管理人员的沟通,了解某一具体工作所需要的技能、知识和其他特殊条件,了解组织文化和工作环境,使自己更快地适应组织和工作岗位,建立和谐的人际关系,融入到工作团队中去。

5. 与管理人员一同制定可行的方案

在管理人员的协助下明确自身的职业生涯发展阶段和开发需要,然后即可根据个人的潜能和组织的内外部环境制定可行的个人职业生涯发展方案。

6. 按既定的行动方案努力

积极努力工作,了解并利用存在着的学习机会;努力做好第一份工作,不断地累积自己的工作经验,提高自己的能力,以良好的工作业绩来实现自己的职业生涯规划和目标。

7. 与来自组织内外不同工作群体的员工进行接触

加强与组织内外不同工作群体员工间的接触,如专业协会、项目小组等,拓宽自己的知识面和交际范围,促进个人职业潜能的提升。

作为组织中的一员,个人应当积极主动地采取措施配合组织进行职业生涯的管理,以便于更好地促进个人职业目标的实现。

(二)员工职业生涯的中期管理

在经历了职业生涯早期阶段,完成了员工与组织的相互接纳后,个人也就进入了其职业生涯中期阶段。在这一阶段,同样应当根据发展的特点和问题,采取相应的管理措施。

1. 适当考虑降低职业生涯目标

在职业生涯早期,每个人都有很多梦想和追求。如果由于种种原因,个人的潜力没有充分发挥出来,这对于组织和个人来说都会是件很遗憾的事。但如果组织措施得当,个人也努力了,目标还是没有实现,那就不是选择或环境问题了,而是个人能力的问题。人与人之间的能力差异是一种客观存在,个人不能以精英标准来苛求自己。在职业生涯中期阶段,正是一个人的理智最发达的阶段,因而也就应该以更加实际的态度调整自己的职业目标,以更加豁达的眼光来对待自己的禀赋。如果职业生涯目标过高,就要降低。

2. 学会成功求职的技巧

在职业生涯中期,如果组织中缺乏合适的机会和岗位,而个人又有能力,就可以考虑寻找新的发展机会。如果发现发展领域不合适,就需要重新发现自我,更换合适的职业生涯领域。但由于人处中年,体力和精力等相对于年轻人来说都缺乏竞争力。这时,就更加需要复习或学习有关求职的技巧。例如,通过媒体、亲朋好友广泛地搜集职业空缺信息,撰写包括自身优势在内的简历表,把握招聘者的心态,准备成功地进行面试。

3. 树立终生学习的理念

随着知识经济社会的到来,单靠体力的工作岗位竞争越来越激烈,辛苦不说,回报还低;而且即便是一些技术含量低的岗位,也正在逐渐被高技术设备所取代。而职业生涯中期又是个人任务繁重的时期,职业发展也呈现复杂化和多元化,各种危机和困难不断加大。在这种形势下,只有不断地学习新知识、新技术,与社会一同进步,才能在本职工作岗位上保持领先的地位。因此个人必须将压力转化为动力,制定合理的学习计划,利用各种途径和机会不断进取,才会有进步,才能远离困境。

4. 保持身心健康

在职业生涯中期,人生负担往往都比较重,此时更应采取有效的措施来应对压力,使自己保持良好的心态。

(1) 寻求继续学习和提高的机会。不断地更新知识和技能,克服人生事业发展的高原期;不断提高自信心,以更加积极的心态去应对各种挑战。

(2) 合理安排时间,做到有张有弛。在职业生涯中期,各种压力都比较大,工作的时间往往会比较长,因此个人更应注意进行必要的休息和调整,合理安排时间,增加体育锻炼的机会,以便保持一个健康的身体和心态。

综上所述,在职业生涯中期,个人必须采取科学的管理方法对自己的职业生涯进行有效的管理,以促进个人职业生涯目标的顺利实现。

（三）员工职业生涯的晚期管理

从年龄上看，职业生涯后期阶段的员工一般都处在 50 岁至退休年龄之间。由于职业性质及个体特征的不同，个人职业生涯后期阶段开始与结束的时间也会有明显的差别。在这一阶段，个人的职业工作、生活和心理状态都发生了与以前不同的变化，并呈现出某些明显的特征。

根据职业生涯后期阶段的个人身心特征及职业工作的变化情况，除了组织应当重视职业生涯发展后期的员工利益外，处在这一阶段的员工也应该在完成职业工作之余主动担负起自身在后期所面临的其特定的管理任务。

1. 承认竞争力和进取心的下降，学会接受和发展新角色

处在职业生涯后期阶段，个人要勇敢地面对和欣然接受生理机能衰退及其所导致的竞争力、进取心下降的客观现实，另辟新径，寻求适合于自己的新职业角色，以发挥个人的专长与优势。

现代的老年人们往往都有一种不服输的劲头。许多一度被认为应该结束工作而退休的员工，现在都已经开始了自己的第二次（甚至第三次）工作。在现实工作中，当师傅，带徒弟，培育新员工；充任教练，对员工进行技能培训；充当参谋、顾问等角色；或出谋划策，提供咨询；或从事力所能及的事务性工作等。均不失为适宜职业生涯后期阶段的良好角色。

2. 学会和接受权力、责任和中心地位的下降

（1）要从思想上认识和接受"长江后浪推前浪"是必然规律，心悦诚服地认可个人职业工作权力、责任的减少以及中心地位的下降，求得心理上的平衡。

（2）将思想重心和生活重心逐渐从工作转移到个人活动和家庭生活方面，善于在业余爱好、家庭、社交、社区活动和非全日制工作等方面寻找新的满足源。例如，通过参加钓鱼、养花、收藏、旅游、老同学老朋友相聚畅谈、参加社会治安和交通治理等活动，或者从事新职业等来充实自己的生活，满足自己的需求。

3. 回顾自己的职业生涯，为退休做好准备

在职业生涯结束之时，员工应当很好地回忆一下自己所走过的职业生涯道路：一方面，可以总结和评价自己的职业生命周期，为自己的职业人生画上一个

圆满的句号;另一方面,也可以通过总结自己职业生涯成功的经验和失败的教训,现身说法对新员工进行培训教育。与此同时,还要做好退休的准备工作。

(1)做好退休的充分思想准备,培养个人兴趣,策划退休后的生活。在职业生涯后期,个人应当主动为自己的生活做打算:如果身体好,工作还能延续,可以找一个理想的单位,继续自己的事业;如果觉得忙碌了一辈子,生活比较单一,在精力允许、经济上有保障的情况下,可以选择旅游等一些活动。拥有一个健康的心态,才会享有一个健康的生活。

(2)抓紧退休前的时间,使自身职业工作能够有一个圆满的结束和交代,培养接班人。在即将退出职业生涯的时候,应当尽可能地发挥自己的经验优势,帮助培养年轻员工。在培养接班人的过程中,个人也会感到愉悦和尊重。

(3)为退休做好财务准备。越早开始准备就越容易,退休后的所得也就会越多。计算"复利"意味着在20多岁开始储蓄的人与35岁才开始储蓄的人相比将会拥有巨大的优势(复利的计算通常可以用70规则来估算,即用70除以每年的利率,就可以得出需要多少年本金就会增长一倍)。不难想象15年左右的差距会有多大。假设年投资收益率为5%的话,那么两者相同的一次性投入在退休时得到的数量将可能相差一倍多——$70 \div 5 = 14$,即14年本金增长一倍。

五、员工职业生涯规划的错误认识与对策

当前在一些企业中,无论是组织还是个人,对员工职业生涯规划这一重要的人力资源管理过程还没有予以高度重视。下面针对一些企业中员工个人在进行自身职业生涯规划时所产生的错误认识进行简要的分析,并提出对应的对策。

1. 员工不能进行正确的自我定位,选定适合自己的职业

自我定位的目的就是要正确地认识自己。只有正确地认识了自己,才能对自己的职业作出正确的选择,确定适合自己发展的职业生涯道路。然而,对于大多数人来说,能够真正清醒地、正确地认识自己是一件比较困难的事情。大部分人在选择职业时,很少有人能够根据自身的能力、条件和兴趣等要素进行综合评估后,再选定一份真正适合自己的职业。于是便出现了估计不足或错误的情况。

对策:员工可以参考前面介绍的 3 种自我定位的方法,结合自己过去的工作经历、兴趣、资历、性向、能力和技能等条件,总结出一个符合自身特点、富有意义的模式,这个模式会告诉你,什么东西是最重要的,它也就是最佳职业定位。此外,还可以借助一些专家、咨询机构,对自己做一个客观正确的评价,选择出最有利于自身发展且能够做出最大贡献的职业定位。

2. 目标过于理想,好高骛远,急于求成

有一些青年员工,尤其是从名牌大学毕业的学生,认为自己拥有知识、高学历,工作必然会做得好,升职也是必然的,处处表现出一种优越感。而当他们参加实际工作后,发现情况并不是他们想象的一样,要做好工作就更不简单。这样难免会使其中一部分人产生失落感。当主观愿望和客观现实不协调时,很容易使人产生挫败感,并可能一蹶不振。

对策:对于高估自己能力和对现实缺乏足够正确认识的员工,企业可以安排一些专题讲座,用一些正反两面教材给他们敲醒警钟,启发他们找到真正的人生目标。设立好正确的人生目标后,只有一步一个脚印往前走,循序渐进,才能有所作为。同时也要学会扬长补短,当遇到困难和挫折时,要坚持不懈,敬业爱岗,成功就在前方。

3. 认为职业生涯规划和自己没有关系,不思进取

有这种想法的人往往觉得在日常工作中,做的都是维持性工作,工作内容稳定,因此觉得不需要进行职业生涯规划。这种人宁愿相信运气的作用,也不相信主动规划和经营会对自己的职业生涯发展产生任何变化,并从不努力把握自己工作和生活中的每一次机会。

对策:对这部分人,企业应该尽量帮助他们树立职业生涯规划意识,更新知识结构,转换思维模式,让他们认识到每个员工都应该在保持正确心态的同时,结合自身实际,在科研技术、生产操作、市场营销、企业管理等几种发展道路上选择适合自己的途径和发展方向。"凡事预则立,不预则废",员工必须学会重视自己的职业生涯规划,为自己职业生涯发展的成功奠定最坚实的基础。

4. 认为职业生涯规划是一成不变的

职业生涯规划是每个人根据自己的实际能力和专业知识设计的、自己将要

为之奋斗的日标。在这个前进的道路上,自己先要为自己设定一个合适的高度,然后通过努力达到既定的高度,在此高度基础上再设定新的高度,越走越高,前方就是未来。职业生涯规划根据人的价值观、需求、才能的改变以及时间的推移,也应该不断地加以改变和调整。

对策:随着时间、本人能力及其他相关因素的改变,需要根据现在经济环境下行业发展、组织特点,结合自身的综合素质,不断地对自己的职业生涯进行修订、完善,为自己重新制定一个前进的职业方向和目标。但是要记住,频繁地更换职业,修改职业方向,要想在每个职业上都取得成功,是非常不容易的。只有成功地找准职业方向,才能引领未来事业取得成功。

5. 盲目跳槽,没有选择好职业目标

每个人在跳槽之前,要确定好自己的职业目标,"跳"不是目的,"发展"才是目标。就个人而言,重要的是对职业定位和规划有个清晰的认知,确定自己的求职目标,使自身的价值得到充分发挥,并获得应有的回报。但是,企业员工往往因为追求高薪,受热门行业的诱惑,或者不了解新公司环境是否利于发展等原因而跳槽,影响了自己的长期职业生涯规划。

对策:上述问题反映出一些员工在跳槽时的盲目性。跳槽者必须充分认识跳槽前进行正确的职业生涯规划是必不可少的,只有清楚自己以往的职业特点、目前的职业定位以及未来的职业方向,才能确定合适的跳槽时机。因此,一定要明确地把握好跳槽给自身带来的最大价值,为实现自我价值,规划好发展蓝图,努力拼搏,积极进取,最终走向成功的彼岸。

第三节 组织职业生涯规划与管理

组织职业生涯规划为员工的职业生涯成功提供了基本的载体和科学的指导。它为员工实现其职业目标明确了职业道路,它能充分调动员工潜能,使员工对组织的贡献达到最大化,从而也有利于组织目标或管理活动的实现。组织职业生涯规划对员工的职业生涯发展具有重要的作用。

一、在职业生涯管理中企业的角色

职业生涯规划不是仅靠组织或个人单方面就能进行的,成功的职业生涯规划必须将企业的发展和个人的发展结合起来,才能制定有效的规划。

1. 企业在员工职业生涯规划中担负着引导的角色

员工的职业生涯规划各有特点。但是,在员工刚进入企业之初,正处于职业发展的探索阶段,由于工作经验和社会经验不足,员工个人很难把握自己,进行自我定位,而人生设计和规划一旦偏离设定的目标,就会在自己的人生道路上造成障碍,同时也给企业造成人力成本上的浪费,无法创造价值。在这种情况下,员工需要企业专门的机构来帮助引导。

2. 企业以战略目标为前提进行员工职业生涯规划

企业战略是企业的一种综合性计划,关系到企业的生存和发展。它主要包括确定企业的目标和使命,以及企业的长期基本目标。企业进行员工职业生涯规划的前提是组织本身有规划,即有清晰的发展战略。组织战略决定了企业的业务发展方向,组织架构,人才需求的数量、结构和质量。在进行职业生涯规划时,这些都是影响员工进行自我定位和确定目标的重要因素,在进行职业生涯规划前,企业必须加强自身的洞察能力,将企业的战略计划、人力资源计划和职业生涯发展计划结合起来,根据未来的发展变化,预测未来人力资源的需求和供给状况,使企业目标和个人目标相一致,更加明确每个岗位的发展方向,发挥出每个人的潜力,提高经营效果和效率。

3. 企业应及时对员工职业生涯规划做出反馈和调整

随着在工作岗位中的成长和发展以及社会环境的变化,每位员工的生涯目标都不是一成不变的,特别是员工在同一性质岗位上工作一段时间后,其职业发展呈现出复杂化和多元化特征。

一方面,源于职业能力增强和工作经验的积累,员工各方面都趋于成熟,事业心和责任心增强,创造力旺盛,工作业绩有目共睹,这一时期是一个可以激发个体创造冲动和才干并创造辉煌业绩的时期。个人职业顶峰也比较多地出现在这一阶段,经过这一辉煌的职业高峰后,员工的职业轨迹就会呈下降趋势。

因此，企业对这类员工要尽可能地延长其职业高峰期，使职业运行轨迹趋于平而远，而非高而尖。

另一方面，一些员工开始面临个人梦想和现实成就之间的不一致，导致他们对自己的职业生涯产生怀疑，此时一部分员工会去重新认识自己，审视自己目前所处的工作。如果他们的认同要素和需要从未得到过满足，就会毅然去寻找一份新的职业或职位，此时公司将面临经验丰富的团队或技术骨干流失的局面；而还有一些员工会感觉到自己竞争力下降，力不从心，导致个人发生职业危机，影响了工作的积极性，制约了企业劳动生产率和经济效益的提高，也是对企业人力资源的浪费。

二、不同类别企业的职业生涯规划

职业生涯规划是一个在职业发展的不断探索过程中所产生的动态结果，而这个结果没有最好的，只有最适合的；它必须同时适合个人和企业的发展方向。因此，我们应该学会怎样分析职业生涯规划在不同性质企业当中、在企业不同的发展阶段所面临的一些现实问题，学会怎样来发挥职业生涯规划在这些企业当中的最大作用。下面我们分别分析和讨论以下 3 种类型企业的职业生涯规划的优劣势和侧重点。

1. 小型企业与普通民营企业

这种类型的企业公司劣势是规模小并且人员编制少，也缺乏完整的管理规章制度，缺乏职业生涯规划的运作资金等。但是也有它的优点：灵活机动，有充分发挥个人才智的机会，工作内容丰富多彩，有比较多的表现和升迁机会。

由于员工进企业之初就被要求具有企业所需要的知识和技能，因此企业很少花精力去考虑员工职业生涯规划；还因为企业的短期效益比较明显，所以企业对员工的职业生涯规划会做经常的变更，而员工只能被动接受。

2. 大型知名企业与外资企业

对于大型知名企业和外资企业来说，劣势主要在于工作内容单一枯燥，外企对中国人存在事实上的不平等。同时，他们的优势主要是有规范科学的考核测评体系,相对于国内企业而言有丰厚温馨的薪酬福利,有系统完整的员工培训和职业生涯规划,能够丰富和美化员工阅历等。

一般来说,从员工进入企业之初,企业就给员工制定了一套完整的职业规划体系。

3. 普通国有企、事业单位

普通国有企、事业单位的劣势一般是员工数量大于单位编制,单位制度缺乏透明度,单位员工关系复杂,存在较多不公正的事情,员工缺乏责任心等问题;优势则在于员工的薪酬福利得到基本保障,员工的工作生活平稳安定等。

三、组织职业生涯规划的步骤

尽管由于员工个体的差异而使得职业生涯规划的内容各不相同,但组织在为员工制定职业生涯规划时需要考虑的因素却是基本相同的。它们一般包括以下方面:

(1)员工个人情况(包括健康状况、社会阶层、教育水准、性别、年龄、负担状况、价值观以及所在地区等因素)以及个人对自身能力、兴趣、职业生涯需要及追求目标的评估等。

(2)组织对员工的能力、兴趣和潜力的评估。

(3)组织对员工在职业生涯选择、规划与机会方面的沟通。

在综合考虑上述因素的基础上,组织职业生涯规划一般都要经过以下4个步骤来完成。

(一)对员工进行分析与定位

组织应当帮助员工进行比较准确的自我定位,同时还必须对员工所处的相关环境进行深层次的分析,并应根据员工自身的特点设计相应的职业发展方向和目标。这一阶段的主要任务是开展员工个人评估、组织对员工进行评估和环境分析三项工作。

1. 员工个人评估

职业生涯规划的过程是从员工对自己的能力、兴趣、职业生涯需要及其他目标的评估开始的。员工个人评估的重点是，分析自身条件，特别是自己的性格、兴趣、特长与需求等。在这个过程中，人力资源管理专业人员在员工的自我评估这一环节主要是为员工提供指导，如提供问卷、量表等，以便使员工能够更容易地对自己进行评价。

2. 组织对员工进行评估

组织对员工进行评估是为了确定员工的职业生涯目标是否现实。组织可以通过以下3种渠道对员工的能力和潜力进行评估。

（1）利用招聘筛选时获得的信息进行评估，包括能力测试、兴趣爱好、受教育情况以及工作经历等。

（2）利用当前的工作情况进行评估，包括绩效评估结果、晋升记录或晋升提名、提薪以及参加各种培训的情况等。

（3）利用员工个人评估的结果进行评估。

为了评估员工的潜力，许多有名的国际公司都设立或使用评估中心来直接测评员工将来从事某种职业的能力。评估中心的评估可以帮助组织确定员工可能的发展道路，同时也能帮助员工知道自己的优势与劣势，以便于员工更加现实地设定自己的职业发展目标。

3. 环境分析

环境分析主要是通过对组织环境、社会环境、经济环境等问题的分析与探讨，弄清环境对职业发展的作用、影响及要求，以便更好地进行职业选择与职业目标规划。

人是社会中的人，任何一个人都不可能离群索居，而是都必须生活在一定的环境中，特别是要生活在一个特定的组织环境之中。而环境也为每个人提供了活动的空间、发展的条件和成功的机遇。特别是近年来，社会的快速变迁、科技的高速发展以及市场的竞争加剧更是对员工的发展产生了巨大的影响。在这种情况下，员工如果能够很好地了解和利用外部的环境，就会有助于其事业取得成功，否则就会处处碰壁，难以成功。

（二）帮助员工确定职业生涯目标

帮助员工确定职业生涯目标，主要包括职业选择以及职业生涯发展路线的选择两个方面的内容。

职业选择是事业发展的起点,它的正确与否直接关系到事业的成败。据统计,在选错职业的人当中,有76%的人在事业上是失败者。因此,组织应当开展必要的职业指导活动,通过对员工的分析与对组织岗位的分析,为员工选择适合的职业岗位。

职业生涯发展路线是指一个人选定职业后从什么方向实现自己的职业目标,如是向专业技术方向发展还是向行政管理方向发展。发展方向不同,对个人的要求也就不同,因此职业生涯发展路线的选择也是人生发展的重要环节之一。职业生涯发展路线选择的重点是组织通过对生涯路线选择要素进行分析,帮助员工确定生涯路线并画出职业生涯路线图。

组织内部的职业信息系统是员工制定职业生涯目标时的重要参考。在员工确立实际的职业目标之前,他们往往还需要知道有关职业选择及其机会方面的情况,包括可能的职业方向、职业发展道路以及具体的工作空缺。

组织应当根据自身既定的经营方针和发展战略,预测并做出对未来可能存在的职位以及这些职位所需技能类型的规划,并应对每一职位进行彻底的工作分析,如某项工作的最低任职资格、具体职责、工作规范等。员工可以根据它们来确定自己的职业目标或职业规划。同时,组织还要鼓励员工去思考不同职位的成功者所经历的职业发展道路,为员工勾画出不同的职业发展道路和前景。

(三) 帮助员工制定职业生涯策略

职业生涯策略是指为了争取实现职业目标而积极采取的各种行动和措施。如参加组织举办的各种人力资源开发与培训活动、构建人际关系网、参加业余时间的课程学习、掌握额外的技能与知识等都是职业目标实现的具体策略,另外也包括为平衡职业目标与其他目标(如生活目标、家庭目标等)而做出的种种努力。通过这些努力,有助于个人在工作中取得良好的业绩表现。

在积极实施员工职业生涯规划的同时,根据员工的不同情况采取不同的职业生涯策略,对组织和员工的发展同样具有十分重要的意义。一般来说,在人生的不同年龄阶段,员工的兴趣、价值取向等都会有所转变。因此,组织也就应当对不同年龄段的员工采用不同的职业管理方法。

年轻人喜欢不断地自我摸索,寻找适合自己发展的职业道路。因此,向新加入组织的年轻人提供富有挑战性的工作,对他们形成良好的工作态度将会产生深远的影响,并能使他们在今后的职业生涯中保持旺盛的工作热情和竞争能力。

人到中年后往往对家庭、工作保障及社会地位考虑得更多,他们非常渴望能够获得以职务迁升为标志的职业成就。为了弥补职位空缺,组织可以安排他们对年轻员工进行传、帮、带,使他们认识到自己的重要性;鼓励他们的就业保障感;对于那些已经有一定地位但不可能再继续晋升的员工,可以通过工作轮换来提高他们的工作兴趣;对于即将退休的员工,组织可以为他们创造一些机会或提供一些条件来培养他们对有益身心健康的娱乐活动的兴趣,以便营造一个充满人情味的组织氛围,从而使企业获得员工的忠诚。

(四)职业生涯规划的反馈与修正

由于种种原因,最初组织为员工制定的职业生涯目标往往都是比较抽象的,有时甚至是错误的。因此,在经过一段时间的工作以后,组织还应当有意识地回顾员工的工作表现,检验员工的职业定位与职业方向是否合适。通过在实施职业生涯规划的过程中评估现有的职业生涯规划,组织就可以修正对员工的认识与判断。通过反馈与修正,可以纠正最终职业目标与分阶段职业目标的偏差。同时,通过评估与修正还可以极大地增加员工实现职业目标的可能性。

通过对职业生涯规划进行反馈与修改,构建组织发展战略以及员工职业目标之间的桥梁,是实现组织规划目标的重要手段。组织在了解了员工的自我评价与职业目标之类的信息后,就可以据此并结合组织的发展战略来全盘规划与调整其人力资源。当组织未来的人力资源需求与某些员工的职业目标和个人条件大体一致时,组织就可以事先安排这些员工接触这些工作并使之熟悉起来;当然也可以根据未来职位的要求有的放矢地安排有关员工进行相关的培训,以便使其做好承担此项工作的任职准备。有些员工对本职工作并不喜欢,而对组织的另一些工作很感兴趣,如果这些工作的要求与这些员工的条件相匹配并且又有空缺的话,组织也可安排他们转岗,但是组织应当恪守"公平、公开、公正"的原则,以便让组织获得最佳人选,让员工获得最佳发展。

【思考题】

1. 职业生涯管理的基本流程是什么？
2. 职业生涯管理的特征是什么？
3. 职业生涯管理的原则是什么？
4. 舒伯(Super)的职业生涯发展理论具体内容是什么？
5. 员工对职业生涯规划的错误认识与对策具体内容是什么？

附录1

常用英语

(一)礼貌用语

1. 招呼用语

(1)"Hello"和"Hi"是打招呼时最常用的词语,意思是"喂,你好",回答可以同样是"Hello"或"Hi"。

(2)"Good morning"(早上好)是一种常用的招呼语,中午12点前都可以用,回答也是"Good morning"。下午(从午后到傍晚这段时间)见面时的招呼语是"Good afternoon"(下午好)。晚上见面时的招呼语是"Good evening"(晚上好)。

(3)对外籍乘客的称呼用语。"Sir"(先生)是西方人们对男士的称呼,"Miss"(小姐)是对未婚女子的称呼。对已婚女子称"Madam",对婚姻状况不明的女子可称"Ms"。

(4)"Welcome aboard"是欢迎乘客上车的一句用语。在对乘客表示欢迎时还可以说"Welcome to Beijing"(欢迎到北京来)或"Welcome to China"。

(5)"How do you do"是在正式场合初次见面时打招呼的用语,意思是"你好",回答同样是"How do you do"。

(6)"Nice to meet you"是正式场合常用的寒暄语,回答是"Nice to meet you, too"。

2. 告别用语

(1)"Good-bye"是最常用的告别用语,意思是"再见",回答可以同样是"Good-bye"。类似的告别语还有"Bye-bye",朋友或熟人相互告别时也可以说"Bye"。

(2)"Have a nice day"也是道别时的常用语,表示"祝你愉快"。回答可以是"You too"也可以是"You have a nice day,too"。

（3）"See you later"是一种常用告别语,回答可以同样是"See you later"或者"See you"。如果知道下次再见的时间,在道别时可以加上表示时间的词语,比如"See you tomorrow"（明天见）,"See you next week"（下周见）,"See you next month"（下月见）等。

3. 感谢与答谢

（1）"Thank you"是常用的表示感谢的用语。还有一些其他表达感谢的用语,如:"Thanks"（谢谢）,"Thank a lot"（多谢）。

（2）"You are welcome"是回答感谢的常用语,意思是"不用谢"、"不用客气"。我们还可以说:"Not at all"（不必客气）、"That's Ok"（不用谢）。注意:"Welcome"在"You are welcome"中与在"Welcome aboard"中的用法不同,在前者是形容词,在后者是动词,意思也完全不一样。

（3）"Excuse me"是一种客套话,常用于与陌生人搭话、请人让路、要求插话等场合。

（4）"Thank you very much"中的"very much"是"非常"、"太"的意思,用于加强语气,也可以说:"Many thanks"或"Thank you so much"。

（5）"My pleasure"是回答感谢的常用语,是"It's my pleasure"的简缩形式,表示"很高兴为你服务"、"很高兴帮助你"、"不必客气"的意思,还可以说"Don't mention it"或"That's all right"。

4. 道歉用语

（1）"Sorry"是道歉时最常用的表达方式,也可以说"I'm sorry"、"I'm terribly sorry"（非常抱歉）,语气比"I'm sorry"要重,也可以说"I'm very sorry"。

（2）"I didn't catch you"（我没听懂）,这里,"catch"是"听到、领会"的意思,这句话也可以说成"I didn't understand"（understand,懂,理解）或"I didn't get what you said"意思都一样。

（3）"Say it again"表示"再说一遍"的意思,也可以用"Repeat it"来表示。

（4）"Could you say it again"（你能再说一遍吗）也可以说"Would you please say it again"（请你再说一遍）。

(5)"Pardon"或是比较正式的说法,"I beg your pardon"这句话的直接意思是"对不起,请原谅",用以表示没有听清楚,需要对方再说一遍。

(6)"I made a mistake"是"犯错误"、"做错了事情"的意思。

(7)"I apologize"(我向你道歉)是比较正式的道歉方法,也可以说"I owe you an apology"。

(8)"It doesn't matter"(没关系)是回答道歉的常用语。另外还可以回答"That's all right"或是"It's all right"。

(9)"I see"表示"我听明白了"。

(10)"No problem"表示"没问题"、"可以"。

5."请"

"please"是"请"的意思,表示礼貌。在向乘客提出请求或要求时一般都应用"please"。"please"可以放在句首,也可以放在句尾,比如:"Get ready, please"。

6.提供帮助

(1)"Do you need any help"是主动向对方提供帮助时的常用句。

(2)"What can I do for you"与"Can I help you"、"May I help you"类似,都是服务员招呼顾客或向顾客提供服务时的常用句式。

(3)"help somebody do something"表示"帮助某人做某事",比如:"I'll help you do it"(我来帮你干这事)。

(二)报站

(1)"This is the No. …(数词,注①)bus, bound for …(地名,注②)"是"这是……路公共汽车,开往……"的意思。这里的"This is"可以省略,只说"The No. …bus, bound for…"意思不变。

注①:数词1~10

1:one 2:two 3:three 4:four 5:five
6:six 7:seven 8:eight 9:nine 10:ten

1路车至10路车分别是 the No. One bus, the No. Two bus … the No. Ten bus。bus 可以省略,比如:"809路车"可以读做"the No. Eight O Nine"。

注②:中国地名的英文有些采用意译的方法,如:the Forbidden City(故宫);有些采取音译的方法,比如:Wangfujing(王府井);有些采取部分音译、部分意译的方法,比如:the Quanjude Roast Duck Restaurant(全聚德烤鸭店),Chang'an Street(长安街)。

"trolleybus"是无轨电车。×路无轨电车与×路公共汽车的表达方式近似:the No. + 数词 +trolley-bus,如:"the No. One O Three trolleybus"(103路无轨电车)。

(2)"Please get ready for arrival"的意思是"请为到站做好准备"。

(3)"We've arrived at"是"我们已经到达……"的意思,"We've"是"We have"的简缩形式。比如:We've arrived at the Forbidden City(故宫到了)。

(4)"Where is this bus bound for"的意思是"这车开往哪儿"。

(5)"We don't stop at…"(……站不停车。)"stop"在这里是动词"停"。在动词"stop"前加"don't"构成了否定句。例如:We don't stop at the Zoo(我们动物园站不停车)。另外,"stop"还有名词"车站"的意思,例如:The next stop is Xidan(下一站是西单)。

(三)疏导乘客

(1)"Please board the bus from the front door"(请前门上车)。

(2)"Move to the middle of the bus,please"(请往中间走)。"move to"表示"向……移动"。

(3)要求对方不要做某事要在动词前加"don't","don't"是"do not"的简缩形式,例如:

"Don't stand at the door"(不要在车门处停留)。

"Don't exit from the back door,please"(请不要从后门下车)。

(4)"Don't stand at the door"是"不要站在车门口处",也就是"不要在车门处停留"的意思。

(5)"board the bus"和"get on the bus"一样都是"上车"的意思。"exit"和"get off"一样都是"下车"的意思。"board"和"exit"是比较正式的用法,而"get on"和"get off"比较口语化,是非正式的用法。

(6)"Please allow these passengers to get off before you get on"这句话是乘务员对在站台等候上车的乘客说的,意思是"请允许车上的这些乘客在你们上车前下车",也就是"先下后上"。

(7)"in…fashion"的意思是"以……的方式","in an orderly fashion"就是"井然有序地"。比如:"Board the bus in an orderly fashion, please"。

(四)售票

(1)"Fares, please"是公共汽车乘务员售票时的专门用语,意思是"请买票"。也可以说"all fares, please"。"Any more fares"的意思是"还有要买票的吗?"

(2)表示"……元钱",先说数词,后面加"yuan",如:"one yuan"(1元)、"five yuan"(5元)。"yuan"没有复数形式,在任何情况下都是"yuan",如:"ten yuan"(10元)。但美元"dollar"、英镑"pound"和欧元"euro"等外币都有复数形式,比如:"ten dollars"(10美元)。

(3)"Here are your tickets"意思是"这是你的票",这里的票是复数(5张)。如果是1张票,应说"Here is your ticket"。

(4)"How much is…"是问价钱的常用句型,意思是"……多少钱?"在英语中钱被认为是不可数的,因此再问某物多少钱时不能用"how many",而要说"how much",如:"How much is the fare"(车票多少钱)。

(5)"One yuan per ticket"意思是"1元1张票"、"每张票1元",也可以用"One yuan each"来表达。

(6)"How many…"表示"……多少……",后面跟可数名词,如:"How many tickets do you want"?

(7)人民币单位"角"在英语中是"jiao",比如:"five jiao","分"是"fen"。

(8)"Here is your ticket and your change"意思是"给你票和找给你的钱",这里的"change"是"零钱"的意思。

(9)"Where do you want to go"(你要去哪儿)问对方去哪儿,要在句首用疑问词"where",后面要用"do"这个助动词。"want to"表示"想要"。

(10)"I want to go to Tsinghua University"是"Where do you want to go"的回答,这个回答也可以缩减为"Tsinghua University",省去"I want to go to"。"Tsinghua"是清华大学老的英文名字的拼写方法,一直沿用至今。

(11)"I can take the bus free of charge with my ID card"意思是"我可以凭证

件免费乘车"。"free of charge"是一个常用短语,意思是"免费"。

（12）"Could you please show me your ID card"意思是"请您出示您的 ID 卡","Could you…,please"是一种客气的提出请求或要求的句式,"please"也可以前移至"you"后面。

（13）"Where will you get off"（你在哪儿下车）？回答是"I'll get off at…（地名）",如："I'll get off at the National Library"是"我将在国家图书馆下车"。

（14）"Where did you get on"（您在哪儿上的车）？回答是"I got on at Zhongguancun"。

（15）"Do you have…"表示"你有…吗"？比如："Do you have any change"（你有零钱吗）？

（16）"Does my boy(girl) need to buy a ticket?"此句是乘客问乘务员孩子是否需要买票,这个问句的回答是"Yes,he does"（他要买票）,如不需要买票,回答应是"No,he doesn't"（doesn't 是 does not 的简缩形式）。

（17）"His height is above 1.3 meters"1.3 读作 one point three（point,点）,这句话的意思是"他的个子已经超过了 1 米 3 了"。

（18）"Please swipe your IC card"（请刷你的 IC 卡）。

（19）"One ticket to your bag, please"（请打一张包票）。

（20）"This is a self-service bus"（本车是无人售票车）。"self-service"是"自我服务"的意思,即"自助",此处是指"无人售票"。

（21）"All the fares are one yuan each"（车票一律 1 元）。

（22）"Put your money into the slot of the box, please"（请把钱投入投币箱）。

（23）"Please tender the exact fare"（请准备好零钱）。

（24）"No change will be given on this bus"（恕不找钱）。

（五）提供信息

1. 提供时间信息

（1）"What time is it"（几点了）？是询问时间的常用句型。"Do you have the time, please?"是询问时间的有一种方法。还可以问"Could you please tell me the time?"

（2）要表示×点整时，可以用"It's ＋数词"的句型，比如："It's seven"（7点），也可以省略"It's"，直接说"Seven"。表示整点时间还可以用句型"It's ＋数词＋o'clock"，例如：It's seven o'clock。

（3）要表示×点×分也可以使用"It's ＋数词"的句型来表示，但数词要由两部分组成：点＋分。比如：It's eight thirty-five（8点35分），It's nine forty（9点40分），It's five thirty（5点30分）。

（4）"half"是"一半"的意思。在谈论时间时，half就是"半小时"。表达×点半，可以用"It's half past ＋点"的句型，例如：It's half past eight（8点半）。

（5）要表示×点过×分（过的分小于30）也可以使用"It's ＋分＋past＋点"的句型，比如：It's five past ten（10点5分），It's twenty-three past twelve（12点23分）。

（6）Are there any buses now（现在还有车吗）？"Are there any ＋名词（复数）…"是问"……有……吗"的句型。回答是"there aren't."意思是"没车了"，如果回答是"还有车"，应该说"Yes, there are。"

"There're ＋名词（复数）…"是"某地有……"的陈述句的句型。如果句中的名词是单数，动词要用is。

（7）"The last bus departs at ten thirty at night"（末班车晚上10点30分发车），"The last bus"是"末班车的意思。""首班车"是"The first bus"。

表示"在×点"要在时间的前面加"at"。

（8）"There're night buses from ten p.m. to five a.m"（晚上10点到凌晨5点有夜班车。）"night buses"的意思是"夜班车"。"from… to …"是"从……到……"的意思。"a.m."表示凌晨到中午12点前的时间，"p.m."表示中午12点到晚上12点前的时间。

（9）"How long does it take to get to …（地名）"（到首都机场要多长时间）？"How long does it take to ＋动词…"是问"做某事需要多少时间"的句型，比如："How long does it take to get to the Great Wall"（到长城需要多少时间）？句中的"take"表示"需要、花费"。这句话的简短回答是"About …（时间）"，意思是"需要大约……"。

(10)"rush hour"是"交通高峰时刻、交通拥挤时间"的意思。

2. 提供到站信息

(1)"How many more stops are there till the bus arrives at …(地名)"(到……还有几站)？"How many + 名词(复数)are there …"用来问"……有多少……"，比如"How many passengers are there on the bus"(车上有多少个乘客)？

(2)"There're four more stops after this one"(过了这站还有4站)。句中"more"放在数字后表示"又、再"，比如"One more ticket, please"(再买1张票。)句中的"one"指代前面提到的"stop"(站)，以避免重复。

3. 提供换乘及地理信息

(1)"Does this bus go to…(地名)"(这车去…吗)？简略的肯定回答是"Yes, it does"，否定回答是"No, it doesn't"。

(2)"Do I need to change somewhere"(我需要在什么地方换车吗)？这句话肯定的简略回答是"Yes, you do"，否定回答是"No, you don't"，"change"在这里是"换车"的意思。

(3)"This bus can get there directly"中"direcly"是"直接"的意思，意思是不用倒车。

(4)"Where do I change for …(地名)"是问"我去……在哪儿换车"？用"where"开始的问句是问"……在哪儿"？比如："Where do you want to go"(你要去哪儿)？回答就直接用地名就可以了。

(5)"You got on the wrong bus"(你上错车了)。这句话也可以说成："You took the wrong bus"或"You're on the wrong bus"。

(6)"You're going in the opposite direction"(你乘坐的方向反了)。

(7)"Cross the street and take the bus of the same route"(过马路乘坐本路汽车)。表示"相同的"要用"the same"来表达。"本路公交车"的英文是"the bus of the same route"。

(8)"(向某个方向)转"用"turn"这个动词，如：turn left(向左转)，turn right(向右转)，turn back(向回转)。"在(某个地方)"用"at"，如：turn right at the first traffic light, turn left at the intersection(在十字路口左转)。

(9)"It's just in front of you"中的"It's"在此处译为"它在",表示位置。比如:It's just on your right/left(他就在你右/左边)。

(10)"You can't miss it"直译是"你不会错过的",也就是"你不会看不见的"。

(11)"be far from…(地点)"是"离某处远"的意思,比如:be far from the bus stop(离汽车站远),be far from the bank(离银行远)。

(12)表示地理方位的单词及短语:

①"at the crossing"是"在十字路口",和"at the intersection"意思相同。

②"next to"表示"在…旁边",也可以用"beside"(旁边),比如:next to the restaurant(在饭馆旁边),beside the cinema(在电影院旁边)。

③"westward"是"向西"的意思,"walk westward"是"向西走",也可以说"go westward"。

(六)处理突发事件

(1)"There's something wrong with…"是"……有问题/故障"的意思。

(2)"I'll take you to catch the later buses"是"我带你们乘后面的车"。

(3)"The bus won't be in service"意思是"车不再走了"。"be in service"是"(车辆)在使用中"的意思,"not be in service"即"(车辆)不再使用中",也就是"不走了"。

(4)"Let the elders and children go first,please"(请让老人小孩先走)。

(5)"Take good care of your belongings"(请照顾好你的物品)。

(七)北京市部分主要场所名录

1. 交通

首都机场　Capital International Airport

北京北站　Beijing Northern Railway Station

北京南站　Beijing Southern Railway Station

北京西站　Beijing Western Railway Station

北京站　Beijing Railway Station

二环路　The Second Ring Road

三环路　The Third Ring Road

四环路　The Fourth Ring Road

五环路　The Fifth Ring Road

六环路　The Sixth Ring Road

地铁1线　Subway Line One

地铁环线　Subway Loop Line

地铁建国门站　Jianguomen Station

地铁西直门站　Xizhimen Station

地铁复兴门站　Fuxingmen Station

京津高速公路　Beijing-Tianjin Expressway

城铁　Urban Railway/Inner City Railway

2. 体育场馆

首都体育馆　Capital Gymnasium

工人体育场　Workers' Stadium

奥林匹克中心　Olympic Center

国家体育场　National Palaestra

国家体育馆　National Gymnasium

国家游泳中心　National Swimming Center

工人体育馆　Workers' Gymnasium

老山自行车馆　Laoshan Cycling Gymnasium

北京射击馆　Beijing Shooting Gymnasium

奥林匹克水上公园　Olympic Park on the Water

奥运村　Olympic Games Village

亚运村　Asian Games Village

3. 旅游景点

颐和园　Summer Palace

天坛　Temple of Heaven

故宫　Forbidden City

天安门广场　Tian'anmen Square

景山公园　Jingshan Park

中山公园　Zhongshan Park (Sun Yat-sen Park)

紫竹院公园　Purple Bamboo Park

劳动人民文化宫　Workers' Palace of Culture

雍和宫　Yonghe Lamasery

圆明园　Yuanmingyuan Park (The old Summer Palace)

香山　Fragrant Hill Park

八大处　Eight Great Sites

植物园　Botanic Garden

北海公园　Beihai Park

北京动物园　Beijing Zoo

八达岭长城　Badaling Great Wall

慕田峪长城　Mutianyu Great Wall

司马台长城　Simatai Great Wall

金山岭长城　Jinshanling Great Wall

明十三陵　Ming Tombs

清陵　Qing Tombs

世界公园　World Park

奥运森林公园　Olympic Forest Park

地坛　Temple of the Earth

大观园　Grand View Garden

中华民族园　Chinese Ethnic Culture Park

老北京全景园　Old Beijing Panorama Park

广济寺　Temple of Vast Succour

法源寺　Temple of the Source of the Law

碧云寺　Temple of Azure Clouds

卧佛寺　Temple of the Recumbent Buddha

大钟寺　Great Bell Temple

潭柘寺　Pooi and Zhe Tree Temple

云居寺　Temple of the Cloud Dwelling

白云寺　White Cloud Temple

牛街礼拜寺　Cattle Street Mosque

北堂　North Church

孔庙　Confucius Temple

北京周口店猿人　Peking Man Cave

卢沟桥　Marco Polo Bridge

钟鼓楼　Bell and Drum Towers

古观象台　Ancient Observatory

4. 宾馆

北京饭店　Beijing Hotel

中国大饭店　China World Hotel

贵宾楼饭店　Grand Hotel Beijing

东方君悦饭店　Grand Hyatt Beijing

前门饭店　Qianmen Hotel

长城饭店　Great Wall Sheraton Hotel

西苑饭店　Xiyuan Hotel

丽都假日饭店　Holiday Inn Lido

建国门饭店　Jianguo Hotel

昆仑饭店　Kunlun Hotel

王府饭店　Palace Hotel

友谊饭店　Friendship Hotel

钓鱼台国宾馆　Diaoyutai Guest House

国际艺苑皇冠假日饭店　Holiday Inn Crown Plaza

长富宫饭店　Hotel New Otani Chang Fu Gong

京广新世界饭店　Jing Guang New World Hotel

燕莎中心有限公司凯宾斯基饭店　Kempinski Hotel Beijing Lufthansa Center

新世纪饭店　New Century Hotel

香格里拉饭店　Shangri-La Hotel

港澳中心瑞士酒店　Swissotel Beijing-Hong Kong Macau Centre

五洲大酒店　Beijing Continental Grand Hotel

北京国际饭店　Beijing International Hotel

北京新大都饭店　Beijing Mandarin Hotel

首都宾馆　Capital Hotel

赛特饭店　Scitech Hotel(CVIK Hotel)

凯莱大酒店　Gloria Plaza Hotel

京伦饭店　Jinglun Hotel

北京和平饭店　Peace Hotel Beijing

天伦王朝饭店　Tianlun Dynasty Hotel

兆龙饭店　Zhaolong Hotel

渔阳饭店　Yuyang Hotel

5. 商场

新东安市场　Sun Dong An Plaza

燕莎友谊商城　Lufthansa Friendship Shopping Center

赛特购物中心　Scitech Plaza

百盛商场　Parkson

贵友大厦　Guiyou Mansion

当代商城　Modern Plaza

东方广场　Oriental Plaza

北辰购物中心　North Star Shopping Center

家乐福　Carrefour Supermarket

双安商场　Shuang An Market

庄胜崇光白货　Sogo Department Store

王府井步行街　Wangfujing Pedestrian Street

西单购物一条街　Xidan Market Street

前门大栅栏商业街　Qianmen Market Street and Dashilan

琉璃厂文化街　Liulichang Culture Street

秀水街　Xiushui Street

中关村电子街　Zhongguancun Electronics Street

6. 餐饮

肯德基　Kentucky Fried Chicken

麦当劳　McDonald's

全聚德烤鸭店　Quanjude Roast Duck Restaurant

老舍茶馆　Laoshe Teahouse

天桥茶馆　Tianqiao Teahouse

莫斯科餐厅　Moscow Restaurant

王府井小吃一条街　Wangfujing Snacks Street

必胜客　Pizza Hat

星巴克　Starbucks Coffee

罗杰斯　Rogers

乐杰斯　Le Jazz

阿凡提家乡音乐餐厅　A Fun Ti Hometown Music Restaurant

7. 娱乐

长安大戏院　Chang An Grand Theater

北京音乐厅　Beijing Concert Hall

首都剧场　Capital Theater

北展剧场　Theater of Beijing Exhibition Center

保利大厦国际剧院　Poly Plaza International Theater

恭王府戏楼　Gongwangfu Peking Opera Theater

百思特迪厅　Best Discotheque

滚石迪厅　Rolling Stone Discotheque

杰杰迪厅　JJ Discotheque

梨园戏院　Liyuan Theater

中国木偶剧院　China Puppet Theater

朝阳剧院　Chaoyang Theater

海淀剧院　Haidian Theater

世纪剧院　Century Theater

中国儿童艺术剧院　China Children's Art Theater

麦乐迪　Melody KTV

8. 银行

中国银行　Bank of China

中国工商银行　Industrial and Commercial Bank of China

中国建设银行　China Construction Bank

商业银行　Commercial Bank

招商银行　China Merchant Bank

光大银行　Ever Bright Bank

民生银行　Minsheng Bank

9. 医院

北大医院　Hospital Attached to Beijing University

同仁医院　Tongren Hospital

协和医院　Xiehe Hospital

友谊医院　Friendship Hospital

北医三院　No. 3 Hospital Attached to Beijing University

儿童医院　Children's Hospital

10. 展览馆/图书馆

北京展览馆　Beijing Exhibition Center

国际会议中心　International Conference Center

中国美术馆　China Art Gallery

农展馆　Agriculture Exhibition Hall

中国国际展览中心　China International Exhibition Center

炎黄艺术馆　Yanhuang Art Gallery
中国历史博物馆　Museum of the Chinese History
中国人民军事博物馆　Chinese People's Military Museum
自然博物馆　Natural History Museum
鲁迅博物馆　Lu Xun Museum
宋庆龄纪念馆　Song Qingling Museum
北京图书馆　National Library of China
首都图书馆　Capital Library

11. 高校

北京大学　Peking University
清华大学　Tsinghua University
北京语言大学　Beijing Languages and Culture University
北京科技大学　Beijing University of Science and Technology
北京农业大学　Beijing Agriculture University
北京师范大学　Beijing Normal University
北京外国语大学　Beijing University of Foreign Studies
北京邮电大学　Beijing University of Post and Telecommunications
中国人民大学　Renmin University of China
首都师范大学　Capital Normal University

附录2

应急与救护

（一）报警电话

119 火警电话　拨通电话后，要讲清着火的单位名称，详细地址，着火部位，着火物资（车辆），火情大小以及报警人的姓名及电话号码。

110 报警电话　拨通电话后，首先讲清自己的姓名、发生事件的地点、你所使用的电话号码；然后将案情简要报告，包括犯罪分子的人数、面貌、衣着特征、逃跑方向等，提供尽可能多的线索，以便公安机关查处。

120（999）急救电话　无论在何时何地发现危重病人或是意外事故，都可拨打120（999），要讲清病人的性别、年龄、目前的状况，如神志不清、昏倒在地大出血、呼吸困难等，发病时间、过程、用药情况以及过去的病史；详细地址、电话号码以及等待救护车的确切地点；最好讲清户外易识别的建筑物。意外灾害事故，还需说明伤害性质，受伤人数等情况。

122 交通事故报警电话　发生交通事故后，除了应紧急抢救受伤人员和财产外，还应拨打122报警。报案人应讲清事故发生时间、地点、主要情况和造成的后果。

（二）人工呼吸

人工呼吸是对呼吸停止的患者进行紧急呼吸复苏的方法。施行现场应急救护时，很多时候需要人工呼吸。

口对口人工呼吸法：使病人仰卧，松解腰带和衣扣，清除病人口腔内痰液、呕吐物血块、泥土等，保持呼吸通畅。救护人员一手将病人下颌托起，并使其头尽量后仰，将其口唇撑开，另一只手捏住病人的两只鼻孔，深吸一口气，对住病人口用力吹气，然后立即离开病人口，同时松开捏鼻孔的手。吹气力量要适中，次数以每分钟16～18次（成人）、18～24次（儿童）为宜。

病人因牙关禁闭等原因,不能进行口对口人工呼吸,可采用口对鼻人工呼吸法,方法与口对口人工呼吸法基本相同,只是把捏鼻改成捏口,对住鼻孔吹气,吹气量要大,时间要长。

(三) 胸外心脏按压法

由于电击、窒息及其他原因所致心搏骤停时,应使用胸外心脏按压法进行急救。

方法是:将病人仰卧在地上或硬板床上,救护人员跪或站于病人一侧,面对病人,将手掌置于病人两乳头连线中间胸骨下段,左手置于右手之上,两臂伸直,以身体的重量用力把胸骨下段向后压向脊柱,随后将手腕放松,每分钟挤压60~80次。在进行胸外心脏按压时,宜将病人头放低以利静脉血回流。若病人同时伴有呼吸停止,在进行心脏按压的同时,还应进行人工呼吸。一般做4次胸外心脏按压,做一次人工呼吸。

(四) 煤气中毒急救

煤气中含有大量一氧化碳及微量的硫化氢气体,人吸入后会很快使血液失去供氧能力,导致煤气中毒。轻者会头疼头晕、呕吐、四肢乏力,重者出现嗜睡、昏迷等,若在夜晚熟睡时中毒,极易导致死亡。

发现有人煤气中毒时,应用湿毛巾捂住口鼻,迅速打开门窗通风,立即切断气源,关闭电源。将中毒者转移到空气新鲜的通风处。解开病人衣领松开衣裤,使其头后仰,并用湿毛巾冷敷前额降温;轻度中毒者一般2~3小时症状就会消失。如果病人呼吸心跳都已停止,要立即进行人工呼吸和胸外心脏挤压抢救,同时拨打120(999)急救电话,或送带有高压氧舱的医院急救。

(五) 外伤急救

身体的某部位被切、割或擦伤时,最重要的是止血。若出血不多,可用卫生纸稍加挤压,挤出少许被污染的血浆,再用创可贴或纱布包扎即可。如果切割伤口很深,流出的血是鲜红色且流得很急,甚至往外喷,可判断为动脉出血,必须把血管压住(压迫止血点),即压住比伤口距离心脏更近部位的动脉(止血点),才能止住血。

如果切割的锐器水锈不洁,简单进行创面处理后,要去医院注射破伤风预防针,同时注射抗生素,以防伤口感染。

如果手指或脚趾全部切断,应马上用止血带扎紧受伤的手或脚,或用手指压迫受伤的部位,以达到止血的目的。断指用无菌纱布或清洁棉布包扎,断离的手指、脚趾也要用无菌纱布包裹,立即送医院,进行手术。夏天,最好将断指放入冰桶护送,绝对禁止用水或任何药液浸泡,禁止做任何处理,以免破坏再植条件。

(六)烫伤与烧伤急救

烫伤与烧伤时,最重要的是冷却。一般明显红肿的轻度烫伤,要立即用冷水冲洗几分钟,用干净的纱布包好即可。重一点的烫伤,局部皮肤起水泡,疼痛难忍、发热,立即用冷水冲洗30分钟以上,为使患部不留痕迹,不要自己碰破水泡,不要自行涂抹任何药膏,以防细菌感染,要按医生的要求做。

如果烫伤的局部很脏,可用肥皂水冲洗,不可用力擦洗。醮干水后,盖上消毒纱布,用绷带包好。若包扎后局部发热,疼痛,并有液体渗出,可能是细菌感染,应马上到医院接受治疗。

烧伤:一般为电击伤和化学烧伤。如果水泡已破,局部被脏物污染,先用生理盐水处理,清洁周围皮肤。再盖上消毒纱布,用绷带加压包扎,最好到医院诊治。

(七)骨折的急救

骨骼因外伤,发生完全断裂或不完全断裂叫骨折。骨折时,局部疼痛,活动时,疼痛剧烈,局部有明显压痛肿胀或出现明显变形。骨折后,应采取以下措施:

(1)若伤口出血,应先止血,然后包扎,再进行骨折固定。

(2)固定伤骨用木板、杂志、纸箱、伞等可找到的器材作支撑物,固定伤骨,不要试图自己扭动或复位。固定夹板应扶托整个伤肢,包括骨折断端的上下两个关节,这样才能保证骨折部位固定良好。

(3)固定时,应在骨突处用棉花或布片等柔软物品垫好,以免磨破突出的骨折部位。

(4)固定骨折的绷带松紧应适度,并露出手指或脚趾尖,以便观察血液流通情况。

(5)立即送医院治疗。

(八)触电急救

人体触电后,通常会出现面色苍白、瞳孔放大、脉搏和呼吸停止等现象。发生触电后,应立即实施现场急救,只要处理及时、正确,多数触电者都可获救。

(1)迅速切断电源。若电源开关距离较远,可用绝缘物体(如木棒等)拉断电线,切忌用金属材料或用湿手去拉电线,以防引起连锁触电。

(2)脱离电源后,根据触电者伤势情况,采取相应的救护措施,如果伤势较轻,可让其安静地休息1小时左右,再送往医院观察。如果伤势较重,出现无知觉、无呼吸、甚至心脏停止跳动,应该立即进行人工呼吸,同时进行胸外心脏按压。在送往医院的途中,不能停止进行人工呼吸和胸外心脏按压。

(九)食物中毒急救

人吃了被细菌污染、变质或有毒的食物后,会引起食物中毒主要表现为恶心、呕吐、腹痛、腹泻、发烧等症状。食物中毒急救首先要催吐。一般用手指、筷子、压舌板等,刺激中毒者的咽部,引起反射性呕吐。刺激前,先让病人饮下1000mL左右的温开水。吐完后再饮水、再催吐,直到吐出澄清的液体为止。经催吐初步处理后,应迅速送医院治疗。并要完成下列工作:

(1)向当地卫生防疫部门报告。

(2)保留好剩余的食品。

(3)尽可能保存一点病人的呕吐物和大便。

(十)气管进入异物急救

气管内进入异物,会引起呼吸困难,严重的会窒息死亡,因此,必须争分夺秒进行急救。不要慌慌张张地强行伸入手指,这样反而会把异物推向更深处。具体方法如下:

(1)背部拍击法。一只手扶住病人胸部,用另一只手的掌根连续拍击伤者两肩胛骨中间数次,要突然用力。

(2)环抱压腹法。从后面扣手环抱病人腹部肚脐上一寸,迅速向后上方挤压数次。

(3)腹压推压法。让病人仰卧,头偏向一侧,以双掌置于其上腹,向内向上推压腹部数次。

(十一)溺水急救

淹溺一旦发生,争分夺秒,坚持现场急救。具体方法如下:

(1)立即清除口、鼻内的污泥、杂草、呕吐物,取下假牙,保持呼吸道通畅。

(2)垫高腹部,使头朝下,救者压拍溺者背部,使体内水从口腔、鼻流出。此项不要多费时间,抓紧时间进行复苏急救。

(3)随后,使溺者仰卧于硬板或地上,打开气道,口对口吹气两口,再检查颈动脉。

(4)若是呼吸心跳停止者,立即实施口对口吹气和胸外心脏按压。

(5)派围观者拨打急救电话,请医生急救。

(6)运送途中不可中断急救。

(十二)昏厥急救

生活中如发现有昏迷病人,应首先确定发病原因,然后再实施急救。具体急救措施是:

(1)应让昏迷者侧卧或仰卧(头偏向一侧),去掉枕头,注意保暖;及时清除病人口内的分泌物及呕吐物,防止窒息,有假牙的应摘除;严密观察病人意识、瞳孔、体温、脉搏、呼吸、血压等生命体征,如出现异常,立即采取急救措施。

(2)注意保持呼吸道通畅,要有吸痰措施,有条件时要进行输氧,伴有休克或心力衰竭者,应立即给服用升血压药物,呼吸、心跳骤停时,要立即进行人工呼吸和胸外心脏按压,对发生抽搐者,应积极控制抽搐,适当使用镇静药物。

(3)抢救昏迷病人最重要的一点,立即报告120,请医生诊治。

(十三)中暑急救

中暑是人在较热的环境下由于身体热量不能及时散发,体温失调而引起的一种疾病。其症状是体温升高面色苍白,脉搏快而细弱,血压降低,严重时甚至

昏迷。一旦发生中暑,应立即采取如下措施:

(1)迅速将患者移到阴凉通风处仰卧休息,解开患者衣扣、腰带。

(2)能喝水时马上喝凉开水、淡盐水或糖水。

(3)用冷湿毛巾包敷病人的头部和胸部,不断给其扇风、吹凉。

(4)病人呼吸困难时,要进行人工呼吸,并给病人嗅氨水。

(5)病人昏迷不醒、高热时应迅速送往医院治疗。

(十四)交通事故急救

交通事故发生后,常有人员伤亡,急需现场幸存者及周围人员有效地应急救护。具体抢救措施是:

(1)排除可能发生火灾的一切隐患,熄灭发动机引擎,关闭电源;封好油箱,转移易燃、易爆品。

(2)立即拨打120、122电话,详细报告出事地点、时间、受伤及死亡人数;迅速报告公安机关或者执勤的交通警察,等候处理。必要时,向就近的急救中心、医院、驻军、工厂、机关呼救。

(3)组织清醒伤员互检与自检,并实施救护。

(4)指派专人负责保护肇事现场,保持一般物体及尸体在原位;重点保护擦痕血迹,若需移动,必须标明位置;维持抢救现场秩序,防止坏人乘机捣乱。

(5)指派专人照看及看管受难者及伤员的所有物品,以免丢失,随后交警察及有关单位。

(十五)头部损伤的急救

头部损伤,大多数是汽车、自行车及摩托车事故或摔倒所致。如果怀疑是头部损伤,从一开始就要注意,让受伤者静止不动,以防对大脑和脊髓的进一步损伤;处置头皮割伤和伤口的出血以免感染。

对头部重伤者进行急救,要遵循如下步骤:

(1)立即拨打120(999)求救。

(2)查看受伤者是否失去意识。

(3)让受伤者仰卧,查看眼、耳、鼻是否出血。出血不一定呈鲜红色,若发现眼眶周围有棕色污点,这种出血可判断为内出血的表现。

(4) 如果受伤者有意识并且似乎没有颈部损伤,在他头下放个枕头并将他的脸转向侧面。

(5) 在等待救助期间,处置头皮伤。要彻底清洁创口,盖上纱布然后固定,牢固而不要过紧。

(十六) 心脏病发作的急救

心脏病发作可分为两种情况,即心绞痛和心肌梗死。如果认为有人心脏病发作,要遵循下列步骤急救:

(1) 立即打急救电话求救。

(2) 可让病人坐起或保持半斜卧。无论什么体位,以让病人更舒适为准。

(3) 解开病人颈部受限制的衣物,如衣领、领带、衬衣或围巾。

(4) 如果病人失去意识,检测其脉搏;若病人呕吐,把他的头部转向侧面,并清洗口腔。

(5) 如果病人带有抗心绞痛药,将药放在病人舌下。如病情缓解,仍必要送病人去医院就诊。

附录3

手语知识

公共电、汽车乘务人员为了更好地为广大乘客服务,适当地学习一些特殊语言作为交流工具是十分必要的。尤其是手语知识。因为聋哑人乘车很不方便,如果我们能与他们交流并给予特殊关照,就会给他们送去温暖和方便,进一步提高公交的服务水平,更好地塑造企业形象。

聋哑人表达思想,进行社会交往使用的是手语,手语包括手指语和手势语。

手指语简称指语,是用手指指式表示汉语拼音字母,按拼音顺序依次拼打,表达词义,是辅助手势语表达思想的方式。手指语图见附图3-1。

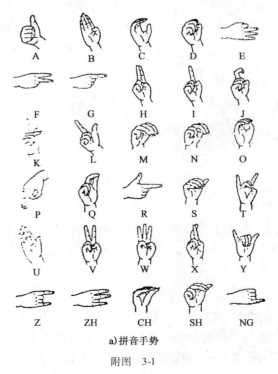

a) 拼音手势

附图 3-1

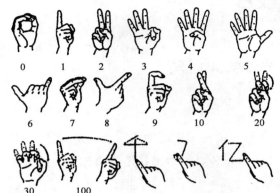

数字手势 "0、1、2、3、4、5、6、7、8、9、10、20、30、100、100、1万、1亿"
b) 数字手势

附图 3-1　手指语图

手势语是以手的动作配合口型及面部表情等，表达思想的一种工具。一般的汉语手势语都是根据汉字造字方式和手势动作等方式构成的。用汉字造字方式构成的手势语有：

（一）表形手势

表形手势是指模拟事物外貌、形状特点的手势动作。例如：写字、跑步、洗脸、打电话。表形手势图见附图3-2。

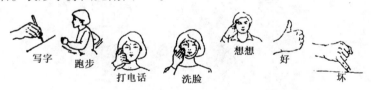

附图 3-2　表形手势图

（二）表意手势

表意手势是以手势或手指字母所表示的谐音，并与面部表情相结合，表达某个词义的手势动作。例如用食、中指贴于耳部，其意为聋人；指示代词我、你、他等。表意手势图见附图3-3。

（三）表音手势

表音手势是指借某一事物的手势或手指字母所表示的谐音，用来代替的手势动作。如"天气"就是借助数字"七"的音及手势的动作表示的，"意义"也是借助用数字"一"的音及手势动作表述。表音手势图见附图3-4。

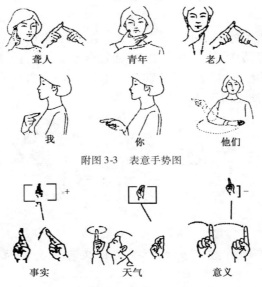

附图 3-3 表意手势图

附图 3-4 表音手势图

（四）仿字（符号）手势

仿字（符号）手势是指用双手手指搭成（模仿）汉字字形。汉字笔画少的可用此办法，例如"工人"、"品德"和数学符号" ＋、－、×、÷ "。仿字手势图见附图 3-5。

　＋　　　－　　　×　　　÷　　　工人　　　品德

附图 3-5 仿字手势图

（五）书空手势

书空手势是指在空间（面前）或手掌上、桌面上，用食指写出汉字或手指字母的动作。这种办法主要是用于某些手势和手指字母不易表达的词汇。例如"了"、"几"。书空手势图见附图 3-6。

　了　　　几　　　大括号　　　小括号

附图 3-6 书空手势图

（六）专注手势

专注手势是指手势本身不直接表示所要表示的词义，而是以所要表示词的某些含义定出手势动作，使人看了手势，通过联想去了解他要表达的内容。例如"五"和"一"的组合手势表示"劳动节"，数字"八"和"十五"的组合表示"中秋节"。专注手势图见附图3-7。

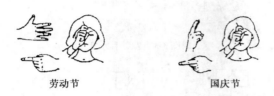

附图3-7　专注手势图

（七）、用手势动作方式构成的手势语又可分为独立手势、基本手势和组合手势

1.独立手势

独立手势是指一个或一组手势表示一个独立的词意，例如不行、不管等，独立手势图见附图3-8。

附图3-8　独立手势图

2.基本手势

基本手势是指一个手势表示一个或几个近义的词义，并可以同其他手势组合，构成新的词汇。例如自己、尊敬、指导、清楚等词属基本手势，如果和其他手势组合就可表达新的词义。例如"自己＋尊敬＝自尊"、"知道＋清楚＝明确"。基本手势图见附图3-9。

附图3-9　基本手势图

3. 组合手势

组合手势是指由两个或两个以上的基本手势组合表达新的词义的手势动作。例如"手工"是一表形手势、仿字组合而成;"残疾人"是以仿字、指语两种手势组合而成,;"所以"是由两个手指字母组合而成。组合手势图见附图3-10。

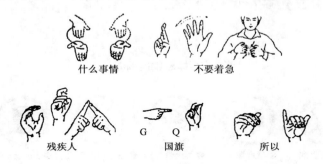

附图3-10　组合手势

用手语交往要切记注意口型及面部表情的配合,而且口型和表情要适当夸大,例如问你好,就要面带笑容。

附录4

劳动安全生产标志

劳动安全标志（国家标准）

●禁止吸烟　●禁止烟火　●禁止带火种　●禁止用水灭火　●禁止放易燃物

●禁止启动　●禁止合闸　●禁止转动　●禁止跳下　●禁止入内

●禁止停留　●禁止通行　●禁止靠近　●禁止乘人　●禁止堆放

●禁止攀登　●禁止触摸　●禁止跨越　●禁止饮用　●禁止抛物

●禁止戴手套　●禁止穿带钉鞋　●禁止穿化纤服装

附图 4-1

附录4 劳动安全生产标志

附图 4-2
注：红色：禁止标志、停止信号、也表示防火；黄色：警告、警戒标志；蓝色：指令标志；绿色：提示标志。

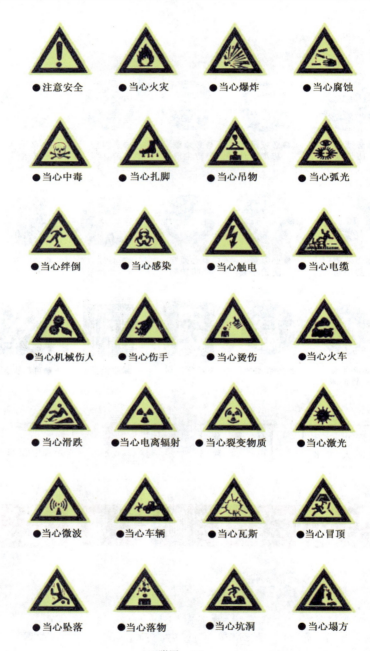

附图 4-3

附录5

交通标志

一、指标标志

标志符号及含义见附图 5-1。

附图 5-1　指示标志

二、禁令标志

标志符号及含义见附图5-2。

附图5-2 禁令标志

三、警告标志

标志符号及含义见附图 5-3。

警告标志共42种,是警告车辆、行人注意危险地点的标志。其形状为等边三角形,顶角朝上。其颜色为黄底、黑边、黑图案。尺寸有:边长70cm、90cm、110cm、130cm可供选择

附图 5-3 警告标志

参考文献

[1] 北京公共交通控股(集团)有限公司.城市公共交通战略规划与计划统计管理(2016年版)[M].北京:人民交通出版社股份有限公司,2016.

[2] 王水嫩.企业文化理论与实务(第二版)[M].北京:北京大学出版社,2015.

[3] 北京公共交通控股(集团)有限公司.城市公共交通服务管理(第二版)[M].北京:人民交通出版社股份有限公司,2014.

[4] 北京公共交通控股(集团)有限公司.公共汽电车乘务员技能等级培训教材(2012年版).北京:人民交通出版社,2012.

[5] 中华人民共和国刑法[M].北京:中国法制出版社,2015.

[6] 北京公共交通控股(集团)有限公司.城市公共交通人力资源管理(2014年版)[M].北京:人民交通出版社股份有限公司,2014.

[7] 中华人民共和国道路交通安全法[M].北京:中国法制出版社,2015.

[8] 中华人民共和国道路交通安全法实施条例[M].北京:中国法制出版社,2011.

[9] 北京市实施《中华人民共和国道路交通安全法》办法.2004.

[10] 中华人民共和国消防法[M].北京:中国法制出版社,2010.

[11] 中华人民共和国.治安管理处罚法[M].北京:中国法制出版社,2011.

[12] 国务院令第586号 国务院关于修改工伤保险条例的决定,2010.

[13] 北京市人民政府第183号 北京市基本养老保险规定.2006.

[14] 公交人发〔2010〕329号 北京市公共交通控股(集团)有限公司企业年金方案.

[15] 公交人发〔2013〕83号 北京市公共交通控股(集团)有限公司企业补充医疗保险方案.2013.

［16］ 中华人民共和国工会法［M］.北京:中国法制出版社,2010.

［17］ 北京市人民代表大会常务委员会.北京市实施《中华人民共和国工会法》办法.2015.

［18］ 中华全国总工会组织部.全国工会组织文件汇编［M］.北京:工人出版社,2012.

［19］ 北京市总工会组织部.工会换届选举手册.2007.

［20］ 徐芳.培训与开发理论及技术［M］.上海:复旦大学出版社,2009.

［21］ 陈国海.员工培训与开发［M］.北京:清华大学出版社,2012.